D1670703

WISSEN FÜR DIE PRAXIS

Weiterführend empfehlen wir:

Deutsches Beamten-Jahrbuch Bundesrecht 2025
ISBN 978-3-8029-1087-6

Taschenlexikon Beihilferecht Ausgabe 2025
ISBN 978-3-8029-1468-3

Praxis-Handbuch Beamtenversorgungsrecht
ISBN 978-3-8029-1833-9

Der Ruhestandsbeamte
ISBN 978-3-8029-1002-9

Wir freuen uns über Ihr Interesse an diesem Buch. Gerne stellen wir Ihnen zusätzliche Informationen zu diesem Programmsegment zur Verfügung.

Bitte sprechen Sie uns an:

E-Mail: WALHALLA@WALHALLA.de
http://www.WALHALLA.de

Walhalla Fachverlag · Haus an der Eisernen Brücke · 93042 Regensburg
Telefon 0941 5684-0 · Telefax 0941 5684-111

Dirk Lenders

Disziplinarrecht im öffentlichen Dienst

Leitfaden für die Praxis mit Beispielen und Mustern

2. Auflage

Bibliografische Information der Deutschen Nationalbibliothek

Die Deutsche Nationalbibliothek verzeichnet diese Publikation in der Deutschen Nationalbibliografie; detaillierte bibliografische Daten sind im Internet über http://dnb.dnb.de abrufbar.

Zitiervorschlag:
Dirk Lenders, Disziplinarrecht im öffentlichen Dienst, 2. Aufl.
Walhalla Fachverlag, Regensburg 2025

Hinweis: Unsere Werke sind stets bemüht, Sie nach bestem Wissen zu informieren. Alle Angaben in diesem Buch sind sorgfältig zusammengetragen und geprüft. Durch Neuerungen in der Gesetzgebung, Rechtsprechung sowie durch den Zeitablauf ergeben sich zwangsläufig Änderungen. Bitte haben Sie deshalb Verständnis dafür, dass wir für die Vollständigkeit und Richtigkeit des Inhalts keine Haftung übernehmen. Bearbeitungsstand: Januar 2025

2., neu bearbeitete Auflage

© Walhalla u. Praetoria Verlag GmbH & Co. KG, Regensburg
Alle Rechte, insbesondere das Recht der Vervielfältigung und Verbreitung sowie der Übersetzung, vorbehalten. Kein Teil des Werkes darf in irgendeiner Form (durch Fotokopie, Datentransfer oder ein anderes Verfahren) ohne schriftliche Genehmigung des Verlages reproduziert oder unter Verwendung elektronischer Systeme gespeichert, verarbeitet, vervielfältigt oder verbreitet werden.
Produktion: Walhalla Fachverlag, 93042 Regensburg
Printed in Germany
ISBN 978-3-8029-1831-5

Gesamtinhaltsübersicht

Vorwort

Das Disziplinarrecht regelt die Frage, wann ein Dienstvergehen von Beamten begangen wurde, wie es aufgeklärt werden muss und welche disziplinare Reaktion darauf zu erfolgen hat. Es ist ein Bestandteil des Beamtenrechts, sodass sich die Beantwortung überwiegend vom jeweils geltenden Beamtenrecht ergibt. Das Disziplinarrecht erfüllt zum einen eine Ordnungsfunktion. Es soll einer durch ein Dienstvergehen bedingten Störung des öffentlich-rechtlichen Dienst- und Treueverhältnisses mit dem Ziel begegnen, die Funktionsfähigkeit des öffentlichen Dienstes sowie die Leistungsfähigkeit des Beamtentums zu erhalten und sein Ansehen zu wahren. Art. 33 Abs. 4 GG sichert die Kontinuität hoheitlicher Funktionen des Staates, indem er als Regel vorsieht, dass ihre Ausübung Beamten übertragen wird, verbietet jedoch nicht generell, dafür auch Arbeitnehmer einzusetzen.[1] Dies bedingt, dass mit der Ausübung genuin hoheitlicher Befugnisse in erster Linie Beamte beim Bund, in den Ländern und in den Kommunen zu beauftragen sind. Hoheitliche Tätigkeiten sind solche Aufgaben, deren Erfüllung dem Staat kraft öffentlichen Rechts obliegen. Sie werden durch unmittelbare (Bundes- und Landesbehörden) und mittelbare Staatsverwaltung (Kommunen, berufsständische und sonstige Körperschaften sowie Anstalten und Stiftungen des öffentlichen Rechts, ferner auch beliehene Private, wie z. B. bei den bevollmächtigten Bezirksschornsteinfegern) erfüllt. Zu den genuinen hoheitlichen Befugnissen gehört nicht die Tätigkeit einer Lehrerin oder eines Lehrers „an der Tafel".[2] Die Bindung durch das besondere Dienst- und Treueverhältnis bei den Beamten stellt ein gesteigertes Maß an Verlässlichkeit sicher. Denn für die Ausübung der besonders sensiblen „hoheitsrechtlichen Befugnisse" eingesetzte Beamte sind etwa durch das Disziplinarrecht in besonderer Weise an Recht und Gesetz gebunden. Diese gesetzmäßige Verwaltung zu erhalten und zu sichern, ist nach wie vor die Aufgabe des Disziplinarrechts.

Das Disziplinarrecht ist kein Strafrecht. Es unterscheidet sich schon dadurch vom Strafrecht, dass es auf einer besonderen Bindung, dem öffentlich-rechtlichen bzw. beamtenrechtlichen Dienst- und Treueverhältnis, beruht. Demgegenüber ist eine Staatsbürgerin rein der allgemeinen Rechtsordnung unterworfen. Das Strafrecht zielt auf

---

[1] *Badura* in: Maunz, Dürig, Herzog, Grundgesetz, Art. 33 Rn. 51.
[2] BVerwG, Urt. v. 27.02.2014 – 2 C 1/13.

Vergeltung und Sühne hinsichtlich des begangenen Rechtsbruchs ab. Demgegenüber geht es im Disziplinarrecht um die Aufrechterhaltung der Funktionsfähigkeit des öffentlichen Dienstes und es soll die weitere Einsatzfähigkeit der betroffenen Beamten sichern, und zwar durch eine überwiegend individuelle und vereinzelt erforderliche generalpräventive Einwirkung. Nur wenn dies aufgrund der Schwere des Dienstvergehens und der Persönlichkeit des Beamten nicht ausreicht, so kommt zum Erhalt der Funktionalität der Verwaltung die Lösung des Beamtenverhältnisses in Betracht.

Der im Strafrecht deutlich in den Vordergrund getretene Gedanke der Resozialisierung findet sich im Disziplinarrecht nur im Rahmen der pflichtenmahnenden Maßnahmen unter dem Gesichtspunkt der Rehabilitation (Bewährung) wieder. Die allgemein im Strafrecht bekannten Institute wie Fortsetzungszusammenhang, Tateinheit – Tatmehrheit, Teilnahme, Versuch sind im Disziplinarrecht ohne Bedeutung. Im Unterschied zum Strafrecht führen die Verjährungsregelungen im Disziplinarrecht nicht zu einem Verfolgungsverbot, sondern nur zu einem Maßnahmeverbot und einzelne Pflichtverletzungen sind der Verjährung nicht unterworfen. Die Anwendung des Rechtsinstituts der Verwirkung wird für das Disziplinarrecht grundsätzlich abgelehnt. Allerdings findet Art. 6 der Europäischen Menschenrechtskonvention[3] (Recht auf ein faires Verfahren) im Falle einer erheblichen Verfahrensverzögerung auch im Disziplinarrecht Anwendung, wenn nicht die Entfernung des Beamten oder die Aberkennung des Ruhegehalts notwendig werden.[4]

So wie sich das Beamtenrecht ändert, so verändert sich auch das Disziplinarrecht. So ist ein außerdienstliches Verhalten nur noch eingeschränkt verfolgbar (§ 77 Abs. 1 Satz 2 BBG bzw. § 47 Abs. 1 Satz 2 BeamtStG). Dies trägt den Wertungen des Grundgesetzes und dem gewandelten Verständnis über die Stellung der Beamten in der Gesellschaft Rechnung. Es wird von Beamten heute kein wesentlich anderes Verhalten als von Staatsbürgern erwartet. Es geht vielmehr allein um das Vertrauen in eine objektive, rechtmäßige und effiziente Aufgabenerfüllung.

Weitere Änderungen hinsichtlich des Rechte- und auch Pflichtenkatalogs können sich im Zusammenhang mit dem Streikrecht für

---

[3] *Lenders*, Beamtengesetze, S. 35 ff.
[4] BVerwG, Urt. v. 25.07.2013 – 2 C 63.11, BVerwGE 147, 229.

Beamten ergeben.[5] Die partiell beabsichtigten Hiebe gegen das Berufsbeamtentum entstammen egozentrischen Motiven. Wer als Beamter streiken möchte, der kann dies in seiner Privatzeit oder während des genehmigten Urlaubs machen. Wer das Beamtenrechtsverhältnis ohne ein Streikrecht für sich unzumutbar erachtet, dem steht es frei, die Entlassung zu beantragen.

Das Disziplinarrecht erfüllt überdies eine Schutzfunktion zugunsten der Beamten. Es gewährleistet, dass das Beamtenverhältnis gegen den Willen eines Beamten nur bei Nachweis eines schweren Dienstvergehens, nicht aber aus anderen Gründen beendet werden kann. Die Begründung des Beamtenverhältnisses auf Lebenszeit ist ein wesentlicher hergebrachter Grundsatz des Berufsbeamtentums (Art. 33 Abs. 5 GG). Das Disziplinarrecht unterscheidet sich daher deutlich vom arbeitsrechtlichen Verfahren zur Verfolgung von Pflichtverletzungen von Tarifkräften.

Durch Art. 1 des Gesetzes zur Beschleunigung von Disziplinarverfahren in der Bundesverwaltung und zur Änderung dienstrechtlicher Vorschriften wurde das für Bundesbeamte einschlägige Bundesdisziplinargesetz geändert und dabei insbesondere zum 01.04.2024 die Möglichkeit geschaffen, Bundesbeamte nicht mehr durch Disziplinarurteil, sondern jetzt einfach und schneller durch Verwaltungsakt aus dem Dienst zu entfernen. Für Landes- und Kommunalbeamte gilt diese Vorschrift nicht.[6]

Die Änderung des Bundesdisziplinargesetzes zum 01.04.2024 sowie die Fortentwicklung der Rechtsprechung, insbesondere des Bundesverwaltungsgerichts, geben genügend Anlass für die 2. Auflage.

Dirk Lenders

Im gesamten Text steht die männliche Form stellvertretend für Personen beiderlei Geschlechts.

---

[5] BVerfG, Urt. v. 12.06.2018 – 2 BvR 1738/12, 2 BvR 1395/13 sowie 2 BvR 1068/14, 2 BvR 646/15; BVerwG, Urt. v. 27.02.2014 – 2 C 1/13.
[6] BGBl. 2023 I Nr. 389.

Abkürzungsverzeichnis

a. a. O.	am anderen Ort
ABl.	Amtsblatt
Abs.	Absatz
AGG	Allgemeines Gleichbehandlungsgesetz
Alt.	Alternative
AltGG	Altersgeldgesetz
AO	Abgabenordnung
Art.	Artikel
Az.	Aktenzeichen
BAG	Bundesarbeitsgericht
BW	Baden Württemberg
BayDG	Bayerisches Disziplinargesetz
BayPVG	Bayrisches Personalvertretungsgesetz
BBesG	Bundesbesoldungsgesetz
BBesO	Bundesbesoldungsordnung
BBG	Bundesbeamtengesetz
BDG	Bundesdisziplinargesetz
BGB	Bürgerliches Gesetzbuch
BGBl.	Bundesgesetzblatt
BGH	Bundesgerichtshof
BeamtStG	Beamtenstatusgesetz
BesG	Besoldungsgesetz
BetrVG	Betriebsverfassungsgesetz
BGleiG	Bundesgleichstellungsgesetz
BremPersVG	Bremisches Personalvertretungsgesetz
BPersVG	Bundespersonalvertretungsgesetz
BT-Drucks.	Bundestagsdrucksache
BTM	Betäubungsmittel
BVerwG	Bundesverwaltungsgericht

BVerfG	Bundesverfassungsgericht
BVerfGE	Bundesverfassungsgerichtsentscheidung
BVerwGE	Bundesverwaltungsgerichtsentscheidung
bzw.	beziehungsweise
d. h.	das heißt
DÖV	Die Öffentliche Verwaltung
EGMR	Europäischer Gerichtshof für Menschenrechte
EMRK	Konvention zum Schutze der Menschenrechte und Grundfreiheiten
EuGH	Europäischer Gerichtshof
EStG	Einkommensteuergesetz
f./ff.	folgende Seite/n
GdB	Grad der Behinderung
gem.	gemäß
GG	Grundgesetz
ggf.	gegebenenfalls
GKÖD	Gesamtkommentar öffentliches Dienstrecht
Halbs.	Halbsatz
HmbPersVG	Hamburgisches Personalvertretungsgesetz
HPVG	Hessisches Personalvertretungsgesetz
i. A.	im Auftrag
i. e. S.	im erweiterten Sinne
i. S. d.	im Sinne des
i. V. m.	in Verbindung mit
LBG	Landesbeamtengesetz
LDG	Landesdisziplinargesetz
LGG NRW	Landesgleichstellungsgesetz Nordrhein-Westfalen
LPersVG RP	Landespersonalvertretungsgesetz Rheinland-Pfalz
LPVG Berlin	Landespersonalvertretungsgesetz Berlin
LPVG NRW	Landespersonalvertretungsgesetz Nordrhein-Westfalen

LVwZG	Verwaltungszustellungsgesetz Baden-Württemberg
LZG NRW	Landeszustellungsgesetz NRW
MBG Schl.-H.	Gesetz über die Mitbestimmung der Personalräte Schleswig-Holstein
MiStra	Anordnung über Mitteilungen in Strafsachen
MuSchG	Mutterschutzgesetz
NDiszG	Niedersächsisches Disziplinargesetz
NJW	Neue Juristische Wochenschrift
NPersVG	Niedersächsisches Personalvertretungsgesetz
NVwZ	Neue Zeitschrift für Verwaltungsrecht
NVwZG	Niedersächsisches Verwaltungszustellungsgesetz
NZA	Neue Zeitschrift für Arbeitsrecht
OVG	Oberverwaltungsgericht
PersV	Die Personalvertretung
PersVG	Personalvertretungsgesetz
PersVG LSA	Personalvertretungsgesetz Sachsen-Anhalt
PostPersRG	Postpersonalrechtsgesetz
RiA	Das Recht im Amt
Rn.	Randnummer
Rspr.	Rechtsprechung
S.	Seite
SächsDG	Sächsisches Disziplinargesetz
SächsPersVG	Sächsisches Personalvertretungsgesetz
SächsVwVfZG	Gesetz zur Regelung des Verwaltungsverfahrens- und des Verwaltungszustellungsrechts für den Freistaat Sachsen
SächsVwZG	Verwaltungszustellungsgesetz für den Freistaat Sachsen
SGB IX	Sozialgesetzbuch – Neuntes Buch
sog.	sogenannte
SPersVG	Saarländisches Personalvertretungsgesetz

StGB	Strafgesetzbuch
StPO	Strafprozessordnung
St. Rspr.	Ständige Rechtsprechung
ThürPersVG	Thüringer Personalvertretungsgesetz
u. a.	unter anderem
Var.	Variante
VG	Verwaltungsgericht
VGH	Verwaltungsgerichtshof
vgl.	vergleiche
VwGO	Verwaltungsgerichtsordnung
VwVfG	Verwaltungsverfahrensgesetz
VwZG	Verwaltungszustellungsgesetz
VwZVG	Bayerisches Verwaltungszustellungs- und Vollstreckungsgesetz
WRV	Verfassung des Deutschen Reichs (Weimarer Reichsverfassung)
z. B.	zum Beispiel
ZBR	Zeitschrift für Beamtenrecht

Funktionen des Disziplinarrechts

Funktionen des Disziplinarrechts

1. Allgemeines

Die Funktionen des Disziplinarrechts sind:

- Erziehungsfunktion,
- Sicherung der Leistungsfähigkeit der öffentlichen Verwaltung und
- Schutzrecht der Beamten.

Aufgabe des Disziplinarrechts ist es, mit den Disziplinarmaßnahmen die Beamten anzuhalten, ihre Pflichten künftig wieder zu erfüllen.

Die Disziplinargesetze des Bundes und der Länder regeln die Frage, welche tatbestandlichen Voraussetzungen für ein Dienstvergehen erfüllt sein müssen, wie es aufgeklärt werden muss und welche disziplinare Reaktion darauf zu erfolgen hat. Das Disziplinarrecht ist wesentlicher Teil des Beamtenrechts, sodass die Beantwortung der Fragen weitgehend vom jeweils geltenden Beamtenrecht abhängt (u. a. § 77 BBG einerseits und § 47 BeamtStG andererseits). Das Beamtenverhältnis wird durch die hergebrachten Grundsätze des Berufsbeamtentums (Art. 33 Abs. 5 GG) bestimmt, da sie die Verwaltung und den Gesetzgeber binden.[7] Das Dienst- und Treueverhältnis umschreibt den Wesenskern des Beamtenverhältnisses. Es beinhaltet insbesondere die Ausrichtung des Dienstes auf die Allgemeinheit, Neutralität und die Pflicht, den Dienst loyal und allein nach dem Grundsatz der Gesetzmäßigkeit der Verwaltung auszuführen. Es ist keine einseitige Verpflichtung, sondern legt die gegenseitige Verpflichtung zwischen Beamten und dem Dienstherrn fest. Dies wird im BBG bzw. BeamtStG einerseits durch die Fürsorgepflicht des § 78 BBG (§ 45 BeamtStG) und andererseits durch die festgelegten Rechte und Pflichten konkretisiert.[8]

2. Wahrung der Funktionsfähigkeit des öffentlichen Dienstes

Dem Disziplinarrecht liegt das öffentliche Interesse zugrunde, die Funktionsfähigkeit des öffentlichen Dienstes und dessen hierfür erforderliches Ansehen zu wahren. Aufgrund dessen ist es dem Dienstherrn nicht von vornherein verwehrt, das grundsätzlich auf Lebenszeit angelegte Dienstverhältnis einseitig zu beenden, wenn

---

[7]   *Von Münch/Kunig*, GG, Art. 33 Rn. 52.
[8]   *Lenders/Peters/Weber* u. a., Das Dienstrecht des Bundes, 2. Aufl., BBG, § 4 BBG Rn. 30.

der Beamte durch eigene Schuld vertrauensunwürdig und damit für den öffentlichen Dienst untauglich geworden ist. Ziel des Disziplinarverfahrens ist es, die Ordnung und Integrität des Beamtentums, mithin das für seine Funktion unabdingbare Ansehen des öffentlichen Dienstes zu erhalten und – öffentlich erkennbar – zu schützen.[9] Für das Verständnis des Disziplinarrechts ist es von Bedeutung, dass es sich um kein „Sonderstrafrecht" handelt. Es unterscheidet sich schon dadurch vom Strafrecht, dass es auf einer persönlichen Bindung (Dienst- und Treueverhältnis) in einem konkreten Dienstverhältnis beruht. Im Strafrecht geht es um Vergeltung und Sühne bei festgestellten Rechtsbrüchen. Das Disziplinarrecht unterscheidet sich ganz wesentlich davon, weil es repressive Motive nicht enthalten darf. Es geht vornehmlich um das Funktionieren der öffentlichen Verwaltung und die Sicherung der weiteren Einsatzfähigkeit des Beamten. Dies erfolgt primär durch Individualprävention und im Einzelfall durch generalpräventive Überlegungen.[10] Sofern dies nicht ausreichend ist, soll die Sicherung der Funktionsfähigkeit der Verwaltung durch Lösung des Beamtenverhältnisses erfolgen. Für das Strafrecht gilt der Resozialisierungsgedanke. Dieser kommt im Disziplinarrecht nur im Rahmen der pflichtenmahnenden Maßnahmen unter dem Gesichtspunkt der Rehabilitation zum Zuge.[11] Bereits bei der Auswahl und der Bemessung der Disziplinarmaßnahme werden unter Berücksichtigung der – noch vorhandenen – Vertrauenswürdigkeit und des Erziehungsbedürfnisses auf den Beamten die Möglichkeit und die Chance der künftigen Bewährung berücksichtigt.

3. Die Erziehungsfunktion

Mit den Mitteln des Disziplinarrechts soll auf Beamtinnen und Beamte erzieherisch eingewirkt werden, sodass sie künftig keine pflichtwidrigen Handlungen begehen. Oftmals erfüllt bereits die Einleitung eines Disziplinarverfahrens diese Funktion. In einem Disziplinarverfahren soll eine Maßnahme (§ 5 Abs. 1 bis Abs. 3 BDG) gefunden werden, durch die ein beeinträchtigtes Vertrauensverhältnis zwischen dem Dienstherrn und dem Beamten wieder aufgebaut werden kann. Ist das Vertrauensverhältnis jedoch so nachhaltig gestört, dass es nicht wiederhergestellt werden kann, so ist der Beamte aus dem Beamtenverhältnis zu entfernen (§ 10 BDG); dem

---

[9] BVerwG, 24.09.2009 – BVerwG 2 C 80.08.
[10] BVerwG, 19.06.2008 – 1 D 2/07.
[11] *Köhler* in: Köhler/Baunack, BDG, Einleitung, S. 71.

Ruhestandsbeamten ist das Ruhegehalt in diesen Fällen abzuerkennen (§ 12 BDG). Das Bundesverfassungsgericht hat den Erziehungscharakter besonders herausgestellt: Es sieht eine Disziplinarmaßnahme als Erziehungsmittel an, das den Zweck verfolgt, „dem Beamten durch Zuführung eines Übels zur ordnungsgemäßen Erfüllung seiner Berufspflichten anzuhalten ...".[12] Für das Disziplinarrecht kommen nur korrektive Zwecke in Betracht, eben weil es im Unterschied zum Strafrecht „ausschließlicher Zweck des Disziplinarverfahrens" ist, „die Funktionsfähigkeit des öffentlichen Dienstes sicherzustellen"[13] „und auch das Ansehen des öffentlichen Dienstes aufrechtzuerhalten und wiederherzustellen".[14] Das Disziplinarrecht verfolgt mit der Spezialprävention den Erziehungszweck, die Beamten individuell davon abzuschrecken, erneut ein Dienstvergehen zu begehen. Generalpräventive Gesichtspunkte sind zwar ein anerkannter Disziplinarzweck.[15] Generalpräventive Gesichtspunkte kommen im Unterschied zu spezialpräventiven Aspekten nur im Ausnahmefall in Betracht, etwa wenn bei schwereren Dienstvergehen die Allgemeinheit das Vertrauen in die Integrität des öffentlichen Dienstes verlieren kann. Dies ist etwa der Fall, wenn im Dienst mit Betäubungsmitteln gehandelt wird, oder in Fällen der Kinderpornografie.

Im Disziplinarrecht sind die grundsätzlich im Strafrecht bekannten Institute wie Fortsetzungszusammenhang, Tateinheit, Tatmehrheit, Versuch, Rücktritt vom Versuch und Teilnahme ohne jegliche rechtliche Relevanz. Die Rechtsfigur der fortgesetzten Handlung oder des Fortsetzungszusammenhangs, die im Übrigen im Strafrecht aufgegeben worden ist,[16] ist dem Disziplinarrecht fremd.[17] Wie sich aus § 77 Abs. 1 Satz 2 BBG bzw. § 47 Abs. 1 Satz 2 BeamtStG ergibt, steht den Beamten eine Privatsphäre zu, sodass außerdienstliche Straftaten und Ordnungswidrigkeiten nicht immer zugleich Dienstvergehen darstellen.

Zusammenfassend ist festzustellen: Das Disziplinarrecht ist multifunktional konzipiert, indem es neben der individualpräventiven sowie -schützenden Dimension mit Blick auf die Funktionsfähigkeit der Verwaltung auch eine Ordnungs- und Lösungsfunktion erfüllt.[18]

12   BVerfG, 08.07.1992 – 2 BvL 14/92, BVerfGE 95, 105.
13   BVerwG, 23.08.2018 – 2 B 42.18.
14   BVerwG, 27.02.2014 – 2 C 1.13.
15   *Urban/Wittkowski*, BDG, § 13 Rn. 11; *Weiß* in: GKÖD, Band II, Rn. 15.
16   BGH, 03.05.1994 – GSSt 2/93.
17   BVerwG, 28.03.2023 – 2 C 20.21; BVerwG, 26.03.2003 – 1 D 23.02.
18   BVerfG, 14.01.2020 – 2 BvR 2055/16.

Die Änderungen zum Bundesdisziplinargesetz

Die Änderungen zum Bundesdisziplinargesetz

1. Die Rechtsgrundlagen

Das zum 01.01.2002 in Kraft getretene Bundesdisziplinargesetz (BDG) wurde mit dem Gesetz zur Beschleunigung von Disziplinarverfahren in der Bundesverwaltung und zur Änderung dienstlicher Vorschriften mit Wirkung zum 01.04.2024 novelliert.[19]

Die wichtigsten neuen Bestimmungen des BDG:

a) § 10 Abs. 3 BDG (Entfernung aus dem Dienst)

Der aus dem Beamtenverhältnis entfernte Beamte erhält für die Dauer von sechs Monaten einen Unterhaltsbeitrag in Höhe von 50 Prozent der Dienstbezüge, die ihm bei Eintritt der Unanfechtbarkeit der Entscheidung zustehen.

Die Gewährung des Unterhaltsbeitrags ist ausgeschlossen, wenn [1. …], 2. die Entfernung aus dem Beamtenverhältnis zumindest auch auf der Verletzung der Pflicht des Beamten beruht, sich durch sein gesamtes Verhalten zu der freiheitlichen demokratischen Grundordnung zu bekennen und für deren Erhaltung einzutreten, oder [3. …].

b) § 13 BDG (Bemessung der Disziplinarmaßnahme)

§ 13 Abs. 3 BDG bestimmt, dass ein schweres Dienstvergehen in der Regel bei einer Mitgliedschaft in einer vom Bundesverfassungsgericht für verfassungswidrig erklärten Partei oder einer unanfechtbar verbotenen Vereinigung oder einer Ersatzorganisation einer solchen Partei oder Vereinigung vorliegt.

Gleichzeitig wird in § 13 Abs. 4 BDG bestimmt, dass ein Beamter, der durch ein schweres Dienstvergehen das Vertrauen des Dienstherrn oder der Allgemeinheit endgültig verloren hat, aus dem Beamtenverhältnis zu entfernen ist.

c) § 33 Abs. 1 BDG (Disziplinarverfügung)

Disziplinarmaßnahmen werden durch Disziplinarverfügung ausgesprochen (somit müssen künftig vom Dienstherrn sämtliche Diszi-

---

[19]   BGBl. 2023 I Nr. 389.

26

plinarmaßnahmen gegen aktive Beamte sowie Ruhestandsbeamte durch Disziplinarverfügung ausgesprochen werden!).

d) § 34 Abs. 4 BDG (Disziplinare Befugnisse)

Die Zurückstufung oder die Entfernung aus dem Beamtenverhältnis wird durch die oberste Dienstbehörde […] ausgesprochen.

e) § 38 BDG (Zulässigkeit)

(1) Die für den Erlass der Disziplinarverfügung zuständige Behörde kann einen Beamten gleichzeitig mit oder nach der Einleitung des Disziplinarverfahrens vorläufig des Dienstes entheben, wenn […].

(2) Gleichzeitig mit oder nach einer vorläufigen Dienstenthebung […] kann die zuständige Behörde anordnen, dass bis zu 50 Prozent der monatlichen Dienst- oder Anwärterbezüge des Beamten einbehalten werden. […].

f) § 40 BDG (Verfall, Erstattung und Nachzahlung)

Die nach § 38 Abs. 2 und 3 einbehaltenen Bezüge verfallen, wenn

1. im Disziplinarverfahren unanfechtbar die Entfernung aus dem Beamtenverhältnis […] erfolgt ist,

[…].

g) § 60 Abs. 2 BDG (Entscheidung durch Urteil (des Verwaltungsgerichts))

(2) Soweit die Disziplinarverfügung rechtskräftig und der Kläger dadurch in seinen Rechten verletzt ist, hebt das Gericht die Disziplinarverfügung und den etwaigen Widerspruchsbescheid auf. Ist ein Dienstvergehen erwiesen, kann das Gericht die Disziplinarverfügung […] aufrechterhalten oder zugunsten des Klägers ändern, wenn mit der gerichtlichen Entscheidung die Rechtsverletzung beseitigt wird. […]

2. Folgeänderungen

a) Änderung des § 41 Abs. 1 Satz 1 Nr. 2 BBG:

§ 41 Abs. 1 Satz 1 Nr. 2 BBG hat nun folgenden Inhalt. Hier wurde das Wort „Volksverhetzung" eingefügt:

(1) Werden Beamtinnen oder Beamte im ordentlichen Strafverfahren durch das Urteil eines deutschen Gerichts

1. [...]

2. wegen einer vorsätzlichen Tat, die nach den Vorschriften über Friedensverrat, Hochverrat, Gefährdung des demokratischen Rechtsstaates oder Landesverrat und Gefährdung der äußeren Sicherheit, Volksverhetzung oder, [...] zu einer Freiheitsstrafe von mindestens sechs Monaten

verurteilt, endet das Beamtenverhältnis mit der Rechtskraft des Urteils. [...]

b) Änderung des Beamtenstatusgesetzes

Die wortgleiche Regelung in § 24 Abs. 1 Satz 1 Nr. 2 BeamtStG wurde in gleicher Weise durch die Einfügung des Worts „Volksverhetzung" nach dem Wort „Sicherheit" ergänzt.

c) Änderung des Bundespersonalvertretungsgesetzes

§ 84 Abs. 1 BPersVG (Angelegenheiten der Mitwirkung)

Der Personalrat wirkt mit bei

[...]

4. Erlass einer Disziplinarverfügung gegen eine Beamtin oder einen Beamten, mit der eine Zurückstufung oder Entfernung aus dem Beamtenverhältnis ausgesprochen wird,

[...].

§ 84 Abs. 2 BPersVG (Keine Mitwirkung)

Maßnahmen nach Absatz 1 Nummer 4 bis 6 gegenüber den in § 78 **Absatz 4** genannten Beschäftigten unterliegen nicht der Mitwirkung. [...]

d) Änderung des Postpersonalrechtsgesetzes

Da eine Erhebung der Disziplinarklage nicht mehr möglich ist, wurde § 1 Abs. 5 Satz 2 aufgehoben.

3. Neues Tatbestandsmerkmal „Volksverhetzung"

a) In § 41 BDG bzw. § 24 BeamtStG

Der Verlust der Beamtenrechte nach § 41 BBG oder § 24 BeamtStG ist eine der in § 30 BBG bzw. § 21 BeamtStG abschließend aufgezählten Beendigungsgründe des Beamtenverhältnisses. Mit der „Volksverhetzung" wurde mit Wirkung zum 01.04.2024 ein neuer Tatbestand begründet.[20] Bei schweren Dienstvergehen führen strafrechtliche Verurteilungen zu Freiheitsstrafen – im Regelfall ab einem Jahr, in besonderen Fällen ab sechs Monaten – nach § 41 BBG und § 24 BeamtStG unmittelbar zum Verlust der Beamtenrechte, ohne dass es eines Disziplinarverfahrens bedarf. Das erklärte Ziel der Aufnahme des Straftatbestands der Volksverhetzung in § 41 Abs. 1 Satz 1 Nr. 2 BBG, § 24 Abs. 1 Satz 2 Nr. 2 BeamtStG, § 59 Abs. 1 Satz 1 Nr. 2b sowie § 61 Abs. 1 Satz 1 Nr. 4 des BeamtVG ist es, Verfassungsfeinde schneller als bisher aus dem öffentlichen Dienst auszuschalten, indem eine rechtskräftige Verurteilung wegen Volksverhetzung nicht erst wie bisher bei einer Freiheitsstrafe von einem Jahr bzw. bei Versorgungsbeziehenden von zwei Jahren, sondern bereits bei einer Freiheitsstrafe von mindestens sechs Monaten zum Verlust der Beamtenrechte bzw. der Versorgungsbezüge führt.

Hinweis:

Der Verlust der Beamtenrechte beendet das Beamtenverhältnis. Diese Rechtsfolge sollte vom Dienstherrn aus Gründen der Rechtssicherheit und Rechtsklarheit jedoch noch verbindlich durch einen Verwaltungsakt (§ 35 VwVfG) festgestellt werden, denn bei einer Beendigung des Beamtenverhältnisses durch den Verlust der Beamtenrechte nach § 41 BBG oder § 24 BeamtStG besteht kein Anspruch auf Leistungen des Dienstherrn mehr, d. h. es enden die Ansprüche auf Besoldung, Versorgung und sonstige Leistungen.

Die Volksverhetzung ist in § 130 StGB geregelt. Mit Freiheitsstrafe von drei Monaten bis zu fünf Jahren wird etwa nach § 130 Abs. 1 StGB bestraft, wer in einer Weise, die geeignet ist, den öffentlichen Frieden zu stören,

---

[20] Vgl. Art. 5 und Art. 6 des Gesetzes zur Beschleunigung von Disziplinarverfahren in der Bundesverwaltung und zur Änderung dienstrechtlicher Vorschriften vom 22.12.2023; BGBl. I Nr. 389.

1. gegen eine nationale, rassische, religiöse oder durch ihre ethnische Herkunft bestimmte Gruppe, gegen Teile der Bevölkerung oder gegen einen Einzelnen wegen dessen Zugehörigkeit zu einer vorbezeichneten Gruppe oder zu einem Teil der Bevölkerung zum Hass aufstachelt, zu Gewalt- oder Willkürmaßnahmen auffordert oder

2. die Menschenwürde anderer dadurch angreift, dass er eine vorbezeichnete Gruppe, Teile der Bevölkerung oder einen Einzelnen wegen dessen Zugehörigkeit zu einer vorbezeichneten Gruppe oder zu einem Teil der Bevölkerung beschimpft, böswillig verächtlich macht oder verleumdet.

Nach § 130 Abs. 3 StGB wird mit Freiheitsstrafe bis zu fünf Jahre oder mit Geldstrafe bestraft, wer eine unter der Herrschaft des Nationalsozialismus begangene Handlung der in § 6 Abs. 1 des Völkerstrafgesetzbuches bezeichneten Art in einer Weise, die geeignet ist, den öffentlichen Frieden zu stören, öffentlich oder in einer Versammlung billigt, leugnet oder verharmlost. Schutzgut des § 130 StGB ist in erster Linie der öffentliche Friede, der etwa durch eine Verharmlosung der NS-Gewaltverbrechen gestört werden kann.[21]

Ein ordentliches Strafverfahren i. S. d. § 41 Abs. 1 Satz 1 BBG/§ 24 Abs. 1 Satz 1 BeamtStG ist nur bei einem nach Maßgabe der Strafprozessordnung oder dem Gerichtsverfassungsgesetz durchgeführten Strafverfahren vor einem deutschen Gericht gegeben. Eine Verurteilung durch rechtskräftigen **Strafbefehl** führt hingegen nicht zur Beendigung des Beamtenverhältnisses kraft Gesetzes.[22] Der Strafbefehl ist kein im ordentlichen Strafverfahren ergehendes Urteil. Er ist eine in einem besonders geregelten summarischen Verfahren getroffene richterliche Entscheidung. Das Strafbefehlsverfahren dient vornehmlich der Vereinfachung und Beschleunigung.[23] Es unterscheidet sich grundlegend von dem ordentlichen Strafverfahren, in dem das Strafgericht nach dem Ergebnis der Hauptverhandlung entscheidet.

Die Bestimmung des zwingenden Verlustes der Beamtenstellung kraft Gesetzes ist verfassungskonform.[24] Beamte sind untragbar, wenn sie die Straftatbestände i. S. d. § 41 Abs. 1 Satz 1 Nr. 1 und 2

---

[21]   *Sternberg-Lieben/Schittenhelm* in: Schönke/Schröder, Kommentar zum StGB, § 130 Rn. 1a.

[22]   BVerwG, 08.06.2000 – 2 C 20.99, ZBR 2001, 107.

[23]   BVerfGE 65,377.

[24]   VG Münster, 27.02.2009 – 20 K 1556/07.O.

BBG/§ 24 Abs. 1 Satz 1 Nr. 1 und 2 BeamtStG verwirklichen oder ein Fall des § 41 Abs. 1 Satz 2 BBG/§ 24 Abs. 1 Satz 2 BeamtStG vorliegt. Dem jeweiligen Dienstherrn aber auch der Allgemeinheit sind keine Beamten zumutbar, die sich in so erheblichem Maße als nicht lauter erwiesen haben.

b) Rechtskräftiges Strafurteil eines ausländischen Strafgerichts

Erfolgt die Verurteilung des Beamten durch rechtskräftiges Strafurteil eines **ausländischen Strafgerichts**, so greift § 24 BeamtStG nicht, da der Gesetzgeber in § 24 Abs. 1 Satz 1 BeamtStG (sowie in § 41 Abs. 1 Satz 1 BBG und § 59 Abs. 1 Satz 1 Nr. 2 BeamtVG) die Bindungswirkung auf rechtskräftige Strafurteile eines deutschen Gerichts beschränkt hat. Tatsächliche Feststellungen in Urteilen, die in ausländischen Strafverfahren ergangen sind, sind nicht generell aus rechtsstaatlichen Gründen unverwertbar. Ein Zweck von § 57 Abs. 1 BDG (und der landesrechtlichen Regelungen) besteht darin, in Disziplinarverfahren der erhöhten Richtigkeitsgewähr der Ergebnisse des Strafprozesses mit seinen besonderen rechtsstaatlichen Sicherungen Rechnung zu tragen. Dies gilt ohne Unterschied gleichermaßen für deutsche wie für ausländische Strafprozesse, solange diese rechtsstaatliche Mindeststandards einhalten und die in den Strafurteilen getroffenen Feststellungen nicht offenkundig unrichtig sind. Mögliche justizielle Defizite erfordern es nicht, die Bindung nach § 57 Abs. 1 Satz 1 BDG generell auf Urteile deutscher Gerichte zu beschränken, sondern sind im Einzelfall nach § 57 Abs. 1 Satz 2 BDG zu korrigieren. Die Wahrung auch der besonderen rechtsstaatlichen Mindeststandards im ausländischen Strafverfahren lässt sich anhand der einschlägigen ausländischen Normen und der ausländischen Strafakten regelmäßig im Bundesgebiet überprüfen. Insoweit verfangen hiergegen erhobene Einwendungen, die rechtsstaatlichen Standards ausländischer Strafverfahren könnten im Einzelfall kaum überprüft werden, nicht. Zu berücksichtigen ist auch, dass die Aufklärung sämtlicher erheblicher Tatumstände vom Bundesgebiet aus am Tatort im Ausland mit deutlich mehr Unsicherheiten behaftet ist. Entscheidend kommt es insbesondere darauf an, ob dem ausländischen Strafurteil eine genügende richterliche Sachaufklärung vorausgegangen ist. Wesentlich dafür ist, dass der Streitgegenstand wenigstens einmal in einem mit rechtsstaatlichen Garantien ausgestatteten gerichtlichen Verfahren zur Prüfung gestellt worden ist, gleich wo dieses Strafverfahren stattgefunden hat, ob im Bundesgebiet oder im

Ausland.[25] Des Weiteren muss dem Beamten im ausländischen Strafverfahren rechtliches Gehör gewährt worden sein. Es ist auch unerlässlich, dass das ausländische Strafurteil in einem Verfahren ergangen ist, das dem allgemeinen Justizgewährungsanspruch des Beamten, d. h. dem Zugang zu einem gerichtlichen Verfahren, gerecht geworden ist.[26] Die Bindungswirkung an die tatsächlichen Feststellungen ausländischer Strafurteile im deutschen Disziplinarverfahren ist auch mit Art. 6 Abs. 1 EMRK vereinbar. Aus Art. 6 Abs. 1 EMRK folgt ein allgemeiner Justizgewährungsanspruch, ein Recht auf faires Verfahren, das ein Recht auf Gehör einschließt sowie die Gewährleistung des gesetzlichen Richters. Darüber hinaus gewährt Art. 6 Abs. 3 Buchst. a) EMRK dem Angeklagten in einem Strafverfahren das Recht, innerhalb möglichst kurzer Frist in einer ihm verständlichen Sprache in allen Einzelheiten über Art und Grund der gegen ihn erhobenen Beschuldigung unterrichtet zu werden. Umfangreiche schriftliche Übersetzungen sind dafür grundsätzlich nicht nötig.[27] Der Anspruch nach Art. 6 Abs. 3 Buchst. a EMRK beinhaltet grundsätzlich die Übersendung einer Übersetzung der Anklageschrift in eine für den Angeklagten verständliche Sprache. Dies hat in aller Regel schon vor der Hauptverhandlung zu geschehen.[28] Überdies hat der Angeklagte im Strafprozess gem. Art. 6 Abs. 3 Buchst. d EMRK das Recht, Fragen an Belastungszeugen zu stellen oder stellen zu lassen und die Ladung und Vernehmung von Entlastungszeugen unter denselben Bedingungen zu erwirken, wie sie für Belastungszeugen gelten. Das Recht, Zeugen zu befragen, umfasst auch, dies in Anwesenheit der Richter zu tun, die über die Sache entscheiden. Änderungen des Spruchkörpers erfordern grundsätzlich eine erneute Zeugenbefragung.[29] Sind im Strafverfahren eines ausländischen Strafgerichts entsprechende rechtsstaatliche Mindeststandards nicht eingehalten, so entfalten sie keine Bindungswirkung.

Wenn gegen den Beamten eine Freiheitsstrafe verhängt wurde, die nur wenig unterhalb der Schwelle des § 24 Abs. 1 Nr. 1 oder Nr. 2 BeamtStG liegt, oder wenn eine entsprechend hohe Freiheitsstrafe durch ein Strafurteil eines ausländischen Strafgerichts verhängt wurde, in dem die rechtsstaatlichen Mindeststandards eingehalten worden sind, kann im Disziplinarverfahren die Verhängung der

---

[25] Vgl. BVerwG, 06.06.1975 – 4 C 15.73, BVerwGE 48, 271.
[26] BVerwG, 19.04.2018 – 2 C 59/16.
[27] Vgl. EGMR, 19.12.1989 – 9783/82, EGMR-E 4, 450, Rn. 79–81.
[28] BGH, 10.07.2017 – 3 StR 262/14, NStZ 2017, 63.
[29] EGMR, 10.01.2005 – 10075/02, StV 2005, 475, Rn. 38.

Höchstmaßnahme, die Entfernung aus dem Dienst bzw. die Aberkennung des Ruhegehalts, ernsthaft in Betracht kommen. Die aktuelle Rechtsprechung des Bundesverwaltungsgerichts bemisst die Disziplinarmaßnahme gem. § 13 Abs. 1 Satz 2 BDG nach der Schwere des Dienstvergehens und dieses nach der Höhe der Strafandrohung im vom Beamten verletzten Straftatbestand.[30] Hierin führt das BVerwG aus:

> Straftaten, für die der Gesetzgeber eine Strafandrohung von bis zu zwei Jahren vorgesehen hat und die einen Bezug zur Amtsstellung des Beamten – hier des Lehrers – haben, lassen Disziplinarmaßnahmen bis hin zur Entfernung aus dem Beamtenverhältnis zu. Die Ausschöpfung dieses Orientierungsrahmens bedarf indes der am Einzelfall ausgerichteten Würdigung der Schwere der von dem Beamten begangenen Verfehlungen und seiner Schuld. Diese Bemessungsentscheidung führt beim Besitz von Kinderpornografie durch Lehrer (und Polizeibeamte sowie Beamte im Jugendamt) – selbst in geringer Menge – in aller Regel zur Entfernung aus dem Beamtenverhältnis. [...] Da das Strafrecht und das beamtenrechtliche Disziplinarverfahren unterschiedliche Zwecke verfolgen, kommt es hingegen nicht auf das konkret ausgesprochene Strafmaß (Geldstrafe oder Freiheitsstrafe) an.
>
> (BVerwG, 24.10.2019 – 2 C 3.18 sowie 2 C 4.18)

Das Bundesverwaltungsgericht hat darüber hinausgehend entschieden, dass sogar ein außerdienstliches Dienstvergehen, das keinen Straftatbestand erfüllt, die Höchstmaßnahme zwar nicht im Regelfall, wohl aber im Ausnahmefall rechtfertigen kann.[31] Bei einer Strafandrohung von bis zu drei Jahren müssen Beamte im Regelfall mit einer Entfernung rechnen.[32]

Nicht erfasst von dem Wortlaut des § 24 Abs. 1 Satz 1 BeamtStG sind Verfahren nach dem Jugendgerichtsgesetz.

Unerheblich für die Anwendbarkeit des § 24 Abs. 1 Satz 1 BeamtStG ist der Umstand, dass das Strafgericht die Freiheitsstrafe von einem Jahr zur Bewährung ausgesetzt hat. Der automatische Verlust der Beamtenrechte durch Urteil hat weder von seinem Wortlaut noch von der Bedeutung der Regelung in § 24 Abs. 1 Satz 1 BeamtStG zur Voraussetzung, dass die Freiheitsstrafe auch tatsächlich verbüßt wird. Vielmehr knüpft die Vorschrift an der rechtskräftigen Verurteilung zu einer Freiheitsstrafe von zwölf Monaten an. Aus dem Strafurteil muss indes hervorgehen, dass bei Verurteilung wegen vorsätzlicher in Tateinheit mit fahrlässiger Straftat die Verhängung von

---

[30]   BVerwG, 24.10.2019 – 2 C 3.18 sowie 2 C 4.18.
[31]   BVerwG, 04.04.2019 – 2 B 32.18.
[32]   BVerwG, 17.06.2019 – 2 B 82.18.

mindestens einem Jahr Freiheitsstrafe allein wegen der Vorsatztat erfolgte.[33]

Der Beamte muss die Straftat vorsätzlich begangen haben, dabei genügt es jedoch auch, dass er mit bedingtem Vorsatz gehandelt hat. Dies ist dann der Fall, wenn der Beamte es für möglich hält, dass der Tatbestand verwirklicht ist und er die Folgen billigend in Kauf nimmt.

Im Falle des Verlusts der Beamtenrechte nach § 41 BBG wird das Disziplinarverfahren nach § 32 Abs. 2 Nr. 2 BDG eingestellt. Gleiches gilt gegenüber Ruhestandsbeamten, gegen die wegen einer **vor** Beendigung des Beamtenverhältnisses begangenen Tat eine Entscheidung ergangen ist, die nach § 41 Abs. 1 BBG zum Verlust der Beamtenrechte geführt hätte, oder der wegen einer **nach** Beendigung des Beamtenverhältnisses begangenen Tat durch ein deutsches Gericht im Geltungsbereich der Bundesrepublik Deutschland im ordentlichen Strafverfahren

a) wegen einer vorsätzlichen Tat zu einer Freiheitsstrafe von mindestens zwei Jahren oder

b) wegen einer vorsätzlichen Tat, die nach den Vorschriften über Friedensverrat, Hochverrat, Gefährdung des demokratischen Rechtsstaates, Volksverhetzung oder Landesverrat und Gefährdung der äußeren Sicherheit strafbar ist, zu Freiheitsstrafe von mindestens sechs Monaten verurteilt worden ist.

In diesen Fällen verlieren die Ruhestandsbeamten mit der Rechtskraft der Entscheidung ihre Rechte als Ruhestandsbeamte.

4. Ziel des geänderten Bundesdisziplinargesetzes

Ziel des Gesetzes ist u. a. eine spürbare Beschleunigung von Disziplinarverfahren wegen aller Dienstvergehen, die statusrelevante Maßnahmen zur Folge haben. Eine rasche und effektive Ahndung von Dienstvergehen soll das Ansehen des öffentlichen Dienstes und die Funktionsfähigkeit und die Integrität der Verwaltung stärken. Zugleich sollen die von einem Disziplinarverfahren ausgehenden Belastungen für die betroffenen Beamten so kurz wie möglich gehalten werden. Seit dem 01.04.2024 müssen sämtliche Disziplinarmaßnahmen durch Disziplinarverfügung ausgesprochen werden. Die Verlagerung des Ausspruchs auch schwerer Disziplinarmaßnahmen auf die behördliche Ebene soll einen schnelleren Abschluss des Disziplinarverfahrens

---

[33] Vgl. BVerwG, NJW 1990, 1865.

ermöglichen. Eine Vollkontrolle der Disziplinarverfügung durch die Verwaltungsgerichte soll den Anspruch der betroffenen Beamten auf effektiven Rechtsschutz sichern. Ob das mit dem Gesetzentwurf verfolgte Ziel der Beschleunigung des Disziplinarverfahrens tatsächlich erreicht werden kann, bleibt erst noch abzuwarten. Zu berücksichtigen ist nämlich, dass nicht selten die lange Dauer eines Disziplinarverfahrens wesentlich durch dessen in § 22 Abs. 1 Satz 1 BDG vorgegebene Aussetzung für die Dauer eines parallel betriebenen Strafklageverfahrens begründet ist. Zum anderen ist festzuhalten, dass der Instanzenweg gerade in Disziplinarverfahren, die die Höchstmaßnahme (Entfernung, Aberkennung des Ruhegehalts) zum Gegenstand haben, regelmäßig ausgeschöpft wird. Die Erwartung, dass Disziplinarverfügungen in solchen Verfahren weniger angegriffen werden, steht damit in Widerstreit zu den Erfahrungen der Praxis.

Aufgehoben wurde u. a. § 55 BDG. Nach § 55 Abs. 1 BDG hatte der Beamte bei einer Disziplinarklage wesentliche Mängel des behördlichen Disziplinarverfahrens oder der Klageschrift innerhalb zweier Monate nach Zustellung der Klage oder der Nachtragsdisziplinarklage geltend zu machen. Gem. § 55 Abs. 2 Halbs. 1 BDG konnte das Gericht wesentliche Mängel, die nicht oder nicht innerhalb der Frist des § 55 Abs. 1 BDG geltend gemacht wurden, unberücksichtigt lassen, wenn ihre Berücksichtigung nach seiner freien Überzeugung die Erledigung des Disziplinarverfahrens verzögern würde und der Beamte über die Folgen der Fristversäumung belehrt worden war. Weiterhin konnte das Gericht nach § 55 Abs. 3 Satz 1 BDG die dem Dienstherrn zur Beseitigung eines wesentlichen Mangels, den der Beamte rechtzeitig geltend gemacht hatte oder dessen Berücksichtigung es unabhängig davon für angezeigt hielt, eine Frist setzen. Wurde der Mangel nicht innerhalb der Frist beseitigt, wurde das Disziplinarverfahren gem. § 55 Abs. 3 Satz 3 BDG durch Beschluss des Gerichts eingestellt. Diese auf Beschleunigung ausgerichtete Vorschriften hat der Bundesgesetzgeber aufgehoben. Damit hat er das selbst gesetzte Beschleunigungsziel konterkariert.

5. Landesdisziplinargesetze

a) Baden-Württemberg

Das geänderte Bundesdisziplinargesetz orientiert sich grundsätzlich an den in **Baden-Württemberg** geltenden Vorgaben für das Disziplinarverfahren. Mit dem im Jahr 2008 geänderten Landesdisziplinargesetz BW hat sich das Bundesverfassungsgericht in seiner Entscheidung vom 14.01.2020 (2 BvR 2055/16) bereits befasst. Hiernach besteht ein hergebrachter Grundsatz des Berufsbeamtentums, wonach eine Entfernung aus dem Beamtenverhältnis nur durch Richterspruch erfolgen darf, nicht. Gleichfalls bestehe kein hergebrachter Grundsatz, wonach die Entfernungsentscheidung der unmittelbar alleinigen Disziplinargewalt des Dienstvorgesetzten entzogen und immer einem Gremium zu beantworten sei. Das Lebenszeitprinzip gem. Art. 33 Abs. 5 GG erfordere überdies keinen Richtervorbehalt für Entfernungen aus dem Beamtenverhältnis, wenn effektiver nachgelagerter Rechtsschutz sichergestellt sei.

In Rn. 73 führt das Bundesverfassungsgericht Folgendes zum letzten Punkt aus:

3a) Grundsätzlich sind Verwaltungsentscheidungen vollumfänglich gerichtlich kontrollierbar. In diesem Grundmodell der gerichtlichen Vollkontrolle haben die Verwaltungsgerichte die Kompetenz zur Letztentscheidung. Ausnahmsweise ist die gerichtliche Kontrolle zurückgenommen, wenn der Exekutive Letztentscheidungsbefugnisse in Gestalt von Ermessen oder tatbestandlichen Beurteilungsspielräumen eingeräumt sind. Beschränkungen der gerichtlichen Kontrolle müssen gesetzlich vorgesehen und durch Auslegung feststellbar sein (BVerfGE 129, 1). Der Gesetzgeber ist bei der Einräumung solcher Letztentscheidungsbefugnisse nicht frei. Aus den Besonderheiten des jeweiligen Sachgebiets folgen sie, wenngleich diese eine erster Anhaltspunkt sind, nicht ohne Weiteres. Vielmehr binden den Gesetzgeber die Grundrechte sowie das Rechtsstaats- und Demokratieprinzip und die hieraus folgenden Grundsätze der Bestimmtheit und Normenklarheit sowie der Verhältnismäßigkeit.

b) Der konsentierte grundgesetzliche Maßstab verbietet eine Entfernung der Beamten aus dem Beamtenverhältnis aus „Willkür oder freiem Ermessen". Allein dem Wortlaut nach zu urteilen könnte auch eine eingeschränkte gerichtliche Kontrolle von Ermessensentscheidungen verfassungsrechtlich genügen, zumal die Verfassung einen in jeder Hinsicht optimalen Schutz nicht fordert. Wird allerdings der maßgebliche Bezugspunkt des Lebenszeitprinzips, nämlich der Schutz der Unabhängigkeit der Beamten im Interesse einer rechtsstaatlichen Verwaltung, in den Blick genommen, verblieben durch eingeschränkt gerichtlich kontrollierbare Entscheidungen Unsicherheitsreste im Hinblick auf die Maßgeblichkeit der Entfernungsparameter, die Beamte in ihrer Amtsausführung behindern könnten. [...]

c) Die Entfernung aus dem Beamtenverhältnis nach dem LDG BW ist als gebundene, gerichtlich voll kontrollierbare Entscheidung ausgestaltet.

b) Brandenburg

Das Landesdisziplinargesetz Brandenburg wurde durch Art. 2 des Gesetzes vom 14.05.2024[34] geändert und gleicht vom Inhalt her dem BDG in seiner aktuellen Fassung. Die Vorschriften zur Disziplinarklage sowie Nachtragsdisziplinarklage sind weggefallen. Gem. § 34 Abs. 5 LDD Br wird die Zurückstufung sowie die Entfernung aus dem Beamtenverhältnis per Disziplinarverfügung durch die oberste Dienstbehörde, die Aberkennung des Ruhegehalts durch den zur Ausübung der Disziplinarbefugnisse zuständigen Dienstvorgesetzten ausgesprochen. Nach § 34 Abs. 6 LDG Br kann die oberste Dienstbehörde ihre Befugnisse u. a. nach Absatz 5 durch Rechtsverordnung ganz oder teilweise auf nachgeordnete Dienstvorgesetzte übertragen.

Hervorzuheben ist auch die Regelung zur Begründung der Disziplinarverfügung in § 34 Abs. 7 LDG Br. In der Begründung sind die Tatsachen, die ein Dienstvergehen begründen die anderen Tatsachen und Beweismittel, die für die Entscheidung bedeutsam sind, darzustellen. Bei Disziplinarmaßnahmen nach den §§ 9, 10 und 12 LDG Br (Zurückstufung, Entfernung sowie Aberkennung des Ruhegehalts) sind zusätzlich der persönliche und berufliche Werdegang des Beamten und der Gang des Disziplinarverfahrens darzustellen.

Im Fall des § 24 Abs. 1 LDG Br kann wegen der Tatsachen, in denen ein Dienstvergehen gesehen wird, auf die bindenden Feststellungen der ihnen zugrunde liegenden Urteile verwiesen werden.

Für das Land Brandenburg ist überdies in § 45 LDG Br geklärt, dass das Verwaltungsgericht Potsdam die Aufgaben der Disziplinargerichtsbarkeit wahrnimmt. Dazu wurde bei dem Verwaltungsgericht Potsdam eine Kammer für Disziplinarsachen sowie bei dem Oberverwaltungsgericht Berlin-Brandenburg ein Senat für Disziplinarsachen gebildet.

c) Die Disziplinargesetze der übrigen Bundesländer

Die übrigen Disziplinargesetze der Länder orientieren sich weitestgehend an den Stand des Bundesdisziplinargesetzes in seiner Fassung vor dem 01.04.2024. Dies bedeutet: Ist ein Verweis, eine Geldbuße, eine Kürzung der Dienstbezüge oder eine Kürzung des Ruhegehalts angezeigt, so kann nach den Disziplinargesetzen aller

---

[34] GVBl. I/24 [Nr. 21], S. 2.

übrigen Länder eine solche Maßnahme durch **Disziplinarverfügung** ausgesprochen werden (vgl. Art. 35 Abs. 1 Satz 1 BayDG, § 34 Abs. 1 LDG NRW, § 33 Abs. 1 SächsDG).

Soll gegen einen Beamten auf Zurückstufung oder auf Entfernung aus dem Beamtenverhältnis oder gegen Ruhestandsbeamte auf Aberkennung des Ruhegehalts erkannt werden, ist Disziplinarklage zu erheben (Art. 35 Abs. 1 Satz 2 BayDG, § 35 Abs. 1 LDG NRW, § 34 Abs. 1 SächsDG).

Es bleibt abzuwarten, ob weitere Bundesländer ihre Disziplinargesetze im Maßstab oder in Anlehnung an die Änderungen des BDG ändern.

Das Dienstvergehen

Das Dienstvergehen

1. Innerdienstliches/Außerdienstliches Dienstvergehen

Die zentrale Vorschrift des Disziplinarrechts findet sich in § 77 Abs. 1 BDG bzw. § 47 Abs. 1 BeamtStG. Danach begehen Beamte ein Dienstvergehen, wenn sie schuldhaft die ihnen obliegenden Pflichten verletzen. Ein Verhalten außerhalb des Dienstes ist nur dann ein Dienstvergehen, wenn es nach den Umständen des Einzelfalls im besonderen Maße geeignet ist, das Vertrauen in eine für ihr Amt bedeutsamen Weise zu beeinträchtigen.

Tatbestandsmäßig ist zu differenzieren, ob es sich um ein innerdienstliches oder außerdienstliches Fehlverhalten handelt, wobei außerdienstlich noch besondere Voraussetzungen vorliegen müssen. Nach **§ 77 Abs. 1 Satz 2 BBG bzw. § 47 Abs. 1 Satz 2 BeamtStG** ist ein Verhalten **außerhalb des Dienstes** nur dann ein Dienstvergehen, wenn es nach den Umständen des Einzelfalls in besonderem Maße geeignet ist, das Vertrauen in einer für das Amt bedeutsamen Weise zu beeinträchtigen. Außerdienstliche Pflichtverletzungen unterscheiden sich von innerdienstlichen durch ihre funktionale Beziehung zum Dienst, nicht durch Ort oder Zeit der Begehung.[35] Entscheidend ist also, ob die Pflichtverletzung inhaltlich etwas mit der Amtsausübung zu tun hat.

Ob das Verhalten eines Beamten, als innerdienstlich oder außerdienstlich zu werten ist, ist nach der Rechtsprechung nach materiellrechtlichen Kriterien zu beurteilen.[36] Entscheidend ist deshalb nicht, ob eine zeitliche oder örtliche Verbindung mit dem Dienst besteht, sondern vielmehr, ob ein kausaler und funktionaler Zusammenhang mit den dienstlichen Aufgaben zu bejahen ist.[37]

Beispiele für innerdienstliches Fehlverhalten: ――――――――

- Diebstahl von Wertsachen des Dienstherrn oder von Kollegen
- Verletzung der politischen Treuepflicht
- Ausnutzung der Vorgesetztenfunktion zur Erlangung eines Darlehens von Untergebenen
- Beleidigung gegenüber Vorgesetzten

---

[35] Vgl. BVerwG, 01.02.1989 – 1 D 2.86, BverwGE 86, 99 ff.
[36] Vgl. BVerwG, 21.08.1996 – 1 D 66.95.
[37] Vgl. *Gansen*, Disziplinarrecht in Bund und Ländern, Band 1, § 2 Rn. 7a.

Beispiele für außerdienstliches Fehlverhalten:

Beleidigungen gegenüber Vorgesetzten im privaten Bereich

Warenhausdiebstahl

private Trunkenheitsfahrt und/oder unerlaubtes Entfernen vom Unfallort

Außerdienstliches Verhalten von Beamten ist nur disziplinarwürdig, wenn es zur Beeinträchtigung des berufserforderlichen Vertrauens führen kann. Dies ist insbesondere bei vorsätzlich begangenen Straftaten sowie bei Vorliegen eines Bezugs zwischen dem Pflichtverstoß und dem Amt des Beamten anzunehmen. Anknüpfungspunkt hierfür ist das Amt im statusrechtlichen Sinn.

Noch in seiner Entscheidung vom 19.08.2010 (2 C 5.10) ist der 2. Senat des BVerwG davon ausgegangen, dass sich die Beeinträchtigung der Achtung und des Vertrauens auf das Amt des Beamten im konkret-funktionellen Sinne (also aus dem konkret wahrgenommenen Dienstposten) beziehen müsse. Die Rechtsstellung der Beamten wird durch ihr Statusamt geprägt.[38] Dieses – und nicht die mit einem gegenwärtig innegehabten Dienstposten verbundene Tätigkeit – bestimmt, mit welchem Aufgabenbereich die Beamten amtsangemessen beschäftigt und damit künftig verwendet werden können. Folgerichtig sind auch andere statusrechtliche Entscheidungen, wie etwa zu Eignung (Art. 33 Abs. 2 GG) oder Dienstfähigkeit der Beamten, nicht auf die sich aus einem bestimmten Dienstposten ergebenden Anforderungen bezogen.

Auch die spiegelbildliche Frage, ob der Beamte trotz begangener Pflichtverletzungen noch im Beamtenverhältnis verbleiben kann, muss daher auf sein Amt als Ganzes und nicht auf die Besonderheiten eines begrenzten Tätigkeitsbereichs bezogen werden. Andernfalls hinge die Möglichkeit der Vertrauensbeeinträchtigung von den Zufälligkeiten des jeweiligen Aufgabenzuschnitts und der Abgrenzung der Dienstposten zum Zeitpunkt der Tatbegehung ab. Der Beamte kann aber jederzeit umgesetzt oder versetzt werden.

Die Bezugnahme auf das Statusamt folgt überdies aus der materiellen Pflichtenstellung in § 61 Abs. 1 Satz 3 BBG bzw. § 34 Abs. 1 Satz 3

---

[38] BVerwG, 11.12.2014 – 2 C 51.13, ZBR 2015, 166.

BeamtStG. Die Regelungen nehmen jeweils – im Unterschied zum jeweiligen Satz 2 – Bezug auf den Beruf.[39]

Im Hinblick auf die Rechtsprechung zum Beamtenrecht ist die geänderte Rechtsprechung des 2. Senats des BVerwG konsequent. In funktionaler Hinsicht kann ein außerdienstliches Verhalten von Beamten gerade nicht durch die im Zeitpunkt der Ausübung des Dienstvergehens konkret übertragenen Aufgaben eines Dienstpostens bestimmt sein. Erzieher, Lehrer oder auch Polizeibeamte genießen in der Öffentlichkeit eine besondere Vertrauens- und Garantenstellung. Dieses berufserforderliche Vertrauen wird in besonderem Maße u. a. beeinträchtigt, wenn Polizeibeamte selbst erhebliche Vorsatzstraftaten – gerade zulasten Schutzbedürftiger – begehen. Dies gilt unabhängig davon, ob der Polizeibeamte auf seinem konkreten Dienstposten gerade mit der Verfolgung solcher Delikte betraut war oder Kontakt mit Kindern oder Jugendlichen hatte. Erhebliche Straftaten eines Polizeibeamten (z. B. Besitz kinderpornografischer Schriften) begründen auch in Ansehung ihres außerdienstlichen Charakters ein disziplinarwürdiges Dienstvergehen.

Eine außerdienstlich begangene gefährliche Körperverletzung weist einen hinreichenden Bezug zum Amt im statusrechtlichen Sinne eines Polizeibeamten auf. Dies gilt auch, wenn er polizeiintern mit gänzlich anderen Aufgaben im Rahmen seines Dienstpostens betraut wurde. Denn Polizeibeamte haben Straftaten zu verhüten, aufzuklären und zu verfolgen. Dieses berufserforderliche Vertrauen wird in besonderem Maße beeinträchtigt, wenn Polizeibeamte selbst erhebliche Vorsatzstraftaten begehen.[40] Weiterhin kann sich aber aus dem sachlichen Bezug des Dienstvergehens zum konkreten Aufgabenbereich eine Indizwirkung ergeben.[41] Denn die Beamten werden mit dem ihnen übertragenen konkreten Amt identifiziert; dieses haben sie uneigennützig, nach bestem Gewissen und in voller persönlicher Verantwortung für die Rechtmäßigkeit seiner dienstlichen Handlungen wahrzunehmen (§ 61 Abs. 1 Satz 1 BBG bzw. § 34 Abs. 1 Satz 1 und 2 BeamtStG).

---

[39] BVerwG, 18.06.2015 – 2 C 9.14.
[40] BayVGH, 19.02.2016 – 16 a DZ 13.177.
[41] BVerwG, 18.06.2015 – 2 C 9.14.

Beispiele:

Verrät eine Beamtin um 22.00 Uhr nach Dienstschluss in einem Restaurant ein Dienstgeheimnis, so handelt es sich um ein innerdienstliches Verhalten, obwohl sie die Pflichtverletzung in ihrer Freizeit begeht, denn es hat inhaltlich mit der Ausübung ihres Amts zu tun.

Ein Polizeibeamter, der außerdienstlich den Anschein setzt, sich mit der rechten Szene zu identifizieren, begeht ein Dienstvergehen und darf aus dem Beamtenverhältnis auf Probe entlassen werden.[42]

2. Definition des Dienstvergehens

Im Unterschied zum Strafrecht enthält das Disziplinarrecht keine Aufzählung der Pflichten, deren Verletzung ein Dienstvergehen darstellt. Durch § 77 Abs. 1 BDG bzw. § 47 Abs. 1 BeamtStG werden sozusagen generalklauselartig alle Pflichtverletzungen erfasst. Die Voraussetzungen für das Vorliegen eines Dienstvergehens sind:

- Beamteneigenschaft
- Handlung verstößt gegen Dienstpflichten
- Verschulden ist zu bejahen
- Rechtfertigungsgründe liegen nicht vor
- Bewusstsein der Pflichtwidrigkeit

Fehlt eine dieser Voraussetzungen, liegt kein Dienstvergehen vor.

BVerwG, 14.02.2027 – 1 D 12.05, BVerwGE 128, 125 ff.

Gem. § 47 Abs. 1 BeamtStG begeht ein Beamter ein Dienstvergehen, wenn er schuldhaft die ihm obliegenden Pflichten verletzt. Der gesetzliche Begriff des Dienstvergehens umfasst alle disziplinarrechtlich bedeutsamen Dienstpflichtverletzungen des Beamten. Diese stellen disziplinarrechtlich eine Einheit dar. Denn nur aufgrund einer Gesamtwürdigung des Verhaltens und der Persönlichkeit des Beamten kann beurteilt werden, ob er im Beamtenverhältnis noch tragbar ist und, falls dies zu bejahen ist, welche Disziplinarmaßnahme erforderlich ist, um ihn zur künftigen Einhaltung der Dienstpflichten und der Wahrung des Ansehens des Berufsbeamtentums anzuhalten. Das von § 47 Abs. 1 Satz 1 BeamtStG geforderte schuldhafte Verhalten bezieht sich auf die einzelne Tathandlung; erfasst werden Vorsatz und Fahrlässigkeit.

---

[42] VG Berlin, 22.09.2009 – VG 26 A 143/07.

Ist zu erwarten, dass nach den §§ 14 und 15 BDG oder der vergleichbaren landesdisziplinarrechtlichen Vorschriften eine Disziplinarmaßnahme nicht in Betracht kommt, so wird kein Disziplinarverfahren eingeleitet (§ 17 Abs. 2 Satz 1 BDG).

Gem. § 47 Abs. 1 BeamtStG begehen Beamte ein Dienstvergehen, wenn sie schuldhaft die ihnen obliegenden Pflichten verletzen. Der Tatbestand des Dienstvergehens besteht damit, ebenso wie ein strafrechtlicher Tatbestand aus einem objektiven und einem subjektiven Tatbestand.

Der objektive Tatbestand des Dienstvergehens ergibt sich aus dem objektiven Verstoß des Beamten gegen seine beamtenrechtlichen Pflichten. Welche konkreten Pflichten ein Beamter im Einzelnen zu beachten hat, ergibt sich aus seinem Dienst- und Treueverhältnis und somit aus den hergebrachten Grundsätzen des Berufsbeamtentums.

3. Die einzelnen Dienstpflichten

Einige Grundpflichten, deren Verletzung regelmäßig ein Dienstvergehen darstellt, sind in §§ 60 ff. BBG bzw. §§ 33 ff. BeamtStG geregelt.

a) Übersicht zu den Dienstpflichten

Gem. § 61 Abs. 1 Satz 3 BBG bzw. § 34 Abs. 1 Satz 3 BeamtStG muss das Verhalten der Beamten **der Achtung und dem Vertrauen** gerecht werden, die ihr Beruf erfordert. Der Vorschrift kommt als Auffangnorm eine besondere Bedeutung zu, die regelmäßig zur Anwendung gelangt, wenn sich das als Dienstvergehen zu wertende Fehlverhalten eines Beamten unter eine konkrete Norm nicht fassen lässt. So sind viele von Beamten begangene Straftaten disziplinarrechtlich an der Pflicht des § 61 Abs. 1 Satz 3 BBG bzw. § 34 Abs. 1 Satz 3 BeamtStG festzumachen.

Weitere im BBG bzw. BeamtStG nicht normierte Pflichten ergeben sich auch aus Dienstanweisungen, Hochschulordnungen etc.

Dienstpflichten	BeamtStG	BBG
Unparteiische Amtsführung/ Bekenntnis zur FdGO	§ 33 Abs. 1	§ 60 Abs. 1
Politische Betätigung (Zurückhaltungspflicht)	§ 33 Abs. 2	§ 60 Abs. 2
Pflicht zum vollen persönlichen Einsatz	§ 34 Abs. 1 Satz 1	§ 61 Abs. 1 Satz 1
Pflicht zur Uneigennützigkeit	§ 34 Abs. 1 Satz 2	§ 61 Abs. 1 Satz 2
Wohlverhaltenspflicht	§ 34 Abs. 1 Satz 3	§ 61 Abs. 1 Satz 3
Erscheinungsbild	§ 34 Abs. 2	§ 61 Abs. 2
Folgepflicht	§ 35	§ 62
Verantwortung für die Rechtmäßigkeit/Remonstration	§ 36	§ 63
Verschwiegenheitspflicht	§ 37	§ 67
Diensteid	§ 38	§ 64
Verbot der Führung der Dienstgeschäfte	§ 39	§ 66
Nebentätigkeit	§ 40	§ 71
Tätigkeit nach Beendigung des Dienstverhältnisses	§ 41	
Verbot der Annahme von Belohnungen, Geschenken und sonstigen Vorteilen	§ 42	§ 71
Teilzeitbeschäftigung	§ 43	§ 91
Erholungsurlaub	§ 44	§ 89
Fürsorgepflicht	§ 45	§ 78
Mutterschutz und Elternzeit	§ 46	§ 79
Dienstvergehen: Nichterfüllung von Pflichten	§ 47 Abs. 1	§ 77
Dienstvergehen bei Ruhestandsbeamten	§ 47 Abs. 2	§ 77
Pflicht zum Schadensersatz	§ 48	§ 75

Für die korrekte Formulierung der Einleitungsverfügung, der Disziplinarverfügung und bei den Ländern (Ausnahme Baden-Württemberg) der Einreichung einer Disziplinarklage ist es zwingend erforderlich, exakt aufzuführen, durch welches Verhalten der Beamte an welchem Tag und an welchem Ort er welche Dienstpflichten verletzt hat. Dazu gehört die Benennung der Vorschrift, aus der sich die Dienstpflichtverletzung ergibt.

b) Die Grundpflichten (§ 60 Abs. 1 und Abs. 2 BBG/§ 33 Abs. 1 und Abs. 2 BeamtStG)

(1) Beamtinnen und Beamte dienen dem ganzen Volk, nicht einer Partei. Sie haben ihre Aufgaben unparteiisch und gerecht zu erfüllen und ihr Amt zum Wohl der Allgemeinheit zu führen. Beamtinnen und Beamte müssen sich durch ihr gesamtes Verhalten zu der freiheitlichen demokratischen Grundordnung im Sinne des Grundgesetzes bekennen und für deren Erhaltung eintreten.

(2) Beamtinnen und Beamte haben bei politischer Betätigung diejenige Mäßigung und Zurückhaltung zu wahren, die sich aus ihrer Stellung gegenüber der Allgemeinheit und aus der Rücksicht auf die Pflichten ihres Amtes ergeben.

Die politische Neutralitätspflicht der Beamten folgt – ebenso wie die Treue- und Verfassungstreuepflicht – als hergebrachter Grundsatz des Berufsbeamtentums unmittelbar aus Art. 33 Abs. 5 GG.[43] Sie wird für die Landesbeamten in § 33 BeamtStG näher ausgeformt. § 33 BeamtStG entspricht dabei seinerseits im Wesentlichen – ohne sachliche Änderungen – der bisherigen Regelung in § 35 BRRG.[44] Die Grundpflichten sind für die Beamtinnen und Beamten des Bundes in § 60 BBG geregelt.

aa) Verfassungsrechtliche Dienst- und Treuepflicht

Die allgemeine Dienst- und Treuepflicht wird durch die in § 33 BeamtStG geregelten Grundpflichten konkretisiert.

Nach § 33 Abs. 1 Satz 1 BeamtStG dienen die Beamten dem ganzen Volk und nicht einer Partei. Sie haben ihre Aufgaben unparteiisch und gerecht zu erfüllen und ihr Amt zum Wohle der Allgemeinheit zu führen. Das Wohl der Allgemeinheit ist nach dem BeamtStG Leit-

---

43 Vgl. *Lindner*, ZBR 2020, 1 ff.
44 *Schachel* in: Schütz/Maiwald, Beamtenrecht des Bundes und der Länder, § 33 Rn. 2.

ziel der dienstlichen Tätigkeit, das neben den unmittelbar geltenden Verhaltensregeln durch Gesetz, Rechtsverordnung oder innerdienstliche Weisung steht.

§ 33 Abs. 1 Satz 3 BeamtStG regelt die Treuepflicht der Beamten zur Verfassung.

Weiterhin haben Beamte gem. § 33 Abs. 2 BeamtStG im Zuge ihrer politischen Betätigung Mäßigung und Zurückhaltung zu wahren, die sich aus ihrer Stellung gegenüber der Allgemeinheit und aus der Rücksicht auf die Pflichten ihres Amts ergibt.

bb) Parteipolitische Neutralität

Der Beamte hat bei der politischen Betätigung diejenige Mäßigung und Zurückhaltung zu wahren, die sich aus seiner Stellung gegenüber der Gesamtheit und aus der Rücksicht auf die Pflichten seines Amts ergeben. Die Regelung bedeutet zwar nicht, der Beamte müsse parteipolitische Neutralität wahren. Das wäre ein unzeitgemäßes Verlangen. Der Beamte darf aber nur Mitglied oder Förderer von Parteien oder sonstigen Vereinigungen sein, die sich zur verfassungsmäßigen Grundordnung bekennen. Er darf mithin keine vom Bundesverfassungsgericht verbotene Partei und keine für verfassungswidrig erklärte Vereinigung unterstützen. Aufgabe des Beamten auf Lebenszeit ist es, unabhängig von einem Regierungswechsel unbeeindruckt die Funktionsfähigkeit der öffentlichen Verwaltung zu unterstützen. Das bezieht sich auf die Innenwirkung und die fachliche Unterstützung der politischen Leitung genauso wie auf die Darstellung in der Außenwirkung. Denn die Pflicht der Unparteilichkeit fordert von dem Beamten, seine dienstlichen Aufgaben objektiv und nur nach sachlichen Kriterien zu erledigen.

Mit dem Gebot, dem ganzen Volk zu dienen, wird den Beamten eine Leitlinie für ihre Amtsführung mitgegeben. Sie sind als Organe des Gemeinwesens dem Gemeinwesen verpflichtet.

cc) Unparteiische Aufgabenerfüllung

Jeder Beamte hat seine Aufgaben unparteiisch und gerecht zu erfüllen. Dieses Gebot richtet sich nach dem gesetzlichen Handlungsrahmen und den damit verbundenen Weisungen und Festlegungen. Unparteiisch bedeutet hierbei, dass der Beamte nicht einseitig die Interessen eines Einzelnen vertritt, sondern die unterschiedlichen

Interessen sachlich und objektiv gegeneinander abwägt. Eine unparteiische Amtsführung erfordert überdies, dienstliche Handlungen zu unterlassen, durch die sich der Beamte selbst oder seinen Angehörigen einen Vorteil verschaffen würde. Aus diesem Grund sind auch eine Reihe von Personen von den Verwaltungsverfahren ausgeschlossen, bei denen z. B. sie selbst oder Familienmitglieder betroffen sind (§ 20 VwVfG). Die parteipolitisch neutrale, unparteiische, gesetzmäßige Amtsführung muss dem Wohl der Allgemeinheit dienen. Der Beamte ist gegenüber dem Wohl der Allgemeinheit auch verpflichtet. Insoweit kann er eigene berufliche Interessen oder die von Kollegen nicht mittels eines Streiks durchsetzen.

dd) Bekenntnis zur freiheitlich-demokratischen Grundordnung

Die Basis jeglichen Verwaltungshandelns ist darin zu sehen, dass die Beamten sich zur freiheitlich-demokratischen Grundordnung bekennen und sich für deren Erhalt einsetzen. Unter freiheitlich-demokratischer Grundordnung wird ebenso wie in Art. 21 Abs. 2 Satz 1 GG eine rechtsstaatliche Herrschaftsordnung verstanden, die unter Ausschluss jeglicher Gewalt und Willkürherrschaft auf der Grundlage der Selbstbestimmung des Volks nach dem Willen der jeweiligen Mehrheit und der Freiheit und Gleichheit aufgebaut ist. Zu ihren grundlegenden Prinzipien sind mindestens zu rechnen: die im Grundgesetz konkretisierten Menschenrechte, vor allem das Recht der Persönlichkeit auf Leben und freie Entfaltung, die Volkssouveränität, die Gewaltenteilung, die Verantwortlichkeit der Regierung, die Gesetzmäßigkeit der Verwaltung sowie die Unabhängigkeit der Gerichte und das Mehrparteienprinzip sowie die Chancengleichheit für alle politischen Parteien mit dem Recht auf verfassungsmäßige Bildung und Ausübung einer Opposition.

Das Tatbestandsmerkmal „Gewähr bieten" kann grundsätzlich nur dann verneint werden, wenn der Bewerber bzw. der Beamte gegen die Verfassungsgrundsätze nach den Begriffsbestimmungen des § 92 Abs. 2 StGB verstoßen hat oder einer verbotenen Partei oder Vereinigung angehört.[45]

---

[45] Vgl. *Battis*, BBG, § 7 Rn. 15 f.

Zu den grundlegenden, sogar einer Verfassungsänderung entzogenen Grundprinzipien des freiheitlichen demokratischen Verfassungsstaates, denen die Beamten verpflichtet sind, sind mindestens zu rechnen:

- die Achtung vor den im Grundgesetz konkretisierten Menschenrechten, vor allem dem Recht der Persönlichkeit auf Leben und freie Entfaltung,
- die Volkssouveränität,
- die Gewaltenteilung,
- die Verantwortung der Regierung,
- die Gesetzesmäßigkeit der Verwaltung,
- die Unabhängigkeit der Gerichte,
- das Mehrparteiensystem und
- die Chancengleichheit für alle politischen Parteien mit dem Recht auf verfassungsmäßige Bildung und Ausübung der Opposition.

Der Bewerber bzw. der Beamte kann sich im jeweils zu prüfenden Einzelfall nicht darauf berufen, dass die Partei oder Vereinigung (noch) nicht verboten ist. Bei Mitgliedern nicht verbotener Organisationen ist eine einzelfallbezogene prognostische Persönlichkeitsbeurteilung notwendig.[46] Die Frage, ob der Bewerber bzw. der Beamte die Gewähr für die durch Art. 33 Abs. 5 GG bzw. § 33 Abs. 1 Satz 3 BeamtStG geforderte Verfassungstreue dauerhaft zeigt, erfordert vom Dienstherrn eine Prognoseentscheidung, die dieser bereits aus Anlass der Einstellung zu treffen hat. Dem entspricht auch, dass bereits eine der persönlichen Voraussetzungen für ein Beamtenverhältnis die Verfassungstreue ist (§ 7 Abs. 1 Nr. 2 BeamtStG). Dies verlangt, dass sich der Beamte eindeutig von Gruppen und Bestrebungen distanziert, die diesen Staat, seine verfassungsmäßigen Organe und die geltende Verfassungsordnung angreifen, bekämpfen und diffamieren, und in Krisenzeiten und in ernsthaften Konfliktsituationen innerhalb und außerhalb des Dienstes für den Staat Partei ergreift.

Ein Bewerber bzw. ein Beamter bietet dann keine Gewähr seiner Verfassungstreue, wenn die für seine Einstellung zuständigen Dienstvorgesetzten berechtigte Zweifel an der künftigen Erfüllung dieser

---

[46] BVerfGE 39, 334 [335, 359]; BVerwGE 52, 313 [336].

Pflicht haben.[47] Diese Zweifel können auf äußere Verhaltensweisen gestützt werden.[48] Es sind jedoch stets nur solche Zweifel beachtlich, die auf Umständen von gewissem Gewicht beruhen und bei objektiver Betrachtung geeignet sind, die ernste Besorgnis an der künftigen Erfüllung der Verfassungstreue zu begründen. Hingegen reicht es nicht aus, eine Überzeugung bloß zu haben und sie mitzuteilen, die Lektüre extremer Schriften oder bei Demonstrationen anwesend zu sein.[49] Die Prognoseentscheidung fällt jedoch negativ aus, wenn der Beamtenbewerber Anlass zu der ernsten Besorgnis gibt, dass er mit seiner verfassungsfeindlichen Haltung eine Gefahr für die Erfüllung seiner Dienstpflichten und für den Umgang mit seinen Mitarbeitern und Kunden wird.[50]

OVG Berlin-Brandenburg, 05.11.2020 – OVG 4 S 41/20

Entlassung aus dem Polizeidienst wegen Mitgliedschaft in einer WhatsApp-Gruppe, in der u. a. nationalistische und rassistische Kommentare und Bilder geteilt wurden.

(siehe auch BVerwG, 13.01.2022 – 2 WD 4/21; Hess. VGH, 30.06.2023 – 28 E 803/23.D; VG Freiburg, 23.03.2021 – 3 K 2383/20; VG Bremen, 09.11.2022 – 6 V 1313/22; VG Greifswald, 14.01.2022 – 11 A 1298/20 HGW; VG Hannover, 14.09.2023 – 14 A 5022/22)

Wer rassistische, antisemitische Nachrichten oder digitale Sendungen mit dem Nationalsozialismus verherrlichenden Inhalten versendet oder zustimmend kommentiert oder liked, ist als Beamter charakterlich für den Beamtenstatus (und den gesamten öffentlichen und kirchlichen Dienst) nicht geeignet.[51]

Beispiel: Der fleißige Nachrichtenversender des öffentlichen Dienstes:

WhatsApp-Gruppe wurde von StA in Teilen nicht ausgewertet.

Der Beamte auf Lebenszeit des Landes NRW postet Videos mit ausländerfeindlichen, rassistischen, menschenverachtenden, rechtsextremen und den Nationalsozialismus verherrlichenden Inhalten in eine WhatsApp-Gruppe, die aus mehreren Beschäftigten u. a. der Justiz besteht. Der Beamte versandte u. a. ein Video, auf dem eine Lehrerin Kindern ein Lied vorsingt: ([…] Nun

---

[47]   Vgl. BVerwG, DVBl. 1981, 455, [456].
[48]   BVerwGE, DVBl. 1981, 455 [457].
[49]   Vgl. BVerwG, DVBl. 1981, 455 [457].
[50]   Vgl. BVerfGE 39, 334 [351]; BVerwG, DVBl. 1981, 455 [457].
[51]   Vgl. OVG NRW, 25.03.2021 – 6 B 2055/20.

startet ein Video, in dem Hitler den Arm zum Gruß ausstreckt und „Deutschland" schreit. Es folgen dann mit harter Rockmusik unterlegte Bilder marschierender Soldaten.) Weiterhin versandte er ein Video, das auf „Netflix" anspielt und den Titel „Hetzflix" trägt. Es folgen auf bekannte Kinofilme anspielende Werbefotos, die die Originale abwandeln. Beispielhaft sei hier die auf den Film „Ziemlich beste Freunde" anspielende Fotomontage genannt. Die Köpfe der eigentlichen Hauptdarsteller wurden durch Konterfeis u. a. von Adolf Hitler ersetzt, der „Filmtitel" lautet: „Ziemlich braune Freunde".

Insgesamt hat der Beamte ca. 1.903 Beiträge in dieser Whats-App-Gruppe gepostet. Neben den vorgenannten Videos und entsprechenden Textnachrichten postete er Videos mit pornografischem Inhalt.

Weiterhin übersandte er einen sog. „Kettenbrief" als Textnachricht mit dem Inhalt: „Sieg Heil Du wurdest GEHITLERT.

HITLERE andere Leute, um auch ein Führer zu werden […].

HITLERE mindestens fünf weitere Personen oder es wird in 88 Tagen um 12.00 Uhr nachts ein geldgieriger Jude dein gesamtes Geld klauen und dich vergewaltigen."

Im zweiten Teil der Nachricht ist nach der Überschrift „Lauf, Ali, lauf" das Bild eines Panzers sowie der durch Schriftzeichen angedeutete Abschuss von Munition dargestellt. Weiterhin heißt es: „Deutschen Kameraden schenkt man einen Panzer! Schicke auch du deinen Kameraden einen Panzer. Dies ist eine Ketten-SMS. Für jede Person, die diese Nachricht weitersendet, wird ein Einwanderer zurück in sein Heimatland geschickt. Schicke diese Nachricht an alle, die du kennst und trage zur Operation Sauberes Deutschland bei."

Gegen den Beamten erging u. a. wegen Volksverhetzung ein Strafbefehl. Das Verwaltungsgericht Düsseldorf hat den Beamten aus dem Dienst entfernt (VG Düsseldorf, 28.08.2023 – 35 K 3126/22).

Der Beamte, der „sozusagen als Staat Befehle geben kann", muss sich mit den Prinzipien der verfassungsmäßigen Ordnung ohne innere Distanz identifizieren. Damit ist nicht eine Verpflichtung gemeint, sich die Ziele oder eine bestimmte Politik der jeweiligen

Regierung zu eigen zu machen. Gefordert ist aber die Bereitschaft, sich mit der Idee des Staates, dem der Beamte dienen soll, mit der freiheitlichen demokratischen, rechts- und sozialstaatlichen Ordnung dieses Staates zu identifizieren und für sie einzutreten. Dies schließt nicht aus, an Erscheinungen dieses Staates Kritik zu üben und für Änderungen der bestehenden Verhältnisse mit den verfassungsrechtlich vorgesehenen Mitteln einzutreten, solange damit nicht eben dieser Staat und seine verfassungsmäßige Grundlage infrage gestellt werden. An einer „unkritischen" Beamtenschaft können Staat und Gesellschaft kein Interesse haben. Unverzichtbar ist aber, dass der Beamte den Staat und die geltende verfassungsrechtliche Ordnung bejaht, sie als schützenswert anerkennt, in diesem Sinne sich zu ihnen bekennt und aktiv für sie eintritt. Der Staat ist darauf angewiesen, dass seine Beamten für ihn einstehen und Partei für ihn ergreifen.[52]

Die Treuepflicht fordert mehr als nur eine formale korrekte, im Übrigen uninteressierte, kühle, innerlich distanzierte Haltung gegenüber Staat und Verfassung. Sie fordert vom Beamten insbesondere, dass er sich eindeutig von Gruppen und Bestrebungen distanziert, die diesen Staat, seine verfassungsmäßigen Organe und die geltende Verfassungsordnung angreifen, bekämpfen und diffamieren. Vom Beamten wird erwartet, dass er diesen Staat und seine Verfassung als einen hohen positiven Wert erkennt und anerkennt, für den einzutreten sich lohnt. Der Staat – d. h. konkreter, jede verfassungsmäßige Regierung und die Bürger – muss sich darauf verlassen können, dass der Beamte in seiner Amtsführung Verantwortung für diesen Staat, für „seinen" Staat zu tragen bereit ist, dass er sich in dem Staat, dem er dienen soll, zu Hause fühlt – jetzt und jederzeit.[53]

Die Grundentscheidung des Grundgesetzes zur Konstituierung einer wehrhaften Demokratie lässt es nicht zu, dass Beamte im Staatsdienst tätig werden, die die freiheitliche demokratische, rechts- und sozialstaatliche Ordnung ablehnen und bekämpfen. Diesen Personen fehlt die Eignung für die Ausübung eines öffentlichen Amtes. Ihnen kann von den Bürgern nicht das zur Wahrnehmung des öffentlichen Amts berufserforderliche Vertrauen entgegengebracht werden.[54]

---

[52] BVerwG, 17.11.2017 – 2 C 25/17; OVG NRW, 21.04.2021 – 3d A 1595/20.BDG.
[53] BVerfG, 22.05.1975 – 2 BvL 13/73; OVG NRW, 21.04.2021 – 3d A 1595/20.BDG.
[54] BVerwG, 17.11.2017 – 2 C 25/17; OVG NRW, 21.04.2021 – 3d A 1595/20.BDG.

BVerfG, 12.06.2018 – 2 BvR 1738/12

Zu den hergebrachten Grundsätzen des Berufsbeamtentums sowie zum Kern der institutionellen Garantie aus Art. 33 Abs. 5 GG zählt die Treuepflicht des Beamten (vgl. bereits BVerfGE 9, 26). Ihr kommt besondere Bedeutung auch im modernen Verwaltungsstaat zu, dessen sachgerechte und effiziente Aufgabenwahrnehmung auf eine intakte, loyale, pflichttreue, dem Staat und seiner verfassungsmäßigen Ordnung innerlich verbundene Beamtenschaft angewiesen ist (BVerfGE 39, 334). Der Beamte ist dem Allgemeinwohl und damit zur uneigennützigen Amtsführung verpflichtet und hat bei der Erfüllung der ihm anvertrauten Aufgaben seine eigenen Interessen zurückzustellen. Der Einsatz wirtschaftlicher Kampf- und Druckmittel zur Durchsetzung eigener Interessen, insbesondere auch kollektive Kampfmaßnahmen im Sinne des Art. 9 Abs. 3 GG wie das Streikrecht, lassen sich mit der Treuepflicht des Beamten nicht vereinbaren (vgl. BVerfGE 119, 247). Die Gewährleistung einer rechtlich und wirtschaftlich gesicherten Position soll ihn dabei in die Lage versetzen, seiner Treuepflicht zu genügen.

Der Staat muss sich auch in Zeiten politischer Unruhen sowie in Krisenzeiten auf die Beamten verlassen können, sodass die staatlichen Aufgaben weiterhin ordnungsgemäß wahrgenommen werden. Eine solche Verlässlichkeit bieten nur solche Beamte, die ihrerseits die verfassungsrechtlichen Grundprinzipien achten und verteidigen.

Der Begriff der „freiheitlichen demokratischen Grundordnung" konzentriert sich auf wenige, zentrale Grundprinzipien, die für den freiheitlichen Verfassungsstaat schlechthin unentbehrlich sind. Ausgangspunkt für die Bestimmung des Begriffsinhalts ist danach die Würde des Menschen und das Demokratieprinzip, für das die Möglichkeit gleichberechtigter Teilnahme aller am politischen Willensbildungsprozess sowie die Rückbindung der Ausübung von Staatsgewalt an das Volk maßgeblich ist. Schließlich erfasst der Begriff den Grundsatz der Rechtsstaatlichkeit.[55]

BVerwG, 17.11.2017 – 2 C 25/17, Rn. 85

Es kommt demgegenüber nicht darauf an, ob die politische Überzeugung des Beamten einen Einfluss auf die Art der Erfüllung seiner Dienstpflichten im Übrigen hatte und es nicht zu konkreten Beanstandungen seiner Dienstausübung gekommen ist. Die Treueverpflichtung des Beamten auf die Verfassungsordnung stellt ein personenbezogenes Eignungsmerkmal dar und betrifft das dienstliche wie das außerdienstliche Verhalten des Beamten gleichermaßen.

Auch das Tragen einer Tätowierung mit verfassungsfeindlichen Motiven kann als bloßes Haben und Mitteilen einer bestimmten

---

[55] BVerfG, 17.01.2017 – 2 BvB 1/13; BVerwG, 13.01.2022 – 2 WD 4/21 sowie v. 18.06.2020 – 2 WD 17/19.

Gesinnung als Dienstvergehen nach § 33 Abs. 1 Satz 3 BeamtStG bewertet werden. Zwar bedarf nach einer Grundsatzentscheidung des BVerwG die Reglementierung zulässiger Tätowierungen im Beamtenverhältnis an sich einer hinreichend bestimmten gesetzlichen Regelung; diesen Anforderungen entspricht allein etwa die Befugnis zum Erlass von Bestimmungen über die Dienstkleidung nicht.[56] Das Tragen einer Tätowierung stellt gleichwohl eine Pflichtverletzung dar, wenn und soweit diese durch ihren Inhalt – wie etwa im Fall der Verwendung von Kennzeichen verfassungswidriger Organisationen – gegen die Verfassungstreuepflicht oder andere beamtenrechtliche Pflichten verstößt; die Tätowierung muss weder über der (Dienst-)Kleidung öffentlich sichtbar sein noch ein strafbares Verhalten des Beamten begründen.[57] Im Lichte dieser Rechtsprechung kann eine Tätowierung – soweit und solange es keine spezielleren gesetzlichen Regelungen gibt – nur dann einen Eignungsmangel begründen, wenn sich aus ihrem Inhalt eine Straftat ergibt oder ihr Inhalt Zweifel an der von § 7 Abs. 1 Nr. 2 BeamtStG geforderten Gewähr des Einstellungsbewerbers begründet, jederzeit für die freiheitliche demokratische Grundordnung im Sinn des Grundgesetzes einzutreten.[58] Es bedarf jedenfalls einer besonders sorgfältigen Prüfung, ob eine Tätowierung Zweifel an der charakterlichen Eignung eines Einstellungsbewerbers begründet; im Allgemeinen wird dieser Rückschluss nicht ohne das Hinzutreten weiterer Umstände gerechtfertigt sein.[59]

Hinsichtlich der Prognoseentscheidung, also der Feststellung, ob ein Beamtenbewerber die Gewähr für ein dauerhaftes Bekenntnis zur freiheitlichen demokratischen Grundordnung bietet, steht dem Dienstherrn ein Beurteilungsermessen zu.[60] Weiterhin haben Beamte für die Erhaltung der freiheitlichen demokratischen Grundordnung aktiv einzutreten.[61]

---

[56]   Vgl. BVerwG, 17.11.2017 – 2 C 25.17, BVerwGE 160, 370 ff., mit Anm. *Urban*, NJW 2018, 1193; hierzu auch *Wittkowski*, NVwZ 2018, 1071 ff., und *Pfeffer*, NVwZ 2020, 15 ff.; OVG NRW, 12.09.2018 – 6 A 2272/18, ZBR 2019, 271 ff.

[57]   So BVerwG, 17.11.2017, a. a. O.; siehe auch OVG Berlin-Brandenburg, 26.09.2019 – OVG 4 S 59.19, NVwZ 2020, 83 ff.

[58]   OVG Berlin-Brandenburg, 01.02.2019 – OVG 4 S 52.18, NJ 2019, 218 f.: Tätowierungen mit extremistischem, geschlechtsdiskriminierendem oder rassistischem Inhalt; siehe auch VG München, 20.04.2020 – M 21b S 20.286 und OVG Berlin-Brandenburg, 25.02.2020 – OVG 4 S 65.19, AuA 2020, 280, jeweils zu Tätowierungen mit eindeutigem rechtsradikalen Hintergrund.

[59]   Hess. VGH, 02.11.2020 – 1 B 2237/20). So schließt beispielsweise eine „Löwenkopftätowierung" die Einstellung bei der Polizei nicht aus (OVG NRW, 12.05.2020 – 6 B 212/20).

[60]   BVerfG, DVBl. 1981, 1053 [1054]; *Wichmann/Langer*, Öffentliches Dienstrecht, Rn. 104.

[61]   Vgl. BVerfGE 28, 36.

BVerwG, 18.05.2001 – 2 WD 42.00, 2 WD 43.00, BVerwGE 114, 258 ff.

Betätigt sich ein Beamter in einer oder für eine politische Partei, deren politische Zielsetzung mit der verfassungsmäßigen Ordnung unvereinbar ist, verletzt er die politische Treuepflicht gem. § 33 Abs. 1 Satz 3 BeamtStG, die ihm ein aktives Eintreten für die freiheitlich-demokratische Grundordnung gebietet. Das für die Feststellung einer derartigen Pflichtverletzung erforderliche Minimum an Gewicht und Evidenz eines solchen Verstoßes steht außer Zweifel, wenn sich ein Beamter über mehrere Jahre in Führungspositionen, als Kandidat bei Bundes- und Landtagswahlen sowie durch Reden und andere Publikationen für eine Partei mit verfassungsfeindlicher Zielsetzung eingesetzt hat, auch wenn er selbst parteiintern verfassungskonforme Ziele verfolgt hat. Etwas anderes gilt aber dann, wenn ein Beamter sich in einer Partei, in der sich Anhaltspunkte für verfassungsfeindliche Tendenzen zeigen, noch mit Aussicht auf Erfolg dafür einsetzt, dass diese ernsthaft und nachhaltig unterbunden werden.

Die Annahme, dass eine politische Partei mit der Verfassungsordnung unvereinbare Ziele verfolgt, erfordert die Feststellung, dass und welche grundlegenden Prinzipien der Verfassungsordnung konkret beeinträchtigt, beseitigt und gegebenenfalls durch ihnen widersprechende ersetzt werden sollen; dagegen sind Ideen, Ideologien, Weltanschauungen, Überzeugungen und politische Denkweisen noch keine politischen Ziele und unterliegen daher nicht der Bewertung als mit der Verfassungsordnung vereinbar oder unvereinbar.

Gibt es in einer politischen Partei mindestens zwei unterschiedliche Hauptströmungen, von denen die eine Richtung durch die Führung der Partei einschließlich ihres Vorsitzenden bestimmt wird und die im angeschuldigten Zeitraum in ihrem Kern eher gemäßigt, jedenfalls nicht als rechts- oder linksextremistisch einzustufen ist, so kann noch nicht von einer verfassungsfeindlichen Zielsetzung der Gesamtpartei ausgegangen werden.

BVerwG, 18.05.2001 – 2 WD 42.00, 2 WD 43.00, BVerwGE 114, 258 ff.

Bei der Bewertung von Meinungsäußerungen, die zum Nachweis verfassungsfeindlicher Ziele einer politischen Partei herangezogen werden, ist dem Recht auf freie Meinungsäußerung gem. Art. 5 Abs. 1 Satz 1 GG Rechnung zu tragen. Die Meinungsfreiheit nach Art. 5 Abs. 1 GG findet jedoch ihre Schranke in der unantastbaren Menschenwürde Dritter gem. Art. 1 Abs. 1 GG. Es ist im Einzelfall zu klären, ob der Gebrauch der Meinungsfreiheit den aus der Menschenwürde i. S. v. Art. 1 Abs. 1 GG fließenden Achtungsanspruch von Dritten antastet.

In einer ständig gegen die verfassungsmäßigen Grundprinzipien gerichteten und der Partei zurechenbaren Polemik ist eine verfassungsfeindliche Zielsetzung zu sehen.[62] Setzt sich ein Beamter aktiv für eine solche Organisation ein, deren Ziele mit der freiheitlichen demokratischen Grundordnung des Grundgesetzes unvereinbar sind, verletzt er folglich seine politische Treuepflicht und ist aus dem Dienst zu entfernen, wenn er diese Pflichtverletzung beharrlich fortsetzen will (vgl. zur Entfernung aus dem Dienst eines Funktionsträgers und Wahlkandidaten der Partei „Bürgerbewegung pro Nordrhein-Westfalen – PRO NRW": VG Düsseldorf, 26.05.2014 – 35 K 6592/12.O; nachgehend OVG NRW, 27.09.2017 – 3d A 1732/14.O und BVerwG, 20.08.2018 – 2 B 6.18, ZBR 2019, 130 ff.; das BVerfG hat die Verfassungsbeschwerde nicht zur Entscheidung angenommen, vgl. Kammerbeschluss ohne Begründung vom 28.03.2019 – 2 BvR 2432/18).

In jüngerer Zeit haben die (Medien-)Öffentlichkeit und die Politik den Blick auf etwaige „rechtsextreme" Gesinnungen im Staatsdienst, vor allem bei der Polizei, verschärft (vgl. hierzu ausführlich etwa *Masuch*, ZBR 2020, 289 ff.; VG Freiburg, 19.10.2020 – 3 K 2398/20, ArbuR 2020, 529 f.: Entlassung aus dem Polizeidienst wegen Mitgliedschaft in einer WhatsApp-Gruppe, in der unter anderem nationalistische und rassistische Kommentare und Bilder geteilt wurden; siehe auch OVG Berlin-Brandenburg, 05.11.2020 – OVG 4 S 41/20: Entfernung eines Polizeikommissaranwärters wegen einer antisemitische Äußerung im Unterricht). Vor allem Beamte, die sich der sog. Reichsbürgerbewegung zugehörig fühlen oder ihr nahestehen, bzw. Beamte, die sonst die Existenz der Bundesrepublik infrage stellen, haben dabei auch die Gerichte wiederholt beschäftigt.[63] Bei der sog. Reichsbürgerbewegung handelt es sich um keine homogene, streng zusammengehörige oder klar abgrenzbare Gruppe.

VG München, 02.06.2020 – M 19B DA 20.1166, Rn. 22

Vielmehr umfasst die Bewegung mehrere, oft untereinander konkurrierende Gruppierungen in Deutschland, sodass nicht von einer geschlossenen „Reichsbürger-Ideologie" oder von einer spezifischen Weltanschauung gesprochen werden kann. Allerdings ist allen Anhängern gemein, dass sie die Existenz der Bundesrepublik Deutschland als legitimer und souveräner Staat bestreiten. Die Anhänger behaupten insbesondere, dass das Deutsche Reich fortbestehe. Die Leugnung der Existenz der Bundesrepublik

---

[62] Vgl. BVerwG, 28.11.1980 – 2 C 27.78, BVerwGE 61, 194 ff.
[63] Vgl. hierzu etwa *Förster*, PersV 2019, 4 ff.; *Elliger*, Städte- und Gemeinderat 2017, 18 ff.; siehe allgemein zum Umgang mit Extremismus im Öffentlichen Dienst: *Siems*, DÖV 2014, 338 ff.

Deutschland bedingt, dass die „Reichsbürger-Ideologie" konsequent das Grundgesetz, die Gesetze und die Legitimität staatlicher Institutionen sowie ihrer Repräsentanten negiert. Sie zweifelt die Rechtsgültigkeit von Verwaltungshandeln, amtlichen Bescheiden und die Zuständigkeit der Verwaltungen an oder ignoriert sie gänzlich, beispielsweise mit der Weigerung, Bußgeldzahlungen zu leisten, oder durch das Herstellen eigener Scheindokumente.

Die sog. Reichsbürger halten die Bundesrepublik mithin für nicht legitim und wenden sich gegen die Rechtsordnung.[64] Die Treuepflicht verlangt indes von jedem Beamten, dass er trotz einer durchaus erwünschten kritischen Einstellung den Staat und seine geltende Verfassungsordnung bejaht und dass er sich durch Wort und sonstiges Verhalten in äußerlich erkennbarer Weise – aktiv – für die freiheitliche demokratische Grundordnung einsetzt.[65] Die Pflicht zum Eintreten für die freiheitlich-demokratische Grundordnung ist unteilbar und nicht auf den dienstlichen Raum beschränkt.[66] Es steht daher außer Zweifel, dass ein der Reichsbürgerbewegung nahestehender Beamter mit Blick auf die ihm obliegende beamtenrechtliche Pflicht zur Verfassungstreue daher eine disziplinarrechtlich relevante Ansehensschädigung dann begeht, wenn er dieses Gedankengut teilt und versucht, es an seine Kollegen weiterzugeben.[67] Entsprechendes gilt, wenn der Beamte etwa Formulare der Reichsbürgerbewegung benutzt[68] oder sich sonst in reichsbürgerähnlicher Manier verhält.[69] Solche Verhaltensweisen stellen regelmäßig zugleich auch Verstöße gegen die Pflicht zum achtungs- und vertrauenswürdigen Verhalten dar (§ 34 Abs. 1 Satz 3 BeamtStG).

OVG LSA, 15.03.2018 – 10 L 9/17, NVwZ-RRR 2018, 774 ff.; siehe auch schon zuvor 21.05.2015 – 10 M 4/15

Wenn Polizeivollzugsbeamte Schreiben mit sog. Reichsbürger-Ideologie, in denen u. a. die Existenz der Bundesrepublik und die Gültigkeit des Grundgesetzes negiert werden, an eine Behörde versenden, kann ungeachtet der Motivation und inneren Einstellung der Beamten deren Entfernung aus dem Beamtenverhältnis zulässig sein.

---

64 Siehe allgemein zur Reichsbürgerbewegung auch *Caspar/Neubauer*, LKV 2017, 1 ff.

65 VGH BW, 13.03.2007 – 4 S 1805/06, ZBR 2008, 260 ff.

66 BVerwG, 12.03.1986 – 1 D 103.84, BVerwGE 83, 158 ff.

67 VG Magdeburg, 02.11.2016 – 15 B 32/16 und 31.01.2019 – 15 A 13/17; siehe auch OVG Berlin-Brandenburg, 23.07.2020 – OVG 80 DB 1/20, Werbung u. a. im Kollegenkreis und über Facebook.

68 VG Magdeburg, 16.03.2015 – 8 B 5/15 und 30.03.2017 – 15 A 16/16; OVG LSA, 15.03.2018 – 10 L 9/17.

69 VG Münster, 10.07.2017 – und 26.02.2018 – 13 K 768/17.Os; VG Göttingen, 29.01.2018 – 1 B 384/17.

Das Bekenntnis zur Reichsbürgerbewegung kann sogar die Kürzung oder Aberkennung des Ruhegehalts zur Folge haben.[70]

VG Ansbach, 06.11.2019 – AN 13b D 18.00529

Die Pflicht zur Verfassungstreue ist die Grundpflicht der Beamten gegenüber dem Staat. Sie bildet auch einen Kernbestandteil des Diensteids. Wegen ihrer grundlegenden Bedeutung wirkt die Pflicht zur Verfassungstreue auch über das Ende des Beamtenverhältnisses hinaus, wenn und solange der (frühere) Beamte aufgrund seines früheren Beamtenverhältnisses finanzielle Leistungen erhält. Jedoch beschränkt sich bei Ruhestandsbeamten die Pflicht zur Verfassungstreue auf das Verbot der Betätigung gegen die freiheitlich-demokratische Grundordnung. Als Dienstvergehen gilt deshalb erst, wenn sich der Ruhestandsbeamte oder frühere Beamte mit Versorgungsbezügen selbst aktiv verfassungsfeindlich betätigt. Insoweit werden Aktivitäten verfassungswidriger Art gefordert. Eine solche Aktivität liegt regelmäßig vor, wenn sich der Ruhestandsbeamte der Reichsbürgerbewegung zugehörig erklärt und sich Gedankengut der sog. Reichsbürgerbewegung zu eigen gemacht hat, indem er gegenüber dem Finanzamt in diversen Schreiben sich dadurch gegen die freiheitlich-demokratische Grundordnung betätigt hat, dass er das verfassungsfeindliche Gedankengut der Reichsbürgerbewegung nach außen getragen hat.

Demgegenüber soll eine Verletzung der Verfassungstreuepflicht regelmäßig noch nicht allein dadurch nachgewiesen sein, weil ein Beamter die Feststellung der deutschen Staatsangehörigkeit beantragt und dabei das „Königreich Preußen" als Geburtsstaat angegeben hat; allein dadurch werde ein bloßer Verdacht, der Beamte könne der Reichsbürgerbewegung angehören, noch nicht belegt.[71]

Auch die bloße Teilnahme eines Beamten an einer die Asyl- und Flüchtlingspolitik der Bundesregierung kritisierenden Versammlung und auch das Tragen eines Transparents mit der Aufschrift „Asylbetrug macht uns arm" rechtfertigen für sich genommen nicht schon den Schluss auf eine mangelnde Bereitschaft des Beamten, jederzeit für die freiheitliche demokratische Grundordnung einzustehen. Treten jedoch weitere Verhaltensweisen hinzu (etwa „Facebook-Posts" zum Geburtstag von Adolf Hitler und positive Bewertungen von Beiträgen von Personen aus dem rechtsextremen Spektrum im sozialen Netzwerk Facebook) kann aufgrund einer Gesamtschau die Annahme eines Pflichtverstoßes durchaus gerechtfertigt sein.[72] Vergleichbares

---

[70]   VG Ansbach, 26.02.2020 – AN 13b D 19.00958 und 26.05.2020 – AN 13b D 19.01044.

[71]   VG Düsseldorf, 22.02.2017 – 35 K 12521/16.O; vgl. demgegenüber zur grundsätzlich zulässigen Durchsuchungs- und Beschlagnahmeanordnung bei Beamten, die die Auffassungen sog. Reichsideologen teilen: VG Düsseldorf, 23.11.2016 – 35 K 13737/16.O [Antrag auf „Wiedereinbürgerung in den Staat Preußen"], und VG Münster, 15.02.2017 – 20 L 254/17.O; nachfolgend OVG NRW, 22.03.2017 – 3d B 296/17.O.

[72]   Hess. VGH, 22.10.2018 – 1 B 1594/18, ZBR 2019, 177 f., zur Entlassung eines Beamten auf Probe.

dürfte gelten für die bloße Teilnahme eines Beamten an einer „Anti-Corona-Politik-Demonstration" etwa der sog. Querdenker-Bewegung, die sich gegen die Grundrechtseingriffe wendet, die mit den Corona-Schutzmaßnahmen einhergingen. Stellt sich jedoch in einer Gesamtschau mit weiteren Erkenntnissen heraus, dass sich der Beamte durch eine rechtsextreme, verschwörungsideologische Gesinnung auszeichnet, lässt sich ein Pflichtenverstoß auch in diesem Kontext durchaus begründen (vgl. zur politischen Bewertung der Anti-Corona-Politik-Demonstrationen u. a. BT-Drucks. 19/25993 vom 19.01.2021). Die Grenze des Hinnehmbaren ist sicherlich überschritten, wenn Beamte sich in solchen Demonstrationen aktiv gegen den Staat engagieren (vgl. etwa zum „Sturm auf den Reichstag" am Rande einer sog. Corona-Demonstration initiiert durch die Gruppe „Querdenken 711", siehe hierzu *Weber*, Reichsbürger – ein Irrsinn aus rechtlicher Sicht, jM 2021, 37 ff.).

Für Soldaten ergibt sich die Dienstpflicht, die freiheitliche demokratische Grundordnung i. S. d. Grundgesetzes anzuerkennen und durch das gesamte Verhalten für ihre Erhaltung einzutreten, aus § 8 SG. Insbesondere nach den Erfahrungen mit dem menschenverachtenden, rassistischen und die Unterwerfung fremder Völker zum Programm erklärenden Unrechtsstaat des „Dritten Reichs" muss auch die Bundeswehr besonderen Anforderungen an ihre Integrität und Rechtsstaatlichkeit gerecht werden. Von einem Soldaten ist daher zu erwarten, dass er schon jegliche Verhaltensweisen unterlässt, die in objektiver Hinsicht geeignet sind, bei der Öffentlichkeit Zweifel an seiner Verfassungstreue zu erwecken und ihn in die Nähe (rechts-)extremistischer Gruppierungen zu rücken. Er ist verpflichtet, bereits dem Anschein einer Wiederbelebung nationalsozialistischer Tendenzen entgegenzutreten und hat den Gebrauch entsprechend assoziierungsgeeigneter Symbole und Verhaltensweisen zu unterlassen.[73] Offizieranwärter, die durch ihr Verhalten zu erkennen geben, dass sie diesen Anforderungen nicht gerecht werden, können daher mangels charakterlicher Eignung aus der Bundeswehr entlassen werden.[74]

---

[73] OVG Bremen, 20.11.2019 – 2 LA 258/18, zur Dienstpflichtverletzung eines Wehrdienstleistenden durch das Tragen einer Wehrmachtsuniform samt Stahlhelm mit Hakenkreuz bei einem Soft-Air-Spiel.

[74] VG Gelsenkirchen, 17.08.2020 – 20 K 3990/18, u. a. abfällige Äußerungen über Flüchtlinge, Zeichnen von SS-Runen auf den Lageplan, Befürworten der Grenzen des Deutschen Reichs von 1916.

ee) Pflicht zur politischen Mäßigung

Die Mäßigungs- und Zurückhaltungspflicht gem. § 60 Abs. 2 BBG bzw. § 33 Abs. 2 BeamtStG verpflichtet die Beamten in erster Linie zur Einhaltung eines gewissen „politischen Stils", wobei die Anforderungen mit zunehmendem Bezug zur Diensttätigkeit steigen. Danach ist bei einer politischen Betätigung eine gewisse Zurückhaltung erforderlich, die sich aus der beamtenrechtlichen Stellung gegenüber der Allgemeinheit und aus der Rücksicht auf die Pflichten des Amts ergibt.

Aufgrund der Vielzahl der in der Regelung des § 60 Abs. 2 BBG bzw. § 33 Abs. 2 BeamtStG verwendeten unbestimmten Rechtsbegriffe werden vereinzelt Zweifel an der Vereinbarkeit der Mäßigungs- und Zurückhaltungspflicht mit der Wesentlichkeitstheorie geäußert.[75] Aus dem Wortlaut der Vorschrift ist jedoch eindeutig zu vernehmen, dass dem Beamten selbstverständlich eine politische Betätigung erlaubt ist. Wenn sich Beamte politisch betätigen, dann ist dies nicht nur allgemein gängig, es ist auch von der Verfassung gewollt. Allerdings darf der Beamte als parteipolitisch sich betätigender Bürger seinen Status als Beamter nicht aus den Augen verlieren. Er hat sich seiner Funktion für die Allgemeinheit und der aus seinem Amt folgenden Pflichten zu erinnern und sich bei parteipolitischer Betätigung entsprechend zu mäßigen und zurückzuhalten. § 60 Abs. 2 BBG bzw. § 33 Abs. 2 BeamtStG regelt den bei parteipolitischer Betätigung des Beamten auftretenden Konflikt zwischen der allgemeinen Meinungsfreiheit nach Art. 5 Abs. 1 GG und dem Recht auf parteipolitische Betätigung allgemein (Art. 21 Abs. 1 GG) im Verhältnis zu Art. 33 Abs. 5 GG im Sinne praktischer Konkordanz (so auch *Sieweke*, ZBR 2010, 158).

Die Grenze, wo die Zurückhaltung beginnt, ist nicht eindeutig zu definieren. Zu berücksichtigen ist aber stets die Aufrechterhaltung der Funktionsfähigkeit der öffentlichen Verwaltung und das Vertrauen der Bürger in die jeweilige Amtshandlung. Konkret bedeutet dies, dass etwa Diffamierungen absolut unzulässig sind. Der Beamte darf sein öffentliches Amt auch nicht dazu ausnutzen, seine politischen Ansichten stärker in den Vordergrund zu stellen bzw. ihnen mehr Bedeutung beizumessen. In Leserbriefe gehört daher nicht die Amtsbezeichnung. Dies gilt auch für politische Aufrufe und öffentliche (politische) Reden eines Beamten.

---

[75] Vgl. *Sieweke*, ZBR 2010, 157 [158].

Natürlich ist es dem Beamten nicht untersagt, seinen Beruf transparent zu machen. Setzt er seinen Beamtenstatus jedoch bewusst oder für Dritte objektiv erkennbar zur Stärkung oder Untermauerung der eigenen politischen Aussagen ein, so ist die Grenze des Erlaubten überschritten. Denn der Zweck der Regelung des § 60 Abs. 2 BBG/§ 33 Abs. 2 BeamtStG ist es, bereits die Gefahr der illoyalen Aufgabenerfüllung zu sanktionieren.

c) Weitere Pflichten nach § 61 Abs. 1 bis Abs. 3 BBG/§ 34 Abs. 1, 2 BeamtStG

aa) Pflicht zum vollen persönlichen Einsatz

In § 34 Abs. 1 Satz 1 BeamtStG wurde die gegenüber dem BRRG neue Formulierung „mit vollem persönlichen Einsatz" gewählt, um deutlich zu machen, dass durch den Eintritt in das Beamtenverhältnis und die damit verbundene Begründung eines Beamtenverhältnisses auf Lebenszeit ein gesteigerter Einsatz unter Zurückstellung anderer Interessen gefordert wird. Es handelt sich um einen hergebrachten Grundsatz des Berufsbeamtentums. Damit wird deutlich, dass ein Beamtenverhältnis auf Lebenszeit einen gesteigerten persönlichen Einsatz erfordert, wofür andere Interessen zurückzustellen sind. Hieraus ergibt sich u. a., dass Tätigkeiten neben dem Hauptamt einem Genehmigungsvorbehalt unterworfen sind und nur in geringem Umfang erlaubt werden dürfen. Bei Leistungsabfall im Hauptamt kann die Nebentätigkeit auch verboten werden. Erst recht ist es unzulässig, wenn das Nebenamt zum Hauptamt unzulässigerweise ausgeweitet wird. So verhält es sich beispielsweise, wenn ein Professor seiner Vorlesungspflicht und seinen wissenschaftlichen Pflichten gegenüber der Universität nur noch gelegentlich nachkommt und stattdessen selbst oder sogar mithilfe des wissenschaftlichen Personals der Hochschule Privatgutachten erstellt oder für Dritte Forschungstätigkeiten ausübt.

Weiterhin leitet sich aus der Pflicht zum vollen persönlichen Einsatz auch die Pflicht zur Gesunderhaltung des Beamten ab. Weiterhin ist er verpflichtet, alles Zumutbare zu unternehmen, im Fall einer Dienstunfähigkeit wieder dienstfähig zu werden.

Überdies müssen die Beamten das ihnen zugewiesene Arbeitsgebiet korrekt bewältigen. Der volle persönliche Einsatz erfordert von ihnen den individuell optimalen und nicht nur einen generell durchschnittlichen dienstlichen Einsatz.

Unter die Pflicht zum vollen persönlichen Einsatz gehört auch die Anwesenheitspflicht. Dies gilt jedenfalls dann, wenn die dienstlichen Aufgaben auch in der Dienststelle zu verrichten sind. Da beispielshalber die Unterrichtserteilung in der Schule die Kernaufgabe der beamteten Lehrkräfte darstellt, konnten Lehrer zum Präsenzunterricht auch und gerade in Zeiten der Corona-Pandemie herangezogen werden.[76] Dies gilt selbst für Zugehörige zu einer Corona-Risikogruppe, wenn das schulische Schutzkonzept neben dem Schutz der Allgemeinheit ausreichende Maßnahmen zum Individualschutz bietet.[77] Etwas anderes gilt dann, wenn das Arbeitsschutzrecht ausdrücklich die Erbringung der Dienstleistung im Homeoffice vorschreibt. Ordnet der Dienstherr sogar Heim- oder Telearbeit (vorübergehend) zur Eindämmung der Corona-Pandemie an, muss der Beamte dem grundsätzlich sodann auch Folge leisten.

 VG Berlin, 14.04.2020 – 28 L 119/20

Eine auf drei Wochen befristete Anordnung des Dienstherrn, wegen der aktuellen Corona-Pandemie im Home-Office arbeiten zu müssen, verstößt auch dann nicht gegen das Recht des Beamten auf amtsangemessene Beschäftigung, wenn in diesem Zeitraum im Home-Office faktisch keine oder kaum Aufgaben übertragen werden.
VG Berlin, 14.04.2020 – 28 L 119/20 – NVwZ-RR 2020, 696 ff.; siehe hierzu auch *Baßlsperger*, Infektionsschutzmaßnahmen in der Dienststelle und die Rolle des Personalrats – dargestellt unter besonderer Berücksichtigung der sog. Corona-Krise, PersV 2020, 252 ff.

Der Beamte muss in festgesetzten Arbeitszeiten anwesend sein. Die durch den Dienstherrn vorgegebene Arbeitszeitregelung ist als hergebrachter Grundsatz des Berufsbeamtentums in Art. 33 Abs. 5 GG verfassungsrechtlich verankert. Der Grundsatz, sich mit voller Hingabe dem Beruf zu widmen, schließt bei den Beamten, die ihren Dienst innerhalb bestimmter Dienststunden abzuleisten haben, die Pflicht ein, während der Dienststunden an dem vorgesehenen Dienstplatz anwesend zu sein. Die öffentliche Verwaltung kann nämlich im Interesse der Allgemeinheit nur dann zuverlässig arbeiten, wenn sichergestellt ist, dass die Beamten zur jeweils bestimmten regelmäßigen Dienstzeit die ihnen obliegenden dienstlichen Verrichtungen auch tatsächlich wahrnehmen.[78]

---

[76]   Hess. VGH, 14.05.2020 – 1 B 1308/20 – NVwZ-RR 2020, 787 ff.
[77]   Vgl. VG Schleswig-Holstein, 15.10.2020 – 12 B 52/20.
[78]   Vgl. OVG NRW, 11.08.2006 – 1 A 2650/05, RiA 2007, 125 ff., kein Anspruch auf Dienstbefreiung am Sabbat.

Der Beamte ist überdies verpflichtet, über die regelmäßige Arbeitszeit hinaus Dienst zu leisten, wenn die dienstlichen Verhältnisse es erfordern. Mehrarbeit darf jedoch nur angeordnet oder genehmigt werden, wenn die Umstände, welche die Mehrarbeit im Einzelfall zwingend erfordern, vorübergehender Natur sind und eine Ausnahme gegenüber den sonst üblichen Verhältnissen darstellen.[79]

Ein Beamter darf dem Dienst nur mit Genehmigung fernbleiben, es sei denn, er ist wegen Krankheit oder aus einem anderen wichtigen Grund gehindert, seine Dienstpflichten zu erfüllen.[80] Im Fall einer Erkrankung ist ein Beamter allerdings verpflichtet, den Dienstherrn kurzfristig hierüber zu informieren. In der Regel ist er verpflichtet, innerhalb von drei Tagen ein ärztliches Attest vorzulegen.

OVG NRW, 24.07.2020 – 3d A 1739/19.O

1. Vorsätzliches unentschuldigtes Fernbleiben vom Dienst über einen Zeitraum von mehreren Monaten ist regelmäßig geeignet, das für das Beamtenverhältnis erforderliche Vertrauensverhältnis zwischen dem Dienstherrn und dem Beamten zu zerstören.

2. Unerlaubtes Fernbleiben vom Dienst stellt ebenso wie das Nichteinhalten der Arbeitszeit einen schweren Verstoß gegen die Dienstpflicht dar. Das Gebot, zum Dienst zu erscheinen, stellt eine leicht einsehbare Grundpflicht eines jeden Beamten dar. Sie versteht sich von selbst und betrifft den Kernbereich der Dienstpflichten.

Die Pflicht zum vollen persönlichen Einsatz schließt auch jegliche Streiktätigkeit eines Beamten aus. Beamten, Soldaten sowie Richtern und auch Professoren ist die Teilnahme an einem Streik untersagt und dies gilt unabhängig davon, welche konkrete Tätigkeit sie ausüben. Etwas anderes gilt nur dann, wenn sie sich ohne Bezüge beurlauben lassen und auf der Grundlage eines privatrechtlichen Arbeitsverhältnisses tätig werden. Diese restriktive Betrachtungsweise, die jedoch in Übereinstimmung steht mit den hergebrachten Grundsätzen des Berufsbeamtentums, wird auch nicht hinsichtlich solcher Beamten infrage gestellt, die bei privatisierten ehemaligen Staatsunternehmen tätig sind. Denn dort üben sie zwar tatsächlich keinen Dienst aus und dienen somit auch nicht dem ganzen Volk. Vielmehr dienen sie konkret der Aktiengesellschaft bzw. den Aktionären. Dass sie Dienst ausüben, wird im jeweiligen Gesetz in der Regel nur fingiert (etwa § 4 Abs. 1 PostPersRG). Die Beamten der Bundeseisenbahnen wurden gem. Art. 143a Abs. 1 Satz 3 GG durch

---

[79] Vgl. so schon OVG NRW, 05.08.1998 – 12 A 3011/ 95, NVwZ-RR 2000, 623 ff.

[80] Nds. OVG, 10.12.2019 – 3 LD 3/19, Unentschuldigtes Fernbleiben vom Dienst wegen Begleitung des volljährigen Kindes zu Fernsehdreharbeiten im Ausland – „Dschungelcamp".

Gesetz unter Wahrung ihrer Rechtsstellung und der Verantwortung des Dienstherrn einer privatrechtlich organisierten Eisenbahn des Bundes zur Dienstleistung zugewiesen. Gem. Art. 143b Abs. 3 des GG wurden die bei der Deutschen Bundespost tätigen Bundesbeamten unter Wahrung ihrer Rechtsstellung und der Verantwortung des Dienstherrn bei den privaten Unternehmen beschäftigt. Sie sind somit gleich zu behandeln wie alle übrigen Beamten, die bei einer öffentlichen Verwaltung tätig sind. Für sie gilt daher uneingeschränkt ebenfalls ein Streikverbot. Nichts anderes gilt für Beamte, die z. B. im Wege einer Zuweisung bei einer Stadtwerke GmbH oder bei einer anderen privaten Einrichtung eingesetzt werden. Unbenommen ist es ihnen, außerhalb der Dienstzeit an Versammlungen oder Demonstrationen teilzunehmen.

Besonders schwerwiegend ist es, wenn ein Beamter während der Dienstunfähigkeit einer Nebentätigkeit (ohne Genehmigung) nachgeht. Welche generellen Anforderungen an die Bemessung einer Disziplinarmaßnahme durch die Tatsachengerichte im Hinblick auf Beamte zu stellen sind, die während der Zeit einer Dienstunfähigkeit Nebentätigkeiten ohne Genehmigung ausgeübt haben, ist in der Rechtsprechung des BVerwG hinreichend geklärt. Für die Ahndung ungenehmigter Nebentätigkeiten steht wegen der Vielfalt der möglichen Pflichtenverstöße grundsätzlich der gesamte disziplinarrechtliche Maßnahmen-Katalog zur Verfügung. Es kommt auf Dauer, Häufigkeit und Umfang der Nebentätigkeiten an. Weiterhin muss berücksichtigt werden, ob der Ausübung der Nebentätigkeiten gesetzliche Versagungsgründe entgegenstehen, d. h. die Betätigungen auch materiell rechtswidrig sind und ob sich das Verhalten des Beamten nachteilig auf die Erfüllung der dienstlichen Aufgaben ausgewirkt hat. Erschwerend wirkt sich aus, wenn ein Beamter ungenehmigte Nebentätigkeiten in Zeiten der Krankschreibung wahrnimmt.[81] Wenn sich insbesondere die Nebentätigkeit wegen gewerbsmäßiger Dienst- oder Arbeitsleistung oder sonst nach Art, Umfang, Dauer oder Häufigkeit als Ausübung eines **Zweitberufs** darstellt, so liegt in der Regel ein Versagungsgrund vor.[82] Darüber hinaus ist geklärt, dass der Beamte, der während der Krankschreibung Nebentätigkeiten ausübt, gegen die Pflicht zum vollen beruflichen Einsatz verstößt, wenn die Nebentätigkeit nach Art und Umfang generell geeignet

---

[81] BVerwG, 11.01.2007 – 1 D 16.05; BVerwG, 17.07.2013 – 2 B 27.12; VG Trier, 18.07.2024 – 4 K 732/24.TR; VG Düsseldorf, 12.08.2024 – 38 K 5207/21.BDG.

[82] VG Trier, 18.07.2024 – 4 K 732/24.TR.

ist, die Wiederherstellung der Dienstfähigkeit zumindest zu verzögern. Eines konkreten medizinischen Nachweises bedarf es nicht.[83] Ob Derartiges angenommen werden kann, ist nach den jeweiligen Einzelfallumständen zu beantworten. Auf einen individuellen Nachweis wird jedoch lediglich hinsichtlich der konkreten Beeinträchtigung des Gesundheitsprozesses verzichtet. Dies findet Grund und Rechtfertigung darin, dass der Beamte durch die ungeschmälerte Alimentierung während der Dienstunfähigkeit in die Lage versetzt werden soll, seine Genesung bestmöglich zu fördern. Ist die Arbeitskraft wiederhergestellt, hat er sie seinem Dienstherrn zur Verfügung zu stellen. Die Ausübung einer gewerblichen Nebentätigkeit während des Zeitraums einer Krankschreibung kommt deshalb nur in Betracht, wenn die Nebentätigkeit der Erholung nicht schaden kann. Ist sie dagegen geeignet, den Gesundheitsprozess zu behindern oder zu verlangsamen, hat sie – ebenso wie die Dienstausübung – zu unterbleiben. Eine Privilegierung privater Nebentätigkeiten dergestalt, dass sie von einer Krankschreibung nicht umfasst würden, ist nicht veranlasst. Es wiegt schwer, wenn ein Beamter während der Dienstunfähigkeit mehrfach einer jeweils 8-stündigen Referententätigkeit nachgeht, wozu er sich im Unterschied zur Erbringung der Dienstleistung in der Lage sieht.

Eine langjährige pflichtgemäße Dienstausübung selbst bei (weit) überdurchschnittlichen Leistungen ist für sich genommen regelmäßig nicht geeignet, gravierende Pflichtenverstöße in einem milderen Licht erscheinen zu lassen.[84]

> Zwar kann in einem Disziplinarverfahren, in dem einer Beamtin eine Vielzahl gleichförmiger Taten zur Last gelegt werden, die durch eine gleichartige Begehungsweise gekennzeichnet sind, hinsichtlich der näheren individualisierenden tatsächlichen Umstände der Einzeltaten auf eine tabellarische Aufstellung verwiesen werden (BGH, 15.03.2011 – 1 StR 260/09, NStZ 2011, 420). Diese Aufstellung muss indes Teil der Klageschrift sein, weil nur so der Sachverhalt, aus dem das Dienstvergehen hergeleitet wird, in dieser hinreichend bestimmt dargestellt ist (BVerwG, 23.11.2006 – 1 D 1.06, juris und 25.01.2007 – 2 A 3.05 sowie 20.12.2011 – 2 B 59.11).

---

[83]   BVerwG, 12.02.1992 – 1 D 2.91 sowie 14.11.2001 – 1 D 60.00 und 17.07.2013 – 2 B 27.12.
[84]   BVerwG, 23.11.2006 – 1 D 1.06 sowie 19.06.2008 – 1 D 2/07 und 23.01.2013 – 2 B 63.12 sowie 28.02.2013 – 2 C 3.12.

Für den Bereich des BDG sowie der Landesdisziplinargesetze in Baden-Württemberg und Brandenburg gilt hinsichtlich der Begründung der Disziplinarverfügung das Gleiche, wenn auf Zurückstufung, Entfernung oder Aberkennung des Ruhegehalts erkannt wird.

bb) Pflicht zur Uneigennützigkeit

§ 61 Abs. 1 S. 2 BBG/§ 34 Abs. 1 Satz 2 BeamtStG stellt mit den Aufgaben, die übertragen sind, deutlicher als bisher § 36 BRRG auf die konkret wahrzunehmenden dienstlichen Aufgaben ab. Damit wird die Verantwortung gegenüber den Bürgern als Kern der beamtenrechtlichen Pflichtenstellung deutlich gemacht. Die Beamten haben die ihnen übertragenen Aufgaben uneigennützig und nach bestem Gewissen wahrzunehmen. Bei seiner Aufgabenerfüllung muss der Beamte somit unparteiisch, gerecht und gemeinwohlorientiert handeln. Er darf sich weder von der Zugehörigkeit zu oder Ablehnung einer Interessengruppe noch von persönlichen Überlegungen leiten lassen. Dies beinhaltet auch, dass der Beamte unbestechlich sein muss. Beamte dürfen, auch nach Beendigung des Beamtenverhältnisses, keine Belohnungen, Geschenke oder sonstigen Vorteile für sich oder einen Dritten in Bezug auf ihr Amt fordern, sich versprechen lassen oder annehmen. Er darf auch keine geldwerten Vergünstigungen oder Vorteile annehmen, und dies gilt selbst dann, wenn der Dienstherr in Verträgen mit privaten Dritten die Möglichkeit schafft, dass die eigenen Beschäftigten zu günstigeren Preisen als Bürger Leistungen in Anspruch nehmen können. Die Pflicht, nach bestem Gewissen zu handeln, betrifft die Innensicht des Beamten, wonach er zu prüfen hat, ob er alles getan hat, was im konkreten Fall erforderlich ist, um unparteiisch, gerecht, uneigennützig und am Wohl der Allgemeinheit orientiert die Entscheidung zu treffen. Weiterhin umfasst das Tatbestandsmerkmal „nach bestem Gewissen" auch die Pflicht des Beamten, stets das Bestmögliche, gemessen an seinem Leistungsvermögen, zu geben. Nur sog. Dienst nach Vorschrift ist ihm also untersagt.

Kann ein Beamter nach „bestem Gewissen" eine Weisung nicht ausüben, da er diese für rechtswidrig hält, so wird der Beamte dadurch geschützt, dass ihm ein Remonstrationsrecht eingeräumt ist.

Aus dem Grundgesetz und dem Soldatengesetz ergeben sich rechtliche Grenzen des Gehorsams. So braucht ein Soldat einen ihm erteilten Befehl jedenfalls dann als unzumutbar nicht zu befolgen, wenn er sich insoweit auf den Schutz des Grundrechts der Freiheit des Gewissens (Art. 4 Abs. 1 GG) berufen kann. Die Schutzwirkungen des Art. 4 Abs. 1 GG werden nicht durch das Grundrecht auf Anerkennung als Kriegsdienstverweigerer (Art. 4 Abs. 3 GG) verdrängt. Eine Gewissensentscheidung ist jede ernste sittliche, d. h. an den Kategorien von „gut" und „böse" orientierte Entscheidung, die der Einzelne in einer bestimmten Lage als für sich bindend und unbedingt innerlich verpflichtend erfährt, sodass er gegen sie nicht ohne ernste Gewissensnot handeln könnte.[85]

Ein Postzusteller der Deutschen Post AG verletzt seine Dienstpflichten, wenn er sich unter Berufung auf sein Gewissen weigert, bestimmte Postsendungen zuzustellen, ohne dass er zuvor zumutbare Möglichkeiten wahrgenommen hat, seinen Gewissenskonflikt mit Mitteln des Beamtenrechts zu lösen.[86] Es ist im Einzelfall zu prüfen, ob dem Beamten objektiv mögliche und zumutbare Handlungsalternativen zur Verfügung stehen, etwa ein Antrag auf Umsetzung. Dies setzt jedoch gerade voraus, dass Dienstposten überhaupt frei sind. Wenn eine gewissenskonforme Verwendung zu für dem Dienstherrn zumutbaren Bedingungen nicht gewährleistet werden kann, kann der Gewissenskonflikt nur durch den Antrag auf Entlassung aus dem Beamtenverhältnis gelöst werden.[87]

cc) Pflicht zu achtungs- und vertrauenswürdigem Verhalten

§ 61 Abs. 1 Satz 3 BBG bzw. § 34 Abs. 1 Satz 3 BeamtStG steht grundsätzlich in Übereinstimmung mit § 77 Abs. 1 Satz 2 BBG bzw. § 47 Abs. 1 Satz 2 BeamtStG, wonach ein Verhalten außerhalb des Dienstes nur dann ein Dienstvergehen darstellt, wenn es nach den Umständen des jeweiligen Einzelfalls in besonderem Maße geeignet ist, das Vertrauen in einer für ihr Amt bedeutsamen Weise zu beeinträchtigen. Eine außerdienstliche Pflichtverletzung kann die Missachtung des Gebots sein, sich als Beamter achtungs- und vertrauensgerecht zu verhalten, etwa vorsätzliche Straftaten zu begehen, die mit einer Freiheitsstrafe geahndet werden. Je nach Art und Schwere sowie dienstlicher Aufgabenstellung kann dies schon bei einer einzelnen

---

[85] Vgl. BVerwG, 21.06.2005 – 2 WD 12.04, BVerwGE 127, 302 ff.

[86] Vgl. BVerwG, 29.06.1999 – 1 D 104.97, BVerwGE 113, 361 ff.; siehe auch schon BVerwG, 29.09.1978 – 2 B 30.78, Buchholz 11 Art. 4 GG Nr. 26, zur Verpflichtung einer Kriminalbeamtin zum Waffentragen.

[87] BVerwG, 21.05.2005 – 2 WD 12.04, BVerwGE 127, 302 ff.

Straftat der Fall sein.[88] Eine auch disziplinarrechtliche Relevanz kann sich aber aus einer Gesamtschau mehrerer unterschiedlicher Straftaten über einen langen Zeitraum ergeben (OVG NRW, 21.11.2019 – 3d A 998/16.O). Ein achtungs- und vertrauenswürdiges Verhalten hat der Beamte nicht nur gegenüber dem Dienstherrn und der Allgemeinheit, sondern auch grundsätzlich gegenüber anderen Beschäftigten sowie gegenüber Bürgern zu zeigen, mit denen der Beamte in einem dienstlichen Kontakt steht.

VG Meiningen, 23.11.2020 – 6 D 141/19

Das Vertrauen in die Zuverlässigkeit und Ehrlichkeit eines Bürgermeisters ist unwiederbringlich zerstört, wenn er sich über Jahre geradezu selbstherrlich über rechtliche Vorgaben hinwegsetzt und durch sein Verhalten den Eindruck vermittelt, seine persönlichen Belange über das Wohl der Allgemeinheit zu stellen.

dd) Erscheinungsbild

Die neuen Vorgaben in § 34 Abs. 2 BeamtStG bzgl. des Erscheinungsbilds von Beamten hat der Gesetzgeber in das Gesetz aufgenommen, nachdem sich in der Rechtsprechung die Auffassung etabliert hatte, dass es jedenfalls für grundrechtsrelevante Vorgaben insoweit an einer hinreichend bestimmten Rechtsgrundlage bisher gefehlt habe.[89] Vergleichbare Regelungen wurden zeitgleich für Bundesbeamte in § 61 Abs. 2 BBG sowie für Soldaten in § 4 Abs. 4 SG geschaffen.

§ 34 Abs. 2 BeamtStG ist als Konkretisierung des Beamtenstatus vom Kompetenztitel des Art. 74 Abs. 1 Nr. 27 GG gedeckt. Dies wird zwar im Schrifttum kritisch hinterfragt, weil sich die Vorschrift zumindest teilweise auf das amtsbezogene Verhalten beziehe; insoweit fehle der Vorschrift der statusrechtliche Bezug.[90] Diese Kritik überzeugt jedoch nicht. Die Regelung insgesamt – und damit auch die Vorgabe zum Verhüllungsverbot – konkretisiert vielmehr die dem Beamtenverhältnis immanente – mithin statusbezogene – (Grund-)Pflicht zum

---

[88] BVerwG, 24.10.2019 – 2 C 3.18 und 2 C 4.18, Besitz kinderpornografischer Schriften bei Lehrern; BVerwG, 18.06.2015 – 2 C 9.14, BVerwGE 152, 228 ff., Besitz kinderpornografischer Schriften bei Polizeibeamten; OVG NRW, 02.12.2019 – 3d A 486/19.O, Sexueller Missbrauch eines Kindes durch einen Lehrer; BVerwG, 08.06.2017 – 2 B 5.17, Buchholz 235.1 § 13 BDG Nr. 43, Außerdienstlicher Diebstahl und exhibitionistische Handlung eines Lehrers; OVG NRW, 30.10.2019 – 3d A 4373/18.O, Untreue zulasten des Dienstherrn.

[89] Siehe hierzu auch *Gärditz/Abdusalam*, ZBR 2021, 289 ff., und *von Roetteken*, ZBR 2021, 296 ff.

[90] So etwa *von Roetteken*, jurisPR-ArbR 28/2021 Anm. 1.

achtungs- und vertrauenswürdigen Verhalten.[91] Das Amt des Beamten gebietet es – als Ausdruck der Integrität des Staates –, dass der Amtsinhaber nicht nur ein bestimmtes Verhalten an den Tag legt, sondern auch ein achtungs- und vertrauenswürdiges Erscheinungsbild, das dem Amt gerecht wird, aufweist. Zum Verhalten gehört auch das Auftreten gegenüber den Bürgern. Damit ist das Erscheinungsbild untrennbar verbunden.[92] Genau diese Zielrichtung der Norm ist explizit in ihrem Satz 1 niedergelegt („auch").

Die Anforderungen hinsichtlich der Wahrung des Erscheinungsbilds gelten „bei der Ausübung des Dienstes" oder „bei einer Tätigkeit mit unmittelbarem Dienstbezug". Hiermit werden sowohl die Dienstausübung i. e. S. als auch alle Tätigkeiten erfasst, die aus der Sicht eines objektiven Betrachters dem Dienst zuzurechnen sind oder zumindest zugerechnet werden können. Eine Tätigkeit mit unmittelbarem Dienstbezug liegt daher z. B. auch dann vor, wenn sich der Beamte auf dem Weg zum Dienst bzw. auf dem Heimweg befindet und auf diesem Wege eine Dienstuniform tragen darf.[93] Die Einhaltung der Anforderungen bzgl. des Erscheinungsbilds können im Übrigen auch schon – vor Eintritt in den öffentlichen Dienst – von Bewerbern verlangt werden.

Satz 2 enthält Regelbeispiele dafür, welche Formen, Merkmale oder Bestandteile des Erscheinungsbilds eingeschränkt oder untersagt werden können („Kleidungsstücke", „Schmuck", „Symbole" und „Tätowierungen im sichtbaren Bereich" sowie „die Art der Haar- und Barttracht"). Unter den Begriff „Schmuck" fallen z. B. auch Piercings.[94] Der Begriff „Symbole" erfasst z. B. Sprüche, Bilder oder Piktogramme in Form etwa von Stickern oder Aufnähern, mit denen bestimmte inhaltliche Aussagen sichtbar gemacht werden sollen. Die Aufzählung in Satz 2 ist nicht abschließend („insbesondere"). Daher werden neben Tätowierungen auch andere (neumodische) Formen des „Körperschmucks" von der Regelung erfasst, soweit sie sichtbar sind (u. a. „Brandings", „Mehndis", „Bodypaintings", „Dermal Implants", „Cuttings" oder „Scars", vgl. BT-Drucks. 19/26839, S. 41, 44 f.). Nach der Gesetzesbegründung zählt zum „sichtbaren

---

[91] Ebenso *Greve/Kortländer/Schwarz*, NVwZ 2017, 992 [995]; *Pfeffer*, NVwZ 2020, 15 [18]; noch offengelassen BVerwG, 14.05.2020 – 2 C 13.19, BVerwGE 168, 129 ff., zur Gesetzgebungskompetenz des Freistaats Bayern für die in Art. 75 Abs. 2 Satz 2 BayBG getroffene Regelung.

[92] So auch BT-Drucks. 19/26839, S. 41 zu § 61 BBG, S. 44 f. zu § 34 BeamtStG.

[93] BT-Drucks.19/26839, S. 41, 44 f.

[94] Vgl. BT-Drucks. 19/26839, S. 41, 44 f.

Körperbereich" der Bereich des Körpers, der (üblicherweise) nicht von Kleidung abgedeckt wird. Daher werden regelmäßig der Kopf (Kopfhaut, Gesicht, Ohren), der Hals und der Nacken sowie die Hände als sichtbarer Körperbereich einzustufen sein; mit Blick auf die Sommerzeit wird auch der Arm unterhalb des Blusen-/Hemdärmels als „sichtbar" anzusehen sein. Für Uniformträger sind hinsichtlich der Bewertung des sichtbaren Körperbereichs die jeweiligen Bekleidungsvorschriften maßgeblich.[95]

Derart kleine Modifikationen des Erscheinungsbilds, die mit bloßem Auge bei üblichem Abstand nicht erkennbar sind, werden von der Vorschrift – da es um die Wahrung des Erscheinungsbilds gegenüber den Bürgern geht – nicht erfasst.[96]

Satz 2 stellt eine Ermächtigungsgrundlage für individuelle Anordnungen gegenüber dem einzelnen Beamten dar; auch Verwaltungsvorschriften bzgl. unzulässiger Erscheinungsbilder können hierauf gestützt werden. Tatbestandliche Voraussetzung für eine Einschränkung oder Untersagung ist, dass die „Funktionsfähigkeit der Verwaltung" oder „die Pflicht zum achtungs- und vertrauenswürdigen Verhalten" eine solche Maßnahme „erfordert". Als Rechtsfolge räumt die Norm dem Dienstherrn Ermessen ein („können"). Soweit die Auffassung vertreten wird, § 34 Abs. 2 Satz 2 BeamtStG stelle selbst keine Ermächtigungsgrundlage dar, sondern bedürfe einer weiteren Konkretisierung durch Landesrecht,[97] kann dem schon angesichts des eindeutigen Wortlauts der Norm nicht gefolgt werden (wie hier für eine Ermächtigung nach „Ermessen" auch *Steinbach*, Tätowierungsverbot für Beamte – Neuregelung verfassungskonform?, ZRP 2021, 56 [57]). Auch wollte der Gesetzgeber gerade auf die Rechtsprechung des BVerwG[98] reagieren, die eine parlamentarische Leitentscheidung und eine hinreichend bestimmte parlamentsgesetzliche Rechtsgrundlage für Anordnungen in Bezug auf das Erscheinungsbild gefordert hat. So wird in der Gesetzesbegründung zu § 61 Abs. 2 BBG diese Norm selbst als „Rechtsgrundlage" bzw. § 61 Abs. 2 Satz 2 BBG als „eine Ermächtigungsgrundlage für die obersten Dienstbehörden" bezeichnet; auch § 61 Abs. 2 Satz 4 BBG wird vom Gesetzgeber als „Ermächtigungsgrundlage" angesehen. In

---

[95] BT-Drucks. 19/26839, S. 41, 44 f.
[96] BT-Drucks. 19/26839, S. 41 f., 44 f.
[97] *Von Roetteken*, in: von Roetteken/Rothländer, Beamtenstatusgesetz, § 7 Rn. 207 f., 210 f.
[98] BVerwG, 17.11.2017 – 2 C 25.17, BVerwGE 160, 370 ff.

der Begründung zu § 34 BeamtStG heißt es, dass „ein grundsätz-licher Gleichklang der Regelungen von Bund und Ländern gewollt" sei.[99] Auch die Entscheidung des BVerwG[100] steht der hiesigen Aus-legung insofern nicht im Wege. Nach Ansicht des BVerwG ist eine Ermächtigung zugunsten der obersten Dienstbehörde, wie sie in Art. 75 Abs. 2 BayBG enthalten ist, mangels parlamentarischer Leit-entscheidung zwar nicht zulässig; anders Art. 75 Abs. 2 BayBG ent-hält § 34 Abs. 2 Satz 3 und Satz 4 BeamtStG aber gerade eine eigene parlamentarische Leitentscheidung, die bei der Ausübung der Ermächtigung in § 34 Abs. 2 Satz 2 BeamtStG zu berücksichtigen ist.

Materiell-rechtlich befugt bzw. formell-rechtlich zuständig für eine Einschränkung oder Untersagung auf der Grundlage des § 34 Abs. 2 Satz 2 BeamtStG bzw. § 34 Abs. 2 Satz 4 i. V. m. Satz 2 BeamtStG ist die oberste Dienstbehörde, es sei denn, diese hat die Befugnis bzw. Zuständigkeit delegiert.

Das Tatbestandsmerkmal der „Funktionsfähigkeit der Verwaltung" bezieht sich vor allem auf den reibungslosen Ablauf und die ord-nungsgemäße Erledigung der Aufgaben, die in der jeweiligen Lauf-bahn des Beamten anfallen. Insbesondere – aber nicht nur – für den uniformierten Bereich gilt, dass individuell gewählte Erscheinungs-bilder den effektiven Einsatz der Polizei, der Feuerwehr oder auch des Justizvollzugs nicht beeinträchtigen dürfen. Auch und gerade hier kann es zu Beeinträchtigungen durch bestimmte Erscheinungs-bilder etwa dann kommen, wenn diese eine provozierende bzw. eskalierende oder aber auch abschreckende, beunruhigende oder sonst verwirrende Wirkung auf den Betrachter haben können mit der Folge einer gestörten Kommunikation zwischen Amtsträger und Bürger. Insoweit setzt eine Gefährdung der Funktionsfähigkeit der Verwaltung grundsätzlich voraus, dass der Beamte sich in einer Lauf-bahn befindet, in der typischerweise Tätigkeiten mit Außenkontakt wahrgenommen werden. Nicht entscheidend ist, ob der Beamte konkret derzeit eine solche Tätigkeit wahrnimmt. Ausreichend ist, dass er – im Rahmen der laufbahnbezogenen Verwendungsbreite – in einem solchen Tätigkeitsbereich eingesetzt werden könnte.[101]

Das Merkmal der „Pflicht zum achtungs- und vertrauenswürdigen Verhalten" bezieht sich weniger auf die möglichen Auswirkungen

---

[99] In diesem Sinne auch *Werres*, in: Brinktrine/Schollendorf, BeckOK-Beamtenrecht Bund, Stand: 01.08.2021, § 34 BeamtStG Rn. 19.
[100] BVerwG, 14.05.2020 – 2 C 13.19, Rn. 17 ff.
[101] BT-Drucks. 19/26839, S. 42, 44 f.

als auf die Aufgabenerledigung. Hier geht es um die Frage, ob frei gewählten Formen des Erscheinungsbilds ein Aussagegehalt beizumessen ist, der der Neutralität und Unabhängigkeit des Amtes zuwiderläuft. Als mit der Erfüllung der Pflicht zum achtungs- und vertrauenswürdigen Verhalten nicht vereinbar können daher vor allem solche Merkmale des Erscheinungsbilds angesehen werden, die als offener Widerspruch gegen die verfassungsmäßige Ordnung, die Rechtsordnung oder die Werte der Gesellschaft zu begreifen sind. Im Schwerpunkt geht es um das sichtbare Tragen verfassungsfeindlicher Symbole oder Tätowierungen. Doch darauf ist die Regelung nicht beschränkt. Wenn etwa ein Finanzbeamter auf seinem Unterarm eine Tätowierung trägt, auf der sich ein Geldsack mit heraussprudelnden Münzen befindet oder wenn eine Lehrerin auf ihrem T-Shirt die Aufschrift trägt „Schüler machen krank", dann fallen diese und vergleichbare Fallgestaltungen als Verstoß gegen die Pflicht zum achtungs- und vertrauenswürdigen Verhalten unter § 34 Abs. 2 BeamtStG. Vor allem an das verbeamtete Führungspersonal dürfen insoweit regelmäßig höhere Anforderungen gestellt werden.

Eine Einschränkung oder Untersagung des Tragens eines bestimmten Erscheinungsbilds darf aber – auch und gerade mit Blick auf diese Pflicht – nur erfolgen, soweit dies „erforderlich" ist. Dies ist nur dann der Fall, wenn das Verbot objektiv geeignet ist, das Vertrauen in die neutrale bzw. unabhängige Amtsführung des Beamten zu beeinträchtigen. Satz 3 enthält insoweit eine konkretisierende Regelung dahingehend, dass dies insbesondere dann der Fall ist, wenn Merkmale des Erscheinungsbilds nach Satz 2 durch ihre über das übliche Maß hinausgehende besonders individualisierende Art geeignet sind, die amtliche Funktion des Beamten in den Hintergrund zu drängen. § 34 Abs. 2 BeamtStG räumt insoweit dem Dienstherrn einen weiten Spielraum für Maßnahmen ein, zugleich wird aber sichergestellt, dass der Erlass rein ästhetischer Vorschriften nicht zulässig ist. Auch eine Reglementierung der Haar- oder Barttracht oder deren Färbung ist bei Beamten in der Verwaltung nur in seltenen Ausnahmefällen denkbar, wenn sie objektiv geeignet sind, das Vertrauen in die neutrale Amtsführung der Beamten zu beeinträchtigen. Dass diese Voraussetzungen erfüllt sind, muss im Zweifel der Dienstherr darlegen und beweisen.

Liegen die tatbestandlichen Voraussetzungen vor, steht die Einschränkung oder Untersagung im pflichtgemäßen Ermessen des Dienstherrn. Zunächst wird insoweit zu prüfen sein, ob eine bloße

(Teil-)Einschränkung als mildere Maßnahmen gegenüber der (vollständigen) Untersagung in Betracht kommt. Zu beachten ist ferner, dass ein Einschreiten auch nur teilweise zulässig sein kann („soweit"). Anstelle eines vollständigen Verbots kann im Einzelfall etwa eine Anordnung ausreichend sein, bestimmte Formen des Körperschmucks in geeigneter Weise abzudecken oder abzukleben.[102] Des Weiteren kann eine (zeitliche) Beschränkung des Verbots auf die Einsatzzeiten mit Publikumsverkehr in Betracht kommen. So kann es etwa – je nach Art und Inhalt einer Tätowierung – hinnehmbar sein, dass während des internen Dienstsports eine Tätowierung sichtbar ist.[103]

Nach Satz 4 können religiös oder weltanschaulich konnotierte Merkmale des Erscheinungsbilds (z. B. das muslimische Kopftuch, die jüdische Kippa oder das christliche Kreuz) nur dann eingeschränkt oder untersagt werden, wenn sie objektiv geeignet sind, das Vertrauen in die neutrale Amtsführung des Beamten zu beeinträchtigen. Die Regelung verschärft die Anforderungen für Einschränkungen und Untersagungen und trägt damit der Religionsfreiheit gem. Art. 4 Abs. 1 und 2 GG Rechnung.[104]

In der Rechtsprechung des BVerfG ist inzwischen geklärt, dass die Verpflichtung des Staates und seiner Amtsträger gem. Art. 4 Abs. 1, Art. 3 Abs. 3 Satz 1, Art. 33 Abs. 3 GG sowie durch Art. 136 Abs. 1 und 4 und Art. 137 Abs. 1 WRV i. V. m. Art. 140 GG zu religiöser und weltanschaulicher Neutralität als verfassungsimmanente Schranke den Eingriff in die Glaubens- und Bekenntnisfreiheit rechtfertigen kann.[105] Das Vertrauen der Bürger in die weltanschaulich und religiöse Neutralität des Staats kann auch und gerade dadurch beeinträchtigt werden, wenn ein Beamter bei der Vornahme von Amtshandlungen mit seinem Erscheinungsbild eine religiöse oder weltanschauliche Überzeugung zum Ausdruck bringt. Insofern darf der Staat – jedenfalls in den Bereichen, in denen er klassisch-hoheitliche Eingriffsbefugnisse ausübt (Polizei, Justiz) – von seinen Beamten erwarten, dass sie sich bezüglich ihres religiös oder weltanschaulich geprägten Erscheinungsbilds in Zurückhaltung üben, soweit und solange dies zur Wahrung des Vertrauens in ihre neutrale Amtsführung erforderlich ist.

---

[102] Vgl. BT-Drucks. 19/26839, S. 42, 44 f.
[103] So auch BT-Drucks. 19/26839, S. 42, 44 f.
[104] Vgl. BT-Drucks. 19/26839, S. 42 f., 44 f.
[105] Vgl. etwa BVerfG, 14.01.2020 – 2 BvR 1333/17.

Soweit der 1. Senat des BVerfG für ein Kopftuchverbot etwa im Schulbereich darüber hinaus die Gefährdung des Schulfriedens bzw. allgemein eine Gefährdung des Friedens in der Dienststelle fordert,[106] finden sich diese Einschränkungen in § 34 Abs. 2 Satz 4 BeamtStG (bewusst) nicht wieder.[107] Nach dem Willen des (Bundes-)Gesetzgebers soll eine Berücksichtigung der besonderen Anforderungen für bestimmte Bereiche – wie etwa für den Schulbereich – gem. § 34 Abs. 2 Satz 5 BeamtStG durch Landesrecht geregelt werden.[108]

Nach Satz 5 können Einzelheiten nach den Sätzen 2 bis 4 durch Landesrecht bestimmt werden. Der Bundesgesetzgeber hat damit eindeutig klargestellt, dass § 34 Abs. 2 BeamtStG keinen abschließenden Charakter hat. Vor allem dürften damit auch weitergehende Einschränkungen in den Ländern zulässig sein, wie sie teilweise bereits mit Blick etwa auf das Tragen eines Kopftuchs im Schulbereich erlassen wurden.

Zum **Verhüllungsverbot** siehe *Lenders/Baumanns*, BeamtStG, § 34 BeamtStG, Rn 14 ff.

ee) Folgepflicht (§ 62 BBG bzw. § 35 BeamtStG)

Die Generalklausel des § 60 Abs. 1 BBG/§ 33 Abs. 1 BeamtStG wird durch die in § 62 Abs. 1 Satz 1 BBG/§ 35 Abs. 1 Satz 1 BeamtStG normierte Pflicht der Beratung und Unterstützung der Vorgesetzten konkretisiert. Die Pflicht der Beamten zur Beratung und Unterstützung der Vorgesetzten ist als eine der wichtigsten Aufgaben der Beamten zu werten.

Die Weisungsgebundenheit ist eine der vornehmsten Beamtenpflichten (vgl. zur Folgepflicht, Folgepflichtsschranken und fachlichen Weisungen u. a. *Günther*, ZBR 2017, 217 ff.). Sie wird nur fälschlich als Gehorsamspflicht bezeichnet, die Beamtengesetze sprechen nämlich nicht von „Gehorsam". Bei der Weisungsgebundenheit handelt es sich um eine der wesentlichen Pflichten, die auch zu den **hergebrachten Grundsätzen des Berufsbeamtentums** gehören.[109]

Die Weisungsgebundenheit besteht zum einen gegenüber dienstlichen Anordnungen bzw. Weisungen und generellen Weisungen (allgemeine Richtlinien bzw. Dienstanweisungen). § 62 Abs. 1 Satz 2

---

[106] BVerfG, 27.01.2015 – 1 BvR 471/10 u. a.
[107] Vgl. hierzu auch *von Roetteken*, jurisPR-ArbR 28/2021 Anm. 1.
[108] Vgl. BT-Drucks. 19/26839, S. 45.
[109] Vgl. BVerfG, 19.02.2003 – 2 BvR 1413/01, NVwZ 2003, 1504.

BBG/§ 35 Abs. 1 Satz 2 BeamtStG stellt klar, dass eine Folgepflicht nur für Anordnungen von Vorgesetzten besteht, die den Dienst, die Dienstausübung und das Dienstverhältnis betreffen. **Unzulässig** sind daher **private Aufträge** des Vorgesetzten wie „Einkaufen gehen" oder „Gartenarbeiten übernehmen".

Voraussetzung für die Weisungsgebundenheit der Beamten ist, dass

- sie selbst für die auszuführende dienstliche Anordnung sachlich und örtlich zuständig sind,

- es sich bei dem Vorgesetzten um die sachlich und örtlich zuständige Führungskraft handelt und

- es sich um eine Anordnung handelt, die den Dienst, die Dienstausübung oder das Dienstverhältnis betrifft.

Die Weisungsbefugnis des Dienstvorgesetzten ist das Instrument, um die Dienstleistungspflicht der Beamten zu konkretisieren und zu steuern. Diese umfasst Anordnungen, die dem Beamten die Wahrnehmung der dienstlichen Aufgaben inhaltlich vorgeben, die Modalitäten und die äußeren Bedingungen der Dienstausübung regeln. Die Durchführung von Videokonferenzen ist mittlerweile etabliert. Fordert der Dienstvorgesetzte die Beamten etwa auf, ein Laufband und ein Sofa aus dem Arbeitszimmer zu entfernen, aus dem der Beamte die Videokonferenz begleitet, so ist dies unzulässig. Denn hier ist die Privatsphäre des Beamten betroffen.

Anders verhält es sich, wenn ein Beamter die Videokonferenz aus seinem Schlafzimmer durchführt und im Hintergrund Sexspielzeug/ Sextoys und entsprechende Dessous für die Dame und den Herrn deutlich sichtbar sind (Fälle aus der gelebten Praxis).

Ein weiterer praktisch bedeutsamer Anwendungsfall der „Weisungsgebundenheit" steht im Kontext von **Krankschreibungen**. Beim Bund und in den Landesbeamtengesetzen finden sich entsprechende Konkretisierungen, nach denen die Dienstunfähigkeit infolge Krankheit „auf Verlangen" nachzuweisen ist (vgl. § 68 Abs. 2 Satz 2 LBG BW, Art. 95 Abs. 1 Satz 2 BayBG, § 59 Abs. 1 Satz 2 Bln LBG, § 61 Abs. 1 Satz 2 Bbg LBG, § 67 Abs. 2 Satz 1 BremBG, § 67 Abs. 2 Satz 1 HamBG, § 68 Abs. 1 Satz 3 HBG, § 62 Abs. 1 Satz 2 LBG NRW, für den Bund: § 96 Abs. 1 Satz 2 BBG). Hervorzuheben ist u. a. die Vorschrift des § 71 Abs. 1, 2 **SächsBG**. In dieser Regelung wird nicht lediglich auf „das Verlangen" abgestellt. Nach § 71 Abs. 2 SächsBG hat der Beamte, wenn die Dienstunfähigkeit infolge Krankheit länger als drei Kalendertage dauert, spätestens an dem darauffolgenden allgemeinen

Arbeitstag ein ärztliches Zeugnis vorzulegen, auf Verlangen des Dienstvorgesetzten auch früher. Warum können die übrigen Bundes- und Landesgesetzgeber nicht auch so eine klare Regelung treffen?! Nicht selten besteht der Dienstherr darauf, privatärztliche Kranschreibungen überprüfen zu lassen. Bei Anlass zu Zweifeln kann der Dienstherr auch eine amtsärztliche Untersuchung anordnen. Gleichwohl kann der Beamte auf der Grundlage der Folgepflicht nicht verpflichtet werden, nähere Auskünfte über seine gesundheitliche Situation zu geben. Hat der Beamte die – rechtmäßig angeordnete – Untersuchung verweigert, etwa weil er die Anordnung als rechtswidrig angesehen hat, geht es bei der Würdigung aller Umstände nach dem Rechtsgedanken des § 444 ZPO regelmäßig zu seinen Lasten, wenn das Gericht nachträglich die Rechtmäßigkeit der Anordnung feststellt.[110]

 OVG Berlin-Brandenburg, 28.12.2016 – OVG 10 S 35.16, NVwZ-RR 2017, 300 ff.

1. Einer Aufforderung zu Angaben zu Gründen für eine Erkrankung, die als gemischte dienstlich-persönliche Weisung in die grundrechtlich geschützte persönliche Sphäre des Beamten eingreift, müssen – erstens – tatsächliche Feststellungen zugrunde liegen, die die Dienstunfähigkeit des Beamten als naheliegend erscheinen lassen, und sie muss – zweitens – Angaben zu Art und Umfang der ärztlichen Untersuchung enthalten.

2. Der Dienstherr hat ein legitimes Interesse an einer näheren Aufklärung des Gesundheitszustandes des Beamten, das ihn berechtigt, den Beamten auch persönlich zu seiner gesundheitlichen Situation und den Ursachen seiner Fehlzeiten zu befragen.

3. Der Beamte kann selbst entscheiden, in welchem Umfang er seine gesundheitliche Situation und etwaige medizinische Unterlagen seinem Dienstherrn gegenüber offenbart, muss allerdings unter Umständen hinnehmen, dass der Dienstherr nach vergeblichen Aufklärungsbemühungen eine (amts-)ärztliche Untersuchung auf einer geringeren tatsächlichen Erkenntnislage anordnen darf.

4. Neben der direkten Befragung des Beamten (auf freiwilliger Basis) besteht für den Dienstherrn zudem die Möglichkeit, dem Beamten aufzugeben, die krankheitsbedingten Ursachen für seine Fehlzeiten gegenüber einem Arzt anzugeben oder sich zu einer (lediglich orientierenden) Erstuntersuchung bei einem (Amts-)Arzt vorzustellen.

---

[110] Vgl. so bereits BVerwG, 18.09.1997 – 2 C 33.96, NVwZ-RR 1998, 574 f.

Besonders schwerwiegend ist das Dienstvergehen zu werten, wenn der Beamte während einer krankheitsbedingten Dienstunfähigkeit einer Nebentätigkeit nachgeht. Dies gilt erst recht, wenn diese nicht angezeigt oder eine Genehmigung nicht eingeholt wurde und die Nebentätigkeit bei Beantragung zu versagen war.[111]

Wer ungeachtet einer Krankschreibung entgegen der ausdrücklichen Missbilligung seines Vorgesetzten – mitunter sogar noch nach Einleitung eines Disziplinarverfahrens – fortgesetzt an öffentlichen Sportveranstaltungen mit Wettkampfcharakter teilnimmt, verstößt in erheblichem Maße gegen die beamtenrechtliche Weisungsgebundenheit.[112]

Dienstliche Anordnungen müssen bei alledem hinreichend klar und bestimmt sein. Der Beamte muss erkennen können, welche und wessen Anordnung er zu befolgen hat. Ein Verstoß gegen die Folgepflicht stellt ein Dienstvergehen dar, das u. U. sogar disziplinarrechtliche Folgen haben kann.

ff) Verschwiegenheitspflicht (§ 67 BBG/§ 37 BeamtStG)

Die Pflicht zur Amtsverschwiegenheit ist eine der Hauptpflichten von Beamten. In § 67 Abs. 1 Satz 1 BBG/§ 37 Abs. 1 Satz 1 BeamtStG wird klarstellend aufgenommen, dass diese Pflicht sich sowohl auf Angelegenheiten, die die Beamten bei der Wahrnehmung ihrer Dienstgeschäfte bekannt geworden sind, als auch auf solche, die bei Gelegenheit der dienstlichen Tätigkeit bekannt werden, erstreckt.

Die Pflicht zur Amtsverschwiegenheit obliegt den Beamten persönlich. Sie obliegt nicht der Behörde als solcher. Daher ist § 67 BBG/§ 37 BeamtStG keine „Geheimhaltungsvorschrift" i. S. d. Presserechts oder des Informationsfreiheitsrechts; die Amtsverschwiegenheit als solche steht daher dem Anspruch der Presse auf Auskunft bzw. dem Anspruch der Bürger auf Informationszugang nicht entgegen.

Hinweis:

Ein weiterer Ansatz des Gesetzes zur Beschleunigung der Disziplinarverfahren in der Bundesverwaltung und zur Änderung weiterer dienstlicher Vorschriften[113] ist, die **Korruption** noch wirk-

---

[111] Vgl. VG Koblenz, 18.07.2024 – 4 K 732/24.TR; VG Düsseldorf, 12.08.2024 – 38 K 5207/21. BDG.
[112] Vgl. OVG Saarland, 25.06.2019 – 1 B 139/19.
[113] BGBl. 2023 I Nr. 389.

samer zu bekämpfen. Daher gilt die Verschwiegenheitspflicht (§ 67 Abs. 2 Satz 1 Nr. 3 BBG/§ 37 Abs. 2 Satz 1 Nr. 3 BeamtStG) nicht mehr, wenn Anhaltspunkte für Korruptionsdelikte bestehen.

Auch **disziplinarrechtlich** gehört die Amtsverschwiegenheit zu den Grund- und Hauptpflichten der Beamten.[114] So hat ein Polizeibeamter, der Dienstgeheimnisse durch die Weitergabe einer Geheimzahl an eine Privatperson verrät, der die Teilnahme dieser Privatperson an polizeilichen Maßnahmen und das Ausspähen von Daten durch diese Privatperson duldet, das Vertrauen des Dienstherrn und der Allgemeinheit in seiner Amtsführung endgültig verloren.[115]

gg) Verbot der Annahme von Belohnungen, Geschenken und sonstigen Vorteilen

Nach § 71 Abs. 1 BBG bzw. § 42 Abs. 2 BeamtStG dürfen Beamte, **auch nach Beendigung** des Beamtenverhältnisses, keine Belohnungen, Geschenke und sonstigen Vorteile für sich oder eine dritte Person in Bezug auf ihr Amt fordern, sich versprechen lassen oder annehmen. Ausnahmen bedürfen stets der Zustimmung des gegenwärtigen oder des letzten Dienstherrn.

Mit den Regelungen wird das Verbot der Bestechlichkeit normiert. Beamte müssen dabei jeden Anschein vermeiden, im Rahmen ihrer Amtsführung für persönliche Vorteile empfänglich zu sein. Die Annahme von Belohnungen oder Geschenken ohne ausdrückliche oder allgemeine Zustimmung der Dienstvorgesetzten ist ein Dienstvergehen i. S. d. § 77 BBG bzw. § 47 BeamtStG. Das Verbot der Annahme von Belohnungen, Geschenken und sonstigen Vorteilen gehört zu der unparteiischen, gerechten und uneigennützigen Amtsführung, zu der die Beamten verpflichtet sind. Beamte, die in Bezug auf ihr Amt Geschenke oder sonstige Vorteile von Personen außerhalb der Behörde oder von Kollegen, insbesondere von nachgeordneten Mitarbeitern, annehmen, setzen das Ansehen des Berufsbeamtentums herab und gefährden das Vertrauen der Dienststelle und der Allgemeinheit in die eigene Zuverlässigkeit. Sie erwecken den Eindruck, für Amtshandlungen käuflich zu sein. Hierdurch können sie zugleich den Eindruck erwecken, ihre Vorgesetzten würden

---

[114] BVerwG, 15.12.2005 – 2 A 4.04, IÖD 2006, 231 ff.
[115] BayVGH, 28.09.2016 – 16 a D 14.991.

ein solch kriminelles Verhalten tolerieren. Entsprechende Beamte setzen sich auch der Gefahr aus, erpresst zu werden.

Es muss ein erforderlicher Zusammenhang zwischen der Amtsführung und der Vorteilsgewährung bestehen. Dies ist bereits dann, wenn die dienstliche Tätigkeit für die Gewährung des Vorteils maßgebend ist, ohne dass es auf einen Kausalzusammenhang zwischen der Annahme des Vorteils und einer bestimmten Diensthandlung ankommt. Das Amt muss nicht überragender Beweggrund für das Geschenk oder die Belohnung sein. Vielmehr reicht es aus, wenn das von dem Beamten wahrgenommene Amt für die Gewährung des Vorteils eine wesentliche Bedingung ist. Nach den erkennbaren Vorstellungen und Motiven des Vorteilsgebers muss der Gesichtspunkt der Anstellung oder dienstlichen Tätigkeit des Empfängers zumindest mitursächlich sein.[116] Die Belohnung oder das Geschenk sind dann **angenommen**, wenn eine private Be- oder Ausnutzung erfolgt. Dazu gehört auch das Weiterverschenken oder das Spenden an eine karitative Einrichtung. Eine ausdrückliche Erklärung der Annahme ist nicht erforderlich. Es genügt auch ein konkludentes Verhalten. Das gesetzliche Verbot der Annahme jedweder Vorteile in Bezug auf das Amt umfasst auch zugleich das Verbot, das Erlangte zu behalten. Für den Dienstherrn ist es grundsätzlich ratsam, die Beschäftigten im Rahmen einer allgemeinen Weisung (§ 62 Abs. 1 Satz 2 BBG/§ 35 Abs. 1 Satz 2 BeamtStG) zu verpflichten, verdächtige Kontaktaufnahmen von (potenziellen) Bietern gleich gegenüber dem Vorgesetzten oder dem nächsthöheren Vorgesetzten ausdrücklich mitzuteilen. Die Kerndelikte der Korruption sind Vorteilsannahme und Vorteilsgewährung (§§ 331, 333 StGB) sowie Bestechlichkeit und Bestechung (§§ 332, 334 StGB). Hohe Bedeutung im Wirtschaftsleben hat der Tatbestand der Bestechung und Bestechlichkeit im geschäftlichen Verkehr (§ 299 StGB). Typische Begleitdelikte von Korruptionsstraftaten sind Betrug, Untreue, Fälschungsdelikte, Verrat von Dienstgeheimnissen, Geldwäsche und Steuerhinterziehung. Gleichwohl ist es oftmals schwierig, die Beamten diesbezüglich strafrechtlich zu überführen. Haben sie indes gegen die oben favorisierte allgemeine Weisung verstoßen, erste verdächtige Kontaktaufnahmen von Bietern gleich zu melden, verstoßen sie gegen § 62 Abs. 1 Satz 2 BBG bzw. § 35 Abs. 1 Satz 2 BeamtStG. In aller Regel liegt somit ein Dienstvergehen i. S. d. § 77 Abs. 1 Satz 1 BBG bzw. § 47 Abs. 1 Satz 1 BeamtStG vor.

---

[116] BVerwG, 20.01.2000 – 2 C 19.99, ZBR 2000, 273.

*hh) Pflichten im Zusammenhang mit der Feststellung der Dienst-
fähigkeit und der Wiederherstellung der Dienstfähigkeit nach
erfolgter Versetzung in den Ruhestand*

Bei Beamten im Ruhestand ist der Kreis der Dienstvergehen abschließend in § 77 Abs. 2 BBG/§ 47 Abs. 2 BeamtStG bestimmt. Nach § 77
Abs. 2 Satz 1 Nr. 4 BBG gilt es als Dienstvergehen, wenn der Ruhestandsbeamte einer Verpflichtung nach **§ 46 Abs. 4 BBG** schuldhaft
nicht nachkommt. § 47 Abs. 2 Satz 3 BeamtStG verweist bezüglich der
Festlegung weiterer Handlungen, die als Dienstvergehen gelten, auf
das jeweilige Landesrecht. Die Länder haben entsprechende Regelungen getroffen, so wie in § 35 Abs. 1 Satz 1 LBG NRW, § 61 Nr. 2 LBG RP
i. V. m. § 29 Abs. 4, 5 BeamtStG, § 44 Abs. 2 NBG i. V. m. § 29 Abs. 5
BeamtStG, § 48 Abs. 1 LBG LSA, § 53 Abs. 1 SächsBG, § 45 ThürBG.

Welche Pflichten dem Ruhestandsbeamten im Hinblick auf die Wiederherstellung seiner [der] Dienstfähigkeit im Einzelnen obliegen,
hängt von der Konkretisierung der gesundheitlichen Maßnahme
durch den Dienstherrn nach § 46 Abs. 4 BBG/§ 29 Abs. 4 BeamtStG
ab. Auch weil er grundsätzlich die Kosten der Maßnahme zu tragen
hat (vgl. § 46 Abs. 4 Satz 4 BBG), kann er die Einrichtung vorgeben,
in der die Maßnahme durchgeführt werden soll, und kann auch zeitliche Vorgaben machen. Macht der Dienstherr durch Schreiben zeitliche Vorgaben, sind diese auch für die disziplinarrechtliche Würdigung des Verhaltens maßgeblich.[117]

 BVerwG, 04.01.2022 – 2 B 22.22

Das Schuldprinzip und der Grundsatz der Verhältnismäßigkeit gelten auch im
Disziplinarverfahren (BVerfG, Kammerbeschluss vom 08.12.2004 – 2 BvR 52/02,
BVerfGK 4, 243). Das **Schuldprinzip** setzt voraus, dass das Verhalten dem
betroffenen Beamten vorwerfbar ist. Bereits unmittelbar aus dem Wortlaut
des § 77 Abs. 2 Satz 1 Nr. 4 sowie des § 46 Abs. 4 BBG folgt, dass der Dienstherr
die gesundheitliche Rehabilitationsmaßnahme nach Art und Umfang bestimmen muss. Nur wenn dem Ruhestandsbeamten deutlich gemacht worden ist,
welche Therapiemaßnahme zur Wiederherstellung seiner Dienstfähigkeit
konkret geboten ist, und ihm der rechtliche Hintergrund der Anordnung
erläutert wird, kommt nach dem Schuldprinzip seine disziplinarrechtliche
Sanktionierung in Betracht, wenn er der Anordnung keine Folge leistet.

Der Gesetzgeber statuiert in § 46 Abs. 4 Satz 1 BBG für Ruhestandsbeamte die Verpflichtung, zur Wiederherstellung ihrer Dienstfähigkeit an geeigneten und zumutbaren gesundheitlichen Rehabilitationsmaßnahmen teilzunehmen. Gleiches gilt für § 29 Abs. 4 BeamtStG.
Zum Aspekt der **Zumutbarkeit** gehört auch die Frage, ob es im Hin-

---

[117] BVerwG, 04.01.2023 – 2 B 22.22.

blick auf die medizinische Ursache der Dienstunfähigkeit des Ruhe-standsbeamten eine Form der Behandlung gibt, die zur Überwindung der gesundheitlichen Ursache der Dienstunfähigkeit ebenso geeignet ist, den Beamten jedoch weniger belastet. Insoweit ist unter dem Gesichtspunkt der Zumutbarkeit der gesundheitlichen Rehabilitationsmaßnahme i. S. d. § 46 Abs. 4 Satz 1 BBG/§ 29 Abs. 4 Satz 1 BeamtStG auch deren **Erforderlichkeit** zu prüfen.

Aus § 61 Abs. 1 Satz 1 BBG/§ 34 Abs. 1 Satz 1 BeamtStG obliegt den Beamten die Verpflichtung, sich mit voller Hingabe ihrem Beruf zu widmen, und dem daraus abgeleiteten Gebot, die beschränkte oder verlorene Arbeitskraft bestmöglich wiederherzustellen und alles zu unterlassen, was die Genesung verzögern könnte.

d) Pflichtverletzung von Ruhestandsbeamten

Ruhestandsbeamte können wegen eines während des aktiven Beamtenverhältnisses begangenen Dienstvergehens oder wegen eines während ihrer aktiven Amtszeit als Dienstvergehen geltenden Handlung belangt werden. Beim Ruhestandsbeamten soll die Disziplinarmaßnahme der **Aberkennung des Ruhegehalts** sicherstellen, dass sich der Beamte der Sanktionierung eines schweren Dienstvergehens, welches er im aktiven Dienst begangen hat, nicht durch den Eintritt in den Ruhestand entziehen kann. Die Maßnahme findet ihre Rechtfertigung in der Wahrung der Integrität des Berufsbeamtentums und des Ansehens des öffentlichen Dienstes sowie in dem Gebot der Gleichbehandlung.[118]

Für Verhaltensweisen **nach Zurruhesetzung** ist eine disziplinarrechtliche Verfolgung nur noch möglich wegen eines in § 77 Abs. 2 BBG/§ 47 Abs. 2 BeamtStG aufgeführten Verhaltens.

§ 77 Abs. 2 BBG bzw. § 47 Abs. 2 BeamtStG enthalten eine Auflistung von Dienstpflichten für Beamte im Ruhestand.

aa) Verstoß gegen die freiheitliche demokratische Grundordnung

Bei Beamten im Ruhestand gilt es als Dienstvergehen, wenn sie sich gegen die freiheitliche demokratische Grundordnung i. S. d. Grundgesetzes betätigen oder an Bestrebungen teilnehmen, die darauf abzielen, den Bestand oder die Sicherheit der Bundesrepublik Deutschland zu beeinträchtigen.

Ein Beamter, der Gedankengut der sog. **„Reichsbürgerbewegung"** teilt und vertritt und dessen Ansichten jedenfalls in wesentlichen

---

[118] BVerwG, 28.02.2013 – 2 C 62.11.

Aspekten kongruent sind mit sog. reichsbürgertypischen Denkansätzen, legt mit seinen entsprechenden Äußerungen bewusst nach außen hin erkennbar ein Verhalten an den Tag, das mit der in Art. 33 Abs. 5 GG, § 33 Abs. 1 Satz 1 BeamtStG (vgl. § 60 Abs. 1 Satz 3 BBG) verankerten, jedem Beamten obliegenden Verfassungstreuepflicht nicht vereinbar ist. Das gilt auch dann, wenn der Beamte nicht Mitglied der sog. Reichsbürger bzw. Selbstverwalter ist.[119] Gleiches gilt dann, wenn ein solcher Beamter sich bereits im Ruhestand befindet.[120]

Beispiel:

Der Ruhestandsbeamte brachte gegenüber seiner Kommunalbehörde in zwei Schreiben eine Ideologie und Einstellung zum Ausdruck, die ihn als Reichsbürger kennzeichnet bzw. belegt, dass er dieser Ideologie sehr nahesteht. Dies ergibt sich aus dem eindeutigen Wortlaut sowie der reichsbürgertypischen Diktion. Der Ruhestandsbeamte hat sich im Nachgang auch zu keinem Zeitpunkt hiervon distanziert oder klargestellt, dass er dieser Ideologie nicht nahesteht. So hat er die Staatseigenschaft der Bundesrepublik Deutschland in Abrede gestellt. Gleiches gilt für die rechtsstaatliche Legitimation der Steuererhebung. Er hat die Souveränität und hoheitliche Staatsgewalt der Bundesrepublik Deutschland in seinen Schreiben in Abrede gestellt und sie als Non-Governmental Organization (NGO) angesehen. Reichsbürgertypisch hat er ausgeführt, dass die Bundesrepublik Deutschland ein Firmenkartell zur Verwaltung des Vereinten Wirtschaftsgebiets im Auftrag der Alliierten sei. Die vormalige auf Art. 43 der Haager Landkriegsordnung (HLKO) beruhende hoheitliche Zuständigkeit der Staatsexekutive sei durch die Herrschaft des Zivil- und Handelsrechts entfallen. Das Grundgesetz sei im Geiste des andauernden Besatzungsstatus zur höchsten AGB der BRD-NGO mutiert. Die Bundesrepublik Deutschland sei internationalen Finanz- und Wirtschaftsinteressen entsprechend entstaatlicht und privatisiert worden. Dem Bürger gegenüber würde von offizieller Seite die Illusion bzw. Rechtstäuschung eines Staats mit seinen hoheitlich agierenden Behörden aufrechterhalten. Bei der Finanzverwaltung handele es sich daher um Firmen, die im Auftrag der BRD-NGO Gelder beschaffen und sich dabei auf Gesetze und Verordnungen berufen würden, die nach geltendem Handelsrecht nur als AGBs zu definieren seien. Eine Besteuerung aufgrund einer privatrechtlichen Vereinbarung sei nicht

---

[119] BayVGH, 28.07.2021 – 16a D 19.989.
[120] OVG RP, 11.03.2022 – 3 A 10615/21.OVG.

legitim. Darüber hinaus hat der Ruhestandsbeamte die Leiterin des Finanzamts ... aufgefordert, sich bzw. ihr Unternehmen und Handeln rechtsstaatlich zu legitimieren und dies schriftlich innerhalb von drei Wochen zu beweisen.

Der Pflichtenverstoß des Ruhestandsbeamten ist **innerdienstlicher Art**. Ein Verstoß gegen die politische Treuepflicht, die als beamtenrechtliche Kernpflicht schon wegen ihrer Unteilbarkeit nicht auf den dienstlichen Raum beschränkt ist, sondern auch das außerdienstliche Verhalten des Beamten betrifft, ist also wegen ihrer Dienstbezogenheit stets als Vergehen innerhalb des Dienstes zu werten.[121] Der Ruhestandsbeamte vertritt und teilt jedenfalls in wesentlichen Aspekten das Gedankengut der Reichsbürgerideologie; seine Ansichten sind inhaltsgleich mit sog. reichsbürgertypischen Denkansätze.[122] Er legt typischerweise Verhaltensweisen der Reichsbürgerszene an den Tag, die aus unterschiedlichen Motiven und mit differierenden Begründungen, u. a. unter Berufung auf das historische Deutsche Reich, verschwörungstheoretische Argumentationsmuster oder ein selbst definiertes Naturrecht, die Existenz der Bundesrepublik Deutschland und deren Rechtssystem ablehnen, den demokratisch gewählten Repräsentanten die Legitimation absprechen oder sich gar in Gänze außerhalb der Rechtsordnung stehend definieren.[123]

bb) Weitere Dienstvergehen

Bei Beamtinnen und Beamten im Ruhestand gilt es ferner als Dienstvergehen, wenn sie

a) gegen die Verschwiegenheitspflicht (§ 67 BBG/§ 37 BeamtStG),

b) gegen die Anzeigepflicht einer Nebentätigkeit nach Beendigung des Beamtenverhältnisses (§ 105 BBG/§ 41 BeamtStG),

c) gegen das Verbot einer Tätigkeit nach Beendigung des Beamtenverhältnisses (§ 105 Abs. 2 BBG/§ 41 Satz 2 und 3 BeamtStG),

d) gegen das Verbot der Annahme von Belohnungen, Geschenken und sonstigen Vorteilen (§ 71 BBG/§ 42 BeamtStG)

verstoßen,

---

[121] BVerwG, 29.10.1981 – 1 D 50.80; BayVGH, 28.07.2021 – 16a D 19.989.

[122] Zur fehlenden Verfassungstreue bei sog. Reichsbürgern vgl. BayVGH, 28.07.2021 – 16a D 19.989.

[123] Vgl. Bundesamt für Verfassungsschutz (HRsg), „Reichsbürger" und „Selbstverwalter" – Staatsfeinde, Geschäftemacher, Verschwörungstheoretiker, Stand: Dezember 2018, S. 6; dies aufgreifend BVerwG, 20.12.2019 – 2 WDB 5.19.

e) einer Verpflichtung nach § 46 Abs. 1, 2, 4 oder 7 BBG (§ 29 BeamtStG) oder

f) einer Verpflichtung nach § 47 BBG

schuldhaft nicht nachkommen.

Im Unterschied zu § 47 Abs. 2 BeamtStG enthält § 77 Abs. 2 BBG eine erschöpfende Aufzählung derjenigen Handlungen, die im Ruhestand als Dienstpflichtverletzungen gelten und bei Beamten im Ruhestand disziplinarrechtlich geahndet werden können. Es handelt sich entweder um elementare Verstöße gegen die Rechtsordnung, die zugleich schwerwiegende Verstöße gegen die beamtenrechtliche Treuepflicht nach § 60 Abs. 1 Satz 3 BBG darstellen (§ 77 Abs. 2 Satz 1 Nrn. 1, 2 BBG), um Verstöße gegen Pflichten, die als Nachwirkungen des aktiven Dienstes bestehen (§ 77 Abs. 2 Satz 1 Nrn. 3, 4 BBG) oder um Pflichten, die der Gesetzgeber auch für Beamte im Ruhestand als unerlässlich ansieht, um das Ansehen der öffentlichen Verwaltung und des Beamtentums zu wahren (§ 77 Abs. 2 Satz 1 Nr. 3 BBG).

Bei Ruhestandsbeamten ist der Kreis der Dienstvergehen in § 77 Abs. 2 BBG (im Unterschied zu § 47 Abs. 2 BeamtStG) abschließend bestimmt. Nach § 77 Abs. 2 Satz 1 Nr. 4 BBG gilt es als Dienstvergehen, wenn der Ruhestandsbeamte einer Verpflichtung nach § 46 Abs. 4 BBG schuldhaft nicht nachkommt. Welche Pflichten dem Ruhestandsbeamten im Hinblick auf die **Wiederherstellung seiner Dienstfähigkeit** im Einzelfall obliegen, hängt von der Konkretisierung der gesundheitlichen Maßnahmen durch den Dienstherrn nach § 46 Abs. 4 BBG ab. Auch weil er grundsätzlich die Kosten der Maßnahmen zu tragen hat (§ 46 Abs. 4 Satz 4 BBG), kann er die Einrichtung vorgeben, in der die Maßnahme durchgeführt werden soll, und kann auch zeitliche Vorgaben machen. Macht der Dienstherr zeitliche Vorgaben, sind diese auch für die disziplinarrechtliche Würdigung des Verhaltens maßgeblich.

Der Gesetzgeber statuiert in § 46 Abs. 4 Satz 1 BBG für Ruhestandsbeamte die Verpflichtung, zur Wiederherstellung ihrer Dienstfähigkeit an geeigneten und zumutbaren gesundheitlichen Rehabilitationsmaßnahmen teilzunehmen. Zum Aspekt der Zumutbarkeit gehört auch die Frage, ob es im Hinblick auf die medizinische Ursache der Dienstunfähigkeit des Ruhestandsbeamten eine Form der Behandlung gibt, die zur Überwindung der gesundheitlichen Ursache der Dienstunfähigkeit ebenso geeignet ist, den Beamten jedoch weniger belastet.[124]

---

[124] BVerwG, 04.01.2023 – 2 B 22.22.

Nach § 47 Abs. 2 Satz 3 BeamtStG können für Beamte nach den Sätzen 1 und 2 durch Landesrecht weitere Handlungen festgelegt werden, die als Dienstvergehen gelten. So ergibt sich aus § 53 Abs. 1 Satz 2 SächsBG, dass die Beamten verpflichtet sind, bei der Erstellung des ärztlichen Gutachtens mitzuwirken. Nach § 35 Abs. 1 LDG NRW sind die Beamtinnen und Beamten verpflichtet, zur Wiederherstellung ihrer Dienstfähigkeit an geeigneten und zumutbaren gesundheitlichen und beruflichen Rehabilitationsmaßnahmen teilzunehmen. Diese Verpflichtung gilt auch zur Vermeidung einer drohenden Dienstunfähigkeit (§ 35 Abs. 1 Satz 2 LDG NRW). In den Landesbeamtengesetzen wird somit § 29 Abs. 4 BeamtStG wiederholt. Kommt der Beamte trotz wiederholter schriftlicher Aufforderung ohne hinreichenden Grund dieser Verpflichtung nicht nach, kann er nach dem Rechtsgedanken der Vorschriften der Zivilprozessordnung (ZPO) zur Beweisvereitelung (§§ 427, 444, 446 ZPO) so behandelt werden, als ob die Dienstfähigkeit vorläge.

4. Das Verschulden

Für die Bejahung eines Dienstvergehens i. S. d. § 77 Abs. 1 Satz 1 BBG/§ 47 Abs. 1 Satz 1 BeamtStG ist die „schuldhafte" Verletzung der den Beamten obliegenden Pflichten erforderlich. Das Verschulden umfasst die Schuldformen Vorsatz und Fahrlässigkeit.

Vorsatz setzt das Wissen und das Wollen der Tatmerkmale voraus.[125] Das subjektive Tatbestandsmerkmal der Absicht (duldus directus 1. Grades) ist dem Dienstvergehen fremd. Für die Bewertung des Dienstvergehens ist der duldus directus 1. Grades jedoch durchaus von Bedeutung, zumal wenn dessen Gewicht sich auch nach dem Charakter der zugleich darin liegenden Straftat bestimmt. So etwa, wenn der Beamte Reisekosten gezielt in betrügerischer Absicht falsch belegt. Dies wiegt bei der Bemessung des Dienstvergehens deutlich schwerer als wenn der Beamte die Reisekosten etwa deshalb falsch belegt, weil er ein ehewidriges Verhalten verheimlichen will. In diesem Fall erfolgt zwar der unrechtmäßige Vermögensvorteil mit Vorsatz. Dies hat der Beamte aber nur als zwangsläufige Folge der Verdeckung anderer Umstände hingenommen. Daher ist von einer geringeren Schuld auszugehen, was sich auf die Bemessung

---

[125] BVerwG, 10.03.2022 – 2 WD 7/21.

der Maßnahme wiederum auswirken muss, die milder auszufallen hat.

Die Dienstpflichtverletzung geschieht **fahrlässig,** wenn der Beamte unter Verletzung der von ihm zu erwartenden Sorgfalt alle oder einzelne maßgebenden tatsächlichen Umstände nicht erkennt, etwa aus Vergesslichkeit oder Unachtsamkeit die Notwendigkeit eines positiven Handelns nicht erkennt. Sowohl die grobe als auch die leichte Fahrlässigkeit reichen für die Annahme eines Dienstvergehens aus.

Der Beamte handelt **vorsätzlich,** wenn er bewusst und gewollt das Verhalten verwirklicht, das die Pflichtverletzung darstellt. Es genügt, dass der Beamte mit bedingtem Vorsatz handelt, also die zur Pflichtwidrigkeit gehörenden Umstände für möglich hält, billigt oder zumindest billigend in Kauf nimmt.

Dies ist nicht nur dann der Fall, wenn er mit dem von ihm für möglich gehaltenen Erfolg ausdrücklich oder konkludent einverstanden ist, sondern auch, wenn er sich mit einem an sich unerwünschten, aber ggf. notwendigerweise eintretenden Erfolg um seines erstrebten Zieles willen abfindet.[126]

Die Disziplinarrechtsprechung des BVerwG rechnet die Erkenntnis der verletzten Pflichten nicht zum Vorsatz, vielmehr berühre ein Rechtsirrtum hierüber nicht die Form der Schuld und schließe diese nur bei Unvermeidbarkeit aus.[127]

Der Pflichtenverstoß muss auf einem äußeren Verhalten des Beamten beruhen. Dies kann in einem Tun oder Unterlassen bestehen. Eine Tat durch Unterlassen wiegt grundsätzlich nicht weniger als ein Tun.[128]

Bloße Gedanken, innere Einstellungen oder sonstige innere Vorgänge des Beamten kommen als objektive Pflichtverletzung nicht in Betracht, solange sie nicht in einem äußeren Verhalten ihren Niederschlag gefunden haben.

Die Abgrenzung zwischen Vorsatz und Fahrlässigkeit kann auch in den Fällen des unentschuldigten Fernbleibens vom Dienst (§ 96 Abs. 1 BBG) relevant werden.

---

[126] BVerwG, 18.09.2003 – 2 WD 3.03, BVerwGE 119, 76.
[127] BVerwG, 22.06.2006 – 2 C 11.05, ZBR 2006, 385.
[128] BVerwG, 26.09.2001 – 1 D 32.00.

Die Regelungen zum unerlaubten Fernbleiben vom Dienst bei den Ländern	
so u. a.	
Baden-Württemberg	§ 68 LBG BW
Bayern	Art. 95 Abs. 1 BayBG
Brandenburg	§ 61 LBG Brb
Hessen	§ 68 Abs. 1 HBG
Niedersachsen	§ 67 Abs. 1 NBG
Nordrhein-Westfalen	§ 62 Abs. 1 LBG NRW
Rheinland-Pfalz	§ 81 LBG RP
Sachsen-Anhalt	§ 70 LBG LSA
Sachsen	§ 71 SächsBG
Thüringen	§ 60 ThürBG

Das unerlaubte und schuldhafte Fernbleiben vom Dienst hat zwei Folgen: Zum einen verliert der Beamte für die Zeit des Fernbleibens den Anspruch auf Besoldung, zum anderen kann gegen ihn zusätzlich zum Verlust der Bezüge ein Disziplinarverfahren durchgeführt werden. Die Verletzung der Dienstleistungspflicht durch das unentschuldigte oder schuldhafte Fernbleiben vom Dienstort ist dem Beamten fahrlässig oder vorsätzlich möglich.[129] Ein Irrtum des Beamten über seine Pflicht zur Dienstleistung entlastet ihn nur, wenn dieser **Irrtum unvermeidbar** war.[130]

Fahrlässig handelt ein Beamter in Bezug auf seine **Anwesenheitspflicht im Dienst,** wenn er darauf vertraut, dienstunfähig zu sein, bei zumutbarer Selbsteinschätzung seines gesundheitlichen Zustands aber hätte erkennen müssen, zur – wenn auch eingeschränkten – Dienstausübung in der Lage zu sein.[131] Ein Beamter, der ungenehmigt keinen Dienst leistet, handelt hinsichtlich des Tatbestandsmerkmals „Dienstfähigkeit" dagegen **bedingt vorsätzlich,** wenn er ernsthaft für möglich hält, dienstfähig zu sein, und im Hinblick darauf billigend in Kauf nimmt, die Dienstleistungspflicht zu verletzen.[132] Dies ist nicht nur dann der Fall, wenn der Beamte mit dem von ihm für möglich gehaltenen Erfolg ausdrücklich oder konkludent einverstanden ist, sondern auch dann, wenn er sich mit einem

---

[129] BVerwG, 12.11.2020 – 2 C 6.19.
[130] BVerwG, 20.01.2009 – 2 B 4.08.
[131] BVerwG, 09.04.2002 – 1 D 17.01.
[132] BVerwG, 21.02.2008 – 2 B 1.08, Buchholz 235.2 LDisziplinarG Nr. 5, Rn. 5.

an sich unerwünschten, aber notwendigerweise eintretenden Erfolg um seines erstrebten Zieles willen abfindet.[133] Hat der Dienstherr dem Beamten beispielsweise aufgegeben, vom ersten Tag des Fernbleibens vom Dienst wegen Krankheit eine ärztliche Bescheinigung als Nachweis seiner Dienstunfähigkeit vorzulegen und sich zusätzlich ab dem ersten Tag bei dem zuständigen Amtsarzt/Polizeiarzt zu melden, um ein von niedergelassenen Ärzten ausgestelltes Attest bestätigen zu lassen und kommt der Beamte dem nicht nach, so ist er damit bedingt vorsätzlich dem Dienst ferngeblieben.

5. Rechtswidrigkeit

Jede Pflichtverletzung, die auch in der Nichtbefolgung einer konkret dienstlichen Weisung liegen kann, ist pflichtwidrig, wenn nicht besondere Umstände die Pflichtwidrigkeit ausschließen oder beseitigen. Umstände, die ein pflichtwidriges Verhalten rechtfertigen können (sog. Rechtfertigungsgründe), kommen im Disziplinarrecht nur selten vor, z. B. wenn sich ein Beamter auf eine ausdrückliche Anweisung des Vorgesetzten berufen kann oder wenn etwa ein Polizeibeamter in Notwehr von der Waffe bzw. dem Schlagstock Gebrauch macht.

Es ist jedoch zu beachten, dass die Beamten nach § 62 Abs. 1 Satz 2 BBG bzw. § 35 BeamtStG grundsätzlich an die dienstlichen Weisungen gebunden sind und sich nur in Ausnahmefällen eigenmächtig und außerhalb des dafür vorgesehenen Rechtsweges dieser Bindung entziehen dürfen.[134]

Definition Weisung des Dienstherrn: Die Weisung spricht den Beamten als Teil der staatlichen Organisation an und kann somit nicht als Verwaltungsakt qualifiziert werden.[135]

Die Bindung setzt voraus, dass die Weisung bei gebotener Auslegung nach ihrem Wortlaut und erkennbaren Sinn als solche aufzufassen und der Inhalt so eindeutig und unmissverständlich ist, dass dem angewiesenen Beamten hinreichend klar wird, was von ihm verlangt wird und dass ein Tätigwerden nicht in seinem Ermessen steht.[136]

Ein Rechtfertigungsgrund liegt vor, wenn gegen eine Weisung die Voraussetzungen der Verweigerung nach § 63 Abs. 2 Satz 4 BBG erfüllt sind, also die Weisung strafbar oder ordnungswidrig ist oder gegen die Würde des Menschen verstößt.

---

[133] BVerwG, 25.09.2007 – 1 WD 19.06, Buchholz 450.2 § 38 WDO 2002 Nr. 23 Rn. 34.
[134] *Köhler* in: Köhler/Baunack/Heun/Vogt, Der Dienstvergehenstatbestand, S. 84.
[135] BVerwG, 02.03.2006 – 2 C 3.05, BVerwGE 125, 85.
[136] BVerwG, 30.03.2000 – 1 DB 24.99 (Einladung zur Teilnahme am Auswahlverfahren).

Beispiel:

Trotz ausdrücklicher Anzeigepflicht braucht ein Beamter die gegen ihn laufenden polizeilichen oder staatsanwaltlichen Ermittlungen nicht dienstlich zu melden, wenn er sich damit zugleich einer Disziplinarverfolgung aussetzen würde. Niemand kann verpflichtet sein, an einer eigenen disziplinaren Verfolgung mitzuwirken (Art. 1 GG, § 20 Abs. 1 Satz 3 BDG).[137]

Wegen des weit gefassten Tatbestands des Dienstvergehens in § 77 Abs. 1 BBG bzw. § 47 Abs. 1 BeamtStG liegt die Bedeutung eines Rechtfertigungsgrundes im Disziplinarrecht in der Regel darin, dass er schon die Pflichtwidrigkeit der Handlung und damit den allgemein gefassten Tatbestand der Dienstpflichtverletzung ausschließt. Es bedarf somit – anders als im Strafrecht – keiner Unterscheidung zwischen Tatbestandsmäßigkeit und Rechtswidrigkeit.

Ein objektives pflichtwidriges Verhalten indiziert regelmäßig ein rechtswidriges Verhalten, sofern der Beamte keine **Rechtfertigungsgründe** geltend machen kann, die im Disziplinarrecht indes Ausnahmecharakter haben.[138] Zwar wird die berechtigte Interessenwahrnehmung im Strafrecht als Rechtfertigungsgrund angesehen (§ 193 StGB). Dies kann jedoch nicht auf das Disziplinarrecht übertragen werden.[139]

Im Übrigen kommen die gesetzlich normierten Rechtfertigungsgründe in Betracht (§§ 32, 34 StGB; § 127 StPO; §§ 227, 228, 858 ff., 904 BGB; § 15 OWiG). Als Rechtfertigungsgrund ist auch die erfolglose Remonstration bei einer rechtswidrigen Weisung zu betrachten (§ 63 Abs. 2 BBG/§ 36 Abs. 2 BeamtStG). Oftmals wird eine sachlich gerechtfertigte Remonstration von bestimmten Führungskräften als Kritik an ihrer Person gesehen. Die psychologischen Hintergründe sind an dieser Stelle nicht zu erörtern. *Keller* weist zu Recht darauf hin, dass dies die Beamten nicht von ihrer Remonstrationspflicht entbindet.[140]

Ein Rechtfertigungsgrund liegt vor, wenn gegen eine Weisung die Voraussetzungen der Ver-weigerung nach § 63 Abs. 2 Satz 4 BBG erfüllt sind, also die Weisung strafbar oder ordnungswidrig ist oder gegen die Würde des Menschen verstößt.

---

137   So auch *Köhler* in: Hummel/Köhler/Mayer, Der Dienstvergehenstatbestand, S. 84.
138   Vgl. *Keller*, Disziplinarrecht – Für die polizeiliche Praxis, S. 52.
139   BVerwG, 13.12.2000 – 1 D 34/98, juris.
140   Vgl. *Keller*, Disziplinarrecht für die polizeiliche Praxis, S. 53.

6. Schuld

BVerwG, Urteil vom 20.04.2023 – 2 A 18.21

Enthält ein Strafurteil zur Frage der Schuldfähigkeit des Täters keine Ausführungen, so ist wegen des für das Strafgericht vorgegebenen Prüfprogramms davon auszugehen, dass es das Vorliegen eines der Eingangsmerkmale des § 20 StGB verneint hat. Die Bindung an diese Feststellung nach § 57 Abs. 1 Satz 1 BDG steht auch der Prüfung einer erheblich verminderten Schuldfähigkeit nach § 21 StGB durch das Disziplinargericht entgegen, weil § 21 StGB ein Eingangsmerkmal im Sinne von § 20 StGB voraussetzt.

§ 20 StGB Schuldunfähigkeit wegen seelischer Störungen

Ohne Schuld handelt, wer bei Begehung der Tat wegen einer krankhaften seelischen Störung, wegen einer tiefgreifenden Bewußtseinsstörung oder wegen einer Intelligenzminderung oder einer schweren anderen seelischen Störung unfähig ist, das Unrecht der Tat einzusehen oder nach dieser Einsicht zu handeln.

§ 21 StGB Verminderte Schuldfähigkeit

Ist die Fähigkeit des Täters, das Unrecht der Tat einzusehen oder nach dieser Einsicht zu handeln, aus einem der in § 20 bezeichneten Gründe bei Begehung der Tat erheblich vermindert, so kann die Strafe nach § 49 Abs. 1 gemildert werden.

§ 21 StGB setzt voraus, dass die Fähigkeit des Täters, das Unrecht der Tat einzusehen oder nach dieser Einsicht zu handeln, aus einem der in § 20 StGB bezeichneten Gründen bei der Begehung der Tat erheblich vermindert ist. Zwar ist die Annahme der erheblich verminderten Schuldfähigkeit des Beamten zum Tatzeitpunkt für das gerichtliche Disziplinarverfahren von Bedeutung. § 21 StGB setzt aber tatbestandlich voraus, dass eine der in § 20 StGB aufgeführten seelischen Störungen gegeben ist. Haben die Strafgerichte das Vorliegen eines der Eingangsmerkmale des § 20 StGB mit bindender Wirkung für das Disziplinargericht nach § 57 Abs. 1 Satz 1 BDG verneint, so gilt dies auch wegen des Aufbaus des § 21 StGB für diesen Milderungsgrund. Gleiches gilt letztendlich auch im behördlichen Disziplinarverfahren.

Das Bundesverwaltungsgericht hat in seiner Entscheidung vom 20.04.2023 hervorgehoben, dass bei einem diesbezüglichen Schweigen des Strafurteils entsprechend davon auszugehen sei, dass das Strafgericht keines der Eingangsmerkmale des § 20 StGB als erfüllt angesehen habe.[141]

---

[141] BVerwG, 20.04.2023 – 2 A 18.21.

Liegt eine erhebliche Verminderung der Schuldfähigkeit des Beamten i. S. d. § 21 StGB tatsächlich vor, so ist dieser Umstand bei der Bewertung der Schwere des Dienstvergehens mit dem ihm zukommenden erheblichen Gewicht heranzuziehen.[142] Wegen des auch im Disziplinarverfahren geltenden Grundsatzes der Verhältnismäßigkeit und des Schuldgrundsatzes kann die Höchstmaßnahme regelmäßig nicht mehr ausgesprochen werden, wenn eine erheblich verminderte Schuldfähigkeit vorliegt.[143]

Liegen für die Disziplinarbehörde keine Anhaltspunkte für das Vorliegen eines der Eingangsmerkmale des § 20 StGB vor, so bedarf es diesbezüglich keiner näheren Prüfung und Begründung etwa in der Disziplinarverfügung oder der Disziplinarklage. Werden jedoch tatsächlich Gründe behauptet oder liegen Umstände vor, die den Ausschluss oder die (erhebliche) Verminderung der Schuldfähigkeit i. S. d. §§ 20 und 21 StGB auch nur möglich erscheinen lassen, so bedarf es – ggf. unter Heranziehung eines Sachverständigen – von Amts wegen ihrer Prüfung, Erörterung und Darlegung in der Disziplinarverfügung bzw. Disziplinarklage und im gerichtlichen Verfahren im Urteil.[144]

7. Keine Unterscheidung zwischen Täterschaft und Teilnahme

Dem Disziplinarrecht ist eine Unterscheidung zwischen Täterschaft und Teilnahme (Anstiftung, Beihilfe) unbekannt. Ein Beamter, der einen anderen Beamten zur Verletzung von Dienstpflichten anstiftet oder ihn dabei unterstützt, wird vielmehr dadurch in aller Regel auch eigene Dienstpflichten verletzen und haftet disziplinarrechtlich für diese eigene Dienstpflichtverletzung.[145]

8. Kein Versuch eines Dienstvergehens

Der Tatbestand eines Dienstvergehens setzt objektiv die Verletzung einer Dienstpflicht und subjektiv ein Verschulden voraus.

Ein versuchtes Dienstvergehen gibt es nicht und damit auch kein Rücktritt vom Versuch (§ 24 StGB). Verstößt der Beamte durch einen strafrechtlichen Versuch schuldhaft gegen eine Dienstpflicht, so liegt ein (vollendetes) Dienstvergehen vor.

---

[142] BVerwG, 29.05.2008 – 2 C 59.07; BVerwG, 20.04.2023 – 2 A 18.21.
[143] BVerwG, 25.03.2010 – 2 C 83.08, BVerwGE 136, 173.
[144] BVerwG, 20.04.2023 – 2 A 18.21; BGH, 22.06.2011 – 5 StR 226/11, StV 2011, 647.
[145] *Plog/Wiedow*, § 77 BBG, Rn. 19.

Beispiel:

Ein Beamter des Ordnungsamts fordert für sich günstigere Preise im Einkaufsmarkt und sagt dafür wiederholte Überwachungen durch sich und seine Mitarbeiter zu. Der Filialleiter des Supermarkts ist klug und lehnt dies ab. Es liegt ein Dienstvergehen in Form der Verletzung zur Pflicht zur uneigennützigen Dienstwahrnehmung (§ 61 Abs. 1 Satz 2 BBG, § 34 Abs. 1 Satz 2 BeamtStG) sowie der Wohlverhaltenspflicht vor (§ 61 Abs. 1 Satz 3 BBG, § 34 Abs. 1 Satz 3 BeamtStG).

Die begonnene, aber nicht realisierte Pflichtverletzung ist nicht vorwerfbar. Gegenstand eines Dienstvergehens ist immer eine vollendete Pflichtverletzung, auch wenn vielleicht die sachgleiche Straftat selbst unvollendet blieb. Entscheidend für den Pflichtentatbestand ist der Handlungswille, nicht der Erfolg.[146] Insoweit hat auch der Rücktritt vom Versuch im Disziplinarrecht nicht dieselbe (strafbefreiende) Wirkung wie im Strafrecht.

Beispiel:

Steueramtmann Mayer ist in der Vollstreckungsstelle des Finanzamts als Hauptsachbearbeiter tätig. Er soll einer Steuerschuldnerin angeboten haben, die von ihr geschuldeten Säumniszuschläge in Höhe von 7.000 Euro gegen Zahlung von 3.500 Euro an ihn zu erlassen. Die Steuerschuldnerin reagiert auf das Angebot zunächst nicht, sondern wandte sich an das Finanzamt. Staatsanwaltschaft und Polizei stimmten schließlich mit ihr ab, dass sie zum Schein auf das Angebot eingehen solle, sodass es zur Geldübergabe an den Beamten Mayer kam.

In dem Gespräch unmittelbar vor der Übergabe erneuerte der Beamte seine Forderung und verlangte sogar noch einen Nachschlag in Höhe von 500 Euro. Im Disziplinarverfahren stellt der Beamte Mayer die Frage: Handelt es sich um einen Verstoß gegen Sinn und Zweck des Disziplinarrechts, nämlich insbesondere auch dessen Schutzfunktion, wenn der Dienstherr als „Agent Provocateur" den Beamten „ins offene Messer laufen" lässt?

Lösung

Der Beamte Mayer hat sich aus eigenem Antrieb entschlossen, von der Steuerschuldnerin 3.500 Euro zu fordern. So hat er in dem

---

[146] BVerwG, 07.12.1993 – 1 D 32.92, BVerwGE 103, 54, ZBR 83, 372.

Gespräch vor der Geldübergabe sein „Angebot erneuert", ohne dass die Steuerschuldnerin ihre frühere Forderung nach „Schmiergeld" selbst in das Gespräch eingebracht hat. Insoweit ist es unerheblich, dass die Geldübergabe in Absprache mit der Polizei und der Staatsanwaltschaft erfolgt war. Es handelt sich bei der vorgetäuschten Geldübergabe auch um ein (vollendetes) Dienstvergehen. Disziplinarrechtlich belastet eine versuchte Straftat den Beamten genauso wie eine vollendete. Entscheidend ist insoweit allein, dass der Beamte durch ein bestimmtes Verhalten schuldhaft seine Dienstpflichten verletzt hat. Für die im Disziplinarrecht gebotene Persönlichkeitsbeurteilung (§ 13 Abs. 1 Satz 3 BDG) kommt es vor allem auf den gezeigten Handlungswillen an; dass der Erfolg der Tat nicht eingetreten ist, ist nur dann von Bedeutung, wenn der Nichteintritt auf zurechenbarem Verhalten des Beamten beruht.[147]

9. Dienstvergehen/Bagatellverfehlungen

In der Praxis bereitet es oft Schwierigkeiten festzustellen, ob eine Pflichtverletzung die „Schwelle zur disziplinarrechtlichen Erheblichkeit" überschreitet. Die Rechtsprechung hat für bestimmte Kategorien von Pflichtverletzungen die Schwelle zur „disziplinarrechtlichen Erheblichkeit" bestimmt. So etwa bei Straßenverkehrsdelikten dahingehend, dass erst über dem durchschnittlichen Maß der Fahrlässigkeit eines Verkehrsteilnehmers eine Dienstpflichtverletzung infrage komme. Danach sind ein unerlaubtes Entfernen vom Unfallort bzw. ein Fahren ohne Fahrerlaubnis wegen der überdurchschnittlichen Gefährlichkeit und Sozialschädlichkeit pflichtwidrig. Nicht pflichtwidrig ist nach bisheriger Rechtsprechung die einmalige Trunkenheitsfahrt für dienstlich nicht mit dem Führen von Kfz betraute Beamte.[148] Das Gleiche gilt für bloße Verstöße gegen Vorfahrts-, Überhol- oder Halteregeln oder Fahren eines nicht haftpflichtversicherten Kraftwagens.

Ob das „dienstrelevante" Verhalten verfehlt wurde, hängt stets von den konkreten Umständen des Einzelfalls ab und ist immer dann zu verneinen, wenn es um einmalige Geringfügigkeiten im Bereich der Ordnungswidrigkeiten bzw. um Bagatellverfehlungen geht.[149]

---

[147] BVerwG, 29.01.2009 – 2 B 34.08.
[148] BVerwG, 30.08.2000 – 1 D 37/99, ZBR 2001, 39.
[149] *Claussen/Janzen*, Einl. B. 4; *Köhler* in: Hummel/Köhler/Mayer, Der Dienstvergehenstatbestand, S. 82.

Beispiele:

- seltenes oder gar einmaliges Zuspätkommen zum Dienst
- einfache Fehler bei der Sachbearbeitung aus Unachtsamkeit
- verspätete Eintragung ins Fahrtenbuch (fahrlässig)
- Fehleinschätzung der Rechtslage und daraus resultierende falsche Maßnahme
- unbeabsichtigte Beschädigung eines Dienstfahrzeugs in einer engen Tiefgarage

Es handelt sich in diesen Fällen um „bloße Unkorrektheiten ohne disziplinarrechtlichen Unrechtsgehalt". Der Bagatellcharakter der Pflichtverletzung muss indes geradezu „auf der Hand liegen", ansonsten sind disziplinare Ermittlungen einzuleiten.

Es kommt mithin auf das „Gewicht der Verfehlung" an. Die Anforderungen an das dienstliche Verhalten dürfen letztlich nicht überspannt werden. Es gehört auch zur Führungsverantwortung Vorgesetzter, kleinere „Verfehlungen" (Entgleisungen einmaliger Natur) als solche zu erkennen und entsprechend zu bewerten.

Beispiel: Aufsichtsverletzung:

Zwei Polizeibeamte sollen einen Gefangenen, der als suizidgefährdet und psychisch auffällig eingestuft wird, zu einer psychologischen Begutachtung begleiten. Während der Untersuchung durch den Arzt verlassen sie zum Zwecke des Rauchens beide das Gebäude.

Dieses Fehlverhalten überschreitet die Schwelle disziplinarer Erheblichkeit auch dann, wenn der Gefangene selbst keinen Fluchtversuch unternimmt, da er als suizidgefährdet und psychisch auffällig eingestuft wurde. Eine bloße Bagatellverfehlung liegt hier nicht vor. Die Beamten hatten gerade die Pflicht zur Beaufsichtigung des Gefangenen während der Fahrt und während seines gesamten Aufenthalts in der medizinischen Einrichtung. Vor diesem Hintergrund vermag auch der Umstand, dass es tatsächlich zu keinem Zwischenfall mit dem Gefangenen kam und dieser insbesondere keinen Fluchtversuch unternahm, das Gewicht des Fehlverhaltens nicht so weit zu mindern, dass die Schwelle disziplinarer Erheblichkeit unterschritten wäre.

Einheit des Dienstvergehens

Einheit des Dienstvergehens

1. Bedeutung des Grundsatzes der „Einheit des Dienstvergehens"

Dem weiten Begriff des Dienstvergehens entspricht der in der Rechtsprechung entwickelte Grundsatz der Einheit des Dienstvergehens. Danach bilden mehrere bekannt gewordene pflichtwidrige Verhaltensweisen eines Beamten ohne Rücksicht darauf, ob zwischen ihnen ein räumlicher, zeitlicher und/oder sachlicher Zusammenhang besteht, materiell-rechtlich insgesamt ein **einheitliches Dienstvergehen.** Konkret wirkt sich dies auch bei der Verhängung einer Disziplinarmaßnahme aus, die ungeachtet der Anzahl und Art der einzelnen Pflichtverletzungen **„wegen eines Dienstvergehens"** ausgesprochen wird.

Der Grundsatz der Einheit des Dienstvergehens, der unmittelbar aus § 77 Abs. 1 Satz 1 BBG/§ 47 Abs. 1 Satz 1 BeamtStG abgeleitet wird,[150] ist seinem normativen Ursprung nach zunächst materiell-rechtlicher Natur. Aus dem Wortlaut der Vorschrift, der Beamte begehe „ein Dienstvergehen" (Singular), wenn er schuldhaft „die ihm obliegenden Pflichten verletzt" (Plural), wird materiell-rechtlich gefolgert, dass „das durch mehrere Verfehlungen zutage eingetretene Fehlverhalten eines Beamten einheitlich zu würdigen" ist. Aus dieser materiell-rechtlichen Bedeutung des Einheitsgrundsatzes hat das BVerwG ursprünglich verfahrensrechtlich die Konsequenz gezogen, dass es in der Regel nicht zulässig sei, mehrere Verfehlungen in verschiedenen Verfahren zu ahnden. Lägen dem Dienstvorgesetzten oder der Einleitungsbehörde Vorgänge über mehrere Pflichtverletzungen eines Beamten vor und seien diese entscheidungsreif, so müsse darüber auch gleichzeitig entschieden werden. Bereits mit Urteil vom 14.02.2007 (BVerwG – 1 D 12.05) hat das BVerwG diese Rechtsprechung modifiziert.

2. Einschränkungen dieses Grundsatzes; geänderte Rechtsprechung des BVerwG

Nach dem bisher geltenden Einheitsgrundsatz, der unmittelbar aus § 77 Abs. 1 Satz BBG bzw. § 47 Abs. 1 Satz 1 BeamtStG abgeleitet wird, war es grundsätzlich ausgeschlossen, für jede einzelne

---

[150] BVerwG, 19.06.1969 – 2 D 8.69, BVerwGE 33, 314.

Verfehlung eines Beamten gesondert eine Disziplinarmaßnahme zu bestimmen. Danach war es in der Regel nicht zulässig, mehrere Verfehlungen in verschiedenen Verfahren zu ahnden.[151]

Der Bundesgesetzgeber hat die verfahrensrechtlichen Notwendigkeiten und Voraussetzungen der grundsätzlich einheitlichen Würdigung einer Mehrzahl von Pflichtverletzungen durch die Aufnahme von Ausnahmetatbeständen in § 19 Abs. 2, § 56 BDG kodifiziert und damit die in der Rechtsprechung entwickelten Verfahrensgrundsätze ausdrücklich im Sinne einer weiteren Einschränkung des Einheitsgrundsatzes modifiziert (vgl. zu § 53 BDG alt: BT-Drucks. 14/4659, S. 48).

BVerwG vom 14.02.2007 und BVerwG vom 29.07.2009

Aus dieser Gesetzeslage folgt, dass dem Grundsatz der Einheit des Dienstvergehens nicht mehr vorwiegend oder gar ausschließlich durch bestimmte Verfahrensweisen Rechnung zu tragen ist. Ihm ist vielmehr materiell-rechtlich in der Form Geltung zu verschaffen, dass bei der Entscheidung im letzten von mehreren aufeinander folgenden Verfahren bei der Bestimmung der angemessenen Disziplinarmaßnahme eine einheitliche Würdigung des gesamten Dienstvergehens vorauszugehen hat.

(BVerwG, 14.02.2007 – 1 D 12.05, BVerwGE 128, 125; BVerwG, 29.07.2009 – 2 B 15.09, ZBR 2010, 124)

Die Dienststelle kann daher nach eigenem Ermessen entscheiden, ob neue Pflichtenverstöße im bereits eingeleiteten Disziplinarverfahren aufgenommen werden oder ob ein neues eigenständiges Disziplinarverfahren eingeleitet wird. Im Ergebnis darf der Beamte durch mehrere Verfahren indes nicht schlechter gestellt werden, als dies bei einer gleichzeitigen, einheitlichen Ahndung des Dienstvergehens der Fall wäre. Die im jüngsten Disziplinarverfahren für die zu beurteilende Pflichtverletzung in Erwägung gezogene Maßnahme ist daher von der Dienststelle in Relation zu den Maßnahmen jeweils früherer Disziplinarverfahren zu setzen und ggf. auf ein insgesamt angemessenes Maß zu korrigieren.[152]

Im Ergebnis kann dies zu einer milderen, aber auch zu einer strengeren Maßnahme führen, auch zur Einstellung des neuen Verfahrens. Es handelt sich hier um die einheitliche Bildung einer Gesamtmaßnahme durch die Dienststelle bzw. durch das Verwaltungsgericht.

---

[151] BVerwG, 11.02.2000 – 1 DB 20.99, BVerwGE 111, 54.
[152] So auch *Köhler* in: Köhler/Baunack, Bundesdisziplinargesetz und materielles Disziplinarrecht, S. 78.

Eine Gesamtstrafenbildung bzw. Konkurrenzlehre (§ 52 ff. StGB) entsprechend dem Strafrecht ist dem Disziplinarrecht indes fremd.

Wenn sich der Verdacht von Dienstpflichtverletzungen aufgrund verschiedener Sachverhalte ergibt, was in der Praxis durchaus häufiger vorkommt, ist der Dienstvorgesetzte verpflichtet, entweder – wenn ein Disziplinarverfahren bereits eingeleitet wurde – ein weiteres Disziplinarverfahren einzuleiten oder das laufende Verfahren gem. § 19 Abs. 1 Satz 1 BDG auf die neuen Vorwürfe auszudehnen.[153]

Für das sich aus mehreren Dienstpflichtverletzungen zusammensetzende einheitliche Dienstvergehen bestimmt sich die zu verhängende Disziplinarmaßnahme vom Schwerpunkt her nach der schwersten Einzelverfehlung.[154] Es ist nicht per se so, dass in jedem Einzelfall die innerdienstlich begangene Pflichtverletzung schwerer wiegt. Einer außerdienstlichen Pflichtverletzung kann im Einzelfall durchaus ein höheres Gewicht zukommen als einer außerdem begangenen innerdienstlichen Pflichtverletzung.[155]

Zusammenfassend ist somit im Hinblick auf den Grundsatz der Einheit des Dienstvergehens festzustellen, dass sich ein verfahrensrechtliches Gebot der gleichzeitigen Entscheidung über mehrere Pflichtenverstöße dem BDG bzw. den LDGs nicht mehr entnehmen lässt.[156] Gem. § 19 Abs. 2 Satz 1 BDG kann das Disziplinarverfahren nur bis zum Erlass einer Entscheidung nach den §§ 32 bis 33 BDG (Art. 33 bis 35 BayDG; §§ 33 bis 35 LDG NRW; §§ 32 bis 34 SächsDG) beschränkt werden, indem solche Handlungen ausgeschieden werden, die für die Art und Höhe der zu erwartenden Disziplinarmaßnahme voraussichtlich nicht mehr ins Gewicht fallen.

Zu berücksichtigen ist aber auch die normative Vorgabe aus § 19 Abs. 1 BDG, wonach das Disziplinarverfahren nur bis zum Erlass einer Entscheidung nach §§ 32 oder 33 BDG auf neue Handlungen ausgedehnt werden kann, die den Verdacht eines Dienstvergehens rechtfertigen. Nachdem eine solche Entscheidung ergangen ist, können neue Pflichtverletzungen nicht mehr in das schon abgeschlossene Disziplinarverfahren aufgenommen werden. In diesem Fall ist ein neues Disziplinarverfahren einzuleiten.

---

[153] BVerwG, 19.12.2013 – 2 B 43.22.
[154] BVerwG, 21.04.2016 – 2 C 4.15 sowie 20.08.2013 – 2 B 8.13, VG Münster, 12.11.2019 – 13 K 1810/19.0.
[155] *Urban/Wittkowski*, BDG, § 4 Rn. 22.
[156] BVerwG, 19.12.2023 – 2 B 43.22.

3. Können unbekannte Verfehlungen nach Abschluss des Verfahrens noch nachträglich verfolgt werden?

Die neue Rechtsprechung des BVerwG zur Einheit des Dienstvergehens führt dazu, dass die Dienststelle freier ist, ihr bis zum Abschluss des Verfahrens bekannt gewordene Verfehlungen noch in das laufende Verfahren einzubringen oder eben ein neues Disziplinarverfahren einzuleiten. Allerdings bedeutet die Rechtsprechung keinesfalls, dass die Dienststelle quasi uneingeschränkt zeitlich zurückliegende Pflichtverletzungen verfolgen kann.

Die Bestandskraft bzw. Rechtskraft einer Disziplinarmaßnahme erstreckt sich nach der neueren Rechtsprechung des BVerwG wegen des Grundsatzes der Einheit des Dienstvergehens und dessen materiell-rechtlicher Wirkung auf jedes vor der letzten Maßregelung liegende Fehlverhalten des Beamten und schließt aus diesem Grunde eine nachträgliche, isolierte Verfolgung solcher Pflichtverletzungen prinzipiell aus, soweit nicht bereits ein weiteres Fehlverhalten zum Gegenstand eines neuen Disziplinarverfahrens gemacht wurde.[157]

4. Bekannte frühere Pflichtenverstöße, die in kein Disziplinarverfahren einbezogen wurden

Im Disziplinarrecht ist auch der allgemeine Rechtsgrundsatz der „Verwirkung" anzuwenden. Eigentlich ergibt sich dies auch aus der Entscheidung des BVerwG vom 23.04.2020 (2 C 21.19, BVerwGE 111, 54). Denn Grundlage dieser Rechtsprechung ist die Annahme, dass mit der letzten Disziplinarmaßnahme die **„Disziplinargewalt verbraucht"** ist. Hierin ist auch der allgemeine Rechtsgrundsatz des „Vertrauensschutzes" einbezogen, dem wegen der Gegenseitigkeit des beamtenrechtlichen Treue- und Vertrauensverhältnisses besondere Bedeutung zukommt.[158] Die betroffenen Beamten müssen sich darauf verlassen können, dass mit der einheitlichen Gesamtmaßnahme alle davorliegenden bekannten Verfehlungen abgegolten sind. Eine Ausnahme bilden indes solche dienstlichen Verfehlungen, die ihrerseits so schwer wiegen, dass sie eine Entfernung aus dem Dienst bzw. die Aberkennung des Ruhegehalts rechtfertigen. Diesbezüglich kann die Disziplinargewalt des Dienstherrn nie verbraucht

---

[157] BVerwG, 22.09.2016 – 2 C 17/15; *Köhler* in: Köhler/Baunack, S. 79.
[158] Vgl. *Köhler/Baunack*, BDG, 8. Aufl. S. 77.

sein. Wer so schwerwiegende Dienstvergehen begeht, die solche Maßnahmen des Dienstherrn (bzw. der Verwaltungsgerichte) rechtfertigen, der genießt keinen Vertrauensschutz. Frühere Pflichtverletzungen, die zum Zeitpunkt der späteren Maßnahmeregelung der Dienststelle bekannt waren und die aus ermessensfehlerhaften Gründen nicht in die Maßnahme einbezogen worden waren, können nicht mehr geahndet werden. Die Disziplinargewalt ist insoweit verbraucht. Zu Recht weist *Köhler*[159] darauf hin, dass in dem Zusammenhang der allgemeine Grundsatz des Vertrauensschutzes zu berücksichtigen sei, dem im verfassungsrechtlich gesicherten (Art. 33 Abs. 5 GG) besonderen Treue- und Vertrauensverhältnis eine hervorgehobene Bedeutung zukomme.

Beispiel: Der Karikaturist in der Auswahlkommission:

Ein verbeamteter Personalrat sitzt seit Jahren in der Auswahlkommission. Von den jeweiligen Bewerbern fertigt er humoristische Karikaturen. Zwar legt er seine Mitschrift der Leitung der Auswahlkommission vor; da er als Personalrat jedoch nur ein Teilnahmerecht an den Vorstellungsgesprächen hat, wird seinen Aufzeichnungen kaum Beachtung geschenkt. Die entsprechende Aufmerksamkeit ziehen die humoristischen Karikaturen erst auf sich, als ein unterlegener Bewerber Akteneinsichtnahme beantragt und sein „spöttisches Porträt" sichtet. Wegen dieser und einer weiteren Karikatur aus demselben Auswahlvorgang wird gegen den Beamten die Disziplinarmaßnahme eines Verweises verhängt. Erst nach Bestandskraft der Disziplinarmaßnahme prüft die Leiterin der Personalabteilung, ob weitere Pflichtverletzungen vorliegen. Tatsächlich stößt sie auf zehn weitere vergleichbare Fälle. Diese können nicht in einem nachträglichen Disziplinarverfahren verfolgt werden. Der Beamte muss sich darauf verlassen können, dass mit der einheitlichen Disziplinarmaßnahme alle davorliegenden bekannten und im „Fortsetzungszusammenhang" stehenden Pflichtverletzungen erledigt sind.

---

[159] *Köhler* in: Köhler/Baunack, S. 80.

5. Einheit des Dienstvergehens/Verfolgungsverjährung/ Maßnahmeverbot

Wichtige praktische Auswirkungen hat der Grundsatz der einheitlichen Beurteilung eines Dienstvergehens im Zusammenhang mit der Verfolgungsverjährung nach § 15 BDG sowie dem Maßnahmeverbot nach § 14 BDG. Erst mit der Begehung der letzten Pflichtverletzung ist ein solches Dienstvergehen vollendet.[160] Dies ist bei der Berechnung der Frist für das Maßnahmeverbot infolge Zeitablaufs (§ 15 BDG) zu beachten. Es sind grundsätzlich alle Pflichtverletzungen verfolgbar, solange die letzte Verfehlung noch nicht verjährt ist. Weiterhin scheidet eine isolierte Verfahrenseinstellung nach § 14 BDG insgesamt mangels „Sachverhaltsidentität" aus, wenn neben der strafgerichtlich gehandelten sachgleichen Verfehlung überdies eine weitere Verfehlung vorliegt, die ihrerseits strafgerichtlich noch nicht bestraft worden ist.

Maßnahmeverbot	Verfolgungsverjährung
§ 14 BDG	§ 15 BDG
§ 34 LDG BW	§ 35 LDG BW
Art. 15 BayDG	Art. 16 BayDG
§ 14 LDG Bbg	§ 15 LDG Bbg
§ 14 BremDG	§ 15 BremDG
§ 16 HmbDG	§ 17 HmbDG
§ 17 HDG	§ 18 HDG
§ 16 LDG M-V	§ 17 LDG M-V
§ 15 NDiszG	§ 16 NDiszG
§ 14 LDG NRW	§ 15 LDG NRW
§ 13 LDG RP	§ 12 LDG RP
§ 14 SDG	§ 15 SDG
§ 14 SächsDG	§ 15 SächsDG
§ 14 DG LSA	§ 15 DG LSA
§ 14 LDG S-H	§ 15 LDG S-H
§ 13 ThürDG	§ 12 ThürDG

---

[160] BVerwG, 14.11.2007 – 1 D 6/06.

6. Bestandskraft einer Disziplinarmaßnahme/ Rechtskraft einer gerichtlichen Disziplinarentscheidung

Bei einem disziplinarrechtlichen Urteil erwächst neben dem Tenor auch die Feststellung, dass der Beamte wegen eines bestimmten Verhaltens ein Dienstvergehen begangen hat, in materielle Rechtskraft. Daher ist z. B. die in einem rechtskräftigen Disziplinarurteil getroffene Feststellung, dass der Beamte in einem bestimmten Zeitraum unerlaubt und schuldhaft dem Dienst ferngeblieben ist, auch für ein nachfolgendes Verfahren über die Feststellung des Verlustes der Dienstbezüge bindend.[161]

Das Institut der materiellen Rechtskraft dient der Rechtssicherheit und dem Rechtsfrieden.[162] Nach § 121 VwGO binden rechtskräftige Urteile, soweit über den Streitgegenstand entschieden worden ist. In diesem Umfang tritt damit materielle Rechtskraft ein, d. h., der durch das Urteil ausgesprochene Inhalt ist in jedem Verfahren zwischen den Beteiligten bindend. Das Institut der materiellen Rechtskraft bezweckt, dass in einem neuen Verfahren keine dem rechtskräftigen Urteil widersprechende Entscheidung ergehen kann.[163] Es sind daher in einem späteren Prozess nicht nur die Beteiligten, sondern auch die Gerichte an das rechtskräftige Urteil gebunden.

Von entscheidender Bedeutung über die Bestimmung der Rechtskraft und ihrer Reichweite ist der Streitgegenstand. Soweit hierüber rechtskräftig entschieden ist, tritt materielle Bindungswirkung ein. Der Streitgegenstand besteht aus der erstrebten Rechtsfolge, die im Klageantrag zum Ausdruck kommt, und dem Klagegrund, d. h. dem Sachverhalt, aus dem sie sich ergeben soll.[164]

Mit der Verhängung einer Disziplinarmaßnahme ist notwendigerweise die Feststellung eines Dienstvergehens verbunden (vgl. § 77 Abs. 3 BBG und § 47 Abs. 3 BeamtStG). Das Urteil, mit dem eine Disziplinarmaßnahme ausgesprochen wird, umfasst damit zugleich die Feststellung, dass in dem abgeurteilten Lebenssachverhalt ein bestimmtes, konkretes Dienstvergehen liegt.

---

[161] BVerwG, 22.09.2016 – 2 C 17/15.
[162] BVerfG, 25.11.2008 – 1 BvR 848/07, BVerfGE 122, 190.
[163] BVerwG, 22.10.2009 – 1 C 26.08, BVerwGE 135, 137 sowie 30.06.2014 – 2 B 99.13.
[164] BVerwG, 31.08.2011 – 8 C 15.10, BVerwGE 140, 290 sowie 30.01.2013 – 8 C 2.12, NVwZ-RR 2013, 489.

Beispiel: ───

In einem vorausgegangenen Disziplinarverfahren war ein Beamter durch Disziplinarurteil wegen schuldhaftem Fernbleiben vom Dienst während eines Zeitraums von etwas mehr als zwei Wochen vom Amt eines Zollhauptsekretärs (Besoldungsgruppe A 8 BBesO) in das Amt eines Zolloberbersekretärs (Besoldungsgruppe A 7 BBesO) zurückgestuft worden. Die Erben des verstorbenen Beamten wenden sich mit ihrem Klageverfahren gegen die Feststellung des Verlustes der Dienstbezüge des Beamten für den Zeitraum des schuldhaften Fernbleibens vom Dienst. In den Vorinstanzen sind die Erben mit ihrem Begehren erfolglos geblieben. Das Berufungsgericht führte keine Beweisaufnahme über die Frage des schuldhaften Fernbleibens vom Dienst durch, weil es annahm, dass dies durch das rechtskräftige Disziplinarurteil bereits bindend für das besoldungsrechtliche Feststellungsverfahren festgestellt worden sei.

Das BVerwG hat mit Urteil vom 22.09.2016 die Revision zurückgewiesen und ausgeführt, das Berufungsgericht habe in Einklang mit § 121 VwGO entschieden, dass die in einem rechtskräftigen Disziplinarurteil getroffene Feststellung, ein Beamter sei in einem bestimmten Zeitraum unerlaubt und schuldhaft dem Dienst ferngeblieben, im nachfolgenden Verfahren über die Feststellung des Verlustes der Dienstbezüge nach § 9 BBesG bindend sei.

§ 9 Satz 1 BBesG bestimmt, dass der Beamte, Richter oder Soldat, der ohne Genehmigung schuldhaft dem Dienst fernbleibt, für die Zeit des Fernbleibens seine Bezüge verliert. Der Verlust der Bezüge ist festzustellen (§ 9 Satz 3 BBesG). Die Landesbesoldungsgesetze enthalten vergleichbare Regelungen.

Mit dem bestands- oder (hier) rechtskräftigen Abschluss eines Disziplinarverfahrens steht im Hinblick auf den der Entscheidung zugrunde liegenden Sachverhalt fest, ob ein Disziplinaranspruch des Dienstherrn besteht oder nicht, d. h. ob ein Dienstvergehen gegeben ist oder nicht. Die Rechtskraft des Disziplinarurteils erfasst deshalb neben dem die Disziplinarklage bescheidenden Tenor die Feststellung, dass die in der Klageschrift benannten Tatsachen ein bestimmtes Dienstvergehen – hier das schuldhafte Fernbleiben vom Dienst – begründen. Der Streitgegenstand wird – wie oben ausgeführt – durch den Klageantrag und den Klagegrund, d. h. den

Sachverhalt bestimmt, aus dem der Kläger die angestrebte Rechtsfolge herleitet.[165]

Dabei erstreckt sich die Rechtskraft eines Disziplinarurteils nach dem Grundsatz der Einheit des Dienstvergehens auf jedes vor der letzten Maßregelung liegende Verhalten des Beamten. Eine nachträgliche, getrennte Verfolgung solcher Verfehlungen ist ausgeschlossen. Mit der letzten Disziplinarmaßnahme ist die Disziplinargewalt des Dienstherrn verbraucht.[166]

Danach umfasst der Streitgegenstand im hier genannten Beispielsfall den Sachverhalt des unerlaubten und unentschuldigten Fernbleibens vom Dienst des Beamten im März 2005 sowie die Feststellung, dass hierin ein bestimmtes Dienstvergehen liegt. Hierüber ist mit rechtskräftigem Disziplinarurteil entschieden worden, sodass die materielle Bindungswirkung und das sachgleiche Verfahren über die Feststellung des Verlustes der Dienstbezüge umfasst ist. Sinn und Zweck des Instituts der materiellen Rechtskraft ist, dass über den identischen Sachverhalt beider Verfahren keine erneuten oder sich widersprechenden Urteile ergehen.[167]

---

[165] BVerwG, 28.07.2011 – 2 C 16.10, BVerwGE 140, 185.
[166] BVerwG, 22.09.2016 – 2 C 17/15.
[167] BVerwG, 22.09.2016 – 2 C 17/15.

Das Legalitätsprinzip

Das Legalitätsprinzip

1. Das Legalitätsprinzip als Einleitungspflicht bzw. Dienstpflicht zur Einleitung

Das Legalitätsprinzip statuiert einen Verfolgungszwang. Liegen zureichende tatsächliche Anhaltspunkte vor, die den Verdacht eines Dienstvergehens rechtfertigen, so hat die Disziplinarbehörde die Pflicht, ein Disziplinarverfahren einzuleiten, § 17 BDG.[168] Auf Seiten der Disziplinarbehörde besteht somit kein Ermessen. Es besteht im Disziplinarrecht auch nicht die Möglichkeit der Freistellung von der Verfolgung durch behördlichen Verzicht.[169] Liegen zureichende tatsächliche Anhaltspunkte für den Verdacht eines Dienstvergehens vor, so besteht die Dienstpflicht, ein Disziplinarverfahren einzuleiten.

Beispiel: Die verschleppte Einleitung:

In der Polizeibehörde sollen Cornelia zur Polizeihauptkommissarin und Roger zum Polizeihauptkommissar befördert werden. Der Amtsleiter bereitet die Beförderungsmaßnahme vor. Da erfährt er vom zuständigen Präsidenten, dass beide Beamte ein von ihnen selbst eingeräumtes Dienstvergehen begangen hätten, indem sie über mehrere Monate einer entgeltlichen und nicht genehmigten Nebentätigkeit nachgegangen seien. Um ein mit der Einleitung eines Disziplinarverfahrens verbundenes Beförderungshindernis nicht entstehen zu lassen, hat der Amtsleiter zunächst die Beförderungen vorgenommen und das Disziplinarverfahren drei Monate später eingeleitet. Die Amtsleitung hat sich einer Dienstpflichtverletzung schuldig gemacht, da Tatsachen bekannt waren, die den Verdacht eines Dienstvergehens rechtfertigen, sodass die Dienstpflicht für die Amtsleitung bestand, unverzüglich das Disziplinarverfahren einzuleiten. Die Einleitung gegenüber der Amtsleitung erfolgte hier über die Aufsichtsbehörde.

Liegen die Voraussetzungen des § 17 Abs. 1 BDG vor, sind also Tatsachen bekannt geworden, die den Verdacht eines Dienstvergehens rechtfertigen, und kommt eine Disziplinarmaßnahme in Betracht, so

---

[168] Vgl. Art. 19 Abs. 1 BayDG, § 8 Abs. 1 LDG BW, § 18 Abs. 1 NDiszG, § 17 Abs. 1 LDG NRW und § 17 SächsDG.
[169] BVerwG, 26.02.1988 – 2 WD 37.87.

besteht die Dienstpflicht, unverzüglich das Disziplinarverfahren nach § 17 Abs. 1 BDG einzuleiten.[170]

Wichtig: Der Verdacht eines Dienstvergehens muss hinreichend konkret sein. Bloße Vermutungen sind nicht ausreichend. Vielmehr müssen die dem Dienstvorgesetzten bekannt gewordenen Tatsachen den hinreichenden Verdacht eines Dienstvergehens rechtfertigen, d. h., dass eine schuldhafte Pflichtverletzung vorliegen würde, wenn sich die verdächtigen Tatsachen als wahr erweisen würden.

Der Verdacht bezieht sich auf das Vorliegen einschlägiger Tatsachen. In Bezug auf den eine Dienstpflichtverletzung begründenden Sachverhalt müssen zumindest hinreichende tatsächliche Verdachtsgründe bestehen.

Zureichende tatsächliche Anhaltspunkte begründen sich z. B. aufgrund einer Mitteilung der Staatsanwaltschaft (vgl. Anordnung über Mitteilungen in Strafsachen (MiStra)). Informationsquellen können aber u. a. auch sein:

- anonyme Anzeigen
- Zeitungsberichte
- Hinweise von Beschäftigten der Behörde
- Hinweise von Dritten

2. Verspätete Einleitung

Die Pflicht, ein Disziplinarverfahren einzuleiten, besteht zwar noch nicht, solange es noch etwaiger Verwaltungsermittlungen bedarf, um einen bloß vagen Verdacht aufzuklären, der personell oder sachlich noch nicht hinreichend konkretisiert worden ist.[171] Den Dienstvorgesetzten trifft aber eine Einleitungspflicht, sobald er erstmals Kenntnis von zureichenden tatsächlichen Anhaltspunkten erlangt, die den Verdacht eines Dienstvergehens rechtfertigen.[172] Zweck der Vorschrift ist der Schutz der Beamten. Die disziplinarischen Ermittlungen sollen so früh wie möglich im Rahmen des gesetzlich geordneten Verfahrens mit seinen rechtsstaatlichen Sicherungen zugunsten der Beamtinnen und Beamten, insbesondere dem Recht auf Beweisteilhabe nach § 24 Abs. 4 Satz 1 BDG (Art. 26 Abs. 4 Satz 1

---

[170] BVerwG, 28.03.2013 – 2 B 113.12 sowie 18.11.2008 – 2 B 63.08.
[171] BVerwG, 29.03.2012 – 2 A 11.10; *Schütz*, BeamtR, ES/BII 1.1 Nr. 26 Rn. 21 zum BDG.
[172] BVerwG, 18.11.2008 – 2 B 63.08.

BayDG; § 24 Abs. 4 Satz 1 LDG NRW; § 24 Abs. 4 SächsDG) geführt werden. Der Dienstvorgesetzte darf, wenn die Voraussetzungen zur Einleitung vorliegen, nicht abwarten und weiteres Belastungsmaterial sammeln.

Verzögern Dienstvorgesetzte entgegen § 17 Abs. 1 Satz 1 BDG (Art. 19 Abs. 1 Satz 1 BayDG; § 17 Abs. 1 Satz 1 LDG NRW; § 17 Abs. 1 Satz 1 SächsDG) die Einleitung des Disziplinarverfahrens, so kann dies bei der Bemessung der Disziplinarmaßnahme gem. § 13 BDG (Art. 14 Abs. 1 BayDG; § 13 LDG NRW; § 13 SächsDG) als **mildernder Umstand** berücksichtigt werden, **wenn die verzögerte Einleitung für das weitere Fehlverhalten des Beamten ursächlich war.**[173]

Ein Verstoß gegen die aus § 17 Abs. 1 Satz 1 BDG (Art. 19 Abs. 1 Satz 1 BayDG; § 17 Abs. 1 Satz 1 LDG NRW; § 17 Abs. 1 Satz 1 SächsDG) folgende Pflicht zur rechtzeitigen Einleitung des behördlichen Disziplinarverfahrens stellt einen Mangel i. S. v. § 54 Abs. 1 LDG NRW (Art. 53 Abs. 1 BayDG; § 50 Abs. 1 NDiszG; § 56 Abs. 1 SächsDG) dar. Der Begriff des Mangels der Vorschrift erfasst Verletzungen von Verfahrensregeln, die im behördlichen Disziplinarverfahren von Bedeutung sind.[174] Hierunter fallen Verstöße gegen verfahrensrechtliche Vorschriften und Rechtsgrundsätze, die den äußeren Ablauf des behördlichen Disziplinarverfahrens bis zur abschließenden behördlichen Entscheidung, also bis zur Erhebung der Disziplinarklage oder bis zu dem Erlass einer Disziplinarverfügung, betreffen.[175]

Ein **Mangel des behördlichen Disziplinarverfahrens** ist wesentlich i. S. d. Einleitungsvorschrift (Art. 19 Abs. 1 Satz 1 BayDG; § 18 Abs. 1 NDiszG; § 17 Abs. 1 Satz 1 LDG NRW; § 17 Abs. 1 Satz 1 SächsDG), wenn sich nicht mit hinreichender Sicherheit ausschließen lässt, dass er sich auf das Ergebnis des gerichtlichen Disziplinarverfahrens ausgewirkt haben kann. Hingegen kommt es für die Frage der Wesentlichkeit eines Mangels weder darauf an, ob er behebbar ist, noch darauf, ob und ggf. wie intensiv schutzwürdige – insbesondere grundrechtsbewehrte – Rechtspositionen Betroffener durch den Mangel berührt worden sind. Maßgeblich ist wegen der Funktion des Disziplinarverfahrens, bei der Prüfung und ggf. Ahndung von Dienstvergehen gesetzmäßige Ergebnisse zu erzielen, vielmehr die Ergebnisrelevanz. Nur solche Mängel sind wesentlich und bedür-

---

[173] BVerwG, 15.11.2018 – 2 C 60.17 und 29.03.2012 – 2 A 11.10.
[174] BVerwG, 15.11.2018 – 2 C 60.17.
[175] BVerwG, 15.11.2018 – 2 C 60.17.

fen einer Korrektur oder führen zur Einstellung des Verfahrens nach § 54 Abs. 3 Satz 3 LDG NRW (Art. 53 Abs. 3 Satz 3 BayDG; § 50 Abs. 3 Satz 3 NDiszG; § 56 Abs. 3 Satz 3 SächsDG), bei denen nicht mit hinreichender Sicherheit auszuschließen ist, dass sie das Ergebnis eines fehlerfreien Verfahrens verändert haben könnten.[176] Wann ein Mangel in diesem Sinne wesentlich ist, ist danach eine nach Auswertung aller Umstände des Einzelfalls zu treffende Wertentscheidung.

BVerwG vom 15.11.2018 – 2 C 60.17

§ 17 Abs. 1 Satz 1 BDG (Art. 19 Abs. 1 Satz 1 BayDG; § 18 Abs. 1 NDiszG; § 17 Abs. 1 Satz 1 LDG NRW; § 17 Abs. 1 Satz 1 SächsDG) kann als zwingende Schutzvorschrift zugunsten des Beamten durch den Lauf eines Mediationsverfahrens nicht außer Kraft gesetzt werden. Für eine solche freiwillige und eigenverantwortliche konsensuale Konfliktbeilegung ist im Recht des öffentlichen Dienstes ab dem Zeitpunkt kein Raum mehr, in dem zureichende tatsächliche Anhaltspunkte vorliegen, die den Verdacht eines Dienstvergehens rechtfertigen. Ab diesem Moment muss die dienstvorgesetzte Stelle zum Disziplinarverfahren übergehen, einerseits um den Beamten vor möglichen disziplinaren Rechtsverlusten zu schützen und andererseits die Gesetzmäßigkeit des Verwaltungshandelns durch Wahrung der beamtenrechtlichen Dienstpflichten nach den §§ 60 ff. BBG bzw. §§ 33 ff. BeamtStG durchzusetzen.

Es ist daher darauf zu achten, dass die Einleitung zeitnah erfolgt. Dies gilt insbesondere dann, wenn dem Disziplinarverfahren **Verwaltungsermittlungen** vorausgingen. Hat der Dienstvorgesetzte keine Zweifel mehr an einer zunächst unsubstantiierten Verdächtigung, muss er die Verwaltungsermittlungen abbrechen und ein Disziplinarverfahren einleiten. Zwar besteht die Pflicht, ein Disziplinarverfahren einzuleiten, noch nicht, solange es noch etwaiger Verwaltungsermittlungen bedarf, um einen bloß vagen Verdacht aufzuklären, der personell oder sachlich noch nicht hinreichend konkretisiert worden ist.[177] Den Dienstvorgesetzten trifft aber eine **Einleitungspflicht**, sobald er erstmals Kenntnis von zureichenden tatsächlichen Anhaltspunkten erlangt, die den Verdacht eines Dienstvergehens rechtfertigen.[178] Zweck der Vorschrift des § 17 Abs. 1 Satz 1 BDG (Art. 19 Abs. 1 Satz 1 BayDG; § 18 Abs. 1 NDiszG; § 17 Abs. 1 Satz 1 LDG NRW; § 17 Abs. 1 Satz 1 SächsDG) ist der Schutz der Beamten. Die disziplinarischen Ermittlungen sollen so früh wie möglich im Rahmen des gesetzlich geordneten Verfahrens mit seinen rechtsstaatlichen Sicherungen zugunsten des Beamten, insbesondere dem Recht auf

---

[176] BVerwG, 24.06.2010 – 2 C 15.09, BVerwGE 137, 192.
[177] BVerwG, 29.03.2012 – 2 A 11.10; *Schütz*, BeamtR, ES/B II 1.1 Nr. 26 Rn. 21 zum BDG.
[178] BVerwG, 18.11.2008 – 2 B 63/08.

Beweisteilhabe nach § 24 Abs. 4 BDG geführt werden. Der Dienstvorgesetzte darf, wenn die Voraussetzungen zur Einleitung vorliegen, nicht abwarten und weiteres Belastungsmaterial sammeln.

Beispiel:

Es besteht der Verdacht, dass zwei Mitarbeiter einer Hochschule während sog. Kernarbeitszeiten das Hochschulgebäude verlassen, um mehrstündige private Erledigungen wahrzunehmen. Es kam immer wieder zu Beschwerden über diese beiden Beschäftigten, weil diese oftmals über längere Zeiten nicht zu erreichen seien. Die betroffene Beamtin sowie der gleichsam aufgefallene Beamte führten zu diesen Vorwürfen im Rahmen der Verwaltungsermittlungen aus, sie seien stets im Dienstgebäude erreichbar. Bei der Anhörung von Hochschullehrern, Mitarbeitern der Hochschulverwaltung und Studierenden stellte sich jedoch heraus, dass mehrere Personen die beiden Beamten in der Innenstadt während der Kernarbeitszeit gesehen haben, wie sie jeweils privaten Dingen nachgegangen sind. Übereinstimmend wurde auch ausgeführt, die Beamtin habe während der Dienstzeit Flüge mit ihrem Segelflieger gestartet. Dies wird auch von der Flughafengesellschaft so bestätigt. Allein hierdurch wird der Nachweis erbracht, dass die Beamtin an neun Tagen innerhalb eines Zeitraums von sechs Monaten während der Kernarbeitszeiten Segelflüge unternahm. Der entsprechende Flughafen ist knapp eine Autostunde vom Universitätsgebäude entfernt. Der Beamte war nach übereinstimmenden Aussagen während der Kernarbeitszeit wiederholt in Baumärkten und habe an dem Ausbau seines Dachgeschosses gearbeitet.

Die Hochschulleitung strebt weitere Anhörungen nach den Semesterferien an, um die Beamtin bzw. den Beamten in weiteren Fällen überführen zu können.

Ca. fünf Monate später werden die Anhörungen im Rahmen der Verwaltungsermittlungen fortgeführt. Wiederum wurde festgestellt, dass die Beamtin während der Kernarbeitszeit den Segelflughafen aufsuchte und der Beamte zum Teil nach vorherigem Besuch eines Baumarktes an seinem Hausausbau ebenfalls über mehr als drei Stunden dem Dienst ferngeblieben war. Nach Auswertung dieser neuen Aussagen werden die Verwaltungsermittlungen abgebrochen und Disziplinarverfahren eingeleitet.

Ein Mangel des behördlichen Disziplinarverfahrens ist wesentlich i. S. d. Einleitungsvorschrift des § 17 Abs. 1 Satz 1 BDG, wenn sich nicht mit hinreichender Sicherheit ausschließen lässt, dass er sich auf das Ergebnis des gerichtlichen Disziplinarverfahrens ausgewirkt haben kann.[179] Hingegen kommt es für die Frage der Wesentlichkeit eines Mangels weder darauf an, ob er behebbar ist noch darauf, ob und ggf. wie intensiv schutzwürdig – insbesondere grundrechtsbewehrte – Rechtspositionen Betroffener durch den Mangel berührt worden sind. Maßgeblich ist wegen der Funktion des Disziplinarverfahrensrechts, bei der Prüfung und ggf. Ahndung von Dienstvergehen gesetzmäßige Ergebnisse zu erzielen, vielmehr die **Ergebnisrelevanz**.

Daher sind nur solche Mängel als wesentlich anzusehen und bedürfen einer Korrektur oder führen zur Einstellung des Verfahrens (vgl. § 54 Abs. 3 Satz 3 LDG NRW), bei denen nicht mit hinreichender Sicherheit auszuschließen ist, dass sie das Ergebnis eines fehlerfreien Verfahrens verändert haben könnten.[180]

Nach diesen Maßstäben hat im oben genannten Beispielsfall die Hochschulleitung als dienstvorgesetzte Stelle das gegen die Beamten gerichtliche behördliche Disziplinarverfahren verspätet eingeleitet. Die Einleitungsverfügung datiert auf den 25.04.2024. Die Auswertung der ersten Runde der Zeugenbefragungen erfolgte am 04.10.2023. Insoweit hätte schon zu diesem Zeitpunkt das Disziplinarverfahren eingeleitet werden müssen, weil seit diesem Tag der hinreichende Verdacht eines Dienstvergehens bestanden hat, der keiner weiteren Verwaltungsermittlungen mehr bedurfte und sich nicht nur auf eine Bagatelle bezog. Mit dem unentschuldigten Fernbleiben vom Dienst über mehrere Stunden pro Tag sind sie dem Dienst unter Verstoß gegen § 96 Abs. 1 Satz 1 BBG unerlaubt ferngeblieben und haben die Pflicht zum vollen beruflichen Einsatz (§ 61 Abs. 1 Satz 1 BBG) verletzt. Diese Pflichtenverstöße waren eindeutig ausreichend, ein Disziplinarverfahren einzuleiten und eine Disziplinarmaßnahme (Gehaltskürzung) auszusprechen. Auf diese Pflichtenverstöße hätte die Hochschulleitung somit zeitnah reagieren müssen. Diesen Mangel hinweggedacht, ist es nicht mit hinreichender Sicherheit auszuschließen, dass er das Ergebnis eines fehlerfreien Verfahrens verändert hätte. Denn die rechtzeitige Eröffnung

---

[179] BT-Drucks. 14/4659, S. 49 zur Abgrenzung wesentlicher Mängel von der Verletzung „bloßer Ordnungsbestimmungen".
[180] BVerwG, 15.11.2018 – 2 C 60.17 und 24.06.2010 – 2 C 15.09, BVerwGE 137, 192.

des förmlichen Disziplinarverfahrens am 04.10.2023 oder die unverzügliche Ahndung der Pflichtverletzung mit einer Disziplinarmaßnahme hätte die beiden Beamten pflichtmahnend anhalten können, solche Pflichtverletzungen künftig zu vermeiden. Damit begründet die verspätete Einleitung des Disziplinarverfahrens ebenso wie die unterlassene zeitnahe Ahndung[181] vorliegend einen wesentlichen Verfahrensmangel.[182] Den Dienstvorgesetzten trifft eine Einleitungspflicht, sobald er erstmals Kenntnis von zureichenden tatsächlichen Anhaltspunkten erlangt, die den Verdacht eines Dienstvergehens begründen. Er darf, wenn die Voraussetzungen zur Einleitung vorliegen, nicht abwarten und weiteres Belastungsmaterial sammeln.[183]

Die frühzeitige Einleitungspflicht nach § 17 Abs. 1 Satz 1 BDG besteht für den Dienstvorgesetzten auch in der Konstellation einer **Vielzahl gleichartiger, zeitlich aufeinanderfolgender Dienstpflichtverletzungen**. Dass im Zeitpunkt der Einleitung des Disziplinarverfahrens bereits weitere gleichartige Pflichtverletzungen hinzugetreten oder künftig zu erwarten sind, hindert die gesonderte Ahndung der bisherigen Verstöße nicht. Der Grundsatz der Einheit des Dienstvergehens (§ 77 Abs. 1 Satz 1 BBG) steht einer gesonderten Verfolgung von Dienstpflichtverletzungen nicht entgegen. Unbenommen bleibt dem Dienstherrn daher auch, im jeweiligen Verfahrensstadium ein weiteres neues Disziplinarverfahren einzuleiten.[184] Dem Grundsatz der materiell-rechtlichen einheitlichen Bewertung ist in dem zuletzt zur Entscheidung anstehenden Disziplinarverfahren (nachträglich) Geltung zu verschaffen. Es ist sozusagen eine Gesamtmaßnahme zu bilden. Die Vorschriften zur Gesamtstrafbildung sind hierbei jedoch nicht heranzuziehen.

Im Übrigen ist es stets eine Frage der konkreten Umstände des **Einzelfalls**, innerhalb welchen Zeitraums ein Disziplinarverfahren einzuleiten und abzuschließen ist, die sich einer Beantwortung in verallgemeinerungsfähiger Form – etwa unter Heranziehung der 6-Monats-Frist des § 62 Abs. 1 Satz 1 BDG – entzieht.

 BVerwG vom 28.03.2023 – 2 C 20.21

Verstöße gegen **Kernarbeitszeitregelungen** bedürfen einer **zeitnahen disziplinarischen Pflichtenmahnung** und ggf. einer **stufenweisen Steigerung** der Disziplinarmaßnahmen.

---

[181]   BVerwG, 28.03.2023 – 2 C 20.21, NVwZ 2023, 1586.
[182]   Siehe hierzu auch BVerwG, 19.12.2023 – 2 B 43.22 und 15.11.2018 – 2 C 60.17.
[183]   BVerwG, 28.03.2023 – 2 C 20.21, NVwZ 2023, 1586.
[184]   BVerwG, 28.03.2023 – 2 C 20.21, NVwZ 2023, 1586.

Ein Verstoß gegen die aus § 17 Abs. 1 Satz 1 BDG folgende Pflicht zur rechtzeitigen Einleitung des behördlichen Disziplinarverfahrens ist ein Mangel, der bei der **Bemessung der Disziplinarmaßnahme als mildernder Umstand** zu berücksichtigen sein kann, wenn die verzögerte Einleitung für das weitere Fehlverhalten des Beamten ursächlich war.[185] Dies ist der Fall, wenn der Beamte mit der Einleitung des behördlichen Disziplinarverfahrens das beanstandete Verhalten unterlässt oder danach liegende Vorfälle lediglich von untergeordneter Bedeutung sind. Bei dieser Sachlage liegt die Annahme nahe, dass sich der Beamte bei einer früheren Verfahrenseinleitung ebenso verhalten hat und keine weiteren Pflichtverstöße begangen hätte.[186] Der **Grundsatz der Verhältnismäßigkeit** verlangt, dass der Dienstherr bei zeitlich gestreckt auftretenden Dienstpflichtverletzungen, die nach ihrer Schwere jeweils für sich genommen keine höheren Disziplinarmaßnahmen gebieten, in der Regel zunächst zeitnah zur begangenen Verletzungshandlung mit **niederschwelligen Disziplinarmaßnahmen** auf den Beamten **einwirkt** und diese bei fortgesetztem Fehlverhalten **stufenweise steigert**. Gerade bei Verstößen gegen Kernarbeitszeitregelungen handelt es sich um einen solchen Fall, bei dem der Dienstherr aus Gründen der Verhältnismäßigkeit die stufenweise Steigerung der Disziplinarmaßnahmen zu beachten hat. Denn der Dienstherr hat auf die Beamten rechtzeitig, d. h. alsbald nach Kenntniserlangung von der Pflichtverletzung, pflichtenmahnend einzuwirken und sie zum pflichtgemäßen Dienstantritt anzuhalten. Das Zuwarten des Dienstherrn über einen längeren Zeitraum, um sodann im Wege einer Gesamtschau die schärfste Disziplinarmaßnahme – die Entfernung aus dem Beamtenverhältnis – zu verhängen, ist unzulässig.[187]

Praxistipp

Letztendlich bedeutet dies, dass der Dienstherr nach Kenntniserlangung auch von einem erstmaligen Kernzeitverstoß zu reagieren und auf die Einhaltung der Kernarbeitszeiten hinzuweisen hat. Darüber hinaus muss er bei fortgesetzten Verstößen je nach Umfang und Dauer über dienstliche Weisungen (Anordnungen) hinaus weitere niederschwellige Disziplinarmaßnahmen

---

[185]   BVerwG, 28.03.2023 – 2 C 20.21, NVwZ 2023, 1586 sowie 29.03.2012 – 2 A 11.10.
[186]   BVerwG, 18.11.2008 – 2 B 63.08, NVwZ 2009, 399.
[187]   BVerwG, 28.03.2023 – 2 C 20.21 sowie 19.12.2023 – 2 B 43.22.

ergreifen. Dazu gehören die Erteilung eines Verweises (§ 6 BDG), die Verhängung einer Geldbuße (§ 7 BDG) und die Kürzung der Dienstbezüge (§ 8 BDG). Unterlässt der Dienstherr dies, so stellt dies, so stellt das einen Mangel des behördlichen Disziplinarverfahrens dar, der bei der Bemessung der Disziplinarmaßnahme als **mildernder Umstand** zu berücksichtigen ist. Anders verhält es sich nur dann, wenn sich der Beamte eine niederschwellige disziplinare Sanktionierung nicht zur Mahnung und Warnung hätte dienen lassen. Ob eine solche Annahme naheliegt, ist nach den Umständen des jeweiligen Einzelfalls zu beurteilen. Es müssen hinreichende Anhaltspunkte vorliegen, aus denen diese negative Folgerung abgeleitet werden kann. Dies wäre beispielsweise dann der Fall, wenn der Beamte nach einem ersten Pflichtenverstoß ausdrücklich ankündigt, er werde auch weiterhin einer bestimmten Weisung/Anordnung keine Folge leisten.

Beispiel:

Die Beamtin Lisa ist seit nunmehr 15 Jahren als Beamtin auf Lebenszeit bei der Dienststelle der Gemeinde X in unterschiedlichen Funktionen tätig. Im Jahr 2022 kam es wiederholt zu verbalen Verwerfungen mit der Führungskraft A, für die sie bis Mitte des Jahres 2022 tätig war, und der Führungskraft B, für die sie seither tätig ist. Beiden Führungskräften wirft sie Unfähigkeit, Blindheit und fehlende Empathie vor. Sie moniert, die ihr übertragenen Aufgaben seien entweder nicht amtsangemessen oder die Aufträge seien wie für einen Grundschüler formuliert. Der Dienststellenleiter setzt die Beamtin Lisa um und schon nach kurzer Zeit moniert auch der neue Vorgesetzte, Lisa habe ihn im Beisein anderer Mitarbeiter mehrfach persönlich beleidigt. Die Leiterin der Personalabteilung ist sich sehr sicher, dass sie mit Lisa besser zurechtkommt. Nach erfolgter Umsetzung ist Lisa dann innerhalb der Personalabteilung tätig. Nach sechs Monaten wendet sich die Leiterin der Personalabteilung hilfesuchend an die Dienststellenleitung, sie halte es mit Lisa nicht länger aus. Sie beleidige und werde dabei sehr persönlich. Sie greife verbal auch ihre Kolleginnen und Kollegen an. Sie lehne die Wahrnehmung der ihr übertragenen Aufgaben ab, diese seien höherwertiger als ihr Statusamt. Ihr Büro befinde sich auf der sonnenabgewandten Seite und die Zuteilung dieses Büros sei Ausdruck der Diskriminierung durch die Leiterin der Personalabteilung. Die Dienststellenleitung leitet nun ein Disziplinarverfahren ein und gegen Lisa wird eine Gehaltskürzung (§ 8 BDG) ausgesprochen.

Auch in diesem Fall hätte die Dienststellenleitung wesentlich früher mit unterschwelligen beamtenrechtlichen Maßnahmen bzw. Disziplinarmaßnahmen reagieren müssen. Bei einmaligen leichteren Verstößen ist stets zu prüfen, ob nicht auch eine mündliche oder schriftliche Missbilligung ausreichend ist, bevor ein Verweis (§ 6 BDG) ausgesprochen wird. Auf der Ebene des **Auswahlermessens** ist seitens des Dienstherrn abzuwägen, ob angesichts der Umstände des zu beurteilenden Falles nicht eine mildere Maßnahme als der Ausspruch eines Verweises in Betracht kommt. Findet sich dazu in der Disziplinarverfügung keine Ausführung, so liegt ein Ermessensausfall vor, der zur Rechtswidrigkeit der ergangenen Disziplinarverfügung führen kann.[188]

---

[188] VG Regensburg, 13.03.2019 – RN 1 K 18.19.

Verwaltungsermittlungen

Verwaltungsermittlungen

1. Die Bedeutung der Verwaltungsermittlungen

Grundsätzlich hat der Dienstvorgesetzte die Dienstpflicht, ein Disziplinarverfahren einzuleiten, wenn zureichende tatsächliche Anhaltspunkte vorliegen, die den Verdacht eines Dienstvergehens rechtfertigen. Dies ist der Fall, wenn der Dienstvorgesetzte Kenntnis von Tatsachen erhält, aufgrund derer die hinreichende Wahrscheinlichkeit besteht, dass ein bestimmter Beamter schuldhaft seine Dienstpflicht in disziplinarrechtlich relevanter Weise verletzt hat. Ergibt sich danach der Verdacht weiterer Dienstpflichtverletzungen aufgrund eines anderen Sachverhalts, so ist der Dienstvorgesetzte verpflichtet, entweder ein weiteres Disziplinarverfahren einzuleiten oder das laufende Verfahren gem. § 19 Abs. 1 Satz 1 BDG auf die neuen Vorwürfe auszudehnen.[189] Die Einleitungspflicht gem. § 17 Abs. 1 Satz 1 BDG und die Unterrichtungspflicht gem. § 20 Abs. 1 BDG dienen auch dem Schutz des Beamten.

Sie sollen sicherstellen, dass disziplinarische Ermittlungen so früh wie möglich im Rahmen des gesetzlich geordneten Disziplinarverfahrens mit seinen rechtsstaatlichen Sicherungen zugunsten des Beamten, insbesondere dem Recht auf Beweisteilhabe gem. § 24 Abs. 4 BDG, geführt werden.[190]

Sobald sich die Vermutungen zu dem Verdacht konkretisiert haben, ein bestimmter Beamter habe ein bestimmtes Dienstvergehen begangen, verbietet § 17 Abs. 1 Satz 1 BDG, von der Verfahrenseinleitung abzusehen und den Sachverhalt außerhalb eines behördlichen Disziplinarverfahrens ohne Kenntnis des Beamten in sog. Vorermittlungen zu ermitteln.[191]

Die Regelung des § 17 Abs. 1 BDG schließt es jedoch nicht aus, dass verwaltungsinterne „Vorermittlungen" durchgeführt werden, um bloße Vermutungen zu erhärten oder auszuräumen, bevor ein Disziplinarverfahren eingeleitet wird.

Vorermittlungen sind auch deshalb sinnvoll, wenn zu erwarten ist, dass die im Raum stehenden Vorwürfe entkräftet werden können. Dadurch kann der Beamte auch von unberechtigten Vorwürfen befreit werden.

---

[189] BVerwG, 18.11.2008 – 2 B 63.08.
[190] BVerwG, 18.11.2008 – 2 B 63.08.
[191] BVerwG, 18.11.2008 – 2 B 63.08.

Vorermittlungen müssen vom Dienstvorgesetzten ebenso unverzüglich eingeleitet werden, wie gem. § 17 Abs. 1 BDG ein Disziplinarverfahren bei Vorliegen eines sich konkretisierenden Verdachts einzuleiten wäre.

Eine gesetzliche Regelung für die Vorermittlungen existiert nicht. Es müssen jedoch rechtsstaatliche Mindeststandards eingehalten werden. Es gelten die § 20 ff. BDG entsprechend. Insoweit sind Zeugen sowie die betroffenen Beschäftigten vor ihrer Vernehmung **ordnungsgemäß zu belehren**. § 20 Abs. 1 BDG (Art. 22 Abs. 1 BayDG; § 21 Abs. 1 NDiszG; § 20 Abs. 1 LDG NRW; § 20 Abs. 1 SächsDG; § 26 Abs. 1 ThürDG) schreibt vor, dass der Beamte über die Einleitung des Disziplinarverfahrens **unverzüglich** zu unterrichten ist, sobald dies ohne Gefährdung der Aufklärung des Sachverhalts möglich ist. Hierbei muss eröffnet werden, welches Dienstvergehen ihm zur Last gelegt wird. Gleichzeitig ist darauf hinzuweisen, dass es der betroffenen Person freisteht, sich mündlich oder schriftlich zu äußern oder nicht zur Sache auszusagen und sich jederzeit eines Bevollmächtigten oder eines Beistands zu bedienen. Nach § 20 Abs. 3 BDG (Art. 22 Abs. 3 BayDG; § 21 Abs. 3 NDiszG; § 20 Abs. 3 LDG NRW; § 20 Abs. 3 SächsDG; § 26 Abs. 1 Satz 4 ThürDG) darf die Aussage des Beamten nicht zu seinem Nachteil verwertet werden, wenn die nach § 20 Abs. 3 Satz 2, 3 BDG (LDG NRW) vorgeschriebene Belehrung unterblieben oder unrichtig erfolgt ist.

Die Vorschrift des § 20 Abs. 1 Satz 3 BDG (§ 20 Abs. 1 Satz 3 LDG NRW) ist für die Anhörung des Beamten im Rahmen der Verwaltungsermittlungen maßgeblich, obwohl die Norm die vorherige Einleitung des Disziplinarverfahrens voraussetzt. Die dem Schutz der betroffenen Beamten dienende Belehrungspflicht aus § 20 BDG (Art. 22 BayDG; § 20 LDG NRW; § 20 SächsDG) ist zwingend zu beachten.[192]

Es empfiehlt sich, von jeder Vernehmung ein Protokoll zu fertigen. Denn nur auf diese Weise können „Beweise" gesichert werden.

2. Vorermittlungen oder Einleitungsverfügung?

Im Disziplinarverfahren steht den Beamten ein Aussageverweigerungsrecht zu (§ 20 Abs. 1 Satz 3 BDG (LDG NRW)). Will sich der Beamte nicht äußern, so muss dies für ihn ohne dienstrechtliche Folgen bleiben.

---

[192] BVerwG, 14.12.2017 – 2 C 12/17 sowie 06.08.2009 – 2 B 45.09; Buchholz 235 § 26 BDO Nr. 3 Rn. 13 ff.

Nach der Rechtsprechung des BVerwG kann der Beamte sein Verhalten im Disziplinarverfahren zudem an den Grenzen des zulässigen Verteidigungsverhaltens im Strafverfahren orientieren. Ohne dass dies für den Beamten nachteilig gewertet werden darf, kann der Beamte die Tat bestreiten und auch ihren Unrechtsgehalt negieren oder relativieren.[193]

Der Dienstherr hat im Disziplinarrecht die Aufgabe, ein Dienstvergehen nachzuweisen. Den betroffenen Beamten steht es gem. § 20 Abs. 1 BDG frei, nicht zur Sache auszusagen. Insoweit muss es dem Dienstherrn gestattet sein, im Wege von Vorermittlungen zu prüfen, ob sich der Sachverhalt und somit das Dienstvergehen konkretisiert oder ob dies nicht der Fall ist. Insoweit liegt die Durchführung von Vorermittlungen auch im Sinne der betroffenen Beamten.

Hinsichtlich des relevanten Sachverhalts müssen zumindest hinreichende tatsächliche Verdachtsgründe bestehen, eine bloße Vermutung reicht nicht aus. Liegen hinreichende tatsächliche Verdachtsgründe vor, dann dürfen keine weiteren Vorermittlungen durchgeführt werden. Vielmehr muss dann unverzüglich gem. § 17 Abs. 1 BDG ein Disziplinarverfahren eingeleitet werden.

Für die dienstvorgesetzte Stelle folgt aus § 17 Abs. 1 Satz 1 BDG (Art. 19 Abs. 1 Satz 1 BayDG; § 18 Abs. 1 NDiszG; § 17 Abs. 1 Satz 1 LDG NRW; § 17 Abs. 1 Satz 1 SächsDG) die Pflicht zur Einleitung eines Disziplinarverfahrens, wenn zureichende tatsächliche Anhaltspunkte vorliegen, die den Verdacht eines Dienstvergehens rechtfertigen. Zwar darf der Dienstherr auch Verwaltungsermittlungen durchführen, wenn ein Disziplinarverfahren wegen seiner stigmatisierenden Wirkung nicht vorschnell eingeleitet werden darf.[194] Verwaltungsermittlungen müssen aber wegen der Schutzwirkung der Verfahrensvorschriften in disziplinarrechtlich geführte Ermittlungen umschlagen, wenn der Dienstvorgesetzte Kenntnis von Tatsachen erlangt, aufgrund derer die hinreichende Wahrscheinlichkeit besteht, dass der Beamte schuldhaft seine Dienstpflichten in disziplinarrechtlich relevanter Weise verletzt hat.[195]

---

[193] BVerwG, 14.12.2017 – 2 C 12/17 und 28.02.2013 – 2 C 62.11 sowie 20.11.2012 – 2 B 56.12, NVwZ 2013, 1093 sowie 10.12.2014 – 2 B 75.14, Buchholz 235.1 § 13 BDG Nr. 28 und 05.05.2015 – 2 B 32.14, Buchholz 235.1 § 13 BDG Rn. 30.
[194] *Weiß* in: GKÖD, Band 2, Disziplinarrecht des Bundes und der Länder, M § 17 Rn. 32.
[195] BVerwG, 14.12.2017 – 2 C 12/17 sowie 29.03.2012 – 2 A 11.10.

www.WALHALLA.de

Das behördliche Disziplinarverfahren

Das behördliche Disziplinarverfahren

1. Das Disziplinarverfahren auf Ebene der Disziplinarbehörde

Das behördliche Disziplinarverfahren gliedert sich in drei Teile:

- Einleitung, Ausdehnung und Beschränkung (§§ 17 bis 19 BDG)
- Durchführung, Ermittlungen (§§ 20 bis 21 BDG)
- Abschlussentscheidung (§§ 32 bis 37 BDG)

a) Die Bedeutung des behördlichen Disziplinarverfahrens

Das behördliche Disziplinarverfahren hat im Wesentlichen das Ziel, den Sachverhalt aufzuklären und ggf. eine Disziplinarmaßnahme zu verhängen, die in die Zuständigkeit des Dienstvorgesetzten fällt. Dies sind nach dem BDG der Verweis, die Geldbuße, die Kürzung der Dienstbezüge sowie die Kürzung des Ruhegehalts. Ausschließlich nach dem LDG BW kann der Dienstherr auch die im Übrigen den Verwaltungsgerichten vorbehaltenen Disziplinarmaßnahmen der Zurückstufung (§ 30 LDG BW), der Entfernung aus dem Beamtenverhältnis (§ 31 LDG BW) sowie der Aberkennung des Ruhegehalts (§ 33 LDG BW) mit Zustimmung der höheren Disziplinarbehörde verhängen. Das BVerwG sieht in der Zuständigkeit des Dienstvorgesetzten zur Verhängung der Höchstmaßnahme keinen Verstoß gegen die hergebrachten Grundsätze des Berufsbeamtentums gem. Art. 33 Abs. 5 GG.[196]

Die durch das behördliche Disziplinarverfahren gewonnenen Ermittlungsergebnisse bilden die Grundlage für den Erlass einer Disziplinarverfügung oder aber für die Erhebung einer Disziplinarklage. In der Disziplinarklage sind die disziplinaren Ermittlungsergebnisse zusammenzufassen. Es ist dann Sache der Disziplinargerichte, den Sachverhalt – von Amts wegen – festzustellen, so kann über besonders relevante (streitige)Tatsachen unmittelbar Beweis erhoben werden.

b) Ergänzende Anwendung der Bestimmungen des Verwaltungsverfahrensgesetzes und der Verwaltungsgerichtsordnung

Gem. § 3 BDG sind zur Ergänzung des Bundesdisziplinargesetzes die Bestimmungen des Verwaltungsverfahrensgesetzes und der Verwaltungsgerichtsordnung entsprechend anzuwenden, soweit sie nicht

---

[196] BVerwG, 21.04.2016 – 2 C 13.15.

zu den Bestimmungen des BDG in Widerspruch stehen oder soweit nicht im BDG etwas anderes bestimmt ist.

Im Anwendungsbereich der Bundesdisziplinarordnung (den Landesdisziplinarordnungen) wurden die Vorschriften der Strafprozessordnung entsprechend angewandt. So galten insbesondere die Vorschriften über die Strafverteidigung (§§ 137 ff. StPO) entsprechend. Über § 3 BDG gilt nun § 14 VwVfG. Hiernach kann sich ein Beteiligter (der Beamte im Disziplinarverfahren) durch einen Bevollmächtigten vertreten lassen. Als Bevollmächtigter kann nicht nur ein Rechtsanwalt, sondern auch jede andere verfahrenshandlungsfähige natürliche Person, unabhängig auch von der Staatsangehörigkeit, bestellt werden, sofern nicht besondere Ausschluss- oder Zurückweisungsgründe gem. § 14 Abs. 5, 6 VwVfG oder aufgrund anderer Rechtsvorschriften entgegenstehen. Der Bevollmächtigte ist Vertreter des Beteiligten, der die Vollmacht erteilt hat. Durch die Bestellung eines Bevollmächtigten wird die Befugnis des beteiligten Beamten zu eigenem Sachvortrag oder eigenen Verfahrenshandlungen im Disziplinarverfahren nicht beschränkt. Nach § 20 Abs. 1 Satz 3 BDG ist der Beamte gleichzeitig darauf hinzuweisen, dass es ihm freisteht, sich mündlich oder schriftlich zu äußern oder nicht zur Sache auszusagen und sich jederzeit eines **Bevollmächtigten** oder **Beistands** zu bedienen. Nur an dieser Stelle werden die Bevollmächtigten und Beistände im BDG (sowie in den Landesdisziplinargesetzen) erwähnt. Dies rechtfertigt den Rückgriff auf § 14 VwVfG.

Nach § 14 Abs. 4 VwVfG kann ein Beteiligter zu Verhandlungen und Besprechungen mit einem Beistand erscheinen. Die Hinzuziehung eines Beistands erfolgt anders als beim Bevollmächtigten nur zur Unterstützung des Beteiligten, eine Vertretungsbefugnis (wie beim Bevollmächtigten) ist damit nicht verbunden. Der Beteiligte soll sich damit die Wahrung seiner Rechte erleichtern. Der Beistand kann nicht anstelle, sondern nur zusammen mit dem Beteiligten handeln. So kann er allein keine Anträge in der Sache oder zum Verfahren stellen, ebenso nicht einen Vergleich abschließen. Als Beistände kommen u. a. Kollegen aus der Dienststelle in Betracht, die den Beamten etwa im Rahmen einer Anhörung begleiten.

Entsprechend anwendbar ist auch die Vorschrift des § 29 VwVfG zur Akteneinsichtnahme. Hiernach hat die Behörde den Beteiligten Einsicht in die das Verfahren betreffenden Akten zu gestatten, soweit deren Kenntnis zur Geltendmachung oder Verteidigung ihrer rechtlichen Interessen erforderlich ist. Zwar ist in § 29 Abs. 3 Satz 1 VwVfG ausgeführt, die Akteneinsichtnahme erfolge bei der Behörde, die die Akten führe. So kann schließlich verfahren werden, wenn die Bevollmächtigten in der Dienststelle selbst tätig sind oder sich der Sitz der Anwaltskanzlei in derselben Stadt befindet. Nicht zu empfehlen ist die Übersendung der Originalakte an Bevollmächtigte. Zum einen kann das Disziplinarverfahren in dieser Phase nicht fortgeführt werden. Zum anderen sind die Postwege längst nicht mehr so zuverlässig wie in der Vergangenheit.

Der **elektronische Rechtsverkehr** ist nach § 3 BDG i. V. m. der entsprechend anzuwendenden Vorschrift des § 55a VwGO auch in Disziplinarsachen unter den genannten Voraussetzungen zugelassen. Für das behördliche Disziplinarverfahren gilt über § 3 BDG die Vorschrift des § 3a VwVfG (elektronische Kommunikation). Die Disziplinarakte bzw. Unterlagen zum Disziplinarverfahren können jedoch nur passwortgeschützt an ein Anwaltsbüro versandt werden.

---

§ 3 BDG; entsprechende Vorschriften in den Bundesländern:

§ 2 LDG BW, Art. 3 BayDG, § 3 DiszG B, § 3 BrLDG, § 3 BremDG, § 22 HmbDG, § 6 HDG, § 3 LDG M-V, § 4 NDiszG, § 3 LDG NRW, § 21 LDG RP, § 3 SDG, § 3 SächsDG, § 3 DG LSA, § 3 DG SH, § 21 ThürDG

---

c) Zustellungen – Ladungen

Im Disziplinarverfahren muss jegliche Korrespondenz nachweislich geführt werden.[197] Insoweit sind bei der Zustellung disziplinarrechtlicher Schreiben die Bestimmungen des Verwaltungszustellungsgesetzes (VwZG) zu beachten. Zustellung ist die Bekanntgabe eines schriftlichen oder elektronischen Dokuments in der diesem Gesetz bestimmten Form (§ 2 Abs. 1 VwZG). Der Behörde kommt ein Auswahlermessen zu, die Art der Zustellung zu bestimmen. Es sind folgende Zustellungsmöglichkeiten vorgesehen:

- Zustellung durch die Post mit Zustellungsurkunde (§ 3 VwZG)

- Zustellung durch die Post mittels Einschreiben (§ 4 VwZG)

- Zustellung durch die Behörde gegen Empfangsbekenntnis

---

[197] *Keller*, S. 96.

- Elektronische Zustellung (§ 5 VwZG)

- Elektronische Zustellung gegen Abholbestätigung über De-Mail-Dienste (§ 5a VwZG)

- Zustellung an gesetzliche Vertreter (§ 6 VwZG)

- Zustellung an Bevollmächtigte (§ 7 VwZG)

- Zustellung im Ausland (§ 9 VwZG)

- Zustellung durch öffentliche Bekanntmachung (§ 10 VwZG)

Es ist nicht zuletzt aus Fürsorgegründen angezeigt, den beteiligten Beamten etwa die Einleitungsverfügung nach § 5 VwZG persönlich gegen Empfangsbekenntnis auszuhändigen. Bei der Zustellung durch die Behörde händigt der zustellende Bedienstete das Dokument dem Empfänger in einem verschlossenen Umschlag aus. Verschlossen deshalb, weil eine offene Aushändigung der Einleitungsverfügung schutzwürdigen Interessen des Empfängers entgegenstehen. Der das Schriftstück empfangene Beamte hat ein mit dem Datum der Aushändigung versehenes Empfangsbekenntnis zu unterschreiben. Der das Schreiben überreichende Bedienstete vermerkt das Datum der Zustellung auf dem Umschlag des auszuhändigenden Dokuments oder bei offener Aushändigung auf dem Dokument selbst.

Ladungen gegenüber Zeugen sollten auf die gleiche Weise zugestellt werden, wenn die Zeugen in der Dienststelle tätig sind. Bei mobiler Arbeit sowie bei in Betracht kommenden Zeugen außerhalb der Dienststelle ist eine förmliche Zustellung schon aus Gründen der Nachweisbarkeit zwingend erforderlich. In Betracht kommt hier die Zustellung per Postzustellungsurkunde oder per eingeschriebenen Brief.

d) Die Einleitungspflicht des Dienstvorgesetzten

Die Einleitung des behördlichen Disziplinarverfahrens kann gem. § 17 BDG von Amts wegen oder auf Antrag des Beamten erfolgen (§ 18 BDG). Stets gilt das Legalitätsprinzip.

Aus der Einleitungspflicht des Dienstvorgesetzten gem. § 17 Abs. 1 Satz 1 BDG folgt, dass dieser tätig werden muss, sobald er erstmals Kenntnis von dem Verdacht einer disziplinarisch relevanten Verfehlung erhält. Verzögert der Dienstvorgesetzte die Einleitung des Disziplinarverfahrens entgegen seiner Dienstpflicht gem. § 17 Abs. 1 Satz 1 BDG, so ist dies bei der Bemessung der Disziplinarmaßnahme gem. § 13 Abs. 1 und 2 BDG zu berücksichtigen. Ein solches Verhalten kann dem Beamten als mildernder Umstand zugutekommen, wenn es für sein weiteres Fehlverhalten ursächlich war.[198]

Die rechtswirksame Einleitung eines behördlichen Disziplinarverfahrens setzt voraus, dass der Einleitungsvermerk inhaltlich eindeutig ist und dem Dienstvorgesetzten als Verfasser zugeordnet werden kann.[199] Der Einleitungsvermerk enthält den internen Entscheidungsprozess, wegen eines aufgekommenen konkreteren Verdachts ein Disziplinarverfahren gegen einen bestimmten Beamten wegen einer konkret zu benennenden Pflichtverletzung ein Disziplinarverfahren einzuleiten. Davon zu unterscheiden ist die sog. Einleitungsverfügung.

e) Zuständigkeit der Dienstvorgesetzten

Verantwortlich für die Einleitung des Disziplinarverfahrens gegen aktive Beamte sind die Dienstvorgesetzten. Dienstvorgesetzte zeichnen sich dadurch aus, dass sie für beamtenrechtliche Entscheidungen über die persönlichen Angelegenheiten der nachgeordneten Beamten zuständig sind (§ 3 Abs. 2 BDG). Wer dies im Einzelfall ist, richtet sich nach dem Aufbau der öffentlichen Verwaltung.

Eine Abordnung etwa zu einem Bundesland lässt das zum Bund bestehende Dienst- und Treueverhältnis unberührt. Denn nach § 27 Abs. 1 Satz 1 BBG ist eine Abordnung lediglich eine vorübergehende Maßnahme. Die Beamten behalten bei der Abordnung ihr bei der Beschäftigungsbehörde des abgebenden Dienstherrn begründetes abstrakt-funktionelles Amt. Sie unterstehen auch weiterhin ihrem bisherigen Dienstvorgesetzten. Durch die Abordnung wird lediglich ein weiteres, befristetes Dienstverhältnis zum aufnehmenden Dienstherrn begründet.

Das Disziplinarverfahren dient dazu, die Funktionsfähigkeit der öffentlichen Verwaltung zu sichern und das Vertrauen der Allgemeinheit in die Integrität des Berufsbeamtentums aufrechtzuerhalten. Die Beamten sollen durch geeignete Maßnahmen zu einem pflichtgemäßen Verhalten in der Zukunft veranlasst werden. Dem-

---

[198] BVerwG, 18.11.2008 – 2 B 63.08.
[199] BVerwG, 18.11.2008 – 2 B 63.08; siehe auch Muster zum Einleitungsvermerk.

126   www.WALHALLA.de

gegenüber ist der Zeitraum der Dienstleistung der Beamten für den aufnehmenden Dienstherrn von vorneherein beschränkt. Wegen dieser Befristung besteht kein Anlass, dem aufnehmenden Dienstherrn die Befugnis zu Maßnahmen gegen abgeordnete Beamte einzuräumen, die zeitlich weit über die Dauer der Abordnung hinaus wirken können. Der aufnehmende Dienstherr ist auch nicht darauf angewiesen, dass er wegen der Dienstpflichtverletzung disziplinarrechtlich gegen den Beamten vorgehen kann. Ist der aufnehmende Dienstherr mit der disziplinarrechtlichen Behandlung der Dienstpflichtverletzung des Beamten durch den abgebenden Dienstherrn nicht einverstanden, so kann er die Abordnung einseitig beenden.[200] Insoweit ändert die Abordnung genauso wenig wie eine Zuweisung (§ 29 BBG bzw. § 20 BeamtStG) die Zuständigkeit der Stammbehörde bzw. des Dienstvorgesetzten der Stammbehörde zur Einleitung eines Disziplinarverfahrens.

Die Disziplinarbefugnis für Beamte im Ruhestand liegt ab Eintritt in den Ruhestand bei der zuständigen **obersten Dienstbehörde** (§ 84 BDG).

f) Weisungs- und Aufsichtsrecht

Nach § 17 Abs. 1 Satz 2 BDG haben der höhere Dienstvorgesetzte und die oberste Dienstbehörde im Rahmen ihrer Aufsicht die ordnungsgemäße Einleitung eines Disziplinarverfahrens zu überwachen und sicherzustellen.

Sie haben allerdings auch das Recht, das Verfahren jederzeit an sich zu ziehen. Hierfür bedarf es keiner Begründung. Wegen des Grundsatzes der Transparenz des Disziplinarverfahrens ist es jedoch erforderlich, über den behördlichen Zuständigkeitswechsel einen Vermerk zu fertigen. Ein solcher Zuständigkeitswechsel kann etwa in Betracht kommen, um eine Gleichbehandlung zu sichern.

2. Einleitung des Disziplinarverfahrens

Die Einleitung des behördlichen Disziplinarverfahrens erfolgt in aller Regel von Amts wegen (§ 17 BDG) und ausnahmsweise auf Antrag des Beamten (§ 18 BDG).

---

[200] BVerwG, 07.03.2024 – 2 C 12.23, NVwZ-RR 2024, 651.

Die Einleitung des Disziplinarverfahrens nach § 17 Abs. 1 BDG ist unverzichtbar. Es gilt das **Legalitätsprinzip**. Die Einleitung muss unverzüglich erfolgen, sobald zureichende tatsächliche Anhaltspunkte vorliegen, die den Verdacht eines Dienstvergehens rechtfertigen. Verwaltungsermittlungen sind folglich zu beenden, sobald zureichende tatsächliche Anhaltspunkte für den Verdacht eines Dienstvergehens vorliegen. Das BDG (sowie die Landesdisziplinargesetze) enthalten weitergehende Schutzrechte für die Beamten. Werden die Verwaltungsermittlungen trotz zureichender tatsächlicher Anhaltspunkte für den Verdacht eines Dienstvergehens einfach fortgesetzt und weitere Beweise erhoben, so ist von einem Beweisverwertungsverbot auszugehen.

Hierfür spricht schon der Umstand, dass die persönliche Mitwirkung des Beamten etwa an der Sachverhaltsaufklärung nach den Grundsätzen der Gewährung rechtlichen Gehörs und des fairen Verfahrens unverzichtbar ist.[201]

Es kann somit ein Disziplinarverfahren auch gegen einen Beamten erfolgen, der zum Zeitpunkt der Verfahrenseröffnung – z. B. wegen Krankheit – nicht fähig ist, seine Rechte im Verfahren selbst wahrzunehmen. Die Bestellung eines Bevollmächtigten (§ 3 BDG i. V. m. § 14 VwVfG) ist erst mit der Unterrichtung über die Einleitung des Verfahrens gem. § 20 Abs. 1 BDG erforderlich, weil in der Regel erst ab diesem Zeitpunkt die Rechte des Beamten berührt sein können. Somit kann das behördliche Disziplinarverfahren grundsätzlich rechtswirksam auch ohne Vertreterbestellung eingeleitet werden.

Nach der Rspr. folgt aus dem Legalitätsprinzip, dass im Disziplinarrecht nicht die Möglichkeit der Freistellung von der Verfolgung durch behördlichen Verzicht besteht.[202] Es besteht somit der Verfolgungsgrundsatz i. S. d. Legalitätsprinzips. Ist der Beamte verhandlungsunfähig, so ist gem. § 3 BDG i. V. m. § 16 Abs. 1 Nr. 4 VwVfG ein Vertreter zu bestellen.[203]

---

[201] Vgl. BVerwG, 31.10.2012 – 2 B 33/12, NVwZ-RR 2013, 115.
[202] BVerwG, 26.02.1988 – 2 WD 37.87, NVwZ 1989; BayVGH, 09.04.2014 – 16a D 12.1439.
[203] *Urban/Wittkowski*, BDG, § 17 Rn. 3.

3. Einleitungsvermerk/Einleitungsverfügung

a) Einleitungsvermerk

Von der Einleitungsverfügung zu unterscheiden ist der **Einleitungsvermerk**. Hierbei handelt es sich um die interne Willensbildung des Dienstvorgesetzten, wonach dieser auf der Grundlage der vorhandenen Erkenntnisse zureichende tatsächliche Anhaltspunkte für den Verdacht eines Dienstvergehens sieht und folglich ein Disziplinarverfahren einleiten wird. Der Dienstvorgesetzte hat dabei keinen Beurteilungs- oder Ermessensspielraum. Eine schuldhafte Unterlassung der Einleitung wäre selbst ein Dienstvergehen.

In dem **Einleitungsvermerk** kann eine Aufführung erfolgen, aufgrund welcher Erkenntnisse zureichende Anhaltspunkte für den Verdacht eines Dienstvergehens bestehen. Es kann aber auch verwiesen werden auf die **Einleitungsverfügung**, die zwingend Angaben darüber enthalten muss, aufgrund welcher zureichender Anhaltspunkte der Verdacht eines Dienstvergehens gesehen wird. Der Verdacht eines Dienstvergehens muss hinreichend konkret sein. Eine Disziplinarmaßnahme muss weder überwiegend wahrscheinlich sein noch bedarf es einer gesteigerten Verdachtsform wie etwa bei § 203 StPO („hinreichender Tatverdacht"). Die bloße Möglichkeit eines Dienstvergehens reicht hingegen für die Einleitung des Disziplinarverfahrens nicht aus.

Die Einleitung ist aktenkundig zu machen (vgl. § 17 Abs. 1 Satz 3 BDG).[204] Allein schon im Interesse der Nachvollziehbarkeit des Ermittlungsverfahrens, der Rechtsklarheit, der Vollständigkeit der Akten, ist es notwendig, einen Einleitungsvermerk zu erstellen. Dies auch vor dem Hintergrund, dass der beschuldigte Beamte über die Einleitung oftmals nicht direkt informiert wird. Die wirksame Einleitung des behördlichen Disziplinarverfahrens gem. § 17 Abs. 1 Satz 3 BDG setzt voraus, dass der Einleitungsvermerk inhaltlich eindeutig ist und dem Dienstvorgesetzten als Verfasser zugeordnet werden kann.

Der Dienstvorgesetzte hat die Dienstpflicht, das behördliche Disziplinarverfahren unverzüglich einzuleiten, sobald ihm ein Verdacht i. S. v. § 17 Abs. 1 Satz 1 BDG bekannt wird.

Die längere Untätigkeit des Dienstvorgesetzten entgegen § 17 Abs. 1 Satz 1 BDG ist regelmäßig als mildernder Umstand bei der Bemessung

---

[204] Vgl. Art. 19 Abs. 1 Satz 2 BayDG; § 8 Abs. 1 LDG BW; § 18 Abs. 1 Satz 3 NDiszG; § 17 Abs. 1 Satz 3 LDG NRW; § 17 Abs. 1 Satz 3 SächsDG.

einer pflichtenermahnenden Disziplinarmaßnahme gem. § 13 Abs. 1 Satz 2 bis 4 BDG zu berücksichtigen, wenn der Beamte über die disziplinarrechtliche Relevanz seines Verhaltens im Unklaren gelassen wurde und er bei rechtzeitiger Einleitung des behördlichen Disziplinarverfahrens voraussichtlich keine weiteren Dienstpflichtverletzungen begangen hätte.[205]

b) Einleitungsverfügung

Die Einleitungsverfügung muss inhaltlich bestimmt genug sein und konkret Angaben dazu enthalten, aufgrund welcher Handlung oder eines Unterlassens der Beamte gegen welche Dienstpflicht(en) zu welcher Zeit und an welchem Ort verstoßen hat. Im Rahmen einer **Disziplinarverfügung** kann dem Beamten kein tatsächliches Fehlverhalten vorgeworfen werden, welches nicht bereits Gegenstand der Einleitungsverfügung war.[206]

Wie unten angemerkt, ergeben sich die inhaltlichen Mindestanforderungen an eine schriftliche Einleitungsverfügung gem. § 20 Abs. 1 Satz 2 und 3 BDG. Es gibt auch keine gesetzlichen Formerfordernisse für den Einleitungsvermerk. Es ist erforderlich, aber auch ausreichend, dass der zuständige Dienstvorgesetzte in der Disziplinarakte schriftlich vermerkt, wann er die Entscheidung für die Einleitung getroffen hat. Aus dem Vermerk müssen sich die inhaltlich unmissverständliche Entscheidung und die Verantwortlichkeit des Dienstvorgesetzten hierfür ergeben. Diese muss sich den Einleitungsvermerk jedenfalls zu Eigen gemacht haben.

c) Muster Einleitungsvermerk

Der Einleitungsvermerk hat zum Inhalt, dass gegen einen Beamten ein Disziplinarverfahren eingeleitet wird. Dazu ist der bis dahin feststehende Sachverhalt der inner- bzw. außerdienstlichen Dienstpflichtverletzung darzulegen. Schon zum Zeitpunkt der Erstellung des Einleitungsvermerks kann das Verfahren wegen eines gleichzeitig anhängigen Strafverfahrens gem. § 22 Abs. 1 BDG[207] ausgesetzt werden.

---

[205] BVerwG, 18.11.2008 – 2 B 63.08.
[206] BVerwG, 18.11.2008 – 2 B 63.08, NVwZ 2009, 399.
[207] Vgl. Art. 24 BayDG, § 13 LDG BW, § 23 NDiszG, § 22 LDG NRW und § 22 SächsDG.

Muster Einleitungsvermerk

Dienststelle   Ort, Datum
– Die Dienstvorgesetzte –   Bearbeiter:
Geschäftszeichen   Durchwahl:
– Vertrauliche Personalsache –

Einleitung eines Disziplinarverfahrens gem. § 17 Abs. 1 Bundesdisziplinargesetz (BDG)

Einleitungsvermerk:

Gegen: ... (Amtsbezeichnung, Vor-, Zuname, Personalnummer)
Beamter auf ( ) Widerruf ( ) Probe ( ) Lebenszeit,
tätig bei der/bei dem ... (Dienststelle des Beamten)
leite ich gem. § 17 Abs. 1 BDG ein Disziplinarverfahren ein.

Begründung:

Der Beamte ist hinreichend verdächtig, seine Pflicht ... (Angabe der verletzten Pflichten) verletzt und somit ein inner- bzw. außerdienstliches Dienstvergehen i. S. d. § 77 Abs. 1 Bundesbeamtengesetz (BBG) begangen zu haben, indem er ... (umfassende Sachverhaltsdarstellung; Art, Zeit und Ort des Fehlverhaltens; ggf. Benennung der konkret verletzten Vorschriften, insbesondere Dienstanweisung etc.).

Alternativ:

( ) Ich setze das Disziplinarverfahren ganz bzw. teilweise bis zur Beendigung des Strafverfahrens gem. § 22 Abs. 1 BDG aus, weil gegen den Beamten gem. ... (Geschäftszeichen/Datum der Mitteilung in Strafsachen) ein Strafverfahren bei dem ... anhängig ist.

Alternativ:

( ) Das dienstliche Fehlverhalten des Beamten verstößt ggf. gegen Strafvorschriften (z. B. § 153 StGB falsche uneidliche Aussage bzw. § 174 StGB sexueller Missbrauch von Schutzbefohlenen oder § 176 StGB sexueller Missbrauch von Kindern).

( ) Ich beabsichtige Strafanzeige zu erstatten.

( ) Ich beabsichtige von einer Strafanzeige abzusehen.

Begründung:

...

4. Einleitungsverfügung

a) Inhalt der Einleitungsverfügung

Die Einleitungsverfügung muss konkret, eindeutig und substantiiert darlegen, welche Verfehlungen dem Beamten zur Last gelegt werden. Dazu gehören substantiierte Angaben über Zeit, Ort und Einzelheiten des vorzuwerfenden Verhaltens.[208] Das Schriftformerfordernis legt es nahe, dass die schriftliche Einleitungsverfügung die Unterschrift oder die Namenswiedergabe des Vorgesetzten oder seines Vertreters enthält. Dadurch soll gewährleistet werden, dass keine Zweifel entstehen, ob der behördeninterne Entscheidungsprozess abgeschlossen ist und der zuständige Dienstvorgesetzte die Verantwortung für die ihm obliegende Entscheidung übernommen hat.[209] Da die Namenswiedergabe der Unterschrift gleichsteht, kann die Einleitungsverfügung durch eine Paraphe oder in sonstiger Form gezeichnet werden, wenn dies innerorganisatorischen Gepflogenheiten entspricht.[210] Jedoch muss der Dienstvorgesetzte unmissverständlich zum Ausdruck gebracht haben, dass er die Verantwortung für die Entscheidung übernommen hat. Der Gesetzgeber hat durch das Schriftformerfordernis deutlich gemacht, dass dies nur durch eine eigenhändige schriftliche Dokumentation nachgewiesen werden kann.

Wurde die Einleitungsverfügung nicht bzw. nicht ordnungsgemäß unterzeichnet, das Disziplinarverfahren hingegen wegen eines sachgleichen Strafverfahrens ausgesetzt und wurde das behördliche Verfahren erst nach rechtskräftigem Abschluss des Strafverfahrens wieder in Gang gesetzt, so bleibt die rechtsfehlerhafte Einleitung folgenlos, wenn die weitere Verfügung, mit der die Fortsetzung des Verfahrens angeordnet wird, unterschrieben ist.

Die Einleitungsverfügung muss den zu verfolgenden Verdacht einer Pflichtverletzung hinsichtlich des Sachverhalts wie auch der disziplinaren Bedeutung so konkret, eindeutig und substantiiert darlegen, wie es der gegebene Ermittlungsstand und der sich hieraus ergebende Verdacht zulassen. Dies erfordert, dass ein konkreter und nachvollziehbar auf das Verhalten des Beamten bezogener Geschehensablauf dargelegt und zu dem daraus abgeleiteten Vorwurf in Beziehung gesetzt wird.[211]

---

[208] OVG NRW, 01.12.2004 – 22d A 1663/03.O.
[209] BVerwG, 28.03.2013 – 2 B 113.12.
[210] BVerwG, 18.07.2000 – 2 B 19.00.
[211] BVerwG, 21.06.2005 – 2 WD 12/04; OVG NRW, 01.12.2004 – 22d A 1663/03.O.

VG Saarlouis vom 07.02.2008 – 7 K 131/07

Beispiel: Die unzureichende Disziplinarverfügung

Hinsichtlich der angefochtenen Disziplinarverfügung sei darauf hingewiesen, dass zumindest auch ihre Begründung – was das der Klägerin im Einzelnen als Dienstvergehen vorgeworfene Verhalten anbelangt – unzureichend erscheint. Insbesondere der hinsichtlich der Steuerhinterziehung erhobene Vorwurf („Die mit den oben genannten Tätigkeiten erzielten Einnahmen haben Sie nicht versteuert.") erscheint zu abstrakt; die Verfügung verdeutlicht insoweit nicht genügend, welches konkrete Tun oder Unterlassen der Klägerin vorgeworfen wird, was sich insbesondere auch daran zeigt, dass erst im Rahmen des vorliegenden Klageverfahrens vorgetragen wurde, das letzte pflichtwidrige Tun der Klägerin habe in der unvollständigen Abgabe ihrer Steuererklärung für das Jahr 2000 am 05.03.2001 bestanden – ein Verhalten, das in der Disziplinarverfügung nicht konkret angesprochen wird.

Mit Rücksicht auf das im Disziplinarrecht geltende Opportunitätsprinzip steht es im Ermessen des Dienstherrn, ob und welche Pflichtverstöße, jedenfalls soweit sie im leichten bis mittelschweren Bereich (d. h. bis zur Kürzung der Dienstbezüge) liegen, er ahnden will oder nicht. Die Konkretisierungsbefugnis des Dienstherrn bezieht sich dabei nicht nur auf den Sachverhalt, sondern auch auf die Konkretisierung der vorgeworfenen Pflichtverletzung.[212] Im Übrigen ergibt sich das Konkretisierungserfordernis in der Disziplinarverfügung selbst auch aus der Bestands- bzw. Rechtskraftwirkung, insbesondere im Hinblick auf das Verbot der Doppelbestrafung und auch zur Bestimmung von Verjährungs- und Verwertungsfristen. Mit Rücksicht auf das dem Dienstherrn zustehende Opportunitätsermessen bestimmt die Disziplinarverfügung in tatsächlicher und auch in rechtlicher Hinsicht den Vorwurf und begrenzt die Nachprüfungsbefugnis des Gerichts. Zur Auslegung dürfen keine Akten, insbesondere keine Disziplinarakten herangezogen werden müssen.[213]

Beispiel:

In einer Disziplinarverfügung wirft die Hochschule einem verbeamteten Professor vor, er habe wesentliche Inhalte der von ihm betreuten Masterarbeiten von drei Studierenden weitestgehend wortwörtlich in einem von ihm selbst veröffentlichten wissenschaftlichen Aufsatz zum gleichen Themengebiet übernommen und dabei habe er keine entsprechende Zitation vorgenommen und die Studierenden habe er überdies nicht als Mitautoren

---

[212] *Köhler/Ratz*, § 33 Rn. 13.
[213] BVerwG, 06.05.2003 – 2 WD 29.02; VG Münster, 17.02.2015 – 13 K 1080/14.O; *Weiß*, § 33 Rn. 84.

benannt; eine Quellenangabe sei nicht erfolgt. Die Hochschule verhängte gegen den Professor durch Disziplinarverfügung eine Geldbuße in Höhe von 6.000 Euro. Hiergegen reichte der Professor nach erfolglosem Widerspruchsverfahren Klage ein.

Das Verwaltungsgericht monierte zu Recht das Fehlen einer erforderlichen Konkretisierung des Vorwurfs. Denn in der Disziplinarverfügung selbst war keine konkrete Textübereinstimmung genannt, sodass nicht beurteilt werden konnte, ob und in welchem Umfang textliche Übereinstimmungen vorliegen. Dazu hätte erst ein Abgleich der beiden Texte durchgeführt werden müssen. Es entspricht jedoch ständiger disziplinarrechtlicher Rechtsprechung, dass die Disziplinarverfügung aus sich selbst heraus verständlich sein muss und eine Konkretisierung des Vorwurfs sich nicht erst durch Auswertung der Verwaltungsvorgänge ergeben darf.

Ein ordnungsgemäßes behördliches Disziplinarverfahren setzt zwingend eine Einleitungsverfügung voraus, die zum einen den erheblichen Sachverhalt konkret erkennen lässt und die des Weiteren aufzeigt, gegen welche Dienstpflicht der Beamte konkret verstoßen hat (u. a. §§ 60 bis 62, § 67, § 71 BBG und §§ 33 bis 35, §§ 37 und 42 BeamtStG).

b) Einleitungsverfügung/Teilaussetzung/Bestellung/Ermittlungsführer

Muster für eine Einleitungsverfügung/Teilaussetzung

Dienststelle   Ort, Datum
– Der Dienstvorgesetzte –   Bearbeiter:
Geschäftszeichen   Durchwahl:

– Vertrauliche Personalsache –

Gegen Zustellungsnachweis
Herrn
Amtsbezeichnung
Vor-, Zuname
Anschrift

Einleitung eines Disziplinarverfahrens

gem. § 17 Abs. 1 Bundesdisziplinargesetz (BDG)

Sehr geehrter Herr ... (Zuname),

Sie sind zureichend verdächtig, ein inner- bzw. außerdienstliches Dienstvergehen i. S. d. § 77 Abs. 1 Bundesbeamtengesetz (BBG) begangen zu haben, indem Sie ... (Darstellung des konkreten Tatvorwurfs als Sachverhaltsdarstellung).

Daher habe ich gegen Sie am … (Datum des Einleitungsvermerks) ein Diszipli-
narverfahren eingeleitet und setze das Verfahren – soweit es den gleichen
Sachverhalt betrifft – im Hinblick auf das anhängige Strafverfahren vor dem
Amtsgericht … gem. § 22 Abs. 1 BDG aus.

Nach Wegfall des Aussetzungsgrundes werde ich das ausgesetzte Verfahren
fortsetzen.

Bei Teilaussetzung: Nach Wegfall des Aussetzungsgrundes werde ich das teil-
ausgesetzte Verfahren fortsetzen. Die Ermittlungen zu den anderen Vorwürfen, die nicht von der Teilaussetzung umfasst sind, werde ich unabhängig
davon durchführen.

Ich habe Frau … zur Ermittlungsführerin bestellt. Sie wird in meinem Auftrag
die erforderlichen be- und entlastenden Umstände gem. § 21 BDG ermitteln.

Ich werde die Schwerbehindertenvertretung gem. § 95 Abs. 2 SGB IX über die
Einleitung des Disziplinarverfahrens unterrichten. Sollten Sie die Beteiligung
der Schwerbehindertenvertretung nicht wünschen, teilen Sie mir dies innerhalb von zwei Wochen nach Zustellung der Einleitungsverfügung schriftlich
mit, andernfalls gehe ich von Ihrem Einverständnis aus.

Zur Wahrung Ihrer Rechte weise ich Sie auf Folgendes hin:

Es steht Ihnen in jedem Verfahrensstadium frei, sich mündlich oder schriftlich
zu äußern oder nicht zur Sache auszusagen und sich jederzeit einer/eines
Bevollmächtigten oder Beistands zu bedienen und sachdienliche Beweisanträge zu stellen.

Für die Abgabe einer schriftlichen Äußerung setze ich Ihnen nach § 20 Abs. 2
BDG eine Frist von einem Monat nach Zustellung der Einleitungsverfügung.
Sofern Sie sich mündlich äußern wollen, haben Sie diese Absicht innerhalb
einer Frist von zwei Wochen der Ermittlungsführerin gegenüber zu erklären.
Die Ermittlungsführerin wird dann innerhalb von drei Wochen nach Eingang
Ihrer Erklärung die mündliche Anhörung durchführen.

Sollten Sie aus zwingenden Gründen gehindert sein, die Frist zur ersten
schriftlichen Äußerung oder die Erklärungsfrist zur mündlichen Äußerung
einzuhalten oder einer Ladung zur mündlichen Verhandlung Folge zu leisten,
haben Sie dies der Ermittlungsführerin unverzüglich mitzuteilen. Hierzu
weise ich auf § 20 Abs. 2 Satz 3 BDG hin.

Falls Sie ohne rechtzeitige Mitteilung und ohne ausreichende Begründung
diese Fristen nicht einhalten, muss angenommen werden, dass Sie sich zu den
erhobenen Vorwürfen nicht äußern wollen; die Ermittlungen werden dann
ohne Ihre Anhörung fortgesetzt.

Mit freundlichen Grüßen

Unterschrift

Muster für die Bestellung des Ermittlungsführers

– Vertrauliche Personalsache –

An
Ermittlungsführerin
Amtsbezeichnung, Name, Vorname
Dienstort

Bestellung als Ermittlungsführerin

Anlagen: Kopie der Einleitungsverfügung gegen ...
wegen: ...
Akten/Unterlagen

Sehr geehrte Frau ...,

ich habe gegen Herrn ... (Amtsbezeichnung) am ... (Datum des Einleitungsvermerks) ein Disziplinarverfahren eingeleitet. Den Sachverhalt entnehmen Sie der anliegenden Einleitungsverfügung und den Unterlagen.

Ich beauftrage Sie, die erforderlichen Ermittlungen gem. § 21 BDG durchzuführen und alle be- und entlastenden Umstände zu ermitteln.

Gleichzeitig stelle ich Sie für die Durchführung der Ermittlungen von Ihren übrigen Aufgaben ganz/zu ... Prozent frei.

Die Einleitungsverfügung habe ich dem Beamten am ... zugestellt.

Alternativ:
Anliegende Einleitungsverfügung wird durch Sie unverzüglich an den Beamten zugestellt.

Der Ermittlungsbericht/Zwischenbericht mit der Ermittlungsakte ist mir bis zum ... zur Genehmigung vorzulegen. Verzögerungen teilen Sie mir bitte unverzüglich mit.

Mit freundlichen Grüßen

Unterschrift

5. Einleitung des Disziplinarverfahrens auf Antrag des Beamten

a) Antrag des Beamten

Nach § 18 Abs. 1 BDG kann ein Beamter bei dem Dienstvorgesetzten oder dem höheren Dienstvorgesetzten die Einleitung eines Disziplinarverfahrens gegen sich selbst beantragen, um sich von dem

Verdacht eines Dienstvergehens zu entlasten.[214] Der die Einleitung beantragende Beamte muss einen berechtigten Anlass für die Selbstentlastung haben, also durch den Verdacht des Dienstvergehens i. S. d. § 77 Abs. 1 BBG bzw. § 47 Abs. 1 BeamtStG beschwert sein.[215]

Abgelehnt werden darf der Antrag nur dann, wenn keine zureichenden tatsächlichen Anhaltspunkte vorliegen, die den Verdacht eines Dienstvergehens rechtfertigen. Über den Antrag ist unter Zugrundelegung des Legalitätsprinzips des § 17 BDG zu entscheiden.

Hat der Dienstherr das Disziplinarverfahren auf Antrag eingeleitet, so bestimmt sich dessen weiterer Verlauf nach den einschlägigen Bestimmungen in § 20 ff. BDG.

BVerwG, 28.03.2023 – 2 C 20.21

Nach § 17 Abs. 1 Satz 1 BDG hat die dienstvorgesetzte Stelle ein Disziplinarverfahren einzuleiten, wenn zureichende tatsächliche Anhaltspunkte vorliegen, die den Verdacht eines Dienstvergehens rechtfertigen. Diese Pflicht besteht nicht, solange es noch etwaiger **Verwaltungsermittlungen** bedarf, um einen bloß vagen Verdacht aufzuklären, der personell oder sachlich noch nicht hinreichend konkretisiert worden ist.[216] Den Dienstvorgesetzten trifft aber eine **Einleitungspflicht**, sobald er erstmals Kenntnis von zureichenden tatsächlichen Anhaltspunkten erlangt, die den Verdacht eines Dienstvergehens begründen. Er darf, wenn die Voraussetzungen zur Einleitung vorliegen, nicht abwarten und weiteres Belastungsmaterial sammeln.[217]

Die **frühzeitige Einleitungspflicht** nach § 17 Abs. 1 Satz 1 BDG besteht für den Dienstvorgesetzten auch in der Konstellation einer Vielzahl gleichartiger, zeitlich aufeinander folgender Dienstpflichtverletzungen wie etwa bei Kernzeitverstößen. Dass im Zeitpunkt der Einleitung des Disziplinarverfahrens bereits weitere gleichartige Pflichtverletzungen hinzugetreten oder künftig zu erwarten sind, hindert die gesonderte Ahndung der bisherigen Verstöße nicht.

Der Grundsatz der Einheit des Dienstvergehens (§ 77 Abs. 1 Satz 1 BBG; § 47 Abs. 1 Satz 1 BeamtStG) steht einer gesonderten Verfolgung von Dienstpflichtverletzungen nicht entgegen. Seit dem Inkrafttreten des Bundesdisziplinargesetzes am 01.01.2002 lässt sich daraus ein verfahrensrechtliches Gebot der gleichzeitigen Entscheidung über mehrere Pflichtverstöße nicht mehr herleiten. Gem. § 19 Abs. 1 BDG kann der Dienstherr somit ein eingeleitetes Disziplinarverfahren auf danach neu hinzutretende Pflichtverletzungen ausdehnen. Nach Erhebung

---

[214] Vgl. Art. 20 BayDG, § 9 LDG BW, § 19 NDiszG, § 18 LDG NRW und § 18 SächsDG.
[215] *Herrmann/Sandkuhl*, § 7 Rn. 593.
[216] Vgl. BVerwG, 29.03.2012 – 2 A 11.10.
[217] BVerwG, 15.11.2018 – 2 C 60.17, BVerwGE 163, 356.

der Disziplinarklage können neue Handlungen durch Erhebung einer **Nachtragsdisziplinarklage** gem. § 53 Abs. 1 BDG a. F. in das Disziplinarverfahren einbezogen werden. Aus den Ermächtigungen in § 19 Abs. 1 BDG und § 53 BDG a. F. folgt, dass dem Grundsatz der Einheit des Dienstvergehens materiell-rechtlich Rechnung zu tragen ist. Der Beamte darf im Ergebnis materiell-rechtlich nicht schlechter gestellt werden als er im Falle einer gleichzeitigen und einheitlichen Ahndung des Dienstvergehens stünde. Dem Grundsatz der materiell-rechtlichen einheitlichen Bewertung ist in dem zur Letztendscheidung anstehenden Disziplinarverfahren (nachträglich) Geltung zu verschaffen.[218] Unbenommen bleibt dem Dienstherrn daher, auch im jeweiligen Verfahrensstadium ein weiteres neues Disziplinarverfahren einzuleiten.

Ist etwa bei Verstößen gegen Arbeitszeitregelungen aufgrund einer **Dienstvereinbarung** zwischen Dienststelle und Personalrat ein besonders gestaltetes Anhörungsverfahren vorgesehen, führt dies nicht dazu, dass für dessen – auch überlange – Dauer die Einleitungspflicht nach § 17 Abs. 1 Satz 1 BDG außer Kraft gesetzt ist. Der Sache nach handelt es sich um Verwaltungsermittlungen, die dazu dienen, Art und Ausmaß von **Arbeitszeitverstößen** aufzuklären, insbesondere den betroffenen Beamten Gelegenheit zu geben, sich zu äußern, um die Vorwürfe zu entkräften. Nach Ablauf einer angemessenen Stellungnahmefrist muss die dienstvorgesetzte Stelle zum Disziplinarverfahren übergehen, wenn nach dem Stand der Ermittlungen zureichende tatsächliche Anhaltspunkte vorliegen, die den Verdacht eines Dienstvergehens wegen Arbeitszeitverstößen rechtfertigen. Nur so kann der **Schutzfunktion** des § 17 Abs. 1 BDG Rechnung getragen werden, nämlich zum einen den Beamten vor möglichen disziplinaren Rechtsverlusten zu schützen und zum anderen die Wahrung der beamtenrechtlichen Dienstpflichten nach §§ 60 ff. BBG (§§ 33 ff. BeamtStG) durchzusetzen, um gesetzmäßiges Verwaltungshandeln zu gewährleisten.[219] Ein **Verstoß** gegen die aus § 17 Abs. 1 Satz 1 BDG folgende Pflicht zur rechtzeitigen Einleitung des behördlichen Disziplinarverfahrens ist ein Mangel, der bei der Bemessung der Disziplinarmaßnahme als **mildernder Umstand** zu berücksichtigen sein kann, wenn die verzögerte Einleitung für das weitere Fehlverhalten des Beamten ursächlich war.[220] Dies ist der Fall, wenn der Beamte mit der Einleitung des behördlichen Diszipli-

---

[218] BVerwG, 14.02.2007 – 1 D 12.05, BVerwGE 128, 125.
[219] BVerwG, 15.11.2018 – 2 C 60.17, BVerwGE 163, 356.
[220] BVerwG, 29.03.2012 – 2 A 11.10.

narverfahrens das beanstandete Verhalten unterlässt oder danach liegende Vorfälle lediglich von untergeordneter Bedeutung sind. Bei dieser Sachlage liegt die Annahme nahe, dass sich der Beamte bei einer **früheren Verfahrenseinleitung** ebenso verhalten und keine weiteren Pflichtverstöße begangen hätte.[221]

Der Grundsatz der Verhältnismäßigkeit verlangt nach der Rechtsprechung des Bundesverwaltungsgerichts,[222] dass der Dienstherr bei **zeitlich gestreckt auftretenden Dienstpflichtverletzungen**, die nach ihrer **Schwere** jeweils für sich genommen keine höheren Disziplinarmaßnahmen gebieten, in der Regel zunächst zeitnah zur begangenen Verletzungshandlung mit **niederschwelligen** Disziplinarmaßnahmen auf den Beamten einwirkt und diese bei fortgesetztem Verhalten stufenweise steigert.

Bei Verstößen gegen **Kernarbeitszeitregelungen** handelt es sich um einen Fall, bei dem der Dienstherr aus Gründen der Verhältnismäßigkeit die **stufenweise Steigerung der Disziplinarmaßnahmen** zu beachten hat. Der Dienstherr hat auf den Beamten rechtzeitig, d. h. alsbald nach Kenntniserlangung von der Pflichtverletzung, pflichtenmahnend einzuwirken und ihn zum pflichtgemäßen Dienstantritt anzuhalten. Das Zuwarten des Dienstherrn über einen längeren Zeitraum, um sodann im Wege einer Gesamtschau die schärfste Disziplinarmaßnahme – die Entfernung aus dem Beamtenverhältnis – zu verhängen, ist unzulässig. Dies bedeutet, dass der Dienstherr nach Kenntniserlangung auch von einem **erstmaligen Kernzeitverstoß** zu reagieren und auf die Einhaltung der Kernarbeitszeiten hinzuweisen hat. Darüber hinaus muss er bei fortgesetzten Verstößen je nach Umfang und Dauer über dienstliche Weisungen (§ 62 Abs. 1 Satz 2 BBG; § 35 Abs. 1 Satz 2 BeamtStG) hinaus weitere niederschwellige Disziplinarmaßnahmen ergreifen. Dazu gehören die Erteilung eines Verweises (§ 6 BDG), die Verhängung einer Geldbuße (§ 7 BDG) und die Kürzung der Dienstbezüge (§ 8 BDG).

Unterlässt es der Dienstherr rechtsfehlerhaft, die zeitlich gestreckt auftretenden Dienstpflichtverletzungen zunächst dem **Verhältnismäßigkeitsgrundsatz** entsprechend durch niederschwellige disziplinare Maßnahmen pflichtenmahnend zu ahnden, stellt dies einen **Mangel des behördlichen Disziplinarverfahrens** dar, der bei der Bemessung der Disziplinarmaßnahme als mildernder Umstand zu

---

[221] BVerwG, 18.11.2008 – 2 B 63.08, NVwZ 2009, 399.
[222] BVerwG, 15.11.2018 – 2 C 60.17, BVerwGE 163, 356.

berücksichtigen ist. Anders kann es sich nur dann verhalten, wenn sich der Beamte eine niederschwellige disziplinare Sanktionierung nicht zur Mahnung und Warnung hätte dienen lassen. Ob eine solche Annahme naheliegt, ist nach den Umständen des jeweiligen Einzelfalls zu beurteilen. Es müssen hinreichende Anhaltspunkte dafür vorliegen, aus denen diese negative Folgerung abgeleitet werden kann. Erfolgte keine vorangegangene Sanktionierung, so kann hieraus nicht der Schluss gezogen werden, dass sich der Beamte davon nicht hätte beeindrucken lassen.

b) Vorsätzliches unerlaubtes Fernbleiben vom Dienst

Vorsätzliches unerlaubtes Fernbleiben vom Dienst ist ein schwerwiegendes Dienstvergehen, das regelmäßig zur Entfernung aus dem Beamtenverhältnis führt, wenn es über Monate andauert oder in der Summe einen vergleichbaren Gesamtzeitraum erreicht.[223] Der ununterbrochenen monatelangen Dienstsäumnis kann es gleichstehen, wenn ein Beamter im Umfang vergleichbar wiederholt in Einzelzeitabschnitten – an Tagen und in mehr oder weniger länger zusammenhängenden Zeiträumen – überhaupt nicht zum Dienst erscheint. In diesen Fällen ist die Entfernung aus dem Dienst grundsätzlich Ausgangspunkt der Bestimmung der angemessenen Disziplinarmaßnahme.[224]

Dies gilt nicht für das wiederholte unberechtigte stundenweise Fernbleiben vom Dienst infolge verspäteten Dienstantritts. Denn die aufaddierte Gesamtzeit der täglichen Verspätungen ist in ihrer Schwere nicht einem monatelangen unerlaubten – gänzlichen – Fernbleiben vom Dienst gleichzusetzen. Bei der disziplinaren Ahndung des in Rede stehenden Fehlverhaltens ist angesichts der Vielgestaltigkeit der Sachverhalte und der Vielfalt der möglichen Pflichtverstöße keine eindeutige Zuordnung zu einer bestimmten disziplinaren Maßnahme möglich. Wegen der Bandbreite denkbarer Pflichtverletzungen steht grundsätzlich der gesamte Katalog der abgestuften Disziplinarmaßnahmen des § 5 BDG zur Verfügung. Dabei kommt es für das Gewicht der Pflichtverletzung insbesondere auf Dauer, Häufigkeit und Ausmaß der **Verspätungen** an.

Davon ausgehend hat das Bundesverwaltungsgericht in Fällen wiederholter verspäteter Dienstantritte über einen längeren Zeitraum

---

[223] BVerwG, 15.12.2021 – 2 C 9.21, BVerwGE 174, 273.
[224] BVerwG, 12.11.2020 – 2 C 6.19.

auf die Entfernung aus dem Beamtenverhältnis erkannt, wenn entweder andere wesentliche Dienstpflichtverletzungen im Vordergrund des Dienstvergehens standen oder disziplinarrechtliche Vorbelastungen von erheblichem Gewicht vorlagen.[225] Ansonsten ist auch bei einschlägiger disziplinarer Vorbelastung unter Anwendung des Grundsatzes der **stufenweisen Steigerung** von Disziplinarmaßnahmen die Kürzung der Dienstbezüge gem. § 8 BDG[226] oder die Zurückstufung gem. § 9 BDG[227] als angemessen erachtet worden. Durch ein unberechtigtes Fernbleiben vom Dienst an Teilen von Arbeitstagen liegt zugleich die Verletzung zur Pflicht zur Befolgung dienstlicher Anordnungen und zum vollen beruflichen Einsatz ein innerdienstliches Dienstvergehen vor. Hierbei ist auch zu berücksichtigen, dass das Gebot, zur vorgeschriebenen Zeit am vorgeschriebenen Ort zum Dienst zu erscheinen und dort die übertragenen dienstlichen Aufgaben wahrzunehmen, eine leicht erkennbare Grundpflicht eines jeden Beamten darstellt.[228] Setzt sich ein Beamter über diese Erkenntnis hinweg, zeigt er ein hohes Maß an Verantwortungslosigkeit. Je länger der Beamte schuldhaft dem Dienst fernbleibt, desto schwerer wiegt die hierin liegende Dienstpflichtverletzung.[229] Bei der Beurteilung des für die **Maßnahmebemessung** richtungsweisenden Kriteriums der **Schwere des Fehlverhaltens** wäre beispielsweise festzuhalten, dass ein Beamter über einen Zeitraum von mehreren Wochen nahezu tagtäglich erst nach dem Beginn der Kernarbeitszeit zum Dienst erschienen ist. Der verspätete Dienstantritt wäre in einem solchen Fall die Regel. Damit hätte ein Beamter ein besonders hohes Maß an Verantwortungslosigkeit und Pflichtvergessenheit hinreichend der leicht einsehbaren Pflicht gezeigt, pünktlich den Dienst anzutreten. Bei der Bewertung eines solchen Fehlverhaltens eines Beamten des nicht „nur" wiederholten, sondern **regelhaften Zuspätkommens zum Dienst** über einen sehr langen Zeitraum, ist – orientiert an der Rechtsprechung des Bundesverwaltungsgerichts – Ausgangspunkt für eine disziplinare Maßnahmebemessung nach § 13 BDG die Zurückstufung gem. § 9 BDG. Keine ausschlaggebende Bedeutung käme dem Umstand zu, dass der betreffende Beamte die morgendlichen Verspätungen durch abendliche Längerarbeit im Rahmen der durch die Gleitzeit gegebenen Vorgaben nachgeholt und die durchschnitt-

---

[225] BVerwG, 23.02.1988 – 1 B 83.87 sowie 06.06.1989 – 1 B 47.88.
[226] BVerwG, 06.03.1991 – 1 D 65.90.
[227] BVerwG, 12.01.1988 – 1 D 4.87, DVBl. 1988, 1058 und 06.05.1992 – 1 D 12.91.
[228] BVerwG, 25.09.2003 – 2 C 49.02 sowie 27.02.2014 – 2 C 1.13, BVerwGE 149, 117.
[229] BVerwG, 15.12.2021 – 2 C 9.21, BVerwGE 174, 273.

liche regelmäßige Gesamtarbeitszeit letztendlich erbracht hätte. Andernfalls läge darin eine Nichterfüllung der Gesamtarbeitszeit, die als weitere vorwerfbare Dienstpflichtverletzung hinzutreten würde. Dass die verspätete Dienstaufnahme eines Beamten keinen Schaden im Dienstbetrieb verursacht hat, weil anfallende Aufgaben in den Fehlzeiten nicht zwingend erledigt und auch nicht kurzfristig von Vertretern wahrgenommen werden mussten, stellt ebenfalls keinen mildernden Aspekt dar. Ein Beamter, der meint, seine Dienstzeiten nicht nach den Vorgaben des Dienstherrn, sondern nach eigenem Befinden bestimmen zu können, hat **negative Beispielwirkung** für andere Bedienstete. Ein solches Verhalten bleibt nicht ohne nachteilige Folgen für den ordnungsgemäßen Dienstbetrieb, der zur Erfüllung der Aufgaben der öffentlichen Verwaltung zu gewährleisten ist. Ebenso wenig ist ein entlastender Umstand von Gewicht darin zu sehen, dass ein Beamter in einem solchen Fall weder straf- noch disziplinarrechtlich vorbelastet ist. Eine straffreie Lebensführung und ordnungsgemäße Erfüllung der Dienstpflichten darf der Dienstherr von jedem Beamten erwarten.[230] Ein berücksichtigungsfähiger mildernder Umstand von Gewicht könnte in einem solchen Fall sein, dass der Dienstherr nicht unter Beachtung des Grundsatzes der Verhältnismäßigkeit nach dem Gedanken der stufenweisen Steigerung einer Disziplinarmaßnahme zeitnah eine niederschwellige Maßnahme durch Disziplinarverfügung verhängt, sondern zugewartet hat. Hat ein Beamter nach der Einleitung eines Disziplinarverfahrens sich weiterhin nicht pflichtgemäß verhalten und das rechtswidrige Verhalten fortgesetzt, so besteht zum einen kein Anlass, eine eventuell verspätete Einleitungsverfügung mildernd zu berücksichtigen. Zum anderen kommt in diesem Fall dem Verstoß gegen den Grundsatz der Verhältnismäßigkeit nach dem Gedanken der stufenweisen Steigerung einer Disziplinarmaßnahme kein berücksichtigungsfähiger mildernder Umstand zu. Zwar führt der Verstoß gegen die Pflicht zur Verhängung niederschwelliger (beamtenrechtlicher oder disziplinarrechtlicher) Maßnahmen zur Annahme eines Milderungsgrundes. In einem solchen Fall ist die um eine Stufe niedrigere Disziplinarmaßnahme indiziert.[231] Hat ein Beamter das Fehlverhalten auch unter dem Druck des behördlichen Disziplinarverfahrens uneinsichtig und beharrlich fortgesetzt und dabei die Dauer der morgendlichen Fehlzeiten in

---

[230] BVerwG, 28.02.2013 – 2 C 3.12, BVerwGE 146, 98 sowie 16.06.2020 – 2 C 12.19, BVerwGE 168, 254.

[231] BVerwG, 28.07.2011 – 2 C 16.10, BVerwGE 140, 185 sowie 25.07.2013 – 2 C 63.11, BVerwGE 147, 229 sowie 15.06.2016 – 2 B 49.15.

erheblichem Umfang erhöht, ist dies von ganz erheblichem Gewicht. Dies ist insbesondere dann anzunehmen, wenn die regelmäßigen morgendlichen Verspätungen sich im Bereich zwischen mehr als einer halben Stunde bewegen. Mit diesem gesteigerten Fehlverhalten nach Einleitung des behördlichen Disziplinarverfahrens hätte der Beamte eine ganz außergewöhnliche Hartnäckigkeit und besondere Selbstherrlichkeit gezeigt, sich über dienstliche Anordnungen des Dienstherrn hinwegzusetzen und den Dienstantritt nach eigenem Belieben zu bestimmen. Wegen der Schwere eines solchen Dienstvergehens käme daher eine Zurückstufung des Beamten in das Amt der Besoldungsgruppe A 13 BBesO in Betracht.

6. Disziplinare Vorermittlungen

Grundsätzlich hat der Dienstvorgesetzte die Dienstpflicht, ein Disziplinarverfahren einzuleiten, wenn zureichende tatsächliche Anhaltspunkte vorliegen, die den Verdacht eines Dienstvergehens rechtfertigen. Dies ist der Fall, wenn der Dienstvorgesetzte Kenntnis von Tatsachen erhält, aufgrund derer die hinreichende Wahrscheinlichkeit besteht, dass ein bestimmter Beamter schuldhaft seine Dienstpflicht in disziplinarrechtlich relevanter Weise verletzt hat. Ergibt sich danach der Verdacht weiterer Dienstpflichtverletzungen aufgrund eines anderen Sachverhalts, so ist der Dienstvorgesetzte verpflichtet, entweder ein weiteres Disziplinarverfahren einzuleiten oder das laufende Verfahren gem. § 19 Abs. 1 Satz 1 BDG auf die neuen Vorwürfe auszudehnen.[232] Die Einleitungspflicht gem. § 17 Abs. 1 Satz 1 BDG und die Unterrichtungspflicht gem. § 20 Abs. 1 BDG dienen auch dem Schutz des Beamten.

Sie sollen sicherstellen, dass disziplinarische Ermittlungen so früh wie möglich im Rahmen des gesetzlich geordneten Disziplinarverfahrens mit seinen rechtsstaatlichen Sicherungen zugunsten des Beamten, insbesondere dem Recht auf Beweisteilhabe gem. § 24 Abs. 4 BDG, geführt werden.[233]

Sobald sich die Vermutungen zu dem Verdacht konkretisiert haben, ein bestimmter Beamter habe ein bestimmtes Dienstvergehen begangen, verbietet § 17 Abs. 1 Satz 1 BDG, von der Verfahrenseinleitung abzusehen und den Sachverhalt außerhalb eines behördlichen Disziplinar-

---

[232] BVerwG, 18.11.2008 – 2 B 63.08.
[233] BVerwG, 18.11.2008 – 2 B 63.08.

verfahrens ohne Kenntnis des Beamten sog. Vorermittlungen durchzuführen.[234]

Die Regelung des § 17 Abs. 1 BDG schließt es jedoch nicht aus, dass verwaltungsinterne „Vorermittlungen" durchgeführt werden, um bloße Vermutungen zu erhärten oder auszuräumen, bevor ein Disziplinarverfahren eingeleitet wird.

Vorermittlungen sind auch deshalb sinnvoll, wenn zu erwarten ist, dass die im Raum stehenden Vorwürfe entkräftet werden können. Dadurch kann der Beamte auch von unberechtigten Vorwürfen befreit werden.

Vorermittlungen müssen vom Dienstvorgesetzten ebenso unverzüglich eingeleitet werden, wie gem. § 17 Abs. 1 BDG ein Disziplinarverfahren bei Vorliegen eines sich konkretisierenden Verdachts einzuleiten wäre.

Eine gesetzliche Regelung für die Vorermittlungen existiert nicht. Es müssen jedoch rechtsstaatliche Mindeststandards eingehalten werden. Es gelten die § 20 ff. BDG entsprechend. Insoweit sind Zeugen sowie die betroffenen Beschäftigten vor ihrer Vernehmung ordnungsgemäß zu belehren.

Es empfiehlt sich, von jeder Vernehmung ein Protokoll zu fertigen. Denn nur auf diese Weise können „Beweise" gesichert werden.

---

[234] BVerwG, 18.11.2008 – 2 B 63.08.

Grundsatz der Beschleunigung

Grundsatz der Beschleunigung

Beschleunigungsgebot

Nach § 4 BDG[235] sind Disziplinarverfahren beschleunigt durchzuführen. Die Einleitung eines Disziplinarverfahrens bringt über die bloße Einleitung für den Beamten regelmäßig eine – oft nicht nur psychisch – besondere Belastung und weitreichende dienstrechtliche Auswirkung mit sich.

Übersicht über die entsprechenden Verfahren:

§ 4 BDG; entsprechende Vorschriften in den Landesdisziplinargesetzen § (-) LDG BW, Art. 4 BayDG, § 4 DiszG B, § 4 BrLDG, § 4 BremDG, § 25 HmbDG, § 7 HDG, § 4 LDG NRW, § 4 LDG M-V, § (-) NDisZG, § 25 LDG RP, § 4 SDG, § 4 SächsDG, § 4 DG LSA, § 4 DG SH, § 25 ThürDG.

Beispiel: Disziplinarverfahren gegen Beförderungsbewerber:

Ein gegen einen Beförderungsbewerber geführtes und noch nicht abgeschlossenes Disziplinarverfahren ist grundsätzlich geeignet, Zweifel an der persönlichen und namentlich charakterlichen Beförderungseignung dieses Bewerbers zu begründen und auch seinen Ausschluss aus einem Beförderungsverfahren zu rechtfertigen. In bestimmten Fallgruppen wird allerdings angenommen, dass ein laufendes Disziplinarverfahren den Ausschluss aus dem Bewerberkreis nicht rechtfertigt. Ausnahmen von diesem Grundsatz kommen selten in Betracht,

- wenn der gegen den Beamten gerichtete Verdacht eines Dienstvergehens offensichtlich unbegründet ist oder

- das Disziplinarverfahren missbräuchlich eingeleitet wurde oder

- wenn bei der Durchführung des Auswahlverfahrens schon erkennbar ist, dass das Disziplinarverfahren kurz vor seiner Einstellung steht oder

- wenn das Disziplinarverfahren mit einer vom Beamten nicht zu vertretenden Überlänge geführt wird.[236]

---

[235] Vgl. Art. 4 BayDG, § 4 LDG NRW und § 4 SächsDG.
[236] OVG NRW, 24.03.2016 – 1 B 1110/15, RiA 2016, 222.

Mit diesen, nicht abschließend zu verstehenden Ausnahmen werden Ermessensgrenzen aufgezeigt, welche der Dienstherr beachten muss, damit sich seine Entscheidung über die Nichteinbeziehung eines Bewerbers in das Beförderungsauswahlverfahren aus Anlass eines gegen ihn anhängigen Disziplinarverfahrens nicht als fehlerhaft darstellt.

Ein gegen einen Beförderungsbewerber geführtes und noch nicht abgeschlossenes Disziplinarverfahren ist regelmäßig geeignet, Zweifel an der persönlichen und namentlich charakterlichen Beförderungseignung des Bewerbers zu begründen und auch dessen Ausschluss aus einem Beförderungsverfahren zu rechtfertigen. Der Dienstherr würde sich in Widerspruch zu seinem eigenen Verhalten setzen, wenn er einen solchen Beamten vor der abschließenden Klärung des disziplinarischen Vorwurfs beförderte und damit die Befähigung und Eignung des Betreffenden für eine höherwertige Verwendung bejahte, obwohl er zuvor mit der Einleitung disziplinarischer Ermittlungen zu erkennen gegeben hat, dass Anlass besteht, die Amtsführung oder das persönliche Verhalten des Betreffenden in seinem bisherigen Status zu beanstanden.[237]

Eine Ausnahme von dieser Regel gilt zunächst für den Fall, dass der gegen den Beamten gerichtete Verdacht eines Dienstvergehens offensichtlich unbegründet ist oder das Disziplinarverfahren missbräuchlich eingeleitet wurde.[238]

Gleiches ist anzunehmen, wenn bei Durchführung des Auswahlverfahrens schon erkennbar ist, dass das Disziplinarverfahren kurz vor seiner Einstellung steht oder es in anderer Weise ohne Disziplinarmaßnahme enden wird.[239]

Auch außerhalb dieser Fallgruppen muss der Dienstherr nicht zwingend von der im Regelfall eröffneten Möglichkeit Gebrauch machen, einen mit einem laufenden Disziplinarverfahren belasteten Beamten von einem Beförderungsauswahlverfahren auszunehmen. Es steht vielmehr in seinem Ermessen, wie er sich in einer solchen Situation unter Berücksichtigung der den jeweiligen Einzelfall kennzeichnenden Umstände hinsichtlich der Frage eines Ausschlusses konkret verhält. Gerade weil dem Dienstherrn bei der Gewichtung

---

[237] BVerwG, 24.09.1992 – 2 B 56.92 sowie 03.09.1996 – 1 WB 20.96; OVG NRW, 05.12.2017 – 1 B 710/17.

[238] OVG NRW, 24.03.2016 – 1 B 1110/15 sowie 03.09.2015 – 6 B 666/15; HessVGH, 03.12.2015 – 1 B 1168/15.

[239] OVG NRW, 24.03.2016 – 1 B 1110/15; OVG Lüneburg, 18.12.2007 – 5 ME 351/07.

der einzelnen Gesichtspunkte für die Feststellung, ob er einen Beamten aufgrund einer disziplinarischen Untersuchung wegen der dadurch begründeten Zweifel an seiner Eignung von einer möglichen Beförderung ausschließen möchte, ein weiter Beurteilungsspielraum zukommt, hat allein er – und nicht das Gericht – in einem ersten Schritt darüber zu entscheiden, ob der betreffende Bewerber in das Auswahlverfahren einbezogen wird. Bei dieser Entscheidung handelt es sich ebenso um eine Ermessensentscheidung wie bei der in einem zweiten Schritt nachfolgenden Auswahlentscheidung zwischen den für das Beförderungsamt grundsätzlich für geeignet befundenen Bewerbern. Der Dienstherr übt schon auf der ersten Stufe sein **Auswahlermessen** in Bezug auf den der weiteren **Auswahlentscheidung** zugrunde liegenden **Bewerberkreis** aus. Das rechtfertigt es, die für die gerichtliche Überprüfung von Auswahlentscheidungen, die den Grundsätzen der **Bestenauslese** nach Art. 33 Abs. 2 GG entsprechen müssen, entwickelten formalen und materiellen Maßstäbe bereits auf dieser Stufe, d. h. in Bezug auf vorgeschaltete Ausschlussentscheidungen, anzuwenden.[240]

Zu diesen Maßstäben zählt u. a., dass die Erwägungen, die der Dienstherr im Zeitpunkt der (Vor-)Auswahlentscheidung im Rahmen des ihm zustehenden Beurteilungsspielraums hinsichtlich der Eignung von Bewerbern und/oder in Ausübung seines Auswahl- und Verwendungsermessens angestellt hat, in einer den Anforderungen des Art. 33 Abs. 2 GG i. V. m. Art. 19 Abs. 4 GG genügenden Weise schriftlich dokumentiert werden. Nur durch eine **schriftliche Fixierung der wesentlichen Auswahlerwägungen** wird der unterlegene – d. h. der nicht in die Auswahlentscheidung einbezogene – Bewerber in die Lage versetzt, sachgerecht darüber befinden zu können, ob er die Entscheidung des Dienstherrn hinnehmen soll oder ob Anhaltspunkte für einen Verstoß gegen den Anspruch auf faire und chancengleiche Behandlung seiner Bewerbung bestehen und er daher gerichtlichen Eilrechtsschutz in Anspruch nehmen will. Darüber hinaus eröffnet erst die Dokumentation der maßgeblichen Erwägungen auch dem Gericht die Möglichkeit, die angegriffene Entscheidung eigenständig nachzuvollziehen.

Allgemein zur **Dokumentationspflicht**: BVerfG, 09.07.2007 – 2 BvR 206/07.

---

[240] OVG NRW, 08.03.2017 – 1 B 1354/16; HessVGH, 03.12.2015 – 1 B 1168/15.

In der Dokumentation sind deshalb alle wesentlichen Gesichtspunkte für die Nichteinbeziehung bestimmter Bewerber in das weitere Auswahlverfahren zu nennen; ein Nachschieben dieser Gründe im gerichtlichen Verfahren ist jedoch unzulässig.[241]

Da es allerdings nicht zwingend ist, einen mit einem laufenden Disziplinarverfahren belasteten Beamten von einem Beförderungsauswahlverfahren auszunehmen, ist der Dienstherr verpflichtet, innerhalb des ihm insoweit eingeräumten weiten Beurteilungsspielraums eine Ermessensentscheidung zu treffen, wie er sich in einer solchen Situation unter Berücksichtigung der den jeweiligen Einzelfall kennzeichnenden Umstände hinsichtlich der Frage eines Ausschlusses vom Auswahlverfahren konkret verhält. In dieser Entscheidung hat der Dienstherr in einer den Anforderungen des Art. 33 Abs. 2 GG i. V. m. Art. 19 Abs. 4 GG genügenden Weise schriftlich zu dokumentieren, welche wesentlichen Gesichtspunkte für die Nichteinbeziehung bestimmter Bewerber in das weitere Auswahlverfahren sprechen; ein Nachschieben dieser Gründe im gerichtlichen Verfahren ist unzulässig.[242]

Ein Disziplinarverfahren darf schon wegen des **Beschleunigungsgebots** nicht bewusst verschleppt werden, um die betroffenen Beamten der Beförderungsmöglichkeit zu berauben. Das Beschleunigungsgebot ist Ausdruck der prozessualen Fürsorge und basiert auf dem wechselseitigen Treueverhältnis zwischen dem Beamten und dem Dienstherrn.

Nach § 62 Abs. 1 BDG[243] kann der Beamte bei dem Verwaltungsgericht die gerichtliche Bestimmung einer Frist zum Abschluss des Disziplinarverfahrens beantragen, wenn ein behördliches Disziplinarverfahren nicht innerhalb von sechs Monaten seit der Einleitung durch Einstellung, durch Erlass einer Disziplinarverfügung oder durch Erhebung der Disziplinarklage abgeschlossen worden ist.

---

241 OVG NRW, 08.03.2017 – 1 B 1354/16 sowie 24.03.2016 – 1 B 1110/15.
242 OVG NRW, 24.03.2016 – 1 B 1110/15, RiA 2016, 222 sowie 08.03.2017 – 1 B 1354/16.
243 Vgl. Art. 60 BayDG, § 37 Abs. 3 LDG BW, § 57 NDiszG, § 62 LDG NRW und § 63 SächsDG.

Pflicht zur Durchführung der Ermittlungen, Ausnahmen

Pflicht zur Durchführung der Ermittlungen, Ausnahmen

1. Welche Ermittlungen sind erforderlich?

Zur Aufklärung des Sachverhalts sind nach § 21 Abs. 1 Satz 1 BDG die erforderlichen Ermittlungen durchzuführen. Dabei sind sowohl die belastenden als auch die entlastenden sowie die Umstände zu ermitteln, die für die Bemessung einer Disziplinarmaßnahme bedeutsam sind. Das Ergebnis der Ermittlungen ist aktenkundig zu machen. Den Dienstvorgesetzten trifft somit die Pflicht, den Sachverhalt objektiv zu ermitteln, d. h. ohne Bindung an den Disziplinarvorwurf, aber auch ohne Einschränkung durch den Vortrag oder das Beweisangebot des Beamten.[244]

Der Umfang der Ermittlungen wird geleitet von der Überlegung, dass nur die Ermittlungen **erforderlich** sind, die für die Beurteilung des Dienstvergehens und für die Bemessung der Disziplinarmaßnahme bedeutsam sind. Ermittlungen, die nur darauf hinauslaufen, Anhaltspunkte für weitere Pflichtverletzungen zu finden, sind unzulässig.

Die Durchführung von disziplinaren Ermittlungen kann nicht deshalb unterbleiben, wenn sich aus der Befragung von Beschäftigten im Verwaltungsvorverfahren bereits zureichende tatsächliche Anhaltspunkte für den Verdacht eines Dienstvergehens ergeben haben. Vorgelagerte Anhörungen haben eine andere Bedeutung als die Vernehmung von Zeugen im Rahmen eines Disziplinarverfahrens. Dies bedingt bereits die Regelung in § 24 Abs. 4 BDG, wonach dem Beamten Gelegenheit zu geben ist, an der Vernehmung von Zeugen und Sachverständigen sowie an der Einnahme des Augenscheins teilzunehmen und hierbei sachdienliche Fragen zu stellen. Entscheidet sich der Ermittlungsführer, Zeugen schriftlich zu vernehmen, so steht dies der vorgenannten Regelung nicht entgegen. Die vom Disziplinarvorwurf betroffenen Beamten haben schließlich die Möglichkeit, sachdienliche Fragen an die Zeugen zu stellen, nachdem ihnen die schriftliche Zeugenaussage zugestellt wurde. Der Ermittlungsführer kann den vom Disziplinarvorwurf betroffenen Beamten aber auch die Möglichkeit einräumen, sachdienliche Fragen gegenüber den Zeugen bereits vorher zu formulieren. Dann können die Fragen des Ermittlungsführers sowie die Fragen des betroffenen Beamten an die Zeugen zum Zwecke der schriftlichen Beantwortung weitergeleitet werden.

---

[244] BVerwG, 02.03.2023 – 2 A 19.21; *Keller*, Disziplinarrecht, 5. Auflage, S. 154.

BVerwG, 28.09.2022 – 2 A 17.21

Die Verwertung schriftlicher Zeugenaussagen im behördlichen Disziplinarverfahren nach § 24 Abs. 1 Satz 2 Nr. 2 BDG begründet keinen Verfahrensmangel. Sofern die Glaubwürdigkeit eines Zeugen oder die Glaubhaftigkeit seiner Aussagen in Zweifel stehen, bildet eine nur auf schriftlichen Äußerungen beruhende Zeugenaussage aber keine hinreichende Tatsachengrundlage für eine fehlerfreie Beweiswürdigung.

2. Schriftliche Zeugenvernehmung

§ 24 Abs. 1 Satz 2 Nr. 2 BDG lässt das Verfahren, zur Beweiserhebung im behördlichen Disziplinarverfahren auf die schriftliche Äußerung eines Zeugen zurückzugreifen, ausdrücklich zu. Die Vorschrift enthält damit – wie auch § 24 Abs. 2 BDG – eine **Durchbrechung des Unmittelbarkeitsgrundsatzes**. Sie unterscheidet sich auch von den im gerichtlichen Verfahren geltenden Grundsätzen: Nach § 96 Abs. 1 VwGO hat das Verwaltungsgericht die Beweisaufnahme in der mündlichen Verhandlung durchzuführen, Zeugen sind demnach (selbst) zu vernehmen (§ 96 Abs. 1 Satz 2 VwGO). Grundsätzlich ist es daher nicht zu beanstanden, wenn im behördlichen Disziplinarverfahren von der Vernehmung eines Zeugen abgesehen wird, denn eine Rangordnung der zulässigen Beweismittel gibt es nach ständiger Rechtsprechung nicht.[245] Es ist daher auch nicht – im Sinne eines Verstoßes gegen verfahrensrechtliche Vorschriften – fehlerhaft, wenn die Behörde dieses, im behördlichen Disziplinarverfahren ausdrücklich zugelassene, Beweismittel heranzieht.[246]

Die Glaubhaftigkeit der nur schriftlich eingeholten Zeugenaussagen kann nicht abschließend beurteilt werden. Die zur Sachaufklärung berufene Stelle hat sich von Zeugen grundsätzlich selbst einen unmittelbaren persönlichen Eindruck zu verschaffen. Dies gilt jedenfalls dann, wenn die Glaubwürdigkeit des Zeugen oder die Glaubhaftigkeit seiner Aussagen zu beurteilen sind.[247] Wird dies unterlassen, beruht die Beweiswürdigung auf einer unsicheren Tatsachengrundlage. Ob die Angaben des Zeugen der Würdigung tatsächlich zugrunde gelegt werden können, steht dann nicht mehr mit hinreichender Sicherheit fest.

---

[245] BVerwG, 28.09.2022 – 2 A 17.21 sowie 03.05.2007 – 2 C 30.05, Buchholz 310 § 108 Abs. 1 VwGO Nr. 50 Rn. 16.

[246] BVerwG, 15.12.2005 – 2 A 4.04, Buchholz 235.1 § 24 BDG Nr. 1 Rn. 25.

[247] BVerwG, 15.03.2013 – 2 B 22.12, NVwZ-RR 2013, 557 sowie 20.05.2015 – 2 B 4/15, Buchholz 310 § 130 a VwGO Nr. 86 Rn. 10.

Ein solcher Mangel im behördlichen Disziplinarverfahren betrifft die Beweiswürdigung.[248] Die Beurteilung der Glaubwürdigkeit vernommener Zeugen sowie der Glaubhaftigkeit ihrer Aussagen unter Berücksichtigung der von den Prozessbeteiligten hierzu erhobenen Einwände ist grundsätzlich Sache des Gerichts und ureigene (originäre) tatrichterliche Aufgabe.[249] Bei Zweifeln an der Glaubwürdigkeit eines Zeugen oder der Glaubhaftigkeit der gemachten Aussage bedarf es einer besonders sorgfältigen Würdigung der Aussage des Belastungszeugen, insbesondere einer genauen Inhaltsanalyse, einer Prüfung der Entstehungsgeschichte der belastenden Aussage, einer Bewertung des feststellbaren Aussagemotivs sowie einer Prüfung von Konstanz, Detailliertheit und Plausibilität der Angaben.[250]

3. Teilnahmerecht des Beamten und des Bevollmächtigten bei der Beweiserhebung

Unzulässig ist es daher auch, den Beamten von der Durchführung der Vernehmung von Zeugen nicht in Kenntnis zu setzen und ihn folglich nicht einzuladen. Der Beamte kann von der Teilnahme nach § 24 Abs. 4 Satz 2 BDG ausgeschlossen werden, soweit dies aus wichtigen Gründen, insbesondere mit Rücksicht auf den Zweck der Ermittlungen oder zum Schutz der Rechte Dritter erforderlich ist. Dies kann insbesondere der Fall sein, wenn sich der betroffene Beamte und die Zeugen in einem Über-/Unterordnungsverhältnis gegenüberstehen. Dabei kommt es stets aber auch auf den jeweiligen Einzelfall an. Hat der Beamte schon auf seine Mitarbeitenden eingewirkt, die als Zeugen seitens des Ermittlungsführers benannt wurden, dann ist es angezeigt, den Beamten von der weiteren Vernehmung auszunehmen. Dies gilt auch in Fällen der sexuellen Belästigung.

Beispiel: ─────────────────────────────────

Der stellvertretende Leiter der Abteilung Human Resources ist der Ansicht, Depression sei keine Krankheit. Wenn er morgens vor dem Spiegel stehe, habe er auch Depressionen. Diese kämme er sich anschließend aus dem Haar. Er ist Hauptbelastungszeuge in einem gegen eine Beamtin geführten Disziplinarverfahren wegen vermeintlichen unentschuldigten Fernbleibens vom Dienst. Aus-

---

[248] BVerwG, 28.09.2022 – 2 A 17.21 sowie 03.05.2007 – 2 C 30.05.
[249] BVerwG, 29.07.2010 – 2 A 4.09 sowie 17.07.2019 – 2 B 13.19.
[250] BVerwG, 30.06.2022 – 2 WD 14.21; BGH, 12.08.2021 – 1 StR 162/21.

> weislich eines fachpsychiatrischen Gutachtens liegt bei der Beamtin eine mittelgradig ausgeprägte Suizidgefährdung vor. In diesem Fall hat der Ermittlungsführer zu Recht die betroffene Beamtin zu ihrem Schutz von der Teilnahme an der Vernehmung ausgeschlossen. Ihre Rechtsanwältin nahm an der Vernehmung teil.

Wie sich aus § 24 Abs. 4 Satz 2 BDG ergibt, können nur die vom Disziplinarvorwurf betroffenen Beamten von der Teilnahme einer Zeugenvernehmung aus wichtigem Grund ausgeschlossen werden. Die Bevollmächtigten können hingegen nicht ausgeschlossen werden. Ihre Teilnahme ist immer zulässig und aus rechtsstaatlichen Gründen erforderlich. Es gehört zu den elementaren Grundsätzen des Rechtsstaats, dass ein vom Beamten beauftragter Rechtsanwalt an einer behördlichen bzw. gerichtlichen Vernehmung von Zeugen und Sachverständigen ein Teilnahmerecht hat. Dies kann nicht eingeschränkt werden. Verfassungswidrige Bedenken bestehen daher ausdrücklich gegenüber der Regelung in § 25 Abs. 4 Satz 2 NDiszG. Danach können die betroffenen Beamten auch gemeinsam mit den Verfahrensbevollmächtigten von der Teilnahme einer Zeugenvernehmung aus einem wichtigen Grund, insbesondere mit Rücksicht auf den Ermittlungszweck oder zum Schutze der Rechte Dritter, ausgeschlossen werden. Entsprechende wichtige Gründe können nur auf Seiten der betroffenen Beamten bestehen. Soweit sich § 25 Abs. 4 Satz 2 NDiszG auch auf die Vernehmung von Minderjährigen bezieht, so bestehen keine verfassungsrechtlichen Bedenken am Ausschluss der Bevollmächtigten.

Weder die betroffenen Beamten noch ein Rechtsanwalt können allein deshalb von einer Vernehmung von Zeugen ausgeschlossen werden, weil diese unangenehme Fragen stellen oder der Rechtsanwalt als besonders hartnäckig gilt. Dem müssen sich die Ermittlungsführer stellen. Bereits bei der Beauftragung der Ermittlungsführer ist auf entsprechende Konstellationen zu achten. Bei besonders umfangreichen oder komplizierten Disziplinarverfahren können auch mehrere Personen mit den Ermittlungen beauftragt werden.[251] Es dürfen dabei nur Personen als Ermittlungsführer beauftragt werden, die entsprechende Kenntnisse besitzen und die letztendlich auch die Gewähr dafür bieten, dass die Ermittlungen sorgfältig und objektiv durchgeführt werden. Nicht Ermittlungsführer sein können

---

[251] BT-Drucks. 14/4699, 41, zu § 21 BDG.

Beschäftigte, die Angehörige eines Beteiligten sind oder möglicherweise selbst Beteiligte des disziplinaren Vorwurfs sein können. Im Falle einer Interessenkollision hat der Ermittlungsführer im Rahmen seiner Beratungs- und Unterstützungspflicht nach § 62 Abs. 1 Satz 1 BBG/§ 35 Abs. 1 Satz 1 BeamtStG dies dem Dienstvorgesetzten mitzuteilen. Der Ermittlungsführer kann auch dann abberufen werden, wenn er seinerseits die Aufgaben nicht wahrnimmt oder das Verfahren mit Einfluss auf das Disziplinarmaß verzögert. Eine Abberufung kommt natürlich auch bei Interessenskollisionen in Betracht oder wenn gegen den Ermittlungsführer seinerseits ein Disziplinarverfahren eingeleitet wird.

Nach § 23 Abs. 4 HmbDG können zum Ermittlungsführer Beamte der Laufbahngruppe 2 oder Beschäftigte mit gleichwertiger Qualifikation bestellt werden. Gesetzgeberisch gelungen ist auch der Verweis auf § 47 Abs. 1 Nr. 1 bis 5 und Abs. 3, 4 HmbDG. Hier sind die Gründe aufgeführt, wonach der Ermittlungsführer in entsprechender Anwendung des § 47 HmbDG von der Tätigkeit abzuberufen ist.

Nach § 25 Abs. 4 Satz 2 NDiszG kann der Beamte, auch gemeinsam mit den Verfahrensbevollmächtigten, von der Teilnahme an der Zeugenvernehmung oder der Einnahme des Augenscheins ausgeschlossen werden, soweit dies bei der Vernehmung von Minderjährigen oder aus einem wichtigen Grund, insbesondere mit Rücksicht auf den Ermittlungszweck oder zum Schutz der Rechte Dritter, erforderlich ist. Die Vorschrift ist insoweit nachvollziehbar und stößt nicht auf verfassungsrechtliche Bedenken, soweit es um die Vernehmung Minderjähriger geht. Dies wird im Disziplinarverfahren jedoch ohnehin in der Regel äußerst selten vorkommen. Relevant könnte die Vernehmung von Minderjährigen werden im Zusammenhang mit Dienstpflichtverletzungen, bei denen die Beamten zugleich gegen eine Strafvorschrift verstoßen. Geht es um die Strafdelikte nach §§ 174 bis 184j StGB, so dürfte die Vernehmung von Minderjährigen nur im geschützten Bereich erfolgen und gerade nicht im Rahmen eines Disziplinarverfahrens.

Im Übrigen ist die Vorschrift des § 25 Abs. 4 Satz 2 NDiszG in Bezug auf die sonstige Ausschließung von Verfahrensbevollmächtigten in einem Disziplinarverfahren verfassungsrechtlich äußerst bedenklich. Selbstverständlich darf der Bevollmächtigte bei der Vernehmung keines Zeugen Aussagen beeinflussen. Dass etwa ein Rechtsanwalt als Bevollmächtigter und Organ der Rechtspflege die straf- und berufsrechtlichen Grenzen einhält, versteht sich von selbst.

Im staatsanwaltlichen Ermittlungsverfahren steht einem Verteidiger ein Anwesenheitsrecht nicht zu, allerdings können die Ermittlungsbehörden seine Anwesenheit zulassen. Im Rahmen einer richterlichen Vernehmung von Zeugen ist dem Verteidiger eine Anwesenheit gestattet (§ 168c Abs. 2 StPO).

Die Vorschriften der StPO finden jedoch seit Fassung des NDiszG (bzw. des BDG) keine Anwendung und somit gelten die Vorschriften über die Strafverteidigung (§§ 137 bis 149 StPO) nicht mehr sinngemäß für das Disziplinarverfahren. Vielmehr sind die Vorschriften des VwVfG des Bundes oder der Länder ergänzend heranzuziehen. § 14 VwVfG regelt die (gewillkürte) Vertretung durch Bevollmächtigte. Von dem in § 25 Abs. 4 Satz 2 NDiszG eingeräumten Befugnis, auch den Verfahrensbevollmächtigten gemeinsam mit dem Beamten aus der Zeugenvernehmung auszuschließen, sollten die Ermittlungsführer bzw. die Dienstvorgesetzten somit nur sehr eingeschränkt Gebrauch machen. Im Zweifel kann auch eine schriftliche Zeugenvernehmung vorgenommen werden, so dass der grundsätzlichen Problematik, die sich aufgrund der weitgehenden Regelung in § 25 Abs. 4 Satz 2 NDiszG ergibt, entgangen werden kann.

4. Ausnahmen von der Ermittlungspflicht

a) Absehen von Ermittlungen

Von Ermittlungen ist nach § 21 Abs. 2 BDG abzusehen, wenn der Sachverhalt aufgrund der tatsächlichen Feststellungen eines rechtskräftigen Urteils im Straf- oder Bußgeldverfahren feststeht. Gleiches gilt auch nach einem verwaltungsgerichtlichen Verfahren, durch das nach § 9 des Bundesbesoldungsgesetzes über den Verlust der Besoldung bei schuldhaftem Fernbleiben vom Dienst entschieden worden ist. In diesen Fällen ist zwingend von Ermittlungen abzusehen.

Praxistipp

Strafbefehle (§§ 407 ff. StPO und Nr. 175 ff. RiStBV) werden von der Regelung des § 21 Abs. 2 Satz 1 BDG grundsätzlich nicht erfasst, da ihnen die für eine Tatbestandswirkung notwendige Darlegung des Sachverhalts fehlt.

Von der Bindungswirkung umfasst sind die tatsächlichen Feststellungen des Urteils des Strafgerichts, die den objektiven und subjektiven Tatbestand der verletzten Strafnorm, die Rechtswidrigkeit der

Tat, das Unrechtsbewusstsein (§ 17 StGB) sowie die Frage der Schuldfähigkeit gem. § 20 StGB betreffen. Von der Bindungswirkung nicht erfasst bleiben die Strafzumessungserwägungen. So lösen auch tatsächliche Feststellungen, die lediglich für die Strafzumessung maßgeblich waren, keine Bindungswirkung aus.[252]

b) Fakultatives Absehen von Ermittlungen

Von Ermittlungen kann auch abgesehen werden, soweit der Sachverhalt auf sonstige Weise aufgeklärt ist, insbesondere nach der Durchführung eines anderen gesetzlich geordneten Verfahrens. Diese Vorschrift ist im Zusammenhang mit § 23 Abs. 2 BDG zu sehen.

Gesetzlich geordnete Verfahren i. S. d. § 21 Abs. 2 Satz 2 BDG sind auch behördliche Verfahren, deren Verlauf durch förmliches Gesetz oder durch Rechtsverordnung geregelt ist, z. B. Bußgeldverfahren, Disziplinarverfahren, staatsanwaltliche/polizeiliche Ermittlungsverfahren. Polizeiliche Ermittlungsverfahren sind ebenso gesetzlich geordnet. Die darin aufgenommenen Niederschriften über die Aussagen von Personen können deshalb im Disziplinarverfahren auch ohne nochmalige Vernehmung verwertet und der Urteilsfindung zugrunde gelegt werden.[253]

c) Bindung an tatsächliche Feststellungen aus Strafverfahren oder anderen Verfahren

§ 23 Abs. 1 BDG regelt die Bindungswirkung im behördlichen Disziplinarverfahren. Von der Regelung geht eine **absolute Bindungswirkung** aus. Aus **Absatz 2** ergibt sich, welche Bindungswirkung sich aus anderen Entscheidungen ergeben kann; von dieser Regelung geht eine **relative Bindungswirkung** aus.

Erfasst werden von § 23 Abs. 1, 2 BDG ausschließlich **tatsächliche Feststellungen**. Dabei kann es sich um äußere wie innere Tatsachen handeln.[254] Demgegenüber sind rechtliche Feststellungen das Ergebnis eines rechtlichen Beurteilungsvorgangs, das als solches keine Tatsachen darstellt. Von der Bindungswirkung nicht erfasst werden Tatsachen, die lediglich für die Strafzumessung maßgeblich sind.[255] Die

---

[252] BayVGH, 20.05.2015 – 16a D 14.1158; *Urban/Wittowksi*, BDG, § 21 Rn. 9; *Weiß* in: GKÖD, II, § 23 BDG Rn. 16.

[253] BVerwG, 27.02.1980 – 1 DB 3/80 sowie 15.03.2006 – 1 D 3/05; *Keller*, S. 155.

[254] *Weiß* in: GKÖD, Band II M § 23 Rn. 10.

[255] BVerwG, 09.01.2024 – 2 B 13.23 sowie 20.04.2023 – 2 A 18.21, ZBR 2023, 420 und 27.12.2016 – 2 B 126.15.

erhöhte Richtigkeitsgewähr der Ergebnisse des Strafprozesses gilt für diejenigen tatsächlichen Feststellungen eines **rechtskräftigen Strafurteils**, die sich auf die **Tatbestandsmerkmale der gesetzlichen Strafnorm** beziehen. Die Feststellungen müssen **entscheidungserheblich** für die Beantwortung der Frage sein, ob der objektive und subjektive Straftatbestand erfüllt ist. Im Falle einer Verurteilung müssen diese die Entscheidung tragen.[256] Die Bindungswirkung soll verhindern, dass zu ein und demselben Sachverhalt unterschiedliche Tatsachenfeststellungen getroffen werden. Der Gesetzgeber hat sich dafür entschieden, die Aufklärung eines sowohl strafrechtlich als auch disziplinarrechtlich bedeutsamen Sachverhalts sowie die Sachverhalts- und Beweiswürdigung primär den Strafgerichten zu übertragen. Dem liegt die Annahme zugrunde, dass tatsächliche Feststellungen, die ein Gericht auf der Grundlage eines Strafprozesses mit seinen besonderen rechtsstaatlichen Sicherungen trifft, eine erhöhte Gewähr der Richtigkeit bieten. Daher haben auch die Verwaltungsgerichte die tatsächlichen Feststellungen eines rechtskräftigen Strafurteils ihrer Entscheidung ungeprüft zugrunde zu legen, soweit die Bindungswirkung reicht. Auch die Verwaltungsgerichte und erst recht die Disziplinarbehörden sind insoweit weder berechtigt noch verpflichtet, eigene Feststellungen zu treffen. Die Bindungswirkung entfällt auf Ebene der Disziplinarbehörde dann nicht, wenn die strafrechtlichen Feststellungen dort auf berechtigte Zweifel stoßen oder als offenkundig unrichtig angesehen werden. Ausschließlich die Verwaltungsgerichte können gem. § 57 Abs. 1 Satz 2 BDG die erneute Prüfung solcher Feststellungen beschließen, die **offenkundig unrichtig** sind.[257] An einer entsprechenden Regelung fehlt es im BDG sowie in den Landesdisziplinargesetzen zum behördlichen Disziplinarverfahren.

Der Bindung unterliegen somit die tatsächlichen Feststellungen des Strafgerichts, die den objektiven und subjektiven Tatbestand der verletzten Strafnorm, die Rechtswidrigkeit der Tat, das Unrechtsbewusstsein (§ 17 StGB) sowie die Frage der Schuldfähigkeit gem. § 20 StGB betreffen.[258] Hierzu gehören nicht nur die äußeren Aspekte des Tathergangs, sondern auch die Elemente des inneren Tatbestands wie etwa Vorsatz oder Fahrlässigkeit sowie Zueignungs- oder Bereicherungsabsicht.[259]

---

[256] BVerwG, 09.01.2024 – 2 B 13.23 sowie 09.10.2014 – 2 B 60.14.
[257] BVerwG, 09.01.2024 – 2 B 13.23 sowie 27.12.2016 – 2 B 126.15.
[258] BVerwG, 20.04.2023 – 2 A 18.21.
[259] OVG RP, 19.06.2024 – 3 A 10264/24.OVG; OVG NRW, 07.02.2018 – 3d A 2284/14.BDG; VGH BW, 12.09.2022 – DB 16 S 530/21.

d) Übersicht zur Bindungswirkung

§ 23 BDG; entsprechende Vorschriften nach den Landesdisziplinargesetzen:

§ 14 LDG BW Art. 25 BayDG § 23 DiszG B § 24 BrLDG § 23 BremDG § 15 HmbDG § 26 HDG § 25 LDG M-V § 24 NDiszG § 23 LDG NRW § 16 LDG RP § 23 SDG § 23 SächsDG § 23 DG LSA § 22 DG SH § 16 ThürDG

Die Bindungswirkung erstreckt sich auch im behördlichen Disziplinarverfahren nicht auf Tatsachen, die lediglich für die Strafzumessung maßgeblich sind. Dies trägt auch dem Umstand Rechnung, dass Straf- und Disziplinarrecht unterschiedliche Zwecke verfolgen.[260] Das Strafrecht ist vom **Vergeltungsprinzip** mit dem Ziel der individuellen Sühne durch ein Unwerturteil über gemeinschaftswidriges Verhalten und strafrechtliche Sanktionen geprägt. Demgegenüber ist es ausschließlich Zweck des Disziplinarverfahrens, das Vertrauen in die Ehrlichkeit und Zuverlässigkeit der Beamtinnen und Beamten und damit die Funktionsfähigkeit des öffentlichen Dienstes sicherzustellen.[261]

Ein Lösungsbeschluss nach § 57 Abs. 1 Satz 2 BDG kommt nur ausnahmsweise und nur unter eng begrenzten Voraussetzungen im verwaltungsgerichtlichen Verfahren in Betracht. Es muss eine „offenkundige Unrichtigkeit" vorliegen. Nur diese rechtfertigt einen Lösungsbeschluss. Dies ist beispielsweise dann der Fall, wenn das Verwaltungsgericht sonst gezwungen wäre, auf der Grundlage unrichtiger, zumindest höchst zweifelhafter Feststellungen zu entscheiden. Nur die bloße Möglichkeit eines anderen Geschehensablaufs reicht für einen Lösungsbeschluss grundsätzlich nicht aus. Vielmehr müssten unzulängliche, gegen die Denkgesetze verstoßende Feststellungen erfolgt sein.[262] So hat auch das BVerwG klargestellt, dass die Disziplinargerichte nur dann „berechtigt und verpflichtet sind, sich von den Tatsachenfeststellungen eines rechtskräftigen Strafurteils zu lösen …, wenn sie ansonsten ,sehenden Auges' auf der Grundlage eines unrichtigen oder aus rechtsstaatlichen Gründen unverwertbaren Sachverhalts entscheiden

---

[260] BVerwG, 18.06.2015 – 2 C 9.14, BVerwGE 152, 228.
[261] BVerwG, 28.08.2018 – 2 B 5.18.
[262] BayVGH, 21.08.2006 – 16b D 05.150; OVG Bln-Bbg, 10.09.2014 – OVG 81 D 6.11; VG Bautzen, 11.12.2015 – 6 A 503/14.D; OVG Lüneburg, 23.04.2009 – 20 LD 8/07.

müssten".[263] **Entscheidungstragende Feststellungen** sind solche, die sich auf den Tatbestand der Straftat, der Ordnungswidrigkeit oder des § 9 BBesG beziehen, womit in erster Linie Feststellungen zu den gesetzlichen Tatbestandsmerkmalen gemeint sind und nicht solche, die nur Nebenumstände betreffen.[264] Bei Urteilen im Straf- und Bußgeldverfahren sind dies Feststellungen, die den **Schuldspruch** betreffen. Dies gilt natürlich auch für den freisprechenden Teil eines Urteils, soweit dieser unter Berücksichtigung des disziplinaren Überhangs nach § 14 Abs. 2 BDG überhaupt noch Gegenstand der Disziplinarverfolgung sein kann. Die Disziplinargerichte sind somit berechtigt und verpflichtet, sich von den Tatsachenfeststellungen eines rechtskräftigen Strafurteils zu lösen und den disziplinarrechtlich bedeutsamen Sachverhalt eigenverantwortlich zu übermitteln, wenn die Feststellungen in einem entscheidungserheblichen Punkt unter Verletzung wesentlicher Verfahrensvorschriften zustande gekommen sind.[265] Neben der offenkundigen Verletzung von Verfahrensvorschriften kommt ein Lösungsbeschluss bei unzulänglichen, widersprüchlichen, gegen Gedenkgesetze verstoßenden oder unschlüssigen Feststellungen in Betracht.[266]

Bindungswirkung erzielen nur Urteile, nicht hingegen Beschlüsse der Gerichte. Ein Strafurteil, welches auf einem inhaltsleeren Formalgeständnis beruht und deshalb nach der Rechtsprechung des BGH für die richterliche Überzeugungsbildung nicht ausreicht, entfaltet im beamtenrechtlichen Disziplinarverfahren keine Bindungswirkung.[267]

BVerwG, 20.04.2023 – 2 A 18.21

Enthält ein Strafurteil zur Frage der **Schuldfähigkeit des Täters keine Ausführungen**, so ist wegen des für das Strafgericht vorgegebenen Prüfprogramms davon auszugehen, dass es das Vorliegen eines der Eingangsmerkmale des § 20 StGB verneint hat. Die Bindung an diese Feststellung nach § 57 Abs. 1 Satz 1 BDG steht auch der Prüfung einer erheblich verminderten Schuldfähigkeit nach § 21 StGB durch das Disziplinargericht entgegen, weil § 21 StGB ein Eingangsmerkmal im Sinne von § 20 StGB voraussetzt.

§ 21 StGB ist zweistufig aufgebaut. Seine Anwendung kommt nur in Betracht, wenn eine der in § 20 StGB aufgeführten seelischen

---

[263] BVerwG, 26.08.2010 – 2 B 43.10 sowie 20.12.2013 – 2 B 44/12.

[264] *Weiß* in: GKÖD, M § 23 Rn. 14.

[265] BVerwG, 29.11.2000 – 1 D 13.99, BVerwGE 112, 243 sowie 07.11.2014 – 2 B 45.14 und 30.08.2017 – 2 B 34.17.

[266] OVG RP, 19.06.2024 – 3 A 10264/24.OVG.

[267] BVerwG, 01.03.2013 – 2 B 78/12, NVwZ-RR 2013, 559; *Keller*, Disziplinarrecht, S. 162.

Störungen vorliegt.[268] Erst wenn das Eingangsmerkmal und ihr Schweregrad feststehen oder nach dem Grundsatz „in dubio pro reo" nicht ausgeschlossen werden können, kann beurteilt werden, ob die Voraussetzungen für eine erheblich gemilderte Schuldfähigkeit vorliegen.[269] Sofern aus einem Strafurteil zu entnehmen ist, dass bei einem Beamten im Tatzeitraum keines der Eingangsmerkmale des § 20 StGB vorlag, so ist aufgrund des für ein Strafurteil maßgeblichen Prüfprogramms gleichwohl davon auszugehen, dass die Strafgerichte die Frage des Vorliegens eines der Eingangsmerkmale des § 20 StGB bedacht und verneint haben. Strafgerichte dürfen nicht offenlassen, ob eines der Merkmale des § 20 StGB erfüllt ist und deshalb die Anwendung von § 20 oder 21 StGB in Betracht kommt.

Hervorzuheben ist auch, dass es im Strafurteil keiner näheren Prüfung und Begründung bedarf, wenn es am Vorliegen eines der Eingangsmerkmale des § 20 StGB fehlt.[270] Werden jedoch tatsächliche Gründe behauptet (§ 267 Abs. 2 StPO) oder liegen Umstände vor, die den Ausschluss oder die (erhebliche) Verminderung der Schuldfähigkeit i. S. v. §§ 20 und 21 StGB auch nur möglich erscheinen lassen, so bedarf es – ggf. unter Heranziehung eines Sachverständigen – von Amts wegen ihrer Prüfung, Erörterung und Darlegung im Urteil.[271] Die Bindungen des § 57 Abs. 1 Satz 1 BBG gelten sowohl für die Frage der Schuldunfähigkeit nach § 20 StGB als auch wegen des dargelegten zweistufigen Aufbaus des § 21 StGB für die Frage der erheblich verminderten Schuldfähigkeit. Erst recht sind die **Disziplinarbehörden** an diese tatsächlichen Feststellungen **gebunden**.

Strafgerichtliche Entscheidungen, die auf Einstellung aus formalen Gründen beruhen, sind nicht bindend. Bei der Einstellung des Strafverfahrens, etwa wegen Verjährung oder Mangels einer Schuldfeststellung, sind keine tatsächlichen Feststellungen zwingend zu treffen, die Voraussetzung für die Bindungswirkung sein könnten.[272] Dies gilt entsprechend auch für die sehr häufigen Einstellungen nach § **153a StPO**.

---

[268]   BVerwG, 26.09.2014 – 2 B 14.14.
[269]   BVerwG, 29.08.2017 – 2 B 76.16.
[270]   BGH, 27.10.2015 – 3 StR 363/15, StV 2017, 520.
[271]   BGH, 22.06.2011 – 5 StR 226/11, StV 2011, 647.
[272]   *Köhler/Baunack*, BDG § 57 Rn. 4.

e) Wann liegt keine Bindungswirkung vor?

Andere Entscheidungen – z. B. Ordnungswidrigkeitenverfahren, die mit einem bestandskräftigen Bußgeldbescheid beendet wurden, Einstellungsbeschlüsse nach § 153 Abs. 2 StPO (wegen Geringfügigkeit) und § 153a Abs. 2 StPO (nach Erfüllung von Auflagen) – entfalten keine Bindungswirkung. Gleiches gilt für eine Einstellung nach § 154 StPO. Besonderen Rang nehmen Strafbefehle (§§ 407 ff. StPO) ein, die ebenfalls keine „Urteile" i. S. d. § 23 Abs. 1 BDG sind, obwohl sie bei nicht rechtzeitigem Einspruch einem rechtskräftigen Urteil gleichstehen (§ 410 Abs. 3 StPO). Bemerkenswert ist, dass das Niedersächsische Disziplinargesetz in § 24 Abs. 1 die tatsächlichen Feststellungen eines rechtskräftigen Strafbefehls als bindend für das Disziplinarverfahren normiert hat. Im Hinblick darauf, dass einem Strafbefehl nur beschränkte Rechtskraftwirkung zukommt, erscheint die Regelung fragwürdig.[273]

Bindend sind **verwaltungsgerichtliche Entscheidungen zu § 9 BBesG** (Verlust der Besoldung bei schuldhaftem Fernbleiben vom Dienst). Vergleichbare Regelungen finden sich in allen Landesbesoldungsgesetzen, so Art. 9 Abs. 1 BayBesG, § 11 Abs. 1 LBesG BW, § 9 BbgBesG, § 11 LBesG NRW, § 14 SächsBesG.

BVerwG, 12.11.2020 – 2 C 6.19

Ordnet der Dienstherr nach Maßgabe von § 96 Abs. 1 Satz 2 BBG rechtmäßig an, dass sich die Beamtin bei Geltendmachung einer ihre Dienstfähigkeit ausschließende Erkrankung bereits am ersten Tag beim Polizeiarzt (Amtsarzt) melden muss, damit dieser die Dienstunfähigkeit prüft und ggf. bestätigt, ist die Beamtin von der Dienstleistungspflicht nur befreit, wenn sie dieses Verfahren einhält. Andernfalls bleibt die Beamtin dem Dienst bedingt vorsätzlich fern.

Die Dienstunfähigkeit ist ein ungeschriebenes Tatbestandsmerkmal des unerlaubten Fernbleibens vom Dienst. Dienstunfähigkeit liegt vor, wenn der Beamte wegen körperlichem oder geistigem Befinden nicht imstande ist, den ihm übertragenen dienstlichen Aufgaben nachzukommen. Ein typischer Anwendungsfall der Dienstunfähigkeit liegt in der Erkrankung der Beamten, die das Fernbleiben vom Dienst rechtfertigt.[274] Der Rechtfertigungsgrund greift im Übrigen auch dann, wenn sich der Beamte schuldhaft in einen krankhaften Zustand versetzt hat.[275] Solange ein Beamter dienstunfähig ist, ist er von der **Dienstleistungspflicht befreit,** weil er diese nicht erfüllen kann.[276]

---

[273] BGH, 11.07.1978 – 1 StR 232/78, NJW 1978, 2519; *Weiß* in: GKÖD, II M § 23 BDG, Rn. 24.
[274] BVerwG, 12.11.2020 – 2 C 6.19.
[275] BVerwG, 15.07.1980 – 1 DB 15.80, BVerwGE 73, 27.
[276] BVerwG, 12.10.2006 – 1 D 2.05.

f) Die Pflicht zur Beweiserhebung

Zur Aufklärung des Sachverhalts sind die belastenden, die entlastenden und die Umstände zu ermitteln, die für die Bemessung einer Disziplinarmaßnahme bedeutsam sind. Von den Ermittlungen ist nach § 21 Abs. 2 BDG nur abzusehen, soweit der Sachverhalt aufgrund der tatsächlichen Feststellungen eines rechtskräftigen Urteils im Straf- oder Bußgeldverfahren oder im verwaltungsgerichtlichen Verfahren, durch das nach § 9 des BBesG über den Verlust der Besoldung bei schuldhaftem Fernbleiben vom Dienst entschieden worden ist, feststeht. Von Ermittlungen kann auch abgesehen werden, soweit der Sachverhalt auf sonstige Weise aufgeklärt ist, insbesondere nach der Durchführung eines anderen gesetzlich geordneten Verfahrens. § 21 Abs. 2 Satz 2 BDG regelt Fälle, in denen es im Ermessen des Dienstvorgesetzten steht, ob weitere Ermittlungen durchgeführt werden sollen. Im Kontext zu der Regelung in § 23 Abs. 2 BDG können weitere Ermittlungen durchgeführt werden, sofern keine Bindungswirkung des weiteren Verfahrens besteht. Ein gesetzlich geordnetes Verfahren i. S. d. § 21 Abs. 2 Satz 2 bzw. § 23 Abs. 2 Satz 1 BDG stellt beispielsweise auch das staatsanwaltliche Ermittlungsverfahren dar, auch soweit es zu einem Strafbefehl geführt hat. Denn den in einem rechtskräftigen Strafbefehl getroffenen tatsächlichen Feststellungen kommt im Regelfall sogar eine erhebliche Indizwirkung zu.[277]

---

§ 24 BDG; entsprechende Vorschriften nach den Landesdisziplinargesetzen:

§ 24 BDG § 15 LDG BW Art. 26 BayDG § 24 DiszG B § 25 BrLDG § 24 BremDG § 26 HmbDG § 27 HDG § 26 LDG M-V § 25 NDiszG § 24 LDG NRW § 29 LDG RP § 24 SDG § 24 SächsDG § 24 DG LSA § 24 DG SH § 30 ThürDG

---

aa) Die erforderlichen Beweise

Die erforderlichen Beweise sind zu erheben. Hierbei können insbesondere

1. schriftliche dienstliche Auskünfte eingeholt werden,

2. Zeugen und Sachverständige vernommen oder ihre schriftliche Äußerung eingeholt werden,

---

[277] BayVGH, 01.06.2005 – Bayerische Verwaltungsblätter 2006, 187.

3. Urkunden und Akten beigezogen sowie
4. der Augenschein eingenommen werden.

Die §§ 24 bis 29 BDG beinhalten die Bestimmungen für die **Beweiserhebung** im behördlichen Disziplinarverfahren. Im behördlichen Disziplinarverfahren gilt nicht das strenge Beweisverfahren, sondern das **freie Beweisverfahren**.[278] Das behördliche Disziplinarverfahren unterscheidet sich ganz entscheidend vom Strafverfahren, da hier die Beweisaufnahme im behördlichen Disziplinarverfahren gesetzlich geregelt ist, im Strafrecht im Vorverfahren hingegen die Beweiswürdigung nicht normiert ist. Im Strafrecht gelten die §§ 244 ff. StPO erst in der gerichtlichen Hauptverhandlung.

Das Wort „insbesondere" in § 24 Abs. 1 BDG zeigt, dass hier nur eine exemplarische Aufzählung gemeint sein kann. Weitere Beweismittel müssen von ihrer Art her und ihrem Eingriffsgehalt den in § 24 Abs. 1 BDG aufgeführten Beweismitteln entsprechen. Dies ist bei der Beauftragung eines Detektivbüros nicht der Fall.[279] Je tiefer der Eingriff in das allgemeine Persönlichkeitsrecht des Beamten ausfällt, desto mehr spricht für die Unzulässigkeit der Beauftragung eines Detektivbüros zur Observation. Es mangelt für diesen Eingriff an einer gesetzlichen Grundlage. Die Vorschriften zur Beweiserhebung im BDG und den LDGs bieten die erforderliche Rechtsgrundlage jedenfalls nicht. Vorschriften zur Observation befinden sich in der Strafprozessordnung in den §§ 100a bis 100i und 163 f. Heimliche Beobachtungen und Observationen von Menschen und Objekten darf die Polizei dabei nur kurzfristig vornehmen, vgl. §§ 161, 163 StPO. Längerfristige Observationen dagegen kommen gem. § 163 f. StPO nur bei erheblichen Straftaten in Betracht und müssen vom Gericht, ausnahmsweise auch durch die Staatsanwaltschaft angeordnet werden. Wie den Vorschriften zu entnehmen ist, ist auch der Grundsatz der Verhältnismäßigkeit zu beachten.

Sehr häufig werden bei schwerwiegenden Dienstpflichtverletzungen zugleich Strafvorschriften verletzt, sodass eine eventuell erforderliche Observation durch die Polizei vorgenommen wird. Der Dienstherr sollte zur Vermeidung eines Mangels im behördlichen Disziplinarverfahren auf die Beauftragung eines Detektivbüros verzichten.

---

[278] *Brüning*, Das Verhältnis des Strafrechts zum Disziplinarrecht, 2017, S. 115.
[279] A. A. OVG RP, 04.03.2004 – 2 A 11942/03.OVG.

bb) Der Grundsatz der unmittelbaren Beweiserhebung

Es gilt der **Grundsatz der unmittelbaren Beweiserhebung**. Von der Möglichkeit, Niederschriften aus anderen Verfahren zu verwerten, Gebrauch zu machen, ist nur in begründeten Ausnahmefällen zu empfehlen. Zutreffend hat das BVerwG auf die **eingeschränkte Beweiskraft** eines Protokolls aus dem Strafverfahren hingewiesen.[280] In gerichtlichen Strafverfahren ist es nämlich üblich, dass der protokollierte Text dem Aussagenden in der Hauptverhandlung nicht vorgelesen oder zur Genehmigung vorgelegt wird. Ein solches Protokoll hat daher nur eingeschränkte Beweiskraft, insbesondere kann nicht ausgeschlossen werden, dass eine Protokollführerin, die den Fall nach allgemeiner Erfahrung wahrscheinlich nicht näher kennt, den Betroffenen hinsichtlich der Details missversteht.

> **Hinweis:**
>
> Gem. § 28 BDG sind über Anhörungen des Beamten und Beweiserhebungen Protokolle aufzunehmen; § 168a der StPO gilt entsprechend. Bei der Einholung von schriftlichen dienstlichen Auskünften sowie der Beiziehung von Urkunden und Akten genügt die Aufnahme eines Aktenvermerks.

§ 24 Abs. 2 BDG lässt nur die Verwertung von Niederschriften über Aussagen von Personen und Augenschein zu, nicht aber über andere Beweiserhebungen (beispielsweise Urkundsbeweis).[281]

cc) Entscheidung über Beweisanträge der Beamten

Über Beweisanträge der Beamten ist nach pflichtgemäßem Ermessen zu entscheiden (§ 24 Abs. 3 BDG; Art. 26 Abs. 3 BayDG; § 25 Abs. 3 NDiszG; § 24 Abs. 3 SächsDG; § 30 Abs. 3 ThürDG).

Über Beweisanträge der Beamten ist nach pflichtgemäßem Ermessen zu entscheiden. Einem Beweisantrag ist dann stattzugeben, sofern er hinsichtlich etwaiger Rechtsfolgen für den Beamten von Bedeutung ist, etwa für

- die Tatfrage,
- die Schuldfrage oder
- die Bemessung der Art oder Höhe der Disziplinarmaßnahme.

---

[280] BVerwG, 06.03.1991 – 1 D 52.90.
[281] *Köhler/Baunack*, BDG, § 24 Rn. 12.

Es kommt mithin auf die reine Möglichkeit an, dass der Beweisantrag von Bedeutung sein kann. An die Ablehnung eines Antrags sind strenge Anforderungen zu stellen.[282] In diesem Zusammenhang ist das Zusammenspiel zwischen der einfachgesetzlichen Regelung des BDG und den verfassungsrechtlichen Vorgaben, die in Art. 19 Abs. 4 GG sowie Art. 33 Abs. 5 GG festgelegt sind, zu beachten. Die Gründe für die Ablehnung eines Beweisantrags des Beamten sind etwa die Unzulässigkeit der Beweiserhebung oder das Fehlen der Beweisbedürftigkeit oder die Beweislosigkeit der zu beweisenden Tatsachen, die völlige Nichteignung oder Unerreichbarkeit des Beweismittels und die Verschleppungsabsicht.[283]

Über den Beweisantrag ist förmlich von dem Ermittlungsführer zu entscheiden. Die Entscheidung ist dem Beamten gegenüber zuzustellen. Gegen eine Ablehnung eines Beweisantrags steht den Beamten indes kein isoliertes Rechtsmittel zu. Denn es handelt sich um eine behördliche Verfahrenshandlung i. S. d. § 3 i. V. m. § 44a VwGO.[284] Hierdurch ist der Beamte nicht rechtlos gestellt. Er kann die möglicherweise rechtswidrig unterlassene Beweiserhebung im Rahmen des Widerspruchsverfahrens gegen die Disziplinarverfügung oder im Rahmen des Disziplinarklageverfahrens rechtlich angreifen.

BVerwG, 28.09.2022 – 2 A 17.21, NVwZ 2023, 760

Die Verwertung schriftlicher Zeugenaussagen im behördlichen Disziplinarverfahren nach § 24 Abs. 1 Nr. 2 BDG begründet keinen Verfahrensmangel. Sofern die Glaubwürdigkeit eines Zeugen oder die Glaubhaftigkeit seiner Aussagen in Zweifel stehen, bildet eine nur auf schriftlichen Äußerungen beruhende Zeugenaussage aber keine hinreichende Tatsachengrundlage für eine fehlerfreie Beweiswürdigung.

Zeugenaussagen, die im Laufe der Vorermittlungen eingeholt wurden, können dadurch im Disziplinarverfahren verwertet werden, dass bei Widersprüchen und Abweichungen die Ursprungsprotokolle noch einmal vorgehalten werden. Je länger die Zeugenvernehmungen aus den Verwaltungsverfahren entfernt liegen von den Vernehmungen im behördlichen Disziplinarverfahren, desto größer können Erinnerungslücken sein. Was für den betroffenen Beamten bzw. den Ermittlungsführer von großer Bedeutung sein kann, kann für den Zeugen belanglos oder eben nicht so wichtig sein. Eine zeitliche Streckung des Disziplinarverfahrens kommt insbesondere in

---

[282] BVerwG, 19.12.2007 – 2 B 34.07; *Köhler/Baunack*, BDG 8. Auflage, § 24 Rn. 14.

[283] *Claussen/Benneke/Schwandt*, Das Disziplinarverfahren, Rn. 731.

[284] *Köhler/Baunack*, BDG § 24 Rn. 15; *Urban/Wittkowski*, BDG § 24 Rn. 24; *Weiß* in: GKöD, II M § 24 BDG, Rn. 124a.

Betracht, wenn dieses aufgrund eines parallel laufenden Strafverfahrens gem. § 22 Abs. 1 BDG oder wegen eines staatsanwaltlichen Ermittlungsverfahrens gem. § 22 Abs. 3 BDG ausgesetzt wurde.

Es können auch Urkunden und Akten nach § 24 Abs. 1 Nr. 3 BDG beigezogen werden. Die Vernehmung von Zeugen ist eher ein unsicheres Beweismittel. Öffentliche Urkunden (§ 415 Abs. 1 ZPO) genießen einen hohen Beweiswert. Der Beweiswert privater Urkunden nach § 416 ZPO ist demgegenüber geringer. Sie beweisen bei entsprechender Unterzeichnung nur, dass die in ihnen enthaltenen Erklärungen abgegeben wurden.

Weiterhin kann nach § 24 Abs. 1 Satz 2 Nr. 4 BDG **Augenschein** genommen werden. Die Inaugenscheinnahme richtet sich nach den §§ 371, 372 ZPO i. V. m. § 3 VwGO i. V. m. § 98 VwGO.[285]

Ein **Lügendetektor** ist im Disziplinarverfahren kein geeignetes Beweismittel.[286] Die Trefferquote eines Polygraphentests wird mit 70 bis 90 Prozent beziffert.[287]

---

[285] *Urban/Wittkowski*, BDG, § 24 Rn. 3.
[286] BVerwG, 31.07.2014 – 2 B 20.14, NVwZ-RR 2014, 887; BGH, 30.11.2010 – 1 StR 509/10, NStZ 2011, 474.
[287] *Artkämper/Floren/Schilling*, Vernehmungen, 6. Auflage 2021, Rn. 923 ff.; *Keller*, Disziplinarrecht, S. 168.

Ausdehnung und Beschränkung

Ausdehnung und Beschränkung

Dauer des Verfahrens

Das Disziplinarverfahren kann gem. § 19 Abs. 1 BDG bis zum Erlass einer Entscheidung nach den §§ 32 oder 33 BDG auf neue Handlungen **ausgedehnt** werden, die den Verdacht eines Dienstvergehens rechtfertigen. Dabei ist die Ausdehnung wiederum aktenkundig zu machen. Dies bedeutet, es bedarf einer Einleitungs- und Ausdehnungsverfügung. Die Ausdehnungsverfügung muss wie die ursprüngliche Einleitungsverfügung eine Belehrung nach Maßgabe des § 20 Abs. 1 Satz 2 und 3 BDG enthalten. Darüber hinaus ist dem Beamten auch im Rahmen einer Ausdehnungsverfügung am Maßstab des § 20 Abs. 2 BDG eine Frist für die Abgabe einer schriftlichen Äußerung wie für die Abgabe der Erklärung, sich mündlich äußern zu wollen, zu setzen. Wie bei der Einleitungsverfügung macht es auch im Rahmen der Einleitungs-Ausdehnungsverfügung Sinn, sich bei dem Text der Belehrung und der Fristsetzung am Wortlaut der Vorschrift des § 20 Abs. 1, 2 BDG zu orientieren.

---

§ 19 BDG; entsprechende Vorschriften nach den Landesdisziplinargesetzen:

§ 10 LDG BW, Art. 21 BayDG, § 19 DiszG B, § 20 BrLDG, § 19 BremDG, § 28 HmbDG, § 22 HDG, § 20 NDiszG, § 19 LDG NRW, § 21 LDG M-V, § 24 LDG RP, § 19 SDG, § 19 SächsDG, § 19 DG LSA, § 19 DG SH, § 24 ThürDG

In den Bundesländern (mit Ausnahme des Landes Baden-Württemberg) kann bis zum Erlass einer Einstellungsverfügung, einer Disziplinarverfügung oder der Erhebung der Disziplinarklage das Disziplinarverfahren auf neue Handlungen ausgedehnt werden. Dem Beamten sind neue Vorwürfe bekanntzugeben, er ist erneut zu belehren (§ 20 Abs. 1 Satz 2, 3 BDG). Die Fristvorschriften (§ 20 Abs. 2 BDG) sind entsprechend anzuwenden. Die Handlungen sind „neu", wenn sie bisher noch nicht Gegenstand des Disziplinarverfahrens waren.[288] Die Einbeziehung neuer Handlungen in ein Disziplinarverfahren setzt somit voraus, dass feststeht, hinsichtlich welcher Handlungen es ursprünglich eingeleitet worden war.[289] Auch dies verdeutlicht, dass die Einleitungs-

---

[288] BayVGH, 16.10.2017 – 16b DZ 17.795.
[289] OVG NRW, 12.08.2015 – 3d A 1146/15.BDG.

verfügung (sowie die Ausdehnungsverfügung) die Vorwürfe gegen den Beamten konkret benennen muss.

Zulässig ist die Ausweitung des Disziplinarverfahrens nur bis zum Zeitpunkt der **Abschlussentscheidung.** Wurde die Ausweitung nach Erlass einer Abschlussentscheidung vorgenommen, darf sie nach dem klaren Wortlaut des Gesetzes bei der Bemessung der Maßnahme nicht berücksichtigt werden.

Die Ausdehnungsverfügung gilt konstitutiv für die Einbeziehung neuer Vorwürfe in ein bereits eingeleitetes behördliches Disziplinarverfahren, beeinflusst somit die Geltung von Maßnahmeverboten (§ 15 Abs. 4 BDG) und bestimmt, ob die Ausdehnung noch rechtzeitig vor den Entscheidungen i. S. v. § 19 Abs. 1 Satz 1 BDG erfolgt ist.[290]

Fehler im Rahmen der Ausdehnung des Disziplinarverfahrens nach § 19 Abs. 1 BDG bilden einen wesentlichen Mangel des behördlichen Disziplinarverfahrens i. S. d. § 55 Abs. 1 BDG a. F., den der Beamte innerhalb zweier Monate nach Zustellung der Disziplinarklage oder einer Nachtragsdisziplinarklage geltend zu machen hat. Mit der Novellierung des BDG zum 01.04.2024 ist diese Vorschrift entfallen.

Das Disziplinarverfahren kann bis zum Erlass einer abschließenden Entscheidung und zudem bis zum Erlass eines Widerspruchsbescheids nach § 42 BDG beschränkt werden, indem solche Handlungen ausgeschlossen werden, die für die Art und Höhe der zu erwartenden Disziplinarmaßnahme voraussichtlich nicht ins Gewicht fallen (**Konzentrationsmaxime**). Die Konzentrationsmaxime ermöglicht es dem Dienstvorgesetzten insbesondere, im Disziplinarverfahren von der Ermittlung auch in nebensächlichen, geringfügigen Vorwürfen abzusehen, wenn daneben schwerwiegende Vorwürfe erhoben werden.[291]

> **Beispiel: Beschränkung auf die schwerwiegenden Vorwürfe:**
>
> Einem Beamten wird vorgeworfen, dass er wiederholt interne Informationen aus Ermittlungsverfahren an einen Privatdetektiv verkauft hat. Auch soll er wiederholt an mehreren Tagen dem Dienst zum Teil unerlaubt ferngeblieben sein, was dieser jedoch substantiiert bestreitet. Zusätzlich besteht der ermittlungsaufwendige Verdacht, dass der Beamte vereinzelt Privatkopien am dienstlichen Kopierer erstellt hat. Die Disziplinarmaßnahme würde wesentlich durch den Verkauf von Dienstgeheimnissen und

---

[290] OVG Bautzen, 03.06.2016 – 6 A 64/15.D.
[291] BVerwG, 03.06.2010 – 2 A 4.09.

dem unerlaubten Fernbleiben vom Dienst bestimmt werden. Aus dem Anfertigen privater Kopien würde sich keine schärfere Disziplinarmaßnahme ergeben. Insoweit ist das weitere Disziplinarverfahren auf die schwerwiegenderen Vorwürfe zu beschränken und das unbedeutende Fertigen von Privatkopien auszuklammern.

Auch die Beschränkung ist wiederum aktenkundig zu machen (§ 19 Abs. 2 Satz 2 BDG).

Die ausgeschiedenen Handlungen können nicht wieder in das Disziplinarverfahren einbezogen werden, es sei denn, die Voraussetzungen für die Beschränkung entfallen nachträglich. Dies kann z. B. dann der Fall sein, wenn die schwerer ins Gewicht fallenden Handlungen nicht nachweisbar sind. In diesem Falle wäre die zuvor ausgeschiedene Handlung wieder in das Disziplinarverfahren einzubeziehen.

Nach dem unanfechtbaren Abschluss des Disziplinarverfahrens können die ausgeschiedenen Handlungen nicht Gegenstand eines neuen Disziplinarverfahrens sein (§ 19 Abs. 2 Satz 4 BDG).

Die Vorschrift des § 19 Abs. 2 BDG ist aus verfahrensökonomischen Gesichtspunkten insbesondere bedeutsam. Von aufwändigen Ermittlungen zu Vorwürfen, die für die Art und Höhe der zu erwartenden Disziplinarmaßnahme voraussichtlich nicht ins Gewicht fallen, soll der Dienstvorgesetzte befreit werden. Die gesetzliche Beschränkungsmöglichkeit führt jedoch weder das Opportunitätsprinzip ein, noch ermöglicht sie eine Beschränkung unter dem Gesichtspunkt der Verständigung der Beteiligten.[292]

Zu beachten ist in diesem Zusammenhang auch die Vorschrift des § 56 BDG, wonach das Verwaltungsgericht das Disziplinarverfahren beschränken kann, indem es solche Handlungen ausscheidet, die für die Art und Höhe der zu erwartenden Disziplinarmaßnahme nicht oder voraussichtlich nicht ins Gewicht fallen. Ist es zweifelhaft, ob sich eine Pflichtverletzung auf Art und Höhe einer Disziplinarmaßnahme voraussichtlich auswirkt, so hat die Beschränkung zu unterbleiben. Die Beschränkung ist rechtlich nur zulässig, wenn offensichtlich ist, dass die Handlung für die Art und Höhe der zu erwartenden Disziplinarmaßnahme voraussichtlich nicht ins Gewicht fällt. In den übrigen Fällen sollte es dem Verwaltungsgericht überlassen werden, ob es von der Möglichkeit des § 56 BDG Gebrauch macht.

---

[292] *Köhler/Baunack*, BDG, § 19 Rn. 7.

Die einzelnen Disziplinarmaßnahmen

Die einzelnen Disziplinarmaßnahmen

1. Die Neuregelung des § 13 Abs. 1 und Abs. 2 BDG

§ 13 BDG

(1) Die Disziplinarmaßnahme ist nach der Schwere des Dienstvergehens zu bemessen. Das Persönlichkeitsbild des Beamten ist angemessen zu berücksichtigen. Ferner soll berücksichtigt werden, in welchem Umfang der Beamte das Vertrauen des Dienstherrn oder der Allgemeinheit beeinträchtigt hat.

(2) Um den Beamten zur Pflichterfüllung anzuhalten, kann als Disziplinarmaßnahme ausgesprochen werden:

1. ein Verweis, wenn der Beamte durch ein leichtes Dienstvergehen das Vertrauen des Dienstherrn oder der Allgemeinheit in die pflichtgemäße Amtsführung geringfügig beeinträchtigt hat,

2. eine Geldbuße, wenn der Beamte durch ein leichtes bis mittelschweres Dienstvergehen das Vertrauen des Dienstherrn oder der Allgemeinheit in die pflichtgemäße Amtsführung nicht nur geringfügig beeinträchtigt hat,

3. eine Kürzung der Dienstbezüge, wenn der Beamte durch ein mittelschweres Dienstvergehen das Vertrauen des Dienstherrn oder der Allgemeinheit in die pflichtgemäße Amtsführung erheblich beeinträchtigt hat,

4. eine Kürzung des Ruhegehalts, wenn der Ruhestandsbeamte ein mittelschweres Dienstvergehen begangen hat, das geeignet ist, das Ansehen des öffentlichen Dienstes oder des Berufsbeamtentums erheblich zu beeinträchtigen,

5. eine Zurückstufung, wenn der Beamte durch ein mittelschweres bis schweres Dienstvergehen das Vertrauen des Dienstherrn oder der Allgemeinheit in die pflichtgemäße Amtsführung nachhaltig erschüttert hat.

Eine Kürzung des Ruhegehalts kann auch ausgesprochen werden, wenn das Dienstvergehen ganz oder teilweise vor dem Eintritt des Beamten in den Ruhestand begangen wurde. Eine Zurückstufung darf unter den Voraussetzungen des Satzes 1 Nr. 5 auch ausgesprochen werden, wenn das Verbleiben des Beamten im bisherigen Amt dem Dienstherrn oder der Allgemeinheit nicht zugemutet werden kann.

(3) Ein schweres Dienstvergehen liegt in der Regel bei einer Mitgliedschaft in einer vom Bundesverfassungsgericht für verfassungswidrig erklärten Partei oder einer unanfechtbar verbotenen Vereinigung oder einer Ersatzorganisation einer solchen Partei oder Vereinigung vor.

(4) Ein Beamter, der durch ein schweres Dienstvergehen das Vertrauen des Dienstherrn oder der Allgemeinheit endgültig verloren hat, ist aus dem Beamtenverhältnis zu entfernen. Dem Ruhestandsbeamten wird das Ruhegehalt aberkannt, wenn er als noch im Dienst befindlicher Beamter aus dem Beamtenverhältnis hätte entfernt werden müssen.

2. Die Disziplinarmaßnahmen in § 5 Abs. 1 BDG

Disziplinarmaßnahmen gegen Beamte sind gem. § 5 Abs. 1 BDG:

1. der Verweis (§ 6 BDG),
2. die Geldbuße (§ 7 BDG),
3. die Kürzung der Dienstbezüge (§ 8 BDG),
4. die Zurückstufung (§ 9 BDG) und
5. die Entfernung aus dem Beamtenverhältnis (§ 10 BDG).

Ferner gibt es spezifische Disziplinarmaßnahmen gegen Ruhestandsbeamte: Dies sind die Kürzung des Ruhegehalts (§ 11 BDG) und die Aberkennung des Ruhegehalts (§ 12 BDG).

Gegenüber Beamten auf Probe bzw. auf Widerruf können nur **Verweise** erteilt und **Geldbußen** auferlegt werden.

Andere, rein beamtenrechtliche Maßnahmen wie eine Umsetzung oder eine Rückstufung in der Beförderungsliste usw. dürfen nur aus dem funktionalen, dienstlichen Interesse der Verwaltungsorganisation als personalpolitische Mittel, aber nicht als versteckte disziplinare Erziehungsmaßnahmen an deren Stelle ergriffen werden. Es ist allerdings zulässig, dass zusätzlich zur Verhängung der Disziplinarmaßnahme oder jedenfalls nach Feststellung eines Dienstvergehens weitere, rein beamtenrechtliche Folgen eintreten, entweder kraft Gesetzes (z. B. Verlust der Beförderungsmöglichkeit nach § 8 Abs. 4, § 9 Abs. 3 BDG) oder kraft dienstlicher Regelung (Umsetzung, Versetzung), weil der Beamte aus Schutzgründen nicht mehr bei der alten Dienststelle, in der alten Abteilung oder im alten Referat beschäftigt werden kann. Das Gesetz sieht darüber hinaus unabhängig voneinander disziplinare und beamtenrechtliche Folgen vor, etwa bei dem unentschuldigten Fernbleiben vom Dienst. Hier kann neben einer Disziplinarmaßnahme, die u. a. von der zeitlichen Länge des Fernbleibens abhängig ist, der Verlust der Dienstbezüge nach § 9 BBesG (bzw. nach dem jeweiligen Landesbesoldungsgesetz) festgestellt werden. Der Verlust der Dienstbezüge kann auch für Teile eines Tages festgestellt werden. Es empfiehlt sich, bei einem unentschuldigten Fernbleiben vom Dienst von dieser Möglichkeit Gebrauch zu machen.

3. Verweis

Der **Verweis** ist der schriftliche Tadel eines bestimmten Verhaltens des Beamten. Voraussetzung für die Erteilung eines Verweises ist, dass in einem Disziplinarverfahren ein Dienstvergehen nach § 77 Abs. 1 BBG/§ 47 Abs. 1 BeamtStG festgestellt wird. Ob schließlich ein

Verweis zu verhängen ist, unterliegt nach dem Opportunitätsgrundsatz dem Ermessen des Dienstvorgesetzten. Dieses Ermessen ist verwaltungsgerichtlich voll überprüfbar.

Bei dem Verweis handelt es sich um die mildeste Disziplinar- bzw. Erziehungsmaßnahme. Die Verhängung der Disziplinarmaßnahme in Form des Verweises nach § 6 BDG muss unter Berücksichtigung des Persönlichkeitsbilds des Beamten (§ 13 Abs. 1 Satz 3 BDG) gemessen an der begangenen Dienstpflichtverletzung als unterste und mildeste Disziplinarmaßnahme verhältnismäßig sowie zweckmäßig sein, um den Beamten an die künftige Einhaltung seiner Sorgfaltspflicht zu ermahnen.

Ein **Beförderungsverbot** ist mit der Erteilung eines Verweises nicht verbunden. Eine Ausnahme gilt nach § 4 Satz 2 ThürDG. Hiernach ist eine Beförderung frühestens nach Ablauf eines Jahres seit Verhängung eines Verweises zulässig; im Übrigen steht ein Verweis bei der **Gewährung** einer Beförderung des Beamten nicht entgegen.

Im BDG sowie in den übrigen Landesdisziplinargesetzen mangelt es an einer solchen Regelung. Der Dienstherr darf jedoch den Tatbestand der Erteilung eines Verweises etwa bei Beförderungsentscheidungen im Rahmen der Bestenauslese zugrunde legen.[293] Die hierzu ergangene Rechtsprechung ist auch nachvollziehbar. Es wäre in sich widersprüchlich, einen Beamten zu befördern, dem gerade erst ein disziplinarisches Fehlverhalten vorgeworfen wurde und dem daraufhin ein Verweis im Rahmen eines behördlichen Disziplinarverfahrens erteilt wurde. Üblich sind in diesem Zusammenhang sog. **Bewährungsvermerke.** Hat sich der Beamte nach Verhängung eines Verweises innerhalb eines weiteren Jahres bewährt, so kann er danach wieder an Beförderungsauswahlverfahren teilnehmen. Sofern weitere Pflichtverletzungen begangen werden, ist dies natürlich nicht der Fall. Denn eine Beförderung kommt nur in Betracht, wenn der Beamte in jeder Hinsicht geeignet erscheint.[294]

Jeder Dienstvorgesetzte ist zu Verweisen gegen die ihm unterstellten Beamten befugt (§ 33 Abs. 2 BDG).

Bevor ein Verweis verhängt wird, ist zu prüfen, ob nicht auch eine mündliche oder schriftliche Missbilligung in Betracht kommt. Missbilligende Äußerungen (Zurechtweisungen, Ermahnungen oder Rügen), die nicht ausdrücklich als Verweis bezeichnet werden, sind keine Disziplinarmaßnahmen (§ 6 Satz 2 BDG), sondern rein beamtenrechtliche Maßnahmen. Die schriftliche Missbilligung eines bestimmten Ver-

---

[293] OVG NRW, 19.02.2019 – 6 A 1135/17 sowie 03.09.2015 – 6 B 666/15, NVwZ-RR 2016, 63.
[294] BVerwG, 28.03.2023 – 2 C 20.21.

haltens eines Beamten bildet eine Unterform der in § 6 Satz 2 BDG vorgesehenen missbilligenden Äußerungen. Sie findet ihre Rechtsgrundlage in der aus dem allgemeinen Beamtenrecht folgenden Geschäftsleitungs-, Weisungs- und Aufsichtsbefugnis des Dienstherrn, die ihn im Rahmen der Dienstaufsicht berechtigt, auf eine reibungslose und rechtsfehlerfreie Erledigung der Dienstgeschäfte hinzuwirken und bei Bedarf kritisch einzuschreiten.[295] Die Missbilligung ist als gemilderter Tadel eines der Ordnung zuwiderlaufenden Verhaltens zu verstehen, das spezial- und/oder generalpräventiven Zwecken dient. Es handelt sich um ein außerdisziplinarrechtliches pädagogisches Mittel, das Dienstvorgesetzte besitzen, um auf ein dienstlich zu beanstandendes Verhalten angemessen reagieren zu können.

Zu unterscheiden ist dabei zwischen der sog. qualifizierten Missbilligung, mit der dem Beamten – außerhalb eines Disziplinarverfahrens – ein Dienstvergehen (§ 77 Abs. 1 BBG/§ 47 Abs. 1 BeamtStG) zur Last gelegt wird, und der sog. einfachen Missbilligung, mit der ein objektiv pflichtwidriges Verhalten gerügt wird, ohne dass auch ein Schuldvorwurf gegenüber dem Beamten erhoben und ihm damit die Verwirklichung eines Dienstvergehens vorgeworfen wird.[296] Wird die – schuldhafte – Begehung eines Dienstvergehens gerügt, so liegt darin die schärfste Form der missbilligenden Äußerung, die zugleich die Tatbestandsvoraussetzungen eines Verwaltungsakts i. S. d. § 35 Satz 1 VwVfG erfüllt.

Über die Erteilung einer Missbilligung ist nach pflichtgemäßem Ermessen zu entscheiden. Zunächst steht dem Dienstherrn ein sog. Erschließungsermessen und des Weiteren ein Auswahlermessen zu. Auf der Ebene des Erschließungsermessens ist hinreichend darzulegen, dass der Dienstherr in den von ihm angenommenen Pflichtverletzungen des Beamten keine bloßen, gänzlich unerheblichen Bagatellverfehlungen sieht, sondern das Gewicht dieser Verstöße vielmehr als „nur knapp unterhalb der disziplinarrechtlichen Erheblichkeitsschwelle" liegend einstuft und aus erzieherischen Gründen eine Missbilligung für angezeigt hält.

Auf der Ebene des Auswahlermessens ist seitens des Dienstherrn abzuwägen, ob angesichts der Umstände des zu beurteilenden Einzelfalls nicht eine mildere Maßnahme als der Erlass einer qualifizierten Missbilligung in Betracht kommt. Ein solch partieller Ermessensausfall führt zur Rechtswidrigkeit der gegenüber einem Beamten ergangenen Missbilligungsverfügung.[297] Als missbilligende Äußerungen werden im

---

[295] OVG Bautzen, 18.02.2014 – 2 A 448/12, Rn. 26.
[296] OVG Lüneburg, 22.01.2013 – 5 LB 227/11; OVG Magdeburg, 17.05.2016 – 1 L 176/15.
[297] OVG Magdeburg, 17.05.2016 – 1 L 176/15.

Klammerzusatz des § 6 BDG (und in den in der Regel wortgleichen landesrechtlichen Regelungen) Zurechtweisungen, Ermahnungen und Rügen genannt, die nicht ausdrücklich als Verweis bezeichnet werden. Diese Aufzählung ist nicht als abschließend, sondern nur als beispielhaft zu verstehen. Weitere Kategorien, in denen missbilligende Äußerungen vorstellbar sind, können etwa tadelnde Hinweise, kritische Äußerungen, Belehrungen, Vorhalte, Warnungen, ernste Missfallensbekundungen sowie dringliche Ersuchen sein.[298] Ob die in § 6 Satz 2 BDG aufgeführten Missbilligungsformen untereinander in einem Stufenverhältnis stehen, sei dahingestellt. Jedenfalls kann gerade nicht festgestellt werden, dass es innerhalb der unter dem Begriff der Missbilligung fallenden Äußerungsvarianten keinen Raum für Differenzierungen in der Eingriffsintensität gibt, was ein Auswahlermessen möglich macht. Es liegt schon auf der Hand, dass eine qualifizierte Missbilligung schwerer wiegt als eine einfache Missbilligung. Selbst wenn nach Auffassung des Dienstherrn ein begangenes Dienstvergehen zu missbilligen ist, besteht keine allgemeine Regel, dass dies nur in Form der qualifizierten Missbilligung geschehen könnte und deshalb kein Ermessen auszuüben wäre. Auch bei einer Maßnahme nach § 6 Satz 2 BDG, die im Zusammenhang mit der Einstellung eines Disziplinarverfahrens (§ 32 Abs. 1 BDG) erfolgt, kann grundsätzlich nicht im Sinne eines intendierten Ermessens oder einer Ermessensreduzierung auf null davon ausgegangen werden, dass regelmäßig oder ausschließlich die qualifizierte Missbilligung mit Vorrang gegenüber milderen Mitteln zu wählen wäre. Vielmehr ist nach den konkreten Umständen des Einzelfalls zu entscheiden, welche Form der Äußerung zur Erreichung ihres **Erziehungszwecks** geeignet, erforderlich und angemessen ist.[299]

Ein Verweis darf nach zwei Jahren bei weiteren Disziplinarmaßnahmen und bei sonstigen Personalmaßnahmen nicht mehr berücksichtigt werden (Verwertungsverbot). Der Beamte gilt nach dem Eintritt dieses Verwertungsverbots als von der Disziplinarmaßnahme nicht betroffen (§ 16 Abs. 1 BDG). Die Frist für das Verwertungsverbot beginnt, sobald die Entscheidung über die Disziplinarmaßnahme unanfechtbar ist. Sie endet nicht, solange ein gegen den Beamten eingeleitetes Straf- oder Disziplinarverfahren nicht unanfechtbar abgeschlossen ist, eine andere Disziplinarmaßnahme berücksichtigt werden darf, eine Entscheidung über die Kürzung der Dienstbezüge noch nicht vollstreckt ist oder ein gerichtliches Verfahren über die

---

[298] OVG Bautzen, 18.02.2014 – 2 A 448/12; OVG Magdeburg, 17.05.2016 – 1 L 176/15; *Urban/Wittkowski*, BDG, § 6 Rn. 7.

[299] OVG Magdeburg, 17.05.2016 – 1 L 176/15; VG Regensburg, 13.03.2019 – RN 1 K 18.90.

Beendigung des Beamtenverhältnisses oder über die Geltendmachung von Schadensersatz gegen den Beamten anhängig ist.

Zu berücksichtigen ist ferner § 16 Abs. 3 BDG. Hiernach sind Eintragungen in der Personalakte über die Disziplinarmaßnahme nach Eintritt des Verwertungsverbots **von Amts wegen** zu entfernen und zu vernichten. Allerdings verbleiben das Rubrum und die Entscheidungsformel einer abschließenden gerichtlichen Entscheidung, mit der auf eine **Zurückstufung** erkannt wurde, in der Personalakte (§ 16 Abs. 3 Satz 2 BDG).

Die Regelung des § 16 BDG gilt nicht für qualifizierte oder einfache Missbilligungen. Denn bei diesen Maßnahmen nach § 6 Satz 2 BDG handelt es sich um rein beamtenrechtliche Maßnahmen, sodass hier das Personalaktenrecht greift. Unterlagen über Beschwerden, Behauptungen und Bewertungen, auf die § 16 Abs. 3 und 4 Satz 1 des BDG nicht anzuwenden ist, sind, falls sie für den Beamten ungünstig sind oder ihm nachteilig werden können, **auf Antrag** nach **zwei Jahren** zu entfernen und zu vernichten (§ 112 Abs. 1 Nr. 2 BBG). Die Länder haben in ihren Landesbeamtengesetzen zum Personalaktenrecht gleichlautende Vorschriften. Die Frist nach § 112 Abs. 1 Nr. 2 BBG wird durch erneute Sachverhalte im Sinne dieser Vorschrift oder durch die Einleitung eines Straf- oder Disziplinarverfahrens unterbrochen. Stellt sich der erneute Vorwurf als unbegründet oder falsch heraus, gilt die Frist als nicht unterbrochen.

§ 112 Abs. 2 BBG, Mitteilungen in Strafsachen

Mitteilungen in Strafsachen, soweit sie nicht Bestandteil einer Disziplinarakte sind, sowie Auskünfte aus dem **Bundeszentralregister** sind mit Zustimmung des Beamten nach zwei Jahren zu entfernen und zu vernichten.

4. Geldbuße

Die **Geldbuße** kann bis zur Höhe der monatlichen Dienst- oder Anwärterbezüge des Beamten verhängt werden. Sofern der Beamte keine Dienst- oder Anwärterbezüge hat, darf die Geldbuße bis zu dem Betrag von 500 Euro auferlegt werden, § 7 BDG.

Bei der Geldbuße handelt es sich um die zweitschwerste Maßnahme, die der Dienstvorgesetzte durch Disziplinarverfügung selbst verhängen darf (§ 33 Abs. 1 BDG). Im Unterschied zu einer Kürzung der Dienstbezüge erfolgt sie durch Festsetzung einer Geldsumme, die in einem Betrag zu zahlen ist.[300] Es kann jedoch bereits bei Verhängung der Geldbuße Ratenzahlung gewährt werden.[301]

---

[300] *Urban/Wittkowski*, BDG, § 7 Rn. 9.
[301] *Weiß* in: GKÖD, II M § 7 Rn. 2

Die Geldbuße kann sowohl im Wege einer Disziplinarverfügung als auch im gerichtlichen Verfahren verhängt werden. Eine Geldbuße wird dann in Betracht kommen, wenn das Vertrauensverhältnis zwischen dem betroffenen Beamten und dem Dienstherrn nicht außergewöhnlich belastet ist, sodass eine einmalige Pflichtenmahnung im Sinne einer verhaltenslenkenden Maßnahme als ausreichend erachtet wird. Die Geldbuße wird in Betracht kommen bei leichten bis mittelschweren Dienstvergehen.[302] Bei Teilzeitbeschäftigten bilden die nach § 6 BBesG verminderten Bezüge die Bemessungsgrundlage.[303] Eine Geldbuße kommt beispielsweise bei einer unzulässigen Privatfahrt mit einem Dienst-Kfz in Betracht.[304] § 7 BDG sieht kein Beförderungsverbot bei der Verhängung einer Geldbuße vor. Dies im Unterschied zu § 5 ThürDG. Wie bei einem Verweis ist es auch bei der Geldbuße allgemeinüblich, dass eine Beförderungssperre im Zeitraum von zwölf Monaten seit Verhängung der Geldbuße besteht. Die Beamten müsse ihre Zuverlässigkeit erst wieder unter Beweis stellen.

Eine Geldbuße darf nach drei Jahren bei weiteren Disziplinarmaßnahmen und bei sonstigen Personalmaßnahmen nicht mehr berücksichtigt werden (Verwertungsverbot). Der Beamte gilt nach dem Eintritt des Verwertungsverbots als von der Disziplinarmaßnahme nicht betroffen (§ 16 Abs. 1 BDG).

Jeder Dienstvorgesetzte ist nach § 34 Abs. 1 BDG zur Verhängung von Geldbußen gegen die ihm unterstellten Beamten befugt.

5. Kürzung der Dienstbezüge

Die **Kürzung der Dienstbezüge** ist die bruchteilsmäßige Verminderung der monatlichen Dienstbezüge des Beamten um höchstens ein Fünftel auf längstens drei Jahre. Sie erstreckt sich dabei auf alle Ämter, die der Beamte bei Eintritt der Unanfechtbarkeit der Entscheidung innehat. Sie kommt in Betracht, wenn der Beamte schuldhaft mittelschwere Dienstvergehen i. S. d. § 77 Abs. 1 BBG/§ 47 Abs. 1 BeamtStG begangen hat.

Gegen Probe- und Widerrufsbeamte darf die Kürzung der Dienstbezüge nach § 5 Abs. 3 BDG nicht verhängt werden.

Die Gehaltskürzung besteht in einer laufenden, allerdings zeitlich befristeten Kürzung der jeweiligen Bruttodienstbezüge in Bruchteilen.

---

302 OVG NRW, 12.03.2012 – 3d A 906/10.BDG; VGH BW, 08.02.2018 – 4 S 2200/17, NVwZ-RR 2018, 895; VG Düsseldorf, 22.03.2018 – 35 K 10700/16; VG Magdeburg, 23.01.2013 – 8 A 16/12.
303 *Weiß* in: GKÖD, II M § 7 Rn. 25; *Köhler/Baunack*, BDG § 7 Rn. 4.
304 VG Magdeburg, 23.01.2013 – 8 A 16/12.

Dienstbezüge sind solche des § 1 Abs. 2 BBesG, also das Grundgehalt, die Leistungsbezüge für Professoren sowie hauptberufliche Leitungen von Hochschulen und Mitglieder von Leitungsgremien an Hochschulen, Familienzuschlag, Zulagen, Vergütungen und die Auslandsbesoldung. Bei Teilzeitbeschäftigten sind die anteiligen Bezüge nach § 6 Abs. 1 BBesG zugrunde zu legen. Gem. § 8 Abs. 2 BDG beginnt die Kürzung der Dienstbezüge mit dem Kalendermonat, der auf den Eintritt der **Unanfechtbarkeit** der Entscheidung folgt.

Darüber hinaus gilt gem. § 8 Abs. 4 BDG ein Beförderungsverbot für die Dauer der Kürzung der Dienstbezüge. Der Zeitraum kann jedoch in der Entscheidung abgekürzt werden, soweit dies im Hinblick auf die (unverhältnismäßige) Dauer des Disziplinarverfahrens angezeigt ist. Für die Bestimmung der Kürzungsdauer sind wie auch sonst bei der Maßnahmebemessung gem. § 13 Abs. 1 BDG die Schwere des Dienstvergehens, das Persönlichkeitsbild des Beamten sowie die Beeinträchtigung des Vertrauens des Dienstherrn oder der Allgemeinheit zu berücksichtigen.[305]

Gem. § 8 Abs. 5 BDG erstrecken sich die Rechtsfolgen der Kürzung der Dienstbezüge auch auf ein neues Beamtenverhältnis. Hierdurch wird die Möglichkeit einer Umgehung der Wirkungen der Kürzung der Dienstbezüge mittels eines Dienstherrenwechsels ausgeschlossen.

Die Kürzung der Dienstbezüge darf nach drei Jahren bei weiteren Disziplinarmaßnahmen und bei sonstigen Personalmaßnahmen nicht mehr berücksichtigt werden (Verwertungsverbot). Der Beamte gilt nach dem Eintritt des Verwertungsverbots als von der Disziplinarmaßnahme nicht betroffen, § 16 Abs. 1 BDG.

Eine Kürzung der Dienstbezüge kam als erforderliche Maßnahme in Betracht bei einem verbeamteten Disponenten einer Rettungsleitstelle, der seine Pflicht zu achtungs- und vertrauenswürdigem Verhalten und bei entsprechender Weisungslage seine Gehorsamspflicht verletzt hatte, als er mit einem Betroffenen in unangemessener Weise ein Einsatzgespräch führte und dadurch bedingt seine Verpflichtung verfehlte, das Hilfesuchen auf objektiver Grundlage zu beurteilen und ggf. das notwendige Rettungsmittel anzuordnen.[306]

Kürzungen der Dienstbezüge können bis zum Höchstmaß die oberste Dienstbehörde und die der obersten Dienstbehörde unmittelbar nachgeordneten Dienstvorgesetzten bis zu einer Kürzung um 20 Prozent auf zwei Jahre festsetzen.

---

[305] *Urban/Wittkowski*, BDG, § 8 Rn. 9.
[306] OVG Thüringen, 19.06.2008 – 8 DO 113/07.

Nach § 34 Abs. 3 BDG können Kürzungen des Ruhegehalts bis zum Höchstmaß die nach § 84 BDG zur Ausübung der Disziplinarbefugnisse zuständigen Dienstvorgesetzten festsetzen.

Nach § 34 Abs. 4 Halbs. 2 BDG kann die Aberkennung des Ruhegehalts von der nach § 84 BDG zur Ausübung der Disziplinarbefugnisse zuständige Dienstbehörde ausgesprochen werden.

Gegen Ruhestandsbeamte kommen nur die Kürzung des Ruhegehalts (§ 11 BDG) sowie die Aberkennung des Ruhegehalts (§ 12 BDG) in Betracht. Dies dann, wenn sie im Ruhestand Pflichtverletzungen begangen haben. Dies kann die Begehung von in § 77 Abs. 2 BBG bzw. § 47 Abs. 2 BeamtStG aufgeführten Verfehlungen sein. Ferner müssen Ruhestandsbeamte darauf achten, keine vorsätzlichen Straftaten auszuüben. Denn die Vorschriften zum Verlust der Beamtenrechte gelten auch nach erfolgter Zurruhesetzung. Zu beachten sind somit § 41 BBG bzw. § 24 BeamtStG.

6. Kürzung der Ruhestandsbezüge

Die Kürzung des Ruhegehalts ist die bruchteilmäßige Verminderung des monatlichen Ruhegehalts des Ruhestandsbeamten um höchstens ein Fünftel auf längstens drei Jahre.

Ist die Verhängung der Kürzung der Ruhestandsbezüge unter Berücksichtigung der drei für die Bemessung der Disziplinarmaßnahme maßgeblichen Kriterien nach § 13 Abs. 1 BDG kein Raum, so kommt eine disziplinarische Maßnahme genauso wenig in Betracht wie jede beamtenrechtliche Maßnahme.

Das Ruhegehalt kann höchstens um ein Fünftel auf die Dauer von drei Jahren gekürzt werden.

Nach § 13 Abs. 2 Satz 1 Nr. 4 BDG kann eine Kürzung des Ruhegehalts erfolgen, wenn der Ruhestandsbeamte ein mittelschweres bis schweres Dienstvergehen begangen hat, das geeignet ist, das Ansehen des öffentlichen Dienstes oder des Berufsbeamtentums erheblich zu beeinträchtigen. Gem. § 13 Abs. 2 Satz 2 BDG kann eine Kürzung des Ruhegehalts auch ausgesprochen werden, wenn das Dienstvergehen ganz oder teilweise vor dem Eintritt des Beamten in den Ruhestand begangen wurde.

7. Aberkennung des Ruhegehalts

Mit der Aberkennung des Ruhegehalts verliert der Ruhestandsbeamte den Anspruch auf Versorgung einschließlich der Hinterbliebenenversorgung und die Befugnis, die Amtsbezeichnung und die

Titel zu führen, die im Zusammenhang mit dem früheren Amt verliehen wurden.

Ein Beamter, der durch ein schweres Dienstvergehen das Vertrauen des Dienstherrn oder der Allgemeinheit endgültig verloren hat, ist aus dem Beamtenverhältnis zu entfernen. Dem Ruhestandsbeamten wird das Ruhegehalt aberkannt, wenn er als noch im Dienst befindlicher Beamter aus dem Beamtenverhältnis hätte entfernt werden müssen (§ 13 Abs. 4 BDG).

Auch im Falle der Aberkennung des Ruhegehalts erfolgt die sog. Nachversicherung nach den Vorschriften des SGB VI.[307]

Nach § 34 Abs. 4 Halbs. 2 BDG kann die Aberkennung des Ruhegehalts von der nach § 84 BDG zur Ausübung der Disziplinarbefugnisse zuständige Dienstbehörde ausgesprochen werden.

8. Zurückstufung

Die **Zurückstufung** ist die Versetzung des Beamten in ein Amt derselben Laufbahn mit geringerem Endgrundgehalt. Die Beamten verlieren alle Rechte aus ihrem bisherigen Amt einschließlich der damit verbundenen Dienstbezüge und der Befugnis, die bisherige Amtsbezeichnung zu führen, § 9 Abs. 1 BDG. Die Zurückstufung ist die zweitschwerste Disziplinarmaßnahme. Sie ist auf mittelschwere und schwere Dienstvergehen eines Beamten beschränkt, der sich seinerseits nicht im Eingangsamt seiner Laufbahngruppe befindet. Denn die Zurückstufung setzt allgemein voraus, dass der Beamte zurückversetzbar ist. Von der Zurückstufung ausgenommen sind Hochschullehrer der Besoldungsgruppe C und W. Die Zurückstufung wird somit für die Ahndung von schweren Dienstvergehen eingesetzt, die jedoch das Ansehen und Vertrauen in den Beamten nicht vollständig zerstört haben und ihn so für die Behörde noch tragbar erscheinen lassen.[308]

Mit der zum 01.04.2024 gültigen Änderung des Bundesdisziplinargesetzes kann im Bereich des Bundes (und zuvor schon in Baden-Württemberg) die Zurückstufung per Disziplinarverfügung gegen einen Beamten verhängt werden (§ 33 Abs. 1 BDG).

---

[307] OVG NRW, 18.11.2020 – 3 A 1194/18; VG Düsseldorf, 26.02.2018 – 23 K 6871/13; *Hahn*, Nachversicherung des ausgeschiedenen Beamten und Arbeitnehmerfreizügigkeit, ZEuS 2/21, DOI:10.5771/1435-439X-2021-2-367; *Eichendorff*, Beamtenversorgung und Arbeitnehmerfreizügigkeit, ZBR 2019, 237; *Reinecke*, Mitnahme von Versorgungsansprüchen nach vorzeitigem Ausscheiden aus dem Beamtenverhältnis, Arbeit und Recht 2016, 396.

[308] VG Kassel, 06.05.2009 – 28 K 1006/08.

Die Zulage etwa bei A 9+Z bzw. A 13+Z stellt kein selbstständiges Amt dar. Die betroffenen Beamten werden daher in die Besoldungsgruppe A 8 zurückgestuft.

Die Dienstbezüge aus dem neuen Amt werden von dem Kalendermonat an gezahlt, der dem Eintritt der Unanfechtbarkeit der Entscheidung folgt (§ 9 Abs. 2 BDG). Es gilt eine Beförderungssperre nach § 9 Abs. 3 BDG. Der Beamte darf frühestens fünf Jahre nach Eintritt der Unanfechtbarkeit der Entscheidung befördert werden. Auch hier kann der Zeitraum aufgrund der unverhältnismäßigen Dauer des Disziplinarverfahrens gekürzt werden.

Nach § 9 Abs. 4 BDG erstrecken sich die Rechtsfolgen der Zurückstufung auch auf ein neues Beamtenverhältnis. Auch hierdurch soll die Möglichkeit einer Umgehung der Wirkungen der Zurückstufung mittels eines Dienstherrenwechsels ausgeschlossen werden.

Beispiel:

Eine Dienstpflichtverletzung liegt vor, wenn etwa ein Polizeibeamter unter Ausnutzung seiner Stellung und unter Vornahme von Amtshandlungen versucht, seine Geldansprüche einzutreiben. Ein Beamter darf sich weder unter Zuhilfenahme der behördeninternen Informationssysteme die Telefonnummer einer Person besorgen, um dort anzurufen, um die Geldzahlung zu erwirken, noch darf er durch das Herausstellen einer dienstlichen Stellung, verbunden mit dem Hinweis, dass man einem Beamten mehr glaube als einer Privatperson, versuchen, einen privaten Anspruch mit dienstlichen Mitteln unter Inanspruchnahme einer besonderen Vertrauensstellung eines Beamten durchzusetzen. In diesem Fall kann eine Zurückstufung eine angemessene Disziplinarmaßnahme sein.[309]

Eine Zurückstufung darf nach sieben Jahren bei weiteren Disziplinarmaßnahmen und bei sonstigen Personalmaßnahmen nicht mehr berücksichtigt werden (Verwertungsverbot). Der Beamte gilt nach dem Eintritt des Verwertungsverbots als von der Disziplinarmaßnahme nicht betroffen, § 16 Abs. 1 BDG. Eintragungen in der Personalakte über die Disziplinarmaßnahme sind nach Eintritt des Verwertungsverbots von Amts wegen zu entfernen und zu vernichten. Gem. § 16 Abs. 3 Satz 2 BDG verbleiben der Kopfteil und die Entscheidungsformel einer abschließenden Entscheidung, mit der eine Zurückstufung ausgesprochen wurde, in der Personalakte. Dabei sind nicht erforder-

---

[309] VG Kassel, 06.05.2009 – 28 K 1006/08.

liche personenbezogene Daten unkenntlich zu machen. Auf Antrag des Beamten unterbleibt die Entfernung oder erfolgt eine gesonderte Aufbewahrung. Ein solcher Antrag ist innerhalb eines Monats zu stellen, nachdem dem Beamten die bevorstehende Entfernung mitgeteilt und dieser auf sein Antragsrecht und die Antragsfrist hingewiesen wurde. Bei den Ländern gilt, mit Ausnahme des Landes Baden-Württemberg, dass das Rubrum und die Entscheidungsformel einer abschließenden gerichtlichen Entscheidung, mit der auf eine Zurückstufung erkannt wurde, in der Personalakte verbleiben. Dabei sind die Bezeichnung weiterer Beteiligter und der Bevollmächtigten, die Namen der Richter sowie die Kostenentscheidung unkenntlich zu machen.

Praxistipp

Bei den Disziplinarmaßnahmen der **Zurückstufung**, der Entfernung aus dem Dienst oder der Aberkennung des Ruhegehalts muss in der Begründung der Disziplinarverfügung zusätzlich dargestellt werden

1. der berufliche und persönliche Werdegang des Beamten und
2. der Gang des Disziplinarverfahrens in strukturierter Form.

Die Zurückstufung wird durch die oberste Dienstbehörde ausgesprochen, § 34 Abs. 4 BDG.

9. Die Entfernung aus dem Dienst

Ein Beamter, der durch ein schweres Dienstvergehen das Vertrauen des Dienstherrn oder der Allgemeinheit endgültig verloren hat, ist aus dem Beamtenverhältnis zu entfernen. Den Ruhestandsbeamten wird das Ruhegehalt aberkannt, wenn sie als noch im Dienst befindliche Beamte aus dem Beamtenverhältnis hätten entfernt werden müssen (§ 13 Abs. 4 BDG).

§ 14 Abs. 3 BDG hebt hervor, dass ein schweres Dienstvergehen in der Regel bei einer Mitgliedschaft bei einer vom Bundesverfassungsgericht für verfassungswidrig erklärten Partei oder bei einer unanfechtbar verbotenen Vereinigung oder einer Ersatzorganisation einer solchen Partei oder Vereinigung vorliege.

Gem. § 10 Abs. 1 BDG endet mit der Entfernung aus dem Beamtenverhältnis das Dienstverhältnis. Der Beamte verliert den Anspruch auf Dienstbezüge und Versorgung sowie die Befugnis, die Amtsbezeichnung und die im Zusammenhang mit dem Amt verliehenen Titel zu führen und die Dienstkleidung zu tragen.

Bei der Entfernung aus dem Dienst handelt es sich um eine Ultima-Ratio-Maßnahme. Die Entfernung aus dem Beamtenverhältnis ist die primäre Folge der Disziplinarmaßnahme, sekundäre Folge ist der Verlust des Anspruchs der Dienstbezüge und der Versorgung.

Die Zahlung der Dienstbezüge wird mit dem Ende des Kalendermonats eingestellt, in dem die Entscheidung über die Entfernung unanfechtbar geworden ist. Sofern der Beamte zuvor in den Ruhestand tritt, gilt die Entscheidung als Aberkennung des Ruhegehalts (§ 10 Abs. 2 Satz 2 BDG).

Ein aus dem Dienst entfernter Beamter darf nicht wieder zum Beamten des Bundes oder eines Landes oder einer Kommune ernannt werden. Es soll grundsätzlich auch kein anderes Beschäftigungsverhältnis begründet werden.

Die Beamten scheiden aus einer im Sinne der Rentenversicherung versicherungsfreien Beschäftigung aus. Sie sind daher nach dem SGB VI nachzuversichern. Dies ergibt sich aus § 8 SGB VI. Die hierfür zu entrichtenden Beiträge, Arbeitgeber- und Arbeitnehmeranteil, werden allein vom Dienstherrn getragen. Dies ergibt die Regelung des § 181 Abs. 5 SGB VI.

BVerwG, 23.11.2006 – 1 B 1.06

Nachteilige Auswirkungen der Entfernung bzw. der Aberkennung des Ruhegehalts auf den Krankenversicherungsschutz können aus Rechtsgründen nicht zugunsten des Beamten/Ruhestandsbeamten berücksichtigt werden. Ein Beamter, der das Vertrauensverhältnis zu seinem Dienstherrn endgültig zerstört hat, kann nicht verlangen, dass sein Beamtenverhältnis beibehalten wird, um soziale Härten dauerhaft zu vermeiden. Zur Vermeidung unbilliger Härten in der Übergangszeit nach dem Ausscheiden aus dem Beamtenverhältnis ist der disziplinarrechtliche Unterhaltsbeitrag vorgesehen, … Darüber hinaus ist es allein Aufgabe der sozialrechtlichen Auffangbestimmungen und Schutzvorschriften, das Existenzminimum zu gewährleisten. So hängt vom Inhalt der maßgeblichen sozialrechtlichen Vorschriften ab, ob die Nachversicherung in der gesetzlichen Rentenversicherung angemessen ist. Entsprechendes gilt für den Schutz im Krankheitsfall. Bei den hier eintretenden Nachteilen handelt es sich um mittelbare Folgen der Entfernung aus dem Dienst bzw. der Aberkennung des Ruhegehalts, deren Bewältigung nicht Aufgabe des Disziplinarrechts ist.

Der aus dem Beamtenverhältnis entfernte Beamte erhält für die Dauer von sechs Monaten gem. § 10 Abs. 3 BDG einen **Unterhaltsbeitrag** in Höhe von 50 Prozent der Dienstbezüge, die ihm bei Eintritt der Unanfechtbarkeit der Entscheidung zustehen. Eine Einbehaltung von Dienstbezügen nach § 38 Abs. 2 BDG bleibt hierbei unberücksichtigt. Die Gewährung des Unterhaltsbeitrags kann in der Entscheidung über sechs Monate hinaus sogar verlängert werden, soweit dies notwendig ist, um eine unbillige Härte zu vermeiden. Der Beamte hat die Umstände dabei glaubhaft zu machen. Für die Zahlung des Unterhaltsbeitrags gilt § 79 BDG. Allerdings ist die Gewährung des Unterhaltsbeitrags ausgeschlossen,

1. wenn der Beamte ihrer nicht würdig ist,
2. wenn die Entfernung aus dem Beamtenverhältnis zumindest auch auf der Verletzung der Pflicht des Beamten beruht, sich durch sein gesamtes Verhalten zu der freiheitlichen demokratischen Grundordnung zu bekennen und für deren Erhaltung einzutreten, oder
3. soweit der Beamte den erkennbaren Umständen nach nicht bedürftig ist.

Infolge der zum 01.04.2024 gültigen Änderung des Bundesdisziplinargesetzes kann jede Disziplinarmaßnahme – und somit auch die Entfernung aus dem Dienst bzw. die Aberkennung des Ruhegehalts – durch Disziplinarverfügung ausgesprochen werden (§ 33 Abs. 1 BDG).

Das Bundesverwaltungsgericht hat im Urteil vom 24.10.2019 (2 C 3.18, BVerwGE 166, 389) Maßstäbe zur Bemessung der Disziplinarmaßnahme nach § 13 BDG und den inhaltsgleichen Bemessungsregelungen der Länder – wie § 11 Abs. 1 HmbDG – entwickelt. Danach führt der außerdienstliche Besitz kinderpornografischer Schriften bei Lehrern – auch bei geringer Anzahl oder niederschwelligem Inhalt – aufgrund des damit verbundenen Vertrauensverlustes beim Dienstherrn und der Allgemeinheit in aller Regel zur disziplinaren Entfernung aus dem Dienst, wenn nicht außergewöhnliche Umstände des Einzelfalls die Annahme eines vollständigen Vertrauensverlustes ausnahmsweise widerlegen. Nach der Rechtsprechung des Bundesverwaltungsgerichts schließt es nicht aus, dass außerdienstliches Fehlverhalten auch nach seiner Typik geeignet sein kann, regelmäßig den erforderlichen Amtsbezug i. S. d. § 77 Abs. 1 Satz 2 BBG/§ 47 Abs. 1 Satz 2 BeamtStG und damit die Disziplinarwürdigkeit entsprechender Verfehlungen zu begründen. Dies sei gerade auch im Fall des außerdienstlichen Besitzes kinderpornografischer Schriften bei Lehrern und Polizeibeamten anzunehmen.[310] Dieses Verhalten indiziert bei einem Lehrer einen Persönlichkeitsmangel, der Anlass zu Zweifeln gibt, dass er der einem Lehrer als Dienstpflicht obliegenden Erziehungsaufgabe gegenüber den ihm anvertrauten Schülern jederzeit gerecht werden kann. Mit dem Bekanntwerden eines derartigen Fehlverhaltens ist ein Lehrer in der Aufgabenwahrnehmung zumindest stark beeinträchtigt, weil er elementare Rechte gerade derjenigen Personengruppe

---

[310] BVerwG, 24.10.2019 – 2 C 3.18, BVerwGE 166, 389.

verletzt hat, deren Schutz und Erziehung ihm als Dienstpflicht obliegen und anvertraut sind. Die mit § 77 Abs. 1 Satz 2 BBG/§ 47 Abs. 1 Satz 2 BeamtStG beabsichtigte Begrenzungswirkung für die disziplinarrechtliche Relevanz außerdienstlicher Pflichtenverstöße kommt bei Lehrern als Beamten mit einer besonderen Aufgaben- und Vertrauensstellung gegenüber einer besonders verletzlichen Personengruppe – den ihnen anvertrauten Schülern – daher nicht zum Tragen.[311] Das Gleiche gilt für Polizeibeamte, die ebenfalls schon von Berufs wegen eine besondere Pflichtenstellung gegenüber Kindern haben.

Disziplinare Ahndung des außerdienstlichen Besitzes kinderpornografischer Bild- und Videodateien bei einem Justizvollzugsbeamten, BVerwG, 16.06.2020 – 2 C 12.19

Bei einem außerdienstlichen Besitz von kinderpornografischen Bild- und Videodateien durch einen Justizvollzugsbeamten ist der Orientierungsrahmen für die Bemessung der Disziplinarmaßnahme bis zum Höchstmaße eröffnet, weil ein hinreichender Bezug zwischen dem Fehlverhalten und den mit dem Statusamt eines Justizvollzugsbeamten verbundenen Dienstpflichten besteht.

Der außerdienstliche Besitz von kinderpornografischen Bild- und Videodateien führt dazu, dass ein Justizvollzugsbeamter wegen der Möglichkeit seiner Verwendung auch im Jugendstrafvollzug (mit den dort seiner Obhut und Gewalt unterstellten Jugendlichen) sowie wegen des mit seinem Fehlverhalten verbundenen Achtungs- und Autoritätsverlusts in erheblicher Weise in der Erfüllung seiner Dienstpflicht beeinträchtigt ist, Sicherheit und Ordnung in der Justizvollzugsanstalt zu gewährleisten.

Ein ähnlich hinreichender Bezug zum Statusamt eines Justizvollzugsbeamten mit der Folge derselben Erweiterung des Orientierungsrahmens ist z. B. bei außerdienstlichen Straftaten gegeben, die mit Gewaltanwendung verbunden sind, oder bei Betäubungsmitteldelikten.

Praxistipp

Bei den Disziplinarmaßnahmen der Zurückstufung, **der Entfernung aus dem Dienst** oder der Aberkennung des Ruhegehalts muss in der Begründung der Disziplinarverfügung zusätzlich dargestellt werden

1. der berufliche und persönliche Werdegang des Beamten
2. der Gang des Disziplinarverfahrens in strukturierter Form

Die Entfernung aus dem Beamtenverhältnis wird durch die oberste Dienstbehörde ausgesprochen, § 34 Abs. 4 BDG.

---

[311] BVerwG, 18.06.2015 – 2 C 9.14, BVerwGE 152, 228 sowie 16.06.2020 – 2 C 12.19, BVerwGE 168, 254 zum außerdienstlichen Besitz kinderpornografischer Bilder- und Videodateien bei Justizvollzugsbeamten.

Was ist aus Sicht des Dienstvorgesetzten bzw. der in seinem Auftrag tätigen Ermittlungsführer zu beachten?

Was ist aus Sicht des Dienstvorgesetzten bzw. der in seinem Auftrag tätigen Ermittlungsführer zu beachten?

1. Der Ermittlungsführer und die Beweiserhebung (im Konkreten) im behördlichen Disziplinarverfahren

§ 24 BDG; entsprechende Vorschriften nach den Landesdisziplinargesetzen:

§ 15 LDG BW, Art. 26 BayDG, § 24 DiszG B, § 25 BrLDG, § 24 BremDG, § 26 HmbDG, § 27 HDG, § 25 NDiszG, § 24 LDG NRW, § 26 LDG M-V, § 29 LDG RP, § 24 SDG, § 24 SächsDG, § 24 DG LSA, § 24 DG SH, § 30 ThürDG.

2. Die erforderlichen Beweise

Gem. § 24 Abs. 1 BDG sind die erforderlichen Beweise zu erheben. Es besteht kein Ermessen. Es gilt das Legalitätsprinzip bei der Frage, ob Beweise erhoben werden.

Im verwaltungsgerichtlichen Verfahren erhebt das Gericht gem. § 58 BDG die erforderlichen Beweise. Das Bundesdisziplinargesetz sieht eine unmittelbare Beweisaufnahme vor dem Verwaltungsgericht entsprechend der Vorschriften nach §§ 86, 96 bis 98 VwGO vor. Neben dem Grundsatz der Unmittelbarkeit gilt auch der Grundsatz der Mündlichkeit und der Parteiöffentlichkeit (§ 97 VwGO). Das Gericht hat nach § 58 Abs. 1 VwGO nicht alle zum Nachweis des Dienstvergehens erforderlichen Tatsachen durch Beweismittel in der mündlichen Verhandlung zu erheben, sondern nur die Tatsachen, die im Zweifel stehen und deren Aufklärung es nach dem Amtsermittlungsgrundsatz nach Lage der Dinge als sich aufdrängend für erforderlich hält. Nach dem Amtsermittlungsgrundsatz dürfen nur absolut klare oder zugestandene Feststellungen ohne Weiteres verwertet werden.[312]

§ 24 Abs. 1 BDG

Die erforderlichen Beweise sind zu erheben. Hierbei können insbesondere
1. schriftliche dienstliche Auskünfte eingeholt werden,
2. Zeugen und Sachverständige vernommen oder ihre schriftliche Äußerung eingeholt werden,

---

[312] BVerwG, 31.01.2014 – 2 B 88.13.

3. Urkunden und Akten beigezogen sowie
4. der Augenschein eingenommen werden.

Diese Aufzählung ist nach dem Wortlaut des Absatzes 1 („insbesondere") nicht abschließend. Das jeweilige Beweismittel muss geeignet sein.

Einem Beweisantrag des Beamten ist stattzugeben, sofern er hinsichtlich etwaiger Rechtsfolgen für den Beamten von Bedeutung ist, etwa für

■ die Tatfrage,

■ die Schuldfrage oder

■ die Bemessung der Art/Höhe der Disziplinarmaßnahme.

Der Beamte hat ein Anwesenheits- und Fragerecht bei der Vernehmung von Zeugen sowie Sachverständigen sowie bei der Einnahme des Augenscheins. Insoweit ist der Beamte zur Beweiserhebung zu laden. Die Form der Ladung ist gesetzlich nicht ausdrücklich geregelt. Es empfiehlt sich ausdrücklich eine Ladung per Postzustellungsurkunde und, sodass der Zugang der Ladung nachgewiesen werden kann, nachrichtlich die Ladung etwa zu einer Zeugenvernehmung auch an die Bevollmächtigten des Beamten zu senden.[313] Eine formlose Mitteilung etwa des Inhalts, an welchem Ort und zu welchem Zeitpunkt die Vernehmung stattfindet, wird der grundrechtlichen Bedeutung des rechtlichen Gehörs nicht gerecht.

Bei der Ladung sind das konkrete Beweisthema sowie der jeweilige Untersuchungsgegenstand und auch die Namen der Zeugen anzugeben.[314]

Schriftstücke, Zeichnungen, bildliche Darstellungen und Aufzeichnungen einschließlich technischer Aufzeichnungen, die einen dienstlichen Bezug aufweisen, sind von dem Beamten auf Verlangen für das Disziplinarverfahren zur Verfügung zu stellen. Werden sie nicht freiwillig herausgegeben, so kann die Herausgabe von Unterlagen im Wege eines Herausgabebeschlusses auf Antrag der Behörde erwirkt werden (§ 26 BDG). Das Gericht kann die Herausgabeanordnung durch die Festsetzung eines Zwangsgeldes erzwingen (§ 26 Satz 2 BDG). Erfasst werden nicht nur Unterlagen, die im Eigentum des Beamten stehen, sondern auch private Unterlagen, die Dritten

---

313 OVG Berlin-Brandenburg, 14.06.2013 – 6 S 1.13.
314 BVerwG, 18.11.2008 – 2 B 73.08.

gehören. Voraussetzung für die Herausgabepflicht ist, dass die Unterlagen einen dienstlichen Bezug aufweisen.

Zur Stellung solcher Anträge an das Verwaltungsgericht sind nur die in § 25 Abs. 3 BDG genannten Personen befugt.

3. Einholung schriftlicher dienstlicher Auskünfte

Nach § 24 Abs. 1 Satz 2 Nr. 1 BDG können **dienstliche Auskünfte** von Behörden schriftlich angefordert werden. Hierbei handelt es sich um Mitteilungen über Geschehnisse, die die Dienststelle oder Personen, die Auskunft erteilt, in **dienstlicher Eigenschaft** erfahren hat. Hierunter fallen Auskünfte über Dienstzeugnisse, Behördenaufbau, Dienstbetrieb, Persönlichkeit und Werdegang von Betroffenen oder Zeugen. So kann etwa auch die dienstliche Auskunft bei einer öffentlichen Einrichtung eingeholt werden, in welchem Umfang ein Beamter oder ein verbeamteter Professor oder Richter dort einer Nebentätigkeit gegen welches Entgelt und in welchem zeitlichen Umfang nachgegangen ist. Die entsprechenden dienstlichen Auskünfte sind schriftlich einzuholen.

4. Zeugen und Sachverständige

Gem. § 24 Abs. 1 Satz 2 Nr. 2 BDG können Zeugen sowie Sachverständige vernommen werden. Gem. § 25 Abs. 1 Satz 1 BDG sind Zeugen zur Aussage und Sachverständige zur Erstattung von Gutachten verpflichtet.

Zeugen müssen grundsätzlich erscheinen und aussagen, soweit ihnen nicht ein Zeugnis- und Auskunftsverweigerungsrecht nach §§ 52 bis 56 StPO zusteht.

Zeugnis- und Auskunftsverweigerungsrechte

§ 52 StPO (Zeugnisverweigerungsrecht wegen verwandtschaftlicher Beziehungen)

§ 53 StPO (Zeugnisverweigerungsrecht wegen beruflicher Bindung)

§ 53a StPO (Zeugnisverweigerungsrecht für Gehilfen der Befreiten nach § 53 StPO)

§ 54 StPO (Verweisung auf besondere Vorschriften für Mitarbeiter des öffentlichen Dienstes)

§ 55 StPO (Verweigerungsrecht wegen Selbstbezichtigung)

§ 56 StPO (Glaubhaftmachung des Verweigerungsgrundes)

Es empfiehlt sich, dass der Ermittlungsführer die Gesetzestexte aus der StPO bei sich führt. Die Belehrung muss im Protokoll aufgeführt werden.

Das Auskunftsverweigerungsrecht besteht allgemein und unabhängig davon, ob der Zeuge zuvor (z. B. im staatsanwaltlichen Ermittlungsverfahren) bereits belastende Angaben gemacht hat.

Die sichere Erwartung der Verfolgung ist nicht erforderlich. Es genügt, dass die Einleitung eines Ermittlungsverfahrens droht.[315]

In der Praxis werden Zeugen aber meist falsch so belehrt, dass sie die Aussage dann verweigern können, wenn sie sich mit der Beantwortung der Frage selbst belasten müssten. Daraus folgt, dass immer dann, wenn der Zeuge nicht antwortet, er sich belasten würde, wenn er antwortet. Man kann sich vorstellen, dass Zeugen davor in der Regel sicher Angst haben werden und dann lieber eine falsche Antwort geben. Der gefährdete, seiner Rechte nur unzulänglich bewusste, mithin unsichere Zeuge neigt erfahrungsgemäß am meisten dazu, sich sklavisch an das zu klammern, was einmal als seine Aussage aufgenommen worden ist. Jeder Schritt hiervon weg scheint ihm seine eigene Gefährdung zu vergrößern.[316]

Die Belehrung nach § 55 StPO hat zum einen zu Beginn der Vernehmung zu erfolgen. Denkbar ist aber auch, dass während der Durchführung einer Zeugenvernehmung das Aussageverhalten eines Zeugen Veranlassung gibt, die Belehrung noch einmal konkret zu wiederholen.

5. Der Ermittlungsführer und die Beweiserhebung durch Zeugenvernehmung

a) Zeugen

Zeugen geben als persönliche Beweismittel in einem nicht gegen sie selbst gerichteten Verfahren Auskunft über ihre Wahrnehmung zum Sachverhalt. Im behördlichen Disziplinarverfahren kommen Behördenbedienstete als Zeugen in Betracht, wenn sie Wahrnehmungen im dienstlichen Zusammenhang bezüglich eines Sachverhalts gemacht haben, der Gegenstand der Untersuchung ist. Zeugen können aber auch Personen sein, die keine Behördenbedienstete sind und die Angaben zu einer dem Betroffenen vorgeworfenen außerdienstlichen Pflichtverletzung machen können.

---

[315] OLG Hamburg, 08.02.1984 – 1 Ws 26/84, NJW 84, 1635.
[316] *Richter*, NJW 1981, 1820.

b) Die Pflichten der Zeugen

Zeugen sind grundsätzlich verpflichtet, im behördlichen Disziplinarverfahren zur Vernehmung zu erscheinen und auszusagen, sofern kein Zeugnis- oder Auskunftsverweigerungsrecht besteht.

§ 25 BDG und entsprechende Vorschriften in den Landesdisziplinargesetzen:

§ 16 LDG BW, Art. 27 BayDG, § 25 DiszG B, § 26 BrLDG, § 25 BremDG, § 27 HmbDG, § 28 HDG, § 26 NDiszG, § 25 LDG NRW, § 27 LDG M-V, § 30 LDG RP, § 25 SDG, § 25 SächsDG, § 25 DG LSA, § 25 DG SH, § 33 ThürDG.

Die Pflicht, zur Beweisaufnahme zu erscheinen und auszusagen, besteht für alle deutschen Staatsangehörigen, auch im Ausland, für Ausländer und Staatenlose jedoch nur bei Aufenthalt im Inland.[317] Dabei sind Zeugen verpflichtet, die Wahrheit zu sagen.

c) Zeuge erscheint nicht zur Vernehmung

Erscheinen nachweislich geladene Zeugen nicht zu ihrer Vernehmung oder verweigern erschienene Zeugen ohne Vorliegen eines gesetzlichen Grundes die Aussage, berechtigt weder das BDG noch die Landesdisziplinargesetze den Dienstvorgesetzten, Zwangsmaßnahmen etc. zu ergreifen. Es gilt vielmehr § 25 Abs. 2 BDG. Verweigern Zeugen ohne Vorliegen eines der in den §§ 52 bis 55 und 76 der StPO bezeichneten Gründe die Aussage, kann das Verwaltungsgericht um die Vernehmung ersucht werden. Ein solches Ersuchen darf nur von dem Dienstvorgesetzten, seinem allgemeinen Vertreter oder einem beauftragten Beschäftigten gestellt werden, der die Befähigung zum Richteramt hat (§ 25 Abs. 3 BDG). In dem Ersuchen sind der Gegenstand der Vernehmung genauso darzulegen wie die Namen und Anschriften der Beteiligten. Das Verwaltungsgericht entscheidet anschließend über die Rechtmäßigkeit der Verweigerung der Aussage. Entsprechende Ersuche werden von den Verwaltungsgerichten zügig bearbeitet.

d) Die Vorbereitung der Zeugenvernehmung

Die Zeugenvernehmung bedarf der Vorbereitung durch den Ermittlungsführer. Dazu gehört zunächst eine Terminplanung. Zeugenver-

---

[317] OLG Düsseldorf, NJW 199, 1647; OLG Hamburg, MDR 1967, 686; *Soiné*, ZBR 2024, S. 298 (300).

nehmungen nehmen recht viel Zeit in Anspruch. In umfassenderen Disziplinarverfahren ist es daher angezeigt, maximal zwei Zeugen an einem Tag zu vernehmen. Unklug wäre es, Zeugen zur gleichen Uhrzeit zu laden in der Hoffnung, dass die Zeugenvernehmung schnell abgeschlossen ist. Oftmals wird diese Erwartung des Ermittlungsführers deutlich getäuscht. Es entstehen lange Wartezeiten, die als solche auch für die Beweiserhebung kontraproduktiv sind. Ähnlich unprofessionell ist das Auftreten des Ermittlungsführers, wenn dieser bei der Zeugenvernehmung unkonzentriert wirkt oder aber ein Diktiergerät verwendet wird, welches nicht funktioniert. Drastisch fiel die Bewertung zu einer Zeugenvernehmung aus, an der über einen Zeitraum von über sechs Stunden stets mehr als fünf Personen an einem runden Tisch teilnahmen. In der Mitte des Tisches stand ein Diktiergerät. Die Aufgabe einer der beiden ermittlungsführenden Personen bestand darin, die Bänder bei Bedarf zu wechseln. Letztendlich konnte über einen Zeitraum von nahezu einem Jahr kein Mitarbeiter der sehr personenstarken Behörde gefunden werden, der imstande gewesen wäre, die Stimmen den betreffenden Personen eindeutig zuzuordnen.

Es müssen Vorüberlegungen getroffen werden, ob für die Fertigung des Protokolls eine schriftführende Person hinzugezogen wird. Das Protokoll kann von dem Ermittlungsführer auch selbst während der Zeugenvernehmung erstellt werden. Zulässig ist aber auch ohne Weiteres die Aufnahme des gesprochenen Wortes per Diktiergerät. Nicht erforderlich ist ein Wortprotokoll.

§ 24 Abs. 1 Nr. 2 BDG lässt es zu, dass die Zeugenvernehmung im schriftlichen Verfahren erfolgt. Die Vorschrift enthält damit eine Durchbrechung des Unmittelbarkeitsgrundsatzes. Eine schriftliche Zeugenvernehmung kommt etwa dann in Betracht, wenn die Zeugen ansonsten einem unverhältnismäßigen Reiseaufwand ausgesetzt gewesen wären oder wenn sie gesundheitlich zu einer entsprechenden Anreise nicht imstande sind. Die bloße Tätigkeit im Rahmen der Mobilen Arbeit entpflichtet nicht vom persönlichen Erscheinen aus Anlass einer Zeugenvernehmung in einem behördlichen Disziplinarverfahren.

BVerwG, 28.09.2022 – 2 A 17.21, NVwZ 2023, 760

Die Verwertung schriftlicher Zeugenaussagen im behördlichen Disziplinarverfahren nach § 24 Abs. 1 Satz 2 Nr. 2 BDG begründet keinen Verfahrensmangel. Sofern die Glaubwürdigkeit eines Zeugen oder die Glaubhaftigkeit seiner Aussagen in Zweifel stehen, bildet eine nur auf schriftlichen Äußerungen beruhende Zeugenaussage aber keine hinreichende Tatsachengrundlage für eine fehlerfreie Beweiswürdigung.

Die zur Sachaufklärung berufene Dienststelle hat sich von Zeugen grundsätzlich selbst einen unmittelbaren persönlichen Eindruck zu verschaffen; dies gilt jedenfalls dann, wenn die Glaubwürdigkeit des Zeugen oder die Glaubhaftigkeit seiner Aussagen zu beurteilen sind.[318] Wird dies unterlassen, beruht die Beweiswürdigung auf einer unsicheren Tatsachengrundlage. Ob die Angaben des Zeugen der Würdigung tatsächlich zugrunde gelegt werden können, steht dann nicht mit hinreichender Sicherheit fest.[319]

Ermittlungsführern kann nur empfohlen werden, das Protokoll weitgehend vorzubereiten und hierin bereits die Beweisfragen zu formulieren. Dies darf indes nicht davon abhalten, im Zuge der Zeugenvernehmung weitere Beweisfragen zu stellen und in das Protokoll aufzunehmen.

Zu Beginn der Vernehmung des Beamten oder des Zeugen ist dieser über die Verschwiegenheit zu belehren und dies zu Protokoll zu nehmen.

Bei der Erstellung des Protokolls ist darauf zu achten, dass das Datum der Vernehmung genauso aufgeführt wird wie die uhrzeitmäßige Angabe von Beginn und Ende der Vernehmung. Weiterhin sind die an der Vernehmung teilnehmenden Personen im Einzelnen mit ihrer Funktion aufzuführen.

Noch vor Beginn der Protokollführung und der Vernehmung kann es im Einzelfall durchaus sinnvoll sein, zunächst allgemeine Worte zu finden. Es ist auch sinnvoll, dass sich der Ermittlungsführer vorstellt und das gleiche gilt auch für den Protokollführer. Bei der Anhörung des Beamten sowie bei der Vernehmung von Zeugen sind diese zunächst auf ihre Wahrheitspflicht hinzuweisen. Die betroffenen Beamten sind darüber hinaus zu belehren, dass sie nicht zur Aussage verpflichtet sind und sich jederzeit eines Bevollmächtigten oder eines Beistands bedienen können. Letzteres entfällt natürlich dann, wenn sich ein Rechtsanwalt bestellt hat oder an der entsprechenden Anhörung teilnimmt.

Die Zeugen sind nicht nur über die Wahrheitspflicht zu belehren. Eingangs sind die Zeugen über ihr Zeugnisverweigerungsrecht zu belehren, und zwar nach der Vernehmung zur Person und vor der Vernehmung zur Sache.

---

[318] Hierzu bereits BVerwG, 15.03.2013 – 2 B 22.12, NVwZ-RR 2013, 557 sowie 20.05.2015 – 2 B 4.15, Buchholz 310 § 130a VwGO Nr. 86 Rn. 10.
[319] BVerwG, 28.09.2022 – 2 A 17.21.

Die Belehrung muss hinreichend eindeutig und unmissverständlich sein.

Es folgt die Vernehmung zur Sache. Hierbei sollte der Zeuge zunächst zu einem zusammenhängenden Bericht veranlasst werden. Wie die konkrete Gestaltung der Vernehmung zur Sache erfolgt, hängt vom jeweiligen Disziplinarverfahren ab. Bilden mehrere selbstständige Handlungen und somit mehrere Pflichtenverstöße den Gegenstand des Disziplinarverfahrens, so ist es angezeigt, die Vernehmung zur Sache strukturiert vorzunehmen. Der Ermittlungsführer sollte zunächst Beweisfragen zu den einzelnen Pflichtenverstößen formulieren. Dem Ermittlungsführer steht bei der Befragung der Zeugen ein Erstfragerecht zu. Dies bedeutet, dass der an der Vernehmung der Zeugen teilnehmende Beamte und sein Rechtsanwalt erst dann Fragen an den Zeugen stellen dürfen, wenn der Ermittlungsführer zu einem bestimmten Abschnitt des Disziplinarverfahrens alle Fragen gestellt hat. Ist dies der Fall, dann ist dem Beamten bzw. seinem Rechtsanwalt Gelegenheit zu geben, selbst Beweisfragen an den Zeugen zu stellen. Danach erfolgt dann die Fortsetzung der Zeugenvernehmung bezogen auf den nächsten Teilabschnitt des Disziplinarverfahrens.

Beispiel: ─────────────────────────────────────

In der Einleitungsverfügung wird einer Beamtin der Besoldungsgruppe A 14 vorgeworfen

a) an insgesamt 13 dienstlichen Veranstaltungen unter Beteiligung ihres Vorgesetzten ohne Vorlage einer Arbeitsunfähigkeitsbescheinigung nicht teilgenommen zu haben. Die Beamtin stand seit über einem Jahr in einem konfliktreichen WhatsApp-Austausch mit ihrem Dienstvorgesetzten. Die Teilnahme des Dienstvorgesetzten an dienstlichen Veranstaltungen führe bei ihr zu einer Erkrankung.
Es folgt die exakte Benennung der dienstlichen Veranstaltungen unter Zeitangabe sowie Angabe der Örtlichkeit.

b) Der Beamtin wird vorgeworfen, sie habe in der Tiefgarage der Behörde den privaten Pkw ihres Dienstvorgesetzten auf der Motorhaube zerkratzt.
Auch hier erfolgen weitere Angaben zu Tatort sowie zur Tatzeit.

c) Weiterhin soll die Beamtin ihren Vorgesetzten mit den Worten „Du Dorftrottel" tituliert haben.
Auch hier erfolgen konkrete Angaben über Ort und **Zeitpunkt**.

d) Die Beamtin soll versucht haben, eine Zeugin hinsichtlich des dritten Vorfalls zu beeinflussen.
Auch diese Handlung wird in der Einleitungsverfügung näher „unterfüttert".

Der Ermittlungsführer sollte in einem solchen oder vergleichbaren Verfahren zu den einzelnen Pflichtverletzungen Beweisfragen formulieren und an die betroffenen Zeugen stellen. In diesem Zusammenhang macht es dann auch Sinn, dass die Beamtin bzw. deren Bevollmächtigte bei jeder der vier abgehandelten Handlungen/Pflichtverletzungen die Gelegenheit erhält, selbst Beweisfragen zu stellen. Diese müssen natürlich ebenfalls in das Protokoll aufgenommen werden.

Denn nach § 24 Abs. 4 BDG ist der Beamtin Gelegenheit zu geben, an der Vernehmung von Zeugen und Sachverständigen sowie an der Einnahme des Augenscheins teilzunehmen und hierbei **sachdienliche Fragen** zu stellen. Oftmals müssen die Beamten sowie deren Bevollmächtigte darauf hingewiesen werden, dass sie im Zuge der Vernehmung nur ein Fragerecht haben. Selbst erfahrene Rechtsanwälte lassen sich oftmals dazu hinreißen, durch allgemeine Ausführungen das dienstliche Fehlverhalten ihres Mandanten zu verniedlichen und auf diese oder andere Weise Einfluss auf die Zeugen zu nehmen. Unzulässig sind auch Ausforschungsbeweise. Auch hier muss der Ermittlungsführer den Beamten bzw. die Bevollmächtigten unterbrechen. Die Zeugenvernehmung darf auch an dieser Stelle dem Ermittlungsführer nicht entgleiten. In der Sache ist ein konsequentes Vorgehen erforderlich. Dies gilt unabhängig von Namen und Dienstgraden.

Ein **Ausforschungsbeweis** ist ein Beweisantrag, der darauf abzielt, durch die beantragte Beweisaufnahme Tatsachen in Erfahrung zu bringen, die einen genaueren Vortrag oder die Benennung weiterer Beweismittel erst ermöglichen.

Nicht erhoben werden darf somit ein Beweis, der auf eine unzulässige Ausforschung der anderen Partei gerichtet ist. Dieser sog. Ausforschungsbeweis tritt in zwei verschiedenen Erscheinungsformen auf. Zum einen kann ein völlig unsubstantiierter Beweisantritt darauf abzielen, durch die Beweisaufnahme erst beweiserhebliche Tatsachen in Erfahrung zu bringen, die der Beweisführer (der mit den Disziplinarvorwürfen belastete Beamte) dann zur Grundlage eines neuen Vorbringens macht. Zu denken ist etwa an die pauschale Behauptung, die von ihm nicht angezeigte bzw. nicht genehmigte Nebentätigkeit sei allen Bediensteten in der Dienststelle seit Jahren bekannt gewesen.[320] Ein solcher Beweisermittlungsantrag muss als unzulässig zurückgewiesen werden.[321]

Zum anderen kann ein Ausforschungsbeweis dann vorliegen, wenn eine Partei für das Vorliegen eines bestimmten Umstands ohne greifbare Anhaltspunkte willkürlich Behauptungen „aufs Gerate-wohl" oder „ins Blaue hinein" aufstellt.[322] Bei der Bewertung dieser Beweisangebote als unzulässig ist allerdings Zurückhaltung geboten.[323] Behauptungen „auf gut Glück" oder „ins Blaue hinein" sind nur unbeachtlich, wenn die betreffende Partei ihre Unrichtigkeit positiv kennt oder von ihrem Gegenteil überzeugt ist. Dies kann aber oft nur durch eine gerichtliche Überprüfung festgestellt werden. Einem Beamten steht es im Disziplinarverfahren deshalb frei, Tatsachen zu behaupten und unter Beweis zu stellen, die er nur für wahrscheinlich oder für möglich hält. Der beweisführende Beamte muss die Tatsache, für deren Richtigkeit Beweis angeboten wird, spezifiziert bezeichnen und dabei die tatsächlichen Anhaltspunkte für die aufgestellte Behauptung darlegen. Ansonsten wäre die Beweisaufnahme ein unzulässiger Ausforschungsbeweis.[324]

Den Beamten steht gegen die Ablehnung eines Beweisantrags kein isoliertes Rechtsmittel zu. Es handelt sich bei der Ablehnung um eine behördliche Verfahrenshandlung i. S. d. § 3 BDG i. V. m. § 44a VwGO. Letztlich müssen die Beamten die unterlassene Beweiserhebung gegenüber der Schlussentscheidung angreifen.

e) Protokoll über die Zeugenvernehmung

Wie bereits dargelegt, beinhaltet das BDG sowie die Landesdisziplinargesetze Regelungen über die Aufnahme von Protokollen, Aufzeichnungen, Niederschriften bei Beweiserhebungen.

---

[320] VG Düsseldorf, 12.08.2024 – 38 K 5207/21 sowie VG Trier, 18.07.2024 – 4 K 732/24.TR.

[321] BGH, 12.07.1984 – VII ZR 123/83, NJW 84, 2888, 2889.

[322] BGH, 04.03.1991 – II ZR 90/90, NJW-RR 91, 888, 891 sowie 17.09.1998 – III ZR 174/97, NJW-RR 1999, 361.

[323] *Prütting/Gehrlein*, ZPO-Kommentar, § 284 ZPO, Rn. 25.

[324] OVG Saarlouis, 22.11.2005 – 4 U 382/04.

§ 28 Satz 1 Halbs. 1 BDG; entsprechende Vorschriften nach den Landesdisziplinargesetzen:

§ 18 Abs. 1 Satz 1 LDG BW, Art. 30 Abs. 1 Satz 1 Halbs. 1 BayDG, § 28 Satz 1 DiszG B, § 29 Satz 1 Halbs. 1 BrLDG, § 28 Satz 1 Halbs. 1 BremDG, § 26 Abs. 6 Satz 1 Halbs. 1 HmbDG, § 32 Satz 1 Halbs. 1 HDG, § 29 Abs. 1 Satz 1 Halbs. 1 NDiszG, § 29 Satz 1 Halbs. 1 LDG NRW, § 30 Satz 1 LDG M-V, § 34 Satz 1 LDG RP, § 28 Satz 1 Halbs. 1 SDG, § 28 Satz 1 Halbs. 1 SächsDG, § 28 Satz 1 Halbs. 1 DG LSA, § 28 Satz 1 Halbs. 1 LDG SH, § 29 Satz 1 ThürDG.

§ 28 Satz 1 Halbs. 1 BDG verweist auf § 168a der Strafprozessordnung (§ 18 Abs. 2 Satz 1 LDG BW; § 29 Satz 1 Halbs. 1 LDG NRW; § 26 Abs. 6 Satz 1 Halbs. 2 NDiszG). Es entspricht rechtsstaatlichen Grundsätzen, den betroffenen Beamten eine Abschrift der Niederschrift nach der Zeugenvernehmung oder aber im Wege der Akteneinsichtnahme zuzuleiten.

f) Teilnahme und Ausschluss des Beamten bei der Zeugenvernehmung

Nach § 24 Abs. 4 BDG und den nahezu gleichlautenden Regelungen in den Landesdisziplinargesetzen ist dem Beamten Gelegenheit zu geben, an der Vernehmung von Zeugen und Sachverständigen sowie an der Einnahme des Augenscheins teilzunehmen und hierbei sachdienliche Fragen zu stellen. Die Beamten sind grundsätzlich zu allen Beweiserhebungen aus diesem Grunde zu laden. Die Ladung fordert der Anspruch auf ein faires behördliches Disziplinarverfahren. Bei Beschlagnahmen und Durchsuchungen ist eine Beteiligung hingegen nicht vorgesehen. Es handelt sich hierbei um keine echten Beweiserhebungen, sondern Verfahren zur **Beweissicherung**.[325]

Der Beamte kann an der Beweiserhebung im **Ausnahmefall ausgeschlossen** werden, wenn Tatsachen vorliegen, die erwarten lassen, dass durch seine Teilnahme der Zweck der Ermittlungen oder Rechte Dritter gefährdet werden oder andere wichtige Gründe entgegenstehen. Nach § 24 Abs. 4 Satz 3 DG LSA sind die Ausschlussgründe aktenkundig zu machen. Nach § 30 Abs. 4 Satz 4 ThürDG muss der Beamte über das Ergebnis der Beweisaufnahme unterrichtet werden. Grundsätzlich ist von der Möglichkeit des Ausschlusses sparsam Gebrauch zu machen, weil mit einem entsprechenden Ausschluss in

---

[325] *Köhler/Baunack*, BDG, § 24 Rn. 16.

das grundrechtlich gesicherte rechtliche Gehör des Beamten eingegriffen wird. Der in Art. 103 Abs. 1 GG und § 108 Abs. 2 VwGO verankerte Anspruch auf Gewährung rechtlichen Gehörs garantiert den Beteiligten eines Verfahrens, dass sie die Gelegenheit erhalten, sich vor Erlass einer Entscheidung zu äußern und dadurch die Willensbildung zu beeinflussen.[326]

Die Entscheidung zum Ausschluss eines Beamten muss nach pflichtgemäßem Ermessen getroffen werden. Die Gründe sind dem Beamten mitzuteilen.

Auch der von der Zeugenvernehmung ausgeschlossene Beamte hat ein Recht auf Einsichtnahme in die Disziplinarakte und somit in die Niederschrift der Zeugenvernehmung, von der er ausgeschlossen wurde.

Ein Ausschluss eines Rechtsanwalts von einer Zeugenvernehmung ist mit dem Grundsatz des rechtlichen Gehörs nicht in Übereinstimmung zu bringen. Nach § 25 Abs. 4 Satz 2 NDiszG kann der Beamte, auch gemeinsam mit den Verfahrensbevollmächtigten von der Teilnahme einer Zeugenvernehmung ausgeschlossen werden, soweit dies bei der Vernehmung von Minderjährigen oder aus einem wichtigen Grund, insbesondere mit Rücksicht auf den Ermittlungszweck oder zum Schutz der Rechte Dritter, erforderlich ist. Soweit der Ausschluss eines Bevollmächtigten bei der Vernehmung von Minderjährigen in § 25 Abs. 4 Satz 2 NDiszG vorgesehen ist, so ist dies rein rechtlich nicht zu beanstanden. Im Übrigen ist von der Regelung äußerst sparsam Gebrauch zu machen, da es rechtsstaatlichen Grundsätzen widerspricht, einen Verfahrensbevollmächtigten nicht zu einer Zeugenvernehmung zuzulassen.

g) „Besorgnis der Befangenheit" des Ermittlungsführers

Nach § 3 BDG i. V. m. § 21 Abs. 1 Satz 1 VwVfG hat, wer in einem Verwaltungsverfahren für eine Behörde tätig werden soll, den Leiter der Behörde oder den von diesem Beauftragten zu unterrichten und sich auf dessen Anordnung der Mitwirkung zu enthalten, wenn ein Grund vorliegt, der geeignet ist, Misstrauen gegen eine unparteiische Amtsausübung zu rechtfertigen, oder wenn von einem Beteiligten das Vorliegen eines solchen Grundes behauptet wird. Die rein subjektive Besorgnis, für die bei Würdigung der Tatsachen vernünftigerweise kein Grund ersichtlich ist, reicht nicht aus.[327] Es müssen somit von dem Beamten objektivierbare, über eine rein subjektive Besorgnis hinausgehende Anhaltspunkte dargetan werden. Von objektivierbaren Anhaltspunkten ist insbesondere nicht auszugehen,

---

[326] BVerwG, 12.11.2014 – 2 B 67.14, zum gerichtlichen Verfahren.
[327] BVerwG, 28.09.2022 – 2 A 17.21 und 16.06.2016 – 9 A 4.15, Buchholz 407.4.

soweit der Beamte die Besorgnis der Befangenheit darin begründet sieht, dass alle ihn entlastenden Aussagen als unglaubhaft eingestuft worden seien. Dies jedenfalls dann nicht, wenn der Ermittlungsführer die Würdigung der Zeugenaussagen auf sachliche und nachvollziehbare Gründe gestützt hat.

Ein Dienstvorgesetzter ist nur dann verpflichtet, den Ermittlungsführer wegen Besorgnis der Befangenheit gem. § 3 BDG i. V. m. § 21 VwVfG von seiner Tätigkeit zu entbinden, wenn tatsächlich objektivierbare Anhaltspunkte für diesen konkreten Verdacht vorgetragen werden. In der Praxis kommt dies so gut wie nie vor.

h) Das Fragerecht bei der Beweiserhebung

Zunächst werden die Beweisfragen der ermittelnden Person abgehandelt. Alsdann folgen die Beweisfragen, die von dem Beamten oder deren Bevollmächtigten gestellt werden. Probleme können sich ergeben, wenn der Beamte gegenüber einem Zeugen eine Beweisfrage formulieren will und sich in allgemeine Ausführungen verfängt. Es ist dann erforderlich, dass die ermittelnde Person den Hinweis gibt, dass an die Zeugen nur Beweisfragen gestellt werden dürfen. Unzulässig sind sog. Ausforschungsbeweise. Ein Ausforschungsbeweis ist ein Beweisantrag, der darauf abzielt, durch die beantragte Beweisaufnahme Tatsachen in Erfahrung zu bringen, die einen genaueren Vortrag oder die Benennung weiterer Beweismittel erst ermöglichen.

Zeugen dürfen nicht dadurch zu einer Zeugenaussage ermuntert werden, dass ihnen für den Fall der eine Überführung ermöglichenden Aussage eine Höhergruppierung oder Beförderung bzw. die Übertragung eines höherwertigen Postens oder anderer Belohnungen zugesagt wird. Genauso wenig wie die Strafprozessordnung ist das Disziplinarrecht auf eine Wahrheitserforschung „um jeden Preis" ausgerichtet. Beweise müssen zulässig erhoben werden, wozu auch stets eine ordnungsgemäße Belehrung gehört. Dies gilt auch für die Vernehmung des Beamten sowie der Zeugen im Rahmen der sog. Verwaltungsvorermittlungen.

i) Das Protokoll der Beweisaufnahme

Fertigung von Protokollen sowie Aktenvermerken

Nach § 28 BDG sind über Anhörungen des Beamten und Beweiserhebungen (u. a. der Vernehmung von Zeugen sowie der Anhörung von Sachverständigen) Protokolle aufzunehmen. Bei der Einholung von schriftlichen dienstlichen Auskünften sowie der Beiziehung von Urkunden und Akten genügt hingegen nach § 28 Satz 2 BDG die Aufnahme eines Aktenvermerks.

Ein Protokoll ist über jede Anhörung des Beamten und über jede Maßnahme nach § 24 BDG zur Beweiserhebung zu fertigen. Es spricht vom Grundsatz nichts dagegen, dem Beamten eine Abschrift des Protokolls zur Verfügung zu stellen. Spätestens im Rahmen der zu gewährenden Akteneinsichtnahme erhalten sie ohnehin Einsicht in das Protokoll. Die Vorschrift des § 28 BDG verweist zu Form und Inhalt der Protokollierung auf § 168a StPO. Nach dieser Vorschrift muss das Protokoll Ort und Tag der Verhandlung sowie die Namen der mitwirkenden und beteiligten Personen angeben und ersehen lassen, ob die wesentlichen Förmlichkeiten des Verfahrens beachtet worden sind.

Was gehört noch ins Protokoll?

Im Weiteren ist das Protokoll den bei der Verhandlung beteiligten Personen, soweit es sie betrifft, zur Genehmigung vorzulesen, zur Durchsicht vorzulegen oder auf einem Bildschirm anzuzeigen. Damit das Protokoll ehestmöglich gesichert ist, macht es Sinn, dieses gleich am PC oder am Notebook zu erstellen und auszudrucken. Dies ermöglicht auch die Einsichtnahme des Beamten und auch der Zeugen.

Nach Durchlesen oder Verlesen des Protokolls ist die Richtigkeit der Niederschrift durch einen von der anzuhörenden Person zu unterzeichnenden Vermerk zu bestätigen. Dieser könnte lauten: „Nach Durchlesen anerkannt" bzw. „Nach Vorlesen anerkannt". Das Protokoll wird dann mit der Unterzeichnung durch die ermittelnde Person sowie des eventuell beigezogenen Protokollführers und der anzuhörenden Person abgeschlossen. Sinnvoll ist es dabei, dass die beschuldigten Beamten sowie die Zeugen jede einzelne Seite unterschreiben. So kann nicht der Vorwurf erhoben werden, es sei nicht das vollständige Protokoll vorgelegt worden.

Bis zur Unterzeichnung des Protokolls können noch Berichtigungen vorgenommen werden. Protokollierungsfehler können auch handschriftlich korrigiert werden, wobei es dann erforderlich ist, dass die vernommene Person an der geänderten Stelle eine Unterschrift tätigt.

Rügt die vernommene Person einen Protokollierungsfehler, weil etwa eine von ihr getätigte Äußerung missverstanden wurde, so muss die Korrektur ersichtlich bleiben. So kann das Protokoll dahingehend ergänzt werden, dass die vernommene Person nunmehr ausführt, „dass sie hinsichtlich der Beweisfrage ... falsch verstanden worden sei. Klarstellend führt der Zeuge aus ..."

Einer Konzentration des Protokolls auf das Wesentliche ist aus Gründen der Authentizität einer Aussage Grenzen gesetzt. Je bedeutsamer der Inhalt einer Aussage ist, desto genauer muss die Protokollierung sein. Es ist auf eine möglichst eindeutige Sachverhaltsschilderung hinzuwirken. Dazu gehören in der Regel Datum, Uhrzeit sowie Ort und die Schilderung des Ablaufs des Geschehenen.

Auf Widersprüche in der Aussage ist hinzuweisen. Dazu können den vernommenen Personen auch frühere Aussagen – etwa im Rahmen der Vorermittlungen oder in Strafverfahren – durch Vorlesen vorgehalten werden.

Der Ermittlungsführer ist keine zur eidlichen Vernehmung zuständige Stelle i. S. d. § 153 StGB. Die Vereidigung von Zeugen durch die ermittlungsführenden Personen im Disziplinarverfahren ist nicht zulässig; sie sind als beweiserhebende Stelle zur Vereidigung nicht befugt.[328]

Es bestehen keine Bedenken, wenn das Protokoll in Kopie an den Beamten übergeben wird, es sei denn, es besteht die Gefahr, dass die Protokolle verwendet werden, um Zeugen zu beeinflussen.

j) Versehentlich unterbliebene Belehrung

Ist die Belehrung etwa nach § 20 Abs. 1 Satz 3 BDG bzw. die Belehrung über ein Zeugnisverweigerungsrecht versehentlich unterblieben, so ist diese nachzuholen. Die bis dahin vorgenommenen Aussagen sind nicht verwertbar. Sollte ein Fehler dieser Art eintreten, so hilft es nicht, diesen zu verschweigen. Entweder wird die Vernehmung am gleichen oder an einem anderen Tag wiederholt. Bei der unterbliebenen Belehrung nach § 20 Abs. 1 Satz 3 BDG ist jedoch zu berücksichtigen, dass diese nicht am gleichen Tag nachgeholt werden kann. Denn es ist dem Beamten ausreichend Gelegenheit zu geben, einen Bevollmächtigten auszuwählen und sich mit ihm zu beraten. Eine dadurch bedingte Verfahrensverzögerung hat der Dienstherr zu verantworten. Nur dann, wenn der betroffene Beamte eindeutig und unmissverständlich zu Protokoll erklärt, dass er im derzeitigen Stadium des Disziplinarverfahrens auf einen Bevollmächtigten bzw. einen Beistand nicht zurückgreifen wird, kann die Vernehmung nach richtig erfolgter Belehrung am selben Tage fortgesetzt werden.

k) Wirtschaftliche Verhältnisse des Beamten

Nicht nur dann, wenn ein schwerwiegendes Dienstvergehen vorliegt, welches voraussichtlich die Entfernung aus dem Beamtenverhältnis herbeiführt, sind die wirtschaftlichen Verhältnisse zu ermitteln. Sie sind auch bei der Disziplinarmaßnahme der Geldbuße, der Kürzung

---

[328] OLG Karlsruhe, 17.05.2011 – 3 Ws 215/10; *Schmiemann* in: Schütz/Schmiemann, § 25 Rn. 10; *Claussen/Benneke/Schwandt*, Rn. 508.

der Dienstbezüge sowie der Zurückstufung von Relevanz. Von Bedeutung sind sie auch im Hinblick auf eine vorläufige Einbehaltung eines Teils der Dienstbezüge nach Maßgabe des § 38 Abs. 2 BDG.[329]

Zur Angabe der privaten wirtschaftlichen Verhältnisse sind Beschäftigte grundsätzlich nicht verpflichtet. Die ermittelnden Personen sollten daher in dem Anschreiben an die betroffenen Beamten den Zusatz aufnehmen, dass die Angaben zu den wirtschaftlichen Verhältnissen nur in diesem Disziplinarverfahren und nur für die Disziplinarentscheidung verwertet werden.

Wenn der Beamte die wirtschaftlichen Verhältnisse darlegt, so sind neben der Richtigkeit sowie der Vollständigkeit auch die Freiwilligkeit der Angaben zu versichern.

Verweigert der Beamte die Auskunft über die wirtschaftlichen Verhältnisse, so kann der Dienstherr nur davon ausgehen, dass keine in den wirtschaftlichen Verhältnissen liegenden Gründe vorliegen, die zugunsten des Beamten zu berücksichtigen wären. Insoweit hätte dies zur Folge, dass etwa die Verhängung des gesetzlich zulässigen höchstmöglichen Satzes der Geldbuße (§ 7 BDG) in Betracht kommt. Zur Steigerung der Motivation zur Mitwirkung sollten die Beamten auf diesen Umstand hingewiesen werden. Besonders relevant ist dies dann, wenn es um den Einbehalt des nach § 38 Abs. 2 oder Abs. 3 BDG zulässigen Höchstbetrags von 30 bis 50 Prozent der Dienstbezüge geht.

I) Nichterscheinen des Zeugen oder des Sachverständigen

Verweigern Zeugen oder Sachverständige ohne Vorliegen eines der in den §§ 52 bis 55 und 76 StPO bezeichneten Gründe die Aussage oder die Erstattung eines Gutachtens, kann das Gericht um die Vernehmung vom Dienstvorgesetzten, seinem allgemeinen Vertreter oder einem beauftragten Beschäftigten, der die Befähigung zum Richteramt hat, ersucht werden.

In dem Ersuchen sind der Gegenstand der Vernehmung genauso darzulegen sowie die Namen und Anschriften der Beteiligten. Das Verwaltungsgericht entscheidet über die Rechtmäßigkeit der Weigerung der Aussage oder der Erstattung des Gutachtens, § 25 Abs. 2 BDG.[330]

---

[329] Vgl. Art. 39 Abs. 2 BayDG, § 22 Abs. 2 LDG BW, § 38 Abs. 2 und 3 NDiszG, § 38 Abs. 2 und 3 LDG NRW und § 38 Abs. 2 und 3 SächsDG.
[330] Vgl. Art. 27 Abs. 2 BayDG, § 16 Abs. 3 LDG BW, § 26 Abs. 2 und 3 NDiszG, § 25 Abs. 2 LDG NRW und § 25 Abs. 2 SächsDG.

m) Herausgabe von Unterlagen

> § 26 BDG, entsprechende Vorschriften nach den Landesdisziplinargesetzen:
>
> § 17 LDG BW, Art. 28 BayDG, § 26 DiszG B, § 27 BrLDG, § 26 BremDG, § 26 HmbDG, § 29 HDG, § 27 NDiszG, § 27 LDG NRW, § 28 LDG M-V, § 31 LDG RP, § 26 SDG, § 26 SächsDG, § 26 DG LSA, § 26 DG SH, § 31 ThürDG.

Nach § 26 BDG und den vergleichbaren Vorschriften der Länder haben Beamte Schriftstücke, Zeichnungen, bildliche Darstellungen und Aufzeichnungen einschließlich technischer Aufzeichnungen, die einen dienstlichen Bezug aufweisen, auf Verlangen für das Disziplinarverfahren zur Verfügung zu stellen.

Die Herausgabepflicht nach § 26 Satz 1 BDG entspricht nicht derjenigen aus § 67 Abs. 4 BBG.

Gibt der Beamte die Unterlagen nicht freiwillig heraus, müssen die Ermittelnden über das Verwaltungsgericht einen Herausgabebeschluss erwirken lassen, um die (vollstreckbare) Herausgabeanordnung zu erreichen (§ 26 Satz 2, § 25 Abs. 2, 3 BDG). Der Antrag ist durch den Dienstvorgesetzten, dessen allgemeine Vertretung oder beauftragte Beschäftigte mit der Befähigung zum Richteramt zu stellen.

Unter „technische Aufzeichnung" sind sowohl Aufzeichnungen auf Tonträgern als auch in Computern gespeicherte Daten zu verstehen. Auch Privatbriefe oder Tagebucheintragungen gehören dazu, wenn sie inhaltlich dienstlichen Bezug aufweisen.[331]

Herausgabepflichtig sind Beamte, sofern die angeforderten Unterlagen einen dienstlichen Bezug aufweisen. Solche können sich auch auf dienstlichen Mobiltelefonen befinden. § 26 BDG und die gleichlautenden landesrechtlichen Vorschriften schreiben ausdrücklich vor, dass der Beamte die Unterlagen „für das Disziplinarverfahren zur Verfügung zu stellen" hat. Damit wird hervorgehoben, dass der dienstliche Bezug gerade im Hinblick auf das konkrete Disziplinarverfahren vorliegen muss. Zu anderen Zwecken kann das Herausgabeverlangen nicht geltend gemacht werden. Auch andere Unterlagen, die zwar einen dienstlichen Bezug aufweisen, aber erkennbar nicht im Zusammenhang mit dem aktuellen Disziplinarverfahren stehen, kann der Dienstherr nicht herausverlangen. Hierfür eignet

---

[331] *Hermann/Sandkuhl*, Beamtendisziplinarrecht, 2021, Rn. 640.

sich der allgemeine beamtenrechtliche Herausgabeanspruch nach § 67 Abs. 4 BBG (§ 37 Abs. 6 BeamtStG).

n) Beschlagnahmen und Durchsuchungen

Nach der Rechtsprechung des BVerwG ist eine Durchsuchung eine amtliche Suche nach Beweismitteln im Zuge von Ermittlungen wegen des Verdachts auf ein Dienstvergehen oder eine Straftat.[332] Kennzeichen ist die ziel- und zweckgerichtete Suche staatlicher Organe nach etwas Verborgenem in einem bestimmten abgrenzbaren Bereich oder Objekt.[333] Nach § 27 Abs. 1 BDG[334] kann das Verwaltungsgericht auf Antrag durch Beschluss Beschlagnahmen und Durchsuchungen anordnen. Für die Stellung dieser Anträge ist wieder der in § 25 Abs. 3 BDG aufgeführte Personenkreis befugt.

Bei der Anordnung einer Beschlagnahme oder einer Durchsuchung sind die Anforderungen streng. Denn diese Anordnung darf nach § 27 Abs. 1 Satz 2 BDG nur getroffen werden, wenn der Beamte des ihm zur Last gelegten Dienstvergehens dringend verdächtig ist und die Maßnahme zu der Bedeutung der Sache und der zu erwartenden Disziplinarmaßnahme nicht außer Verhältnis steht. Diese Voraussetzung ist dem Strafprozessrecht (§ 112 Abs. 1 Satz 1 StPO) entnommen und erfüllt, wenn ein hoher Grad an Wahrscheinlichkeit dafür gegeben ist, dass der Beamte das Dienstvergehen begangen hat. Die Begründung des Antrags hat dies im Einzelnen darzulegen.

Werden bei Gelegenheit einer auf der Grundlage von § 27 Abs. 1 BDG angeordneten Durchsuchung Gegenstände aufgefunden, die in keinerlei Beziehung zu dem vorgeworfenen Dienstvergehen stehen, welches den Anlass für die Anordnung der Durchsuchung bildet, so können die aufgefundenen Gegenstände in Anwendung des gem. § 27 Abs. 1 Satz 3 BDG anwendbaren § 108 StPO einstweilen in Beschlag genommen werden, wenn sie auf die Begehung einer anderen Straftat oder Dienstpflichtverletzung hinweisen.

Regelmäßig kommen entsprechende Zwangsmaßnahmen nur in Betracht, wenn die Zurückstufung oder die Entfernung aus dem

---

[332] BVerwG, 16.03.2004 – 2 WD 3.04, BVerwGE 120, 193.
[333] BVerfG, 05.05.1987 – 1 BvR 1113/85, BVerfGE 75, 318 und BVerwG, 31.03.2011 – 2 A 11.08.
[334] Vgl. Art. 28 BayDG, § 17 LDG BW, § 28 NDiszG, § 27 LDG NRW und § 27 SächsDG.

Beamtenverhältnis bzw. die Aberkennung des Ruhegehalts zu erwarten ist.[335]

Inhaltlich gilt, dass der Dienstherr den Beschluss des Verwaltungsgerichts durch die Staatsanwaltschaft oder Polizeibehörde vollstrecken lassen muss.[336]

Die Beschlüsse des Verwaltungsgerichts mit den Durchsuchungsanordnungen sind gem. § 27 Abs. 2 BDG i. V. m. § 36 Abs. 2 Satz 1 StPO von der Behörde der jeweiligen Staatsanwaltschaft zu übergeben, deren Aufgabe es dann ist, das Erforderliche zu veranlassen.[337]

Das Erfordernis eines verwaltungsgerichtlichen Beschlusses gilt uneingeschränkt. Die rechtliche Relevanz des Richtervorbehalts ist im Disziplinarrecht noch stärker ausgeprägt als im Strafrecht. Im Disziplinarrecht gilt der Richtervorbehalt ausnahmslos und kann nicht einmal bei Gefahr im Verzug durchbrochen werden.[338]

Die Verwaltungsgerichte haben die Pflicht, durch eine konkretisierende Formulierung des Durchsuchungsbeschlusses sicherzustellen, dass der gegenüber dem Beamten vorgenommene Eingriff in seine Grundrechte verhältnismäßig ausfällt.

Durch § 27 Abs. 1 BDG wird im Übrigen das Grundrecht der Unverletzlichkeit der Wohnung (Art. 13 Abs. 1 GG) eingeschränkt, § 27 Abs. 3 BDG.

Eine Beschlagnahme oder Durchsuchung durch den Dienstherrn selbst, im Wege der Vollstreckung, ist vom Wortlaut der Bestimmung her ausgeschlossen. Eine Durchsuchungs- und Beschlagnahmeanordnung des Disziplinargerichts darf von solchen ermittlungsführenden Personen vollzogen werden, die ihrerseits den Status einer Ermittlungsperson der Staatsanwaltschaft (§ 152 GVG) haben.[339] Dem ist allerdings entgegenzuhalten, dass auch die Vollstreckung einer disziplinaren gerichtlichen Beschlagnahme- und Durchsuchungsanordnung der Staatsanwaltschaft und eben nicht unmittelbar dem disziplinaren Dienstvorgesetzten obliegt und insofern § 36 Abs. 2 Satz 1 StPO zu beachten ist.[340] Insoweit darf selbst bei Disziplinarermittlungen im Bereich der Bundes- oder Landespolizei der Dienstvorge-

---

[335] BVerfG, 21.06.2006 – 2 BvR 1780/04">">2 BvR 1780/04, NVwZ 2006, 1282; BayVGH, 28.04.2014 – 16b DC 12.2380.

[336] OVG Hamburg, 03.07.2012 – 12 Bf 58/12.F, NVwZ-RR 2012, 845.

[337] BVerwG, 31.03.2011 – BVerwG 2 A 3.09.

[338] *Gansen*, § 27 BDB, Rn. 47; Keller, S. 187.

[339] OVG RP, 12.01.2007 – 3 B 11367/06, NVwZ-RR 2007, 318.

[340] VG München, 16.09.2011 – 16b DC 11.1037; OVG Hamburg, 03.07.2012 – 12 Bf 58/12.F.

setzte die Durchführung nicht mit „eigenen Kräften" durchführen.[341] Nach den Entscheidungen des VGH München sowie des OVG Hamburg sind die Entscheidungen, die der Vollstreckung bedürfen, der Staatsanwaltschaft zu überreichen, die das jeweils Erforderliche veranlassen. Diese Rechtsansicht deckt sich mit der des Bundesverwaltungsgerichts.[342] Die Frage ist aber, ob die Nichteinhaltung dieses konkreten Verfahrensweges als schwerwiegender Verfahrensfehler zu werten ist und ein Beweisverwertungsverbot zur Folge hat. Der Hessische Verwaltungsgerichtshof vertritt – wie oben dargelegt – dazu die Auffassung, zuständig seien für die Ausführungen einer Durchsuchungs- und Beschlagnahmeanordnung des Disziplinargerichts die nach der Strafprozessordnung dazu berufenen Behörden. Dies seien neben der Staatsanwaltschaft selbst auch deren Ermittlungspersonen.[343] Geht man von der erstgenannten Auffassung aus, müsste die Staatsanwaltschaft nach Übergabe eines Beschlusses das Erforderliche veranlassen und die Bundes- oder Landespolizei als Ermittlungsperson der Staatsanwaltschaft beauftragen (vgl. § 152 GVG, § 12 Abs. 5 BPolG). Unter Berücksichtigung der Tatsache, dass es sich lediglich um einen formalen Mangel handelt, der von Teilen der Literatur[344] und Rechtsprechung sogar verneint wird, falls die behördeninterne Ermittlungsstellen selbst den Status von Ermittlungspersonen der Staatsanwaltschaft haben, kann im Regelfall der Verstoß nicht als so gravierend angesehen werden, dass er zur Aufhebung der Beschlagnahme führt. Denn auch in diesem Fall würde die Beschlagnahme durch Ermittlungsbeamte der Staatsanwaltschaft vorgenommen werden, die auch für Beschlagnahmen zuständig sind.[345]

o) Beschluss des Verwaltungsgerichts

Die drei Voraussetzungen für den Erlass des Beschlusses des Verwaltungsgerichts:

1. dringender Tatverdacht

---

[341] *Herrmann/Sandkuhl*, § 7 Rn. 581; *Keller*, S. 188.

[342] BVerwG, 31.03.2011 – 2 A 11/08, NVwZ-RR 2011, 698.

[343] HessVGH, 12.01.2007 – 3 B 11367/06. Eine Verfassungsbeschwerde hiergegen wurde nicht zur Entscheidung angenommen, BVerfG, 14.11.2007 – 2 BvR 371/07.

[344] *Röger*, Das behördliche Disziplinarverfahren nach dem Bundesdisziplinargesetz, S. 186 f.; *Keller*, S. 188 sowie *Köhler/Baunack*, § 27 Rn. 13 bis 15.

[345] So auch BayVGH, 16.09.2011 – 16b DC 11.1037.

2. Verhältnismäßigkeit zwischen Maßnahme und Bedeutung des Tatvorwurfs

3. Verhältnismäßigkeit zwischen Maßnahme und zu erwartender disziplinarischer Ahndung muss im Zeitpunkt des Erlasses des Beschlusses vorliegen.

BVerwG, 02.09.2022 – 2 WDB 6/22, NVwZ 2022, 1733

Gegen einen betroffenen Soldaten wurde mit Beschluss u. a. die Durchsuchung seines privaten Mobiltelefons, einschließlich der darin befindlichen Speicherkarte sowie der vom Mobiltelefon räumlich getrennten Speichermedien (Clouddienste), auf die von dem Mobiltelefon aus zugegriffen werden kann, im Übrigen „gegebenenfalls die Beschlagnahme von Beweismitteln" angeordnet. Der entsprechende Soldat sei hinreichend verdächtig, zwischen September 2017 und März 2018 per „WhatsApp" Nachrichten und Bilder mit rassistischen Inhalten unter Bezugnahme auf seinen Dienst als Bundeswehrsoldat versendet und ausgetauscht zu haben. Ferner sei er hinreichend verdächtigt, zumindest zwischen September und Dezember 2017 Bilder mit die NS-Zeit verherrlichenden und/oder die Opfer des Holocaust verächtlich machenden Inhalten erhalten und zum Teil zustimmend kommentiert zu haben sowie diesen Inhalten nicht entgegengetreten zu sein. Die Durchsuchung richtete sich neben dem Mobiltelefon mit darin befindlichen Speichermedien auch auf räumlich getrennte Speichermedien (z. B. Cloud, WhatsApp) und auf sonstige auffindbare IT (Computer, Laptop etc.). Auch damit könne auf WhatsApp zugegriffen und könnten Texte und Bilder der beschriebenen Art versandt werden. Es sei zu erwarten, dass eine Durchsuchung zum Auffinden von Beweismaterial führen werde. Die angeordneten Maßnahmen seien zur Aufklärung des Dienstvergehens und zur Überführung des Soldaten notwendig und stünden in einem angemessenen Verhältnis zur Schwere des vorgeworfenen Dienstvergehens und Stärke des Tatverdachts.

Nach Sichtweise des Bundesverwaltungsgerichts ist diese Durchsuchungsanordnung rechtswidrig, soweit damit eine Durchsuchung der vom Mobiltelefon des Soldaten räumlich getrennten Speichermedien (Clouddienste), auf die vom Mobiltelefon aus zugegriffen werden kann, angeordnet wurde. Für eine solche Anordnung enthalte die Wehrdisziplinarordnung keine Ermächtigungsgrundlage, auch nicht in § 20 WDO. Denn der Zugriff auf Kommunikationsinhalte, die außerhalb der Endgeräte des Soldaten auf dem Server eines Providers gespeichert seien und auf die er nur über eine Internetverbindung zugreifen könne, greife in das Fernmeldegeheimnis nach Art. 10 Abs. 1 GG ein.[346] Ein solcher Eingriff bedürfe gem. Art. 10 Abs. 2 GG einer gesetzlichen Grundlage und verlange nach Art. 19 Abs. 1 Satz 2 GG, dass die Wehrdisziplinarordnung das eingeschränkte Grundrecht

---

[346] BVerfG, 16.06.2009 – 2 BvR 902/06, BVerfGE 124, 43.

zitiere.[347] Da § 148 der gem. Gesetz vom 15.03.1957[348] am 01.04.1957 in Kraft getretenen und somit – wegen Inkrafttretens des Grundgesetzes am 24.05.1949[349] – nachkonstitutionellen Wehrdisziplinarordnung[350] eine Einschränkung des Grundrechts auf das Fernmeldegeheimnis nicht zitiert, stehe die Eigenart des gerichtlichen Disziplinarverfahrens der Annahme entgegen, jedenfalls aus der Verweisung des § 91 Abs. 1 Satz 1 WDO auf die Strafprozessordnung ergebe sich eine gesetzliche Eingriffsgrundlage für einen Eingriff in das Fernmeldegeheimnis. Im Übrigen sei die Durchsuchungsanordnung indes rechtmäßig.[351]

p) Zugriff auf dienstliche Rechner etc. durch Dienstvorgesetzte ohne Durchsuchungsanordnung

Der Dienstherr besitzt die Sachherrschaft über das Dienstzimmer des Beamten und dies auch dann, wenn dieses verschlossen ist. Aus diesem Grunde darf der Dienstherr im Rahmen eines Disziplinarverfahrens auch ohne richterliche Anordnung das Dienstzimmer betreten, um Beweismittel zu finden und an sich zu nehmen.[352] Anders ist die Rechtslage, wenn Beamte konkrete Gegenstände schon äußerlich erkennbar ihrer Privatsphäre zugeordnet haben. In diesem Fall ist von einer eigenen Gewahrsamsbegründung auszugehen. Private Aufzeichnungen können hierunter fallen, die keinen dienstlichen Bezug aufweisen. Der Dienstherr kann aber auch zur Beweissicherung ein Dienstzimmer verschließen (lassen) bzw. das Schloss auswechseln oder das Zimmer versiegeln lassen. Gleichzeitig kann der Dienstherr von seinem Recht Gebrauch machen, dem Beamten gegenüber das Verbot der Führung der Dienstgeschäfte auszusprechen (§ 66 BDG bzw. § 39 BeamtStG). Hierbei ist darauf zu achten, dass das Verbot der Führung der Dienstgeschäfte erlischt, wenn nicht bis zum Ablauf von drei Monaten gegen den Beamten ein Disziplinarverfahren eingeleitet worden ist.

Dateien, die ein Beamter nicht eindeutig als private Dateien kennzeichnet, die also aufgrund ihrer Bezeichnung für Außenstehende den Eindruck erwecken, dienstliche Dateien zu sein, dürfen vom Dienstherrn auch als solche behandelt und deshalb ohne richterlichen Beschluss geöffnet werden.[353]

---

[347] BVerfG, 12.10.2011 – 2 BvR 236/08, 2 BvR 237/08, 2 BvR 422/08, BVerfGE 129, 208 sowie BVerwG, 09.02.2022 – 2 WDB 12.21, Rn. 35.
[348] BGBl. I, S. 189.
[349] BGBl. I, S. 1 ff.
[350] BVerwG, 09.02.2022 – 2 WDB 12.21, Rn. 36.
[351] BVerwG, 02.09.2022 – 2 WDB 6/22, NVWZ 2022, 173.
[352] *Gansen*, § 27 BDG, Rn. 13; *Keller*, S. 197.
[353] *Gansen*, § 27 BDG. Rn. 17; *Keller*, S. 198; siehe auch VG Meiningen, 21.11.2011 – 1 E 565/10 ME.

q) Innerdienstliche Informationen

> § 29 BDG, entsprechende landesrechtliche Vorschriften:
>
> § 19 LDG BW, Art. 31 BayDG, § 29 DiszG B, § 30 BrLDG, § 29 BremDG, § 20 HmbDG, § 33 HDG, § 30 NDiszG, § 30 LDG NRW, § 31 LDG M-V, § 20 LDG RP, § 29 SDG, § 29 SächsDG, § 29 LDG LSA, § 29 LDG SH, § 20 ThürDG.

§ 29 Abs. 1 BDG trifft Regelungen zur Erlaubnis der Verarbeitung personenbezogener Daten des Beamten in Personalakten. Zu der gem. § 106 Abs. 1 Satz 1 BBG für jeden Beamten zu führenden Personalakte gehören alle Unterlagen, die den Beamten betreffen, soweit sie mit seinem Dienstverhältnis in einem unmittelbaren inneren Zusammenhang stehen.[354] Gem. § 29 Abs. 1 BDG haben die mit Disziplinarvorgängen befassten Stellen ein Zugangsrecht zu den Personalakten und anderen Behördenunterlagen mit personenbezogenen Daten der betroffenen Beamten, soweit nicht andere Rechtsvorschriften dem entgegenstehen. Das Zugangsrecht besteht auch gegen den Willen der betroffenen Beamten, wenn und soweit die Durchführung des Disziplinarverfahrens dies erfordert und überwiegende Belange des Beamten, anderer Betroffener oder der ersuchten Stelle nicht entgegenstehen. Zu den anderen Vorschriften, die dem Zugangsrecht entgegenstehen, gehören dienstliche Geheimhaltungsvorschriften. So ist etwa nach § 99 VwGO die Vorlage von Personaldisziplinarakten nicht gegen den Willen des Betroffenen in einem anderen Prozess zulässig. Es dürfen keine überwiegenden Belange des Beamten dem begehrten Zugang entgegenstehen. Es bedarf somit einer Verhältnismäßigkeitsprüfung. Es ist stets zunächst zu prüfen, ob die erforderlichen Daten nicht direkt erhoben werden können, z. B. unmittelbar bei dem Beamten selbst. Die elektronische Personalakte hat gegenüber der papierenen Personalakte auch hier deutliche Vorzüge. So kann die Einsichtnahme durch die mit Disziplinarvorgängen befasste Stelle begrenzt werden auf einzelne Segmente bzw. Rubriken innerhalb der elektronischen Personalakte.

Grundsätzlich ist aber zu berücksichtigen, dass die ermittlungsführenden Personen bzw. die Dienstvorgesetzten in einer Disziplinarverfügung und erst recht in einer Disziplinklage die dienstliche Vita

---

[354] *Lenders*, Personalaktenrecht im öffentlichen und kirchlichen Dienst – Elektronische Personalakte – S. 58.

der betroffenen Beamten aufzuführen haben. Auch hier sind alle be- und entlastenden Umstände zu berücksichtigen. Der berufliche Werdegang wird in der Regel abgebildet seit der erstmaligen Einstellung bzw. Verbeamtung. Ohne eine Einsichtnahme in die Personalakte wäre eine authentische Wiedergabe des beruflichen Werdegangs nicht möglich. Auch sind die dienstlichen Beurteilungen aufzuführen. Das gleiche gilt für Belobigungen und für disziplinare Eintragungen. Insoweit liegt die Einsichtnahme in die Personalakten in aller Regel im Interesse der betroffenen Beamten.

r) Abschluss eines Vergleichs im Disziplinarverfahren

Sind nach dem Legalitätsprinzip disziplinare Ermittlungen zwingend geboten, ist für Vereinbarungen oder Zusagen einer zuständigen Behörde, auf die Einleitung und Durchführung eines Disziplinarverfahrens zu verzichten, kein Raum.[355] Entgegen der zum Teil vertretenen Ansicht handelt es sich bei dem Legalitätsprinzip um einen tragenden Grundsatz des Disziplinarrechts.[356] Gleichwohl sind Absprachen in der Praxis im Hinblick auf die zu verhängende Disziplinarmaßnahme nicht unüblich, um etwa den Ermittlungsaufwand auf beiden Seiten geringer zu halten. Ergaben die durchgeführten Verwaltungsermittlungen zureichende tatsächliche Anhaltspunkte dafür, dass ein Beamter ein Dienstvergehen begangen hat, so kann der oder die Dienstvorgesetzte nicht deshalb von der Einleitung absehen, weil die betroffene Person ihre Abordnung mit dem Ziel der Versetzung zu einer anderen Behörde zugesagt und bereits eingeleitet hat. Solange der Beamte zu einer anderen Behörde abgeordnet ist, ist er Angehöriger der bisherigen Dienststelle. Im Übrigen hat ein Dienstherrenwechsel keine Auswirkungen auf die Anwendung des Bundesdisziplinargesetzes, § 2 Abs. 2 Satz 2 BDG. Es könnte bei leichten Dienstvergehen u. U. eine Einstellung nach § 32 Abs. 1 Nr. 2 BDG[357] in Betracht kommen.

s) Mediationsverfahren

Nach § 1 Mediationsgesetz handelt es sich bei der Mediation um ein vertrauliches und strukturiertes Verfahren, bei dem Parteien mit Hilfe eines oder mehrerer Mediatoren freiwillig und eigenverantwortlich eine einvernehmliche Beilegung ihres Konflikts anstreben. Ein

---

[355] BVerwG, 26.02.1988 – 2 WD 37.87 sowie BayVGH, 09.04.2014 – 16a D 12.1439.

[356] A. A. *Hummel/Köhler/Mayer/Baunack*, § 17 BDG, S. 425.

[357] Vgl. Art. 33 Abs. 1 Nr. 2 BayDG, § 37 Abs. 1 Nr. 2 LDG BW, § 32 Abs. 1 Nr. 2 NDiszG, § 33 Abs. 1 Nr. 2 LDG NRW und § 32 Abs. 1 Nr. 2 SächsDG.

Mediator ist eine unabhängige und neutrale Person ohne Entscheidungsbefugnis, die die Parteien durch die Mediation führt. Für eine solche freiwillige oder eigenverantwortliche konsensuale Konfliktbeilegung ist im Recht des öffentlichen Dienstes ab dem Zeitraum kein Raum mehr, in dem zureichende tatsächliche Anhaltspunkte vorliegen, die den Verdacht eines Dienstvergehens rechtfertigen. Ab diesem Moment muss die dienstvorgesetzte Stelle zum Disziplinarverfahren übergehen, einerseits um den Beamten vor möglichen disziplinaren Rechtsverlusten zu schützen und andererseits die Gesetzmäßigkeit des Verwaltungshandelns durch Wahrung der beamtenrechtlichen Dienstpflichten durchzusetzen.[358]

> **Beispiel:**
>
> Rechtsanwalt Dr. Gnadenlos stellt einen Antrag bei der Disziplinarbehörde bzw. bei dem Disziplinargericht auf Bestellung eines Güterichters/Mediators.
>
> Einem solcher Antrag ist nach § 3 BDG, § 173 VwGO i. V. m. §§ 278, 278a ZPO nicht zu entsprechen.

6. Untersuchungsergebnis/Ermittlungsbericht und abschließende Anhörung

Nachdem alle Beweise erhoben sind, besteht die Aufgabe des Ermittlungsführers nun darin, das wesentliche Ergebnis der Ermittlungen zusammenzufassen in Form eines Ermittlungsberichts bzw. Untersuchungsergebnisses, § 30 BDG.[359] Dieser Ermittlungsbericht sollte wie folgt aufgeteilt werden:

- Gang der Ermittlungen (historisch geordnet)
- Angaben zur Person des Beamten
- Darstellung des aufgrund der Beweiserhebungen festgestellten Sachverhalts inklusive vorzunehmender Beweiswürdigung
- Disziplinarrechtliche Würdigung mit Feststellung, ob ein Dienstvergehen vorliegt und welche Dienstpflichten etwa nach dem BBG, dem BeamtStG oder dem LBG verletzt worden sind. Angaben zum Disziplinarmaß sind nicht vorzunehmen.

---

[358] BVerwG, 15.11.2018 – 2 C 60.17; VG Trier, 18.07.2024 – 4 K 732/24.TR.
[359] Vgl. Art. 32 BayDG, § 20 LDG BW, § 31 LDG NRW und § 30 SächsDG.

Nach dem Niedersächsischen Disziplinargesetz ist ein Untersuchungsergebnis bzw. Ermittlungsbericht nicht vorgesehen. Nach § 31 NDiszG prüft die Disziplinarbehörde nach dem Ergebnis der Anhörungen und Ermittlungen, welche Disziplinarmaßnahme voraussichtlich erforderlich ist. Wird die Kürzung der Dienstbezüge oder die Erhebung der Disziplinarklage für erforderlich gehalten, so ist die Entscheidung der nach § 34 Abs. 2 NDiszG zuständigen Dienstbehörde herbeizuführen. Eine abschließende Anhörung sieht das NDiszG nicht vor.

Was gehört in das Untersuchungsergebnis?

Das Untersuchungsergebnis/der Ermittlungsbericht soll den Verlauf der Ermittlungen wiedergeben, die persönlichen und dienstlichen Verhältnisse des Beamten darstellen, den festgestellten disziplinarrechtlichen Sachverhalt niederlegen sowie eine Beweiswürdigung und eine disziplinarrechtliche Würdigung des festgestellten Sachverhalts enthalten. Im Wege einer freien Beweiswürdigung entscheidet der Ermittlungsführer, ob das Dienstvergehen erwiesen ist oder nicht. Der Nachweis ist lückenlos und nachvollziehbar zu führen. Sollten trotz Ausschöpfung aller in Betracht kommenden Beweismittel Zweifel in tatsächlicher Hinsicht bleiben, so ist nach dem auch im Disziplinarrecht geltenden Grundsatz „in dubio pro reo" zugunsten des Beamten zu entscheiden. Der jeweils zuständige Dienstvorgesetzte entscheidet, ob er sich den Ermittlungsbericht mit seinen Ergebnissen zu eigen macht oder ob er Änderungen oder ergänzende Ermittlungen für erforderlich hält.

Der vom Dienstvorgesetzten schließlich autorisierte Ermittlungsbericht ist dem Beamten bekannt zu machen. Der Ermittlungsbericht bzw. das Untersuchungsergebnis bildet die Grundlage für die nach § 30 BDG[360] vorgeschriebene abschließende Anhörung des Beamten. Dafür ist eine Äußerungsfrist von einem Monat zu setzen. Eine Verwertung des den Beamten belastenden Sachverhalts ist nur zulässig, sofern spätestens in der abschließenden Anhörung Gelegenheit bestand, sich zu äußern.

Sofern sich nach der abschließenden Anhörung nicht die Notwendigkeit ergibt, ergänzende Ermittlungen durchzuführen und den Ermittlungsbericht zu ergänzen, hat der Dienstvorgesetzte nun zu prüfen, wer für die Abschlussentscheidung zuständig ist. Dabei kann die Zuständigkeit nach § 31 BDG bei ihm, beim nächsten Dienstvorgesetzten oder der obersten Dienstbehörde liegen.

---

[360] Vgl. Art. 32 BayDG, § 20 LDG BW, § 31 LDG NRW und § 30 SächsDG.

7. Muster für das Anschreiben der Schlussanhörung zum Ermittlungsbericht

Dienststelle   Ort, Datum
Amtsbezeichnung, Vor-, Zuname
– als Ermittlungsführer –   Durchwahl:
Geschäftszeichen:

– Vertrauliche Personalsache –   Gegen Zustellnachweis

Frau (Amtsbezeichnung)
Vor-, Zuname
Anschrift

Durchführung eines behördlichen Disziplinarverfahrens gem. § 20 ff. Bundesdisziplinargesetz (BDG);
Ergebnis der Ermittlungen und abschließende Anhörung gem. § 30 BDG

Anlage 1: Ein Ermittlungsbericht

Sehr geehrte Frau …,

nach Abschluss der Ermittlungen gebe ich Ihnen den von dem Dienstvorgesetzten genehmigten Ermittlungsbericht bekannt.

Der Inhalt des Ermittlungsberichts bildet die Grundlage für das Ergebnis der Abschlussentscheidung. Danach steht fest, dass

( ) Sie kein Dienstvergehen begangen haben.

( ) Sie ein inner- bzw. außerdienstliches Dienstvergehen begangen haben.

( ) Ich werde die Schwerbehindertenvertretung gem. § 95 Abs. 2 Neuntes Buch Sozialgesetzbuch über den Abschluss der Ermittlungen und über die in Betracht kommende Entscheidung unterrichten. Sollten Sie die Beteiligung der Schwerbehindertenvertretung nicht wünschen, teilen Sie mir dies innerhalb von zwei Wochen nach Zustellung dieses Schreibens schriftlich mit, andernfalls gehe ich von Ihrem Einverständnis aus.

Sie haben das Recht, sich zum Ermittlungsbericht schriftlich oder mündlich zu äußern. Die schriftliche Äußerung hat innerhalb eines Monats nach Zustellung des Ermittlungsberichts zu erfolgen.

Sofern Sie sich mündlich äußern wollen, haben Sie diese Absicht innerhalb einer Frist von zwei Wochen mir gegenüber zu erklären. Ich werde dann innerhalb von drei Wochen nach Eingang Ihrer Erklärung die mündliche Anhörung durchführen.

Sollten Sie aus zwingenden Gründen gehindert sein, die Frist zur schriftlichen Äußerung oder die Erklärungsfrist zur mündlichen Äußerung einzuhalten oder einer Ladung zur mündlichen Anhörung Folge zu leisten, haben Sie mir dies unverzüglich mitzuteilen.

Sie können sich jederzeit eines Bevollmächtigten bedienen, gem. § 24 Abs. 3 BDG Beweisanträge stellen; Akteneinsicht wird auf Antrag gewährt.

Geben Sie innerhalb der Frist weder eine mündliche noch eine schriftliche Stellungnahme ab, gehe ich davon aus, dass Sie keine Einwendungen gegen die Feststellungen im Ermittlungsbericht haben. Das Disziplinarverfahren wird ohne Ihre weitere Mitwirkung fortgeführt.

Mit freundlichen Grüßen

Unterschrift

Anmerkungen:
Hat der Beamte Bevollmächtigte bestellt, ist die Zustellung an diese zu richten (§ 7 Abs. 1 Satz 2 VwZG).

8. Muster für den Aufbau eines Untersuchungs-ergebnisses/Ermittlungsberichts

Dienststelle
Amtsbezeichnung, Vor-, Zuname
– Ermittlungsführer –

Behördenanschrift

Geschäftszeichen: Ort, Datum

Durchwahl:

– Vertrauliche Personalsache –   Gegen Zustellnachweis

Untersuchungsergebnis/Ermittlungsbericht
in dem Disziplinarverfahren gegen ...

1. Gang der Ermittlungen

In chronologischer Reihenfolge ist der bisherige Gang des Verfahrens vom Zeitpunkt der ersten Erkenntnisse über ein Dienstvergehen bis zur Beendigung der Beweiserhebung darzustellen. Folgende Eckpunkte sollten Berücksichtigung finden:

■ Wann und durch wen erfuhr die Dienststelle erstmalig von den Vorwürfen?

■ Wurden sog. Verwaltungsermittlungen eingeleitet und was wurde hier im Einzelnen – etwa durch die Vernehmung von Zeugen – konkret ermittelt?

■ Erwähnung des Einleitungsvermerks

- Aufführung der Einleitungsverfügung mit der stichwortartigen Darlegung, welcher Vorwurf konkret erhoben wurde

- Erwähnung der eigenen Beauftragung durch den Dienstvorgesetzten

- Darstellung, welche Urkunden, Akten ggf. beigezogen oder welche schriftlichen dienstlichen Auskünfte ggf. eingeholt wurden

- Darstellung, ob sich der Beamte eingelassen hat und ob Zeugen – welche zu welchem Beweisthema – gehört wurden

- Liegen rechtskräftige Entscheidungen aus Straf- oder Bußgeldverfahren oder Einstellungen nach § 153a Abs. 1 Satz 5 oder Abs. 2 Satz 2 StPO vor? Wird dies bejaht: Bezeichnung des Gerichts, des Geschäftszeichens, des Tages der Hauptverhandlung sowie des Eintritts der Rechtskraft

- ggf. über den Beamten eingeholte Übersicht über die wirtschaftlichen Verhältnisse

- ggf. Beteiligung der Personalvertretung nach dem jeweiligen LPVG prüfen

- Wurde der schwerbehinderte Beamte nach Abschluss der Ermittlungen über die Möglichkeit der Beteiligung der Schwerbehindertenvertretung informiert und wurde diese gewünscht?

- ggf. Beteiligung der Gleichstellungsbeauftragten

- Ausführung, ob der Beamte Bevollmächtigte bestellt hat; ist dies zu bejahen, so sind Name und Anschrift des Bevollmächtigten anzugeben

- Wurde Akteneinsichtnahme einmalig oder mehrfach begehrt und wann und auf welche Weise wurde sie ggf. ermöglicht?

- Liegen besondere Umstände vor, weshalb sich das Ermittlungsverfahren verzögert hat (etwa Probleme im Rahmen der Amtshilfe; Verzögerungstaktik des Beamten etc.)?

2. Es folgen **Angaben zur Person** des Beamten

Zu berücksichtigen sind u. a.

- Geburtstag sowie

- zustellungsfähige Anschrift

- Familienstand

- Zahl und Alter der Kinder

- Leben noch Kinder im Haushalt?

- Liegen Erkrankungen vor, die für das Disziplinarverfahren von Relevanz sein können (Alkoholsucht etc.)?

- Schwerbehinderung mit Angabe des GdB
- Darstellung der Dienstbezüge (Netto-Brutto)
- die dienstliche Vita
- beamtenrechtlicher Status
- die dienstliche Verwendung seit Einleitung des Disziplinarverfahrens
- dienstliche Beurteilungen, sonstige Leistungsbewertungen sowie Prämien etc.
- Wahrnehmung von Führungsaufgaben
- ggf. Darstellung eines besonderen sozialen, politischen Engagements
- Vorstrafen
- nach § 17 Abs. 1 BDG noch berücksichtigungsfähige Disziplinarmaßnahmen
- Sonstiges

3. Sachverhalt/Beweiswürdigung

Der Sachverhalt sollte, wenn mehrere Dienstpflichtverletzungen vorgeworfen werden, nach Maßgabe dieser Pflichtverletzungen untergliedert werden. Dies schafft eine bessere Übersichtlichkeit.

Es ist an dieser Stelle darzulegen, von welchem bewiesenen Sachverhalt der Ermittlungsführer nach der Beweiserhebung ausgeht. Dazu ist darzustellen:

- Wie hat sich der Beamte (ggf. über Bevollmächtigte) eingelassen?
- Welche Aussagen trafen die Zeugen?
- Ergeben sich aus beigezogenen Akten oder Urkunden oder aus innerdienstlichen Informationen (§ 29 BDG) oder aus Beschlagnahmen und Durchsuchungen Erkenntnisse für den bewiesenen Sachverhalt?
- Erkenntnisse können sich aus rechtskräftigen Urteilen aus Straf- oder Bußgeldverfahren oder aus verwaltungsgerichtlichen Verfahren (wegen § 9 BBesG) ergeben.
- Erkenntnisse können sich aber auch im Übrigen aus beigezogenen Ermittlungsakten ergeben.

In jedem Fall muss nun eine Beweiswürdigung vorgenommen werden. Dazu hat eine Stellungnahme zum Beweiswert der Aussage des Beamten zu erfolgen. Ist die Aussage glaubhaft? Erfolgt eine Verstrickung in Widersprüche; weist die Aussage Ungereimtheiten auf und begrenzt sich nur auf allgemeine Ausführungen?

Des Weiteren ist darzulegen, ob und welche Zeugenaussage ergiebig ist und ob und welche Zeugenaussage sich als glaubhaft darstellt. Gibt es Zeugen mit Belastungstendenz? Verstricken sich die Zeugen in Widersprüche oder lassen sie offen erkennen, dass sie zu bestimmten Sachverhalten schon aufgrund der vorangegangenen Zeit oder weil sie es nicht mitbekommen haben, keine Aussage treffen können? Insoweit ist ggf. auch die Glaubwürdigkeit von Zeugen zu thematisieren.

Darüber hinaus ist aufzunehmen, ob der Beamte den Sachverhalt zugestanden hat oder ob dies erst erfolgte, nachdem er schon überführt wurde.

Liegen tatsächliche Feststellungen eines rechtskräftigen Urteils im Straf- oder Bußgeldverfahren vor, sind diese im Disziplinarverfahren, welches denselben Sachverhalt zum Gegenstand hat, bindend. Die Urteile sind mit Bezeichnung des Gerichts, Aktenzeichen und Datum der Rechtskraft zu benennen. Es ist sinnvoll, die bindenden tatsächlichen Feststellungen entweder im Urteil, welches als Anlage beigefügt wird, zu markieren oder aber diese wörtlich im Ermittlungsbericht wiederzugeben.

Soweit in Bezug auf rechtskräftige Urteile im Straf- oder Bußgeldverfahren nur eine Teil-Sachverhaltsidentität vorliegt, müsse bezüglich des übrigen Teils nun eine Darstellung erfolgen, wie sie oben empfohlen wurde.

4. Disziplinarrechtliche Würdigung

Es ist an dieser Stelle disziplinarrechtlich zu würdigen, welche Pflichtverletzung der Beamte aufgrund des festgestellten Sachverhalts nach dem BBG, BeamtStG i. V. m. dem LBG begangen hat. Es ist darzulegen, ob ein Dienstvergehen nach Maßgabe des § 77 Abs. 1 BBG bzw. des § 47 BeamtStG vorliegt.

Es ist nicht die Aufgabe des Ermittlungsführers, Ausführungen zum Disziplinarmaß zu treffen, da nach § 13 Abs. 1 Satz 2 und 3 BDG die Disziplinarmaßnahme nach folgenden Kriterien zu bemessen ist:

- Schwere des Dienstvergehens
- Persönlichkeitsbild des Beamten
- Beeinträchtigung des Vertrauens des Dienstherrn oder der Allgemeinheit durch den Beamten

Zu diesen drei Kriterien sind Angaben erforderlich und förderlich für die Abschlussentscheidung.

Insoweit ist darzustellen, ob das Dienstvergehen schwer oder gar besonders schwer wiegt oder ob von einem mittelschweren, ggf. leichten Pflichtenverstoß auszugehen ist. Es müsste eine Abgrenzung zur Bagatellverfehlung im letzten Fall erfolgen.

Es sind die belastenden sowie die entlastenden Umstände zu ermitteln. Es ist daher darzustellen, ob der Sachverhalt ggf. auf einem freimütigen und umfassenden Geständnis des Beamten beruht. Genauso ist aufzuführen, dass der Beamte sich bis dato gar nicht eingelassen oder aber er die Tat (was sein Recht ist) nach wie vor bestreitet.

Darzulegen ist, ob es sich bei den Beamten um „Wiederholungstäter" handelt oder ob sie bislang weder disziplinarrechtlich noch strafrechtlich in Erscheinung getreten sind. Sofern sich der Beamte bislang stets tadellos verhalten hat, ist dies auch darzulegen wie auch der Umstand, dass der Beamte trotz der Einleitung des Disziplinarverfahrens weiterhin gute bzw. sehr gute Leistungen erbringt. Umgekehrt ist aber auch auszuführen, wenn dies nicht der Fall ist (sog. Leistungseinbruch).

Ggf. bedarf es noch Angaben dazu, in welchem Umfang der Beamte das Vertrauen des Dienstherrn und der Allgemeinheit beeinträchtigt hat.

Unterschrift des Ermittlungsführers

Gelesen und genehmigt

(Unterschrift des Dienstvorgesetzten)

9. Abschlussentscheidung

a) Den Abschlussvermerk nicht vergessen

Nach Erstellung eines Abschlussberichts bzw. eines wesentlichen Ergebnis der bisherigen Ermittlungen ist eine Abschlussentscheidung zu treffen. Dabei handelt es sich um eine interne Willensbildung des Dienstvorgesetzten bzw. des höheren Dienstvorgesetzten oder der obersten Dienstbehörde. Diese muss dokumentiert werden. Folglich ist ein sog. **Abschlussvermerk** zu erstellen. Aus diesem Abschlussvermerk muss ersichtlich sein, aus welchen Gründen das Disziplinarverfahren

- eingestellt werden soll,

- eine Disziplinarverfügung mit welchem Disziplinarmaß ergehen soll oder

- eine Disziplinarklage aufgrund der Ermittlungen angezeigt erscheint.

Dieser Abschlussvermerk muss zumindest vom Dienstvorgesetzten abgezeichnet werden.

b) Die eigentliche Abschlussentscheidung

Hinsichtlich der Abschlussentscheidungen ist zwischen dem Bund, dem Land Baden-Württemberg, dem Land Brandenburg und allen übrigen Bundesländern zu differenzieren. Die Disziplinarklage ist nach dem BDG sowie dem LDG BW nicht mehr vorgesehen. Sämtliche Disziplinarmaßnahmen werden per Disziplinarverfügung verhängt. In den übrigen Landesdisziplinargesetzen ist die Disziplinarklage weiterhin vorgesehen.

> § 30 BDG; entsprechende Vorschriften in den Landesdisziplinargesetzen:
>
> § 20 LDG BW, Art. 32 BayDG, § 30 DiszG B, § 31 BrLDG, § 30 BremDG, § 23 HmbDG, § 34 HDG, § 21 NDiszG, § 31 LDG NRW, § 32 LDG M-V, § 36 LDG RP, § 30 SDG, § 30 SächsDG, § 30 DG LSA, § 30 DG SH, § 36 ThürDG.

Zunächst stellt sich die Frage der Zuständigkeit zum Erlass der entsprechenden Abschlussentscheidung. Hält der Dienstvorgesetzte nach dem Ergebnis der Anhörungen und Ermittlungen seine Befugnisse nach den §§ 32, 33 BDG[361] bzw. §§ 33 bis 35 LDG NRW nicht für ausreichend, so führt er die Entscheidung des höheren Dienstvorgesetzten oder der obersten Dienstbehörde herbei. Dabei können die höheren Dienstvorgesetzten oder die oberste Dienstbehörde das Disziplinarverfahren an den Dienstvorgesetzten zurückgeben, wenn sie weitere Ermittlungen für geboten oder dessen Befugnisse für ausreichend halten, § 31 BDG.

Das BDG sieht in seiner aktuellen Fassung in § 32, 33 BDG[362] als Abschlussentscheidung für das behördliche Disziplinarverfahren bzw. für sämtliche Disziplinarverfahren

- die Einstellungsverfügung (§ 32 BDG),
- den Erlass einer Disziplinarverfügung (§ 33 BDG) vor.

Gem. § 38 LDG BW können auch in Baden-Württemberg sämtliche Disziplinarmaßnahmen per Disziplinarverfügung verhängt werden. Die übrigen Bundesländer haben in ihren Landesdisziplinargesetzen (z. B. NRW) die bisherige Struktur beibehalten:

---

[361] Vgl. Art. 33 bis 35 BayDG, §§ 37 und 38 LDG BW, §§ 32 bis 34 NDiszG, §§ 33 bis 35 LDG NRW und §§ 32 bis 34 SächsDG.

[362] Vgl. Art. 33 bis 35 BayDG, §§ 37 und 38 LDG BW, §§ 32 bis 34 NDiszG, §§ 33 bis 35 LDG NRW und §§ 32 bis 34 SächsDG.

§ 32 LDG NRW:	Zuständigkeit
§ 33 LDG NRW:	Einstellungsverfügung
§ 34 LDG NRW:	Disziplinarverfügung
§ 35 LDG NRW:	Erhebung der Disziplinarklage
§ 36 LDG NRW:	Verfahren bei nachträglicher Entscheidung im Straf- oder Bußgeldverfahren
§ 37 LDG NRW:	Kostentragungspflicht

Bund:

§ 32 BDG:	Einstellungverfügung
§ 33 BDG:	Disziplinarverfügung
§ 34 BDG:	Disziplinarbefugnisse
§ 35 BDG:	Grenzen der erneuten Ausübung der Disziplinarbefugnisse
§ 36 BDG:	Wiederaufgreifen des Verfahrens
§ 37 BDG:	Kostentragungspflicht

c) Einstellung des Verfahrens

> § 32 BDG, entsprechende Vorschriften in den Landesdisziplinargesetzen:
>
> §§ 36, 37 LDG BW, Art. 33, 34 BayDG, § 32 DiszG B, § 33 BrLDG, § 32 BremDG, § 32 HmbDG, § 36 HDG, § 32 NDiszG, § 33 LDG NRW, § 34 LDG M-V, § 38 LDG RP, § 32 SDG, § 32 SächsDG, § 32 DG LSA, § 32 DG SH, § 38 ThürDG.

§ 32 BDG enthält abschließend die Einstellungsgründe. Zu unterscheiden ist zwischen Einstellung aus formalen oder materiellen Gründen. Das Disziplinarverfahren ist gem. § 32 Abs. 1 BDG (§ 33 Abs. 1 LDG NRW) einzustellen, wenn

- ein Dienstvergehen nicht erwiesen ist,

- ein Dienstvergehen zwar erwiesen ist, eine Disziplinarmaßnahme jedoch nicht angezeigt erscheint,

- nach § 14 oder § 15 BDG (LDG NRW) nicht ausgesprochen werden darf oder

- das Disziplinarverfahren oder eine Disziplinarmaßnahme aus sonstigen Gründen unzulässig ist.

Dies sind die materiellen Gründe.

Aus formellen Gründen ist das Disziplinarverfahren einzustellen,

- wenn der Beamte stirbt,
- wenn das Beamtenverhältnis durch Entlassung (§§ 31 ff. BBG bzw. §§ 22 ff. BeamtStG), Verlust der Beamtenrechte (§ 41 BBG, § 34 BeamtStG) oder Entfernung (§ 10 BDG) endet und der Beamte keine Versorgung aus einem anderen Beamtenverhältnis erhält,
- bei einem Ruhestandsbeamten die Folgen einer gerichtlichen Entscheidung nach § 29 Abs. 1 BeamtVG (§ 74 Abs. 1, 3 LBeamtVG NRW) eintreten.

Das Verfahren ist somit nach § 32 Abs. 1 Nr. 1 BDG einzustellen, wenn durch die Ermittlungen ein Dienstvergehen nicht festgestellt wurde (Absatz 1 Nr. 1), eine Disziplinarmaßnahme nicht zulässig ist (Absatz 1 Nr. 3 und 4) bzw. der Dienstvorgesetzte eine Disziplinarmaßnahme nicht für angezeigt (Absatz 1 Nr. 2) hält. In der Praxis finden sich die häufigen Einstellungsgründe in § 32 Abs. 1 Nr. 1 (Dienstvergehen nicht erwiesen) oder in Nr. 3 BDG (Maßnahmeverbot nach § 14 oder 15 BDG).

Das Disziplinarverfahren kann auch nach § 32 Abs. 1 Nr. 2 BDG eingestellt werden, wenn ein Dienstvergehen zwar erwiesen ist, eine Disziplinarmaßnahme jedoch nicht angezeigt erscheint. Es kann dabei eine Mehrzahl von Gründen von Bedeutung sein, so kann etwa die Versetzung eines Beamten zu einer anderen Dienststelle, an einen anderen Dienstort, oder auch eine Änderung der Familienverhältnisse bzw. der sozialen Hintergründe für die Entscheidung prägend sein.[363] Eine Disziplinarmaßnahme kann auch bei unverhältnismäßig langer Verfahrensdauer nicht angezeigt erscheinen. Dies ist auch vor dem Hintergrund gerechtfertigt, dass ein Disziplinarverfahren als solches belastend ist und sich oftmals die „Nebenwirkungen" eines Disziplinarverfahrens stärker auswirken als die eigentliche Disziplinarmaßnahme. Zu denken ist nicht nur an verhinderte Beförderungsmöglichkeiten, sondern auch an die stark eingeschränkte Möglichkeit, sich auf interne oder externe Stellen erfolgreich zu bewerben.

Nach § 32 Abs. 1 Nr. 4 BDG ist das Disziplinarverfahren schließlich dann einzustellen, wenn eine Disziplinarmaßnahme „aus sonstigen Gründen" unzulässig ist. Bei § 32 Abs. 1 Nr. 4 BDG ist zwischen absoluten tat- oder täterbezogenen Verfahrenshindernissen zu unterscheiden ist, aufgrund derer es an einer Prozessvoraussetzung für die Verfolgbarkeit des Täters oder der Tat fehlt.

---

[363] *Köhler/Baunack*, § 32 BDG, S. 477.

Ist der Beamte auf eigenen Antrag aus dem Beamtenverhältnis entlassen worden (§ 33 BDG bzw. § 23 Abs. 1 Nr. 4 BeamtStG), so besteht ein täterbezogenes Verfahrenshindernis. Gegen einen „Nichtbeamten" kann kein Disziplinarverfahren geführt werden.

So ist die Verfolgbarkeit der Tat u. a. bei vor- und nachdienstlichen Verfehlungen nicht gegeben (§ 2 Abs. 2 BDG) sowie auch bei Freispruch im Strafverfahren (§ 17 BDG), es sei denn, es ist ein disziplinarer Überhang gegeben. Nicht zur Einstellung nach § 32 Abs. 1 Nr. 4 BDG können behebbare Mängel des Verfahrens führen, etwa eine bis dato unterlassene Anhörung des Beamten.

Von einem nicht behebbaren Verfahrensmangel ist auszugehen, wenn die erforderliche Beteiligung der Personalvertretung nach BPersVG bzw. LPVG, die Beteiligung der Schwerbehindertenvertretung bzw. die der Gleichstellungsbeauftragten unterblieben ist.

Die Einstellung nach § 32 Abs. 1 Nr. 1 BDG kommt in Betracht, wenn sich aus dem Disziplinarverfahren keine Pflichtverletzung ergibt oder eine solche jedenfalls nicht nachgewiesen werden kann. In einem solchen Fall kommt eine missbilligende Äußerung in Kombination mit einer Einstellung des Disziplinarverfahrens prinzipiell nicht in Betracht.[364] Eine Einstellungsverfügung im Disziplinarverfahren enthält aus sich heraus keine Beschwer des vom Disziplinarverfahren Betroffenen und dadurch auch keine mögliche Rechtsverletzung. Eine solche kann sich jedoch dann ergeben, wenn die Verfügung „belastende Elemente" aufweist, etwa weil zwar das Disziplinarverfahren eingestellt, gleichzeitig aber festgestellt wird, dass ein Dienstvergehen vorliegt bzw. das Vorliegen eines Dienstvergehens offengelassen wird (sog. „beschwerende Einstellungsverfügung").[365] Denn für den Beamten macht es einen erheblichen, für sein berufliches Fortkommen möglicherweise wesentlichen Unterschied, ob ein Disziplinarverfahren eingestellt wird, weil ein Dienstvergehen nicht erwiesen ist, oder trotz Vorliegens eines Dienstvergehens. Dementsprechend ist eine Beschwerde des Beamten für den Fall einer auf § 32 Abs. 1 Nr. 2 bis 4 BDG (§ 33 Abs. 1 Nr. 2 bis 4 LDG NRW) gestützten Einstellungsverfügung regelmäßig dann anzunehmen, wenn diese sich auf Beurteilungs- und Beförderungsentscheidungen oder ein weiteres Disziplinarverfahren vor dem in § 16 BDG (§ 16 Abs. 4 LDG NRW) normierten Verwertungsverbot auswirken kann.[366] Gem. § 32 Abs. 1

---

[364] *Keller*, S. 221.

[365] OVG NRW, 11.03.2022 – 31 A 3052/21.O, NVwZ-RR 2022, 731; BayVGH, 26.02.2013 – 16b DZ 11.1421 sowie 28.01.2015 – 16b DZ 12.1868.

[366] OVG NRW, 11.03.2022 – 31 A 3052/21.O, NVwZ-RR 2022, 731 sowie 16.11.2011 – 1 B 976/11.

Nr. 1 BDG (§ 33 Abs. 1 Nr. 1 LDG NRW) wird das Disziplinarverfahren eingestellt, wenn ein Dienstvergehen nicht erwiesen ist. Das ist sowohl der Fall, wenn der Dienstvorgesetzte den objektiven Tatbestand eines Pflichtenverstoßes als nicht erfüllt ansieht, als auch dann, wenn ein Merkmal des subjektiven Tatbestands oder ein Verschulden des Beamten nicht festgestellt werden kann. Denn ein Dienstvergehen ist nur dann als „erwiesen" anzusehen, wenn an dessen Vorliegen in objektiver und subjektiver Hinsicht keine vernünftigen Zweifel mehr bestehen. Hieraus folgt, dass die Einstellung des Disziplinarverfahrens nach der Konzeption des § 32 Abs. 1 Nr. 1 BDG (§ 33 Abs. 1 Nr. 1 LDG NRW) unabhängig davon zu erfolgen hat, welches Merkmal eines Dienstvergehens der Dienstvorgesetzte nicht für verwirklicht oder ob er die jeweils übrigen Voraussetzungen für gegeben hält. Eine normative Grundlage, aus der sich ein Recht des Beamten ableiten könnte, für den Fall der Einstellung eines gegen ihn geführten Disziplinarverfahrens nach § 32 Abs. 1 Nr. 1 BDG (§ 33 Abs. 1 Nr. 1 LDG NRW) die Feststellung des Fehlens eines spezifischen Tatbestandsmerkmals des Disziplinarvorwurfs in der Einstellungsverfügung zu verlangen, ist von Seiten des Beamten in der Regel nicht darlegbar.

Ein rechtlicher Nachteil aus einer erfolgten Einstellung ist einem Beamten auch im Übrigen, etwa mit Blick auf ein Verwertungsverbot nach § 16 Abs. 1 BDG/LDG NRW, in der Regel nicht erwachsen. Vielmehr folgt aus § 16 Abs. 4 Satz 2 BDG/LDG NRW, dass die Frist für den Eintritt des in § 16 Abs. 1 BDG/LDG NRW geregelten Verbots der Verwertung von Disziplinarvorgängen bei einer Einstellung des Disziplinarverfahrens auf der Grundlage von § 32 Abs. 1 Nr. 1 BDG (§ 33 Abs. 1 Nr. 1 LDG NRW) in jedem Fall drei Monate beträgt. Letztlich ist eine Beeinträchtigung des Beamten durch den Inhalt eines Einstellungsbeschlusses aber auch deshalb nicht zu erwarten, weil der Inhalt einer Personalakte für Dritte nicht zugänglich ist, weshalb auch eine über dem Beamten mit Personalvorgängen betraute Bedienstete des Dienstherrn hinausgehende Kenntniserlangung durch weitere Personen ausgeschlossen ist.[367]

Eine Begründung wird im Falle der Einstellung nach § 32 Abs. 1 Nr. 2 BDG umfassender ausfallen, weil darzustellen ist, dass ein Dienstvergehen (welches?) erwiesen ist (wodurch?). Es sind dann schließlich – wie oben dargelegt – die konkreten Gründe darzulegen, warum eine Disziplinarmaßnahme nicht angezeigt erscheint. Zwar ist die Bejahung dieser Tatbestandsvoraussetzung für den Beamten günstig.

---

[367] OVG NRW, 11.03.2022 – 31 A 3052/21.O, NVwZ-RR 2022, 731.

Nach dem Motto „Der Feind hört ja mit" ist aber darauf zu achten, dass die Entscheidung auch Überprüfungen durch Aufsichtsbehörden oder künftig gewählte Bürgermeister standhalten muss.

Eine Einstellung des Disziplinarverfahrens nach § 32 Abs. 1 Nr. 2 BDG (§ 33 Abs. 1 Nr. 2 LDG NRW) kommt etwa in Betracht, wenn der Vorwurf die Schwelle des disziplinarrechtlich Relevanten gerade überschritten hat. In Betracht kommen somit geringe disziplinarrechtliche Vorwürfe bei nichtbestehender disziplinarer Vorbelastung des Beamten.

Die Einstellungsverfügung ist zu begründen und zuzustellen, § 32 Abs. 3 BDG. Die Verfügung kann mit dem Ausspruch einer schriftlichen Missbilligung verbunden werden. Dies kommt vorrangig bei Einstellungen nach § 32 Abs. 1 Nr. 2 bis 4 BDG (§ 33 Abs. 1 Nr. 2 bis 4 LDG NRW) in Betracht. Wird ein Dienstvergehen festgestellt, sollte trotz Einstellung des Disziplinarverfahrens durchaus ein missbilligender Hinweis – also eine missbilligende Äußerung – erfolgen, um die Bedeutung des Fehlverhaltens nicht zu bagatellisieren. Die Einstellung des Verfahrens ist keine Billigung des Verfahrens.[368]

10. Die Disziplinarverfügung

> § 33 BDG, entsprechende landesrechtliche Vorschriften:
>
> § 38 LDG BW, Art. 35 BayDG, § 33 DiszG B, § 34 BrLDG, § 33 BremDG, § 33 HmbDG, § 37 HDG, § 33 NDiszG, § 34 LDG NRW, § 35 LDG M-V, § 39 LDG RP, § 33 SDG, § 33 SächsDG, § 33 DG LSA, § 33 DG SH, § 39 ThürDG

a) Klärung der Zuständigkeit

Die Erstellung einer Disziplinarverfügung kann durch eine gut ausgearbeitete Einleitungsverfügung bzw. durch ein präzise erstelltes Untersuchungsergebnis gut vorbereitet werden. Um die Verwendung dieser Schreiben und der dort erwähnten Anlagen zu vereinfachen, empfiehlt es sich, zitierte Schreiben aus der Disziplinarakte oder der Personalakte des Beamten mit Blattzahlen anzugeben. Dies kann etwa am rechten oder linken Rand des Schriftstücks erfolgen. So kann der Dienstvorgesetzte bei der Erstellung der Disziplinarverfügung (bzw. bei der Erstellung der Disziplinarklage) besser die zitierten

---

[368] *Claussen/Benneke/Schwandt*, Das Disziplinarverfahren, S. 157.

Schreiben auffinden. Eine sorgsam vorbereitete Einleitungsverfügung, ein präzise erstelltes Untersuchungsergebnis sowie eine ebenso mit Blattzahlen versehene Disziplinarverfügung überzeugen auch das Gericht.

Zunächst ist die Zuständigkeit für den Erlass einer Disziplinarverfügung zu klären. Nach § 34 Abs. 1 BDG ist jeder Dienstvorgesetzte zur Verhängung von **Verweisen** und **Geldbußen** gegen die ihm unterstellten Beamten befugt.

Kürzungen der Dienstbezüge können die oberste Dienstbehörde bis zum **Höchstmaß** und die der obersten Dienstbehörde unmittelbar nachgeordneten Dienstvorgesetzten bis zu einer Kürzung um **20 Prozent auf zwei Jahre** festsetzen.

Kürzung des Ruhegehalts bis zum **Höchstmaß** können die nach § 84 BDG zur Ausübung der Disziplinarbefugnisse zuständigen Dienstvorgesetzten festsetzen.

§ 84 BDG Ausübung der Disziplinarbefugnisse bei Ruhestandsbeamten

Bei Ruhestandsbeamten werden die Disziplinarbefugnisse durch die zum Zeitpunkt des Eintritts in den Ruhestand zuständige oberste Dienstbehörde ausgeübt. Diese kann ihre Befugnisse durch allgemeine Anordnung ganz oder teilweise auf nachgeordnete Dienstvorgesetzte übertragen; die Anordnung ist im Bundesgesetzblatt zu veröffentlichen. Besteht die zuständige oberste Dienstbehörde nicht mehr, bestimmt das Bundesministerium des Innern und für Heimat, welche Behörde zuständig ist.

Die **Zurückstufung** oder die **Entfernung**aus dem Beamtenverhältnis wird durch die oberste Dienstbehörde ausgesprochen.

Die **Aberkennung des Ruhegehalts** wird wiederum durch die nach § 84 BDG zur Ausübung der Disziplinarbefugnisse zuständigen Dienstvorgesetzten ausgesprochen.

In Baden-Württemberg können gem. § 38 Abs. 1 LDG BW alle Disziplinarmaßnahmen ausgesprochen werden.

In allen übrigen Landesdisziplinargesetzen können durch Disziplinarverfügung ausgesprochen werden:

- der Verweis,
- die Geldbuße,
- die Kürzung der Dienstbezüge,
- die Kürzung des Ruhegehalts.

In Schleswig-Holstein kann gem. § 33 Abs. 1 DG SH eine Zurückstufung ebenso durch Disziplinarverfügung ausgesprochen werden.

Der Bund hat mit der zum 01.04.2024 in Kraft getretenen Reform mit dem Ziel der Beschleunigung des Disziplinarverfahrens die Disziplinarbefugnisse der Dienststelle stark ausgeweitet. Entfernungen und andere statusrelevante Disziplinarmaßnahmen (Zurückstufung, Aberkennung des Ruhegehalts) können nur (noch) durch eine Disziplinarverfügung ausgesprochen werden (§ 33 BDG).

b) Beteiligung der Personalvertretung, Vertrauensperson der schwerbehinderten Menschen sowie der Gleichstellungsbeauftragten

Beteiligung des Personalrats

Nach § 84 Abs. 1 Nr. 4 BPersVG ist der Personalrat vor Erlass einer Disziplinarverfügung gegen einen Beamten, mit der eine Zurückstufung oder Entfernung aus dem Beamtenverhältnis ausgesprochen wird, im Wege der Mitwirkung zu beteiligen. Der Personalrat wird indes nur auf Antrag des Beschäftigten beteiligt. Die Beschäftigten sind vor der beabsichtigten Maßnahme rechtzeitig vorher in Kenntnis zu setzen. Die Personalvertretung kann bei der Mitwirkung nach § 84 Abs. 1 Nr. 4 BPersVG nur Einwendungen i. S. d. § 78 Abs. 5 Nr. 1 und Nr. 2 BPersVG erheben.

- Erlass von Disziplinarverfügungen (BW): § 81 Abs. 2 Nr. 1; Bay: Art. 76 Abs. 1 Satz 1 Nr. 3, Satz 3, 4; Bln: § 90 Nr. 8; Hmb: § 88 Abs. 1 Nr. 22; M-V: § 68 Abs. 2 Nr. 5, Abs. 3 (wenn eine Kürzung der Dienstbezüge, eine Kürzung des Ruhegehalts oder eine Zurückstufung ausgesprochen werden soll). Wie bei der Erhebung der Disziplinarklage kann in Bayern der Beschäftigte die Beteiligung des Personalrats „seiner" Dienststelle beantragen (Art. 76 Abs. 1 Satz 4).

- Die Entscheidung in einem Disziplinarverfahren über die Kürzung der Dienstbezüge (Bbg: § 68 Abs. 1 Nr. 7).

- Vorläufige Dienstenthebung und Einbehaltung von Dienstbezügen bzw. Besoldung (RP: § 79 Abs. 2 Satz 1 Nr. 13, Satz 2; Sachs: § 80 Abs. 1 Satz 1 Nr. 12, Satz 2).

- Erlass bzw. Ausspruch schriftlicher Missbilligungen (BW: § 81 Abs. 2 Nr. 1; Hmb: § 88 Abs. 1 Nr. 22).

- „Jede weitere Maßnahme im Disziplinarverfahren" nach Unterrichtung über disziplinarrechtliche Ermittlungen (Brem: § 54 Abs. 2, Stellungnahme).

Die Schwerbehindertenvertretung

Die Schwerbehindertenvertretung ist nach § 178 Abs. 2 Satz 1 SGB IX über die Einleitung des Disziplinarverfahrens gegen einen schwerbehinderten Beamten zu unterrichten. Die Einleitung löst jedoch noch keine Anhörungspflicht aus, da die Einleitung des Verfahrens noch keine „Entscheidung" i. S. d. § 178 Abs. 2 Satz 1 SGB IX darstellt. Erst vor einer anstehenden Entscheidung im Disziplinarverfahren, also insbesondere vor der disziplinaren Abschlussentscheidung, besteht eine Verpflichtung des Dienstvorgesetzten, die Schwerbehindertenvertretung anzuhören. Vor Erlass einer Disziplinarverfügung und vor Erhebung der Disziplinarklage ist die Schwerbehindertenvertretung dann anzuhören, wenn der betroffene Beamte dies wünscht.

c) Form der Disziplinarverfügung

Die Disziplinarverfügung ist zuzustellen und bedarf der Schriftform. Der Kopf der Verfügung muss die dienstvorgesetzte Stelle erkennen lassen. Ferner endet jede Disziplinarverfügung mit einer ordnungsgemäßen Rechtsbehelfsbelehrung (§ 58 VwGO). Hinzuweisen ist grundsätzlich auf die Möglichkeit der Einlegung eines Widerspruchs.

In einigen Bundesländern (Bayern, Berlin, Mecklenburg-Vorpommern, Niedersachsen, Schleswig-Holstein) ist ein Widerspruchsverfahren dann nicht vorgesehen, wenn die Disziplinarverfügung von der obersten Dienstbehörde erlassen wurde. In der Rechtsbehelfsbelehrung muss dann auf die Möglichkeit der Erhebung einer (Anfechtungs-)Klage hingewiesen werden.

In Nordrhein-Westfalen entfällt durch das sog. Bürokratieabbaugesetz II vom 19.09.2007[369] das Widerspruchsverfahren bei der Anfechtung von Disziplinarverfügungen. Mit dem Inkrafttreten des „Zweiten Gesetzes zum Bürokratieabbau (Bürokratieabbaugesetz II)" kann gegen Disziplinarentscheidungen des Dienstvorgesetzten unmittelbar Klage beim zuständigen Verwaltungsgericht erhoben werden.

Fehlt eine Rechtsbehelfsbelehrung oder ist diese fehlerhaft, so gilt für die Einlegung eines Widerspruchs bzw. die Erhebung einer Klage nicht die Monatsfrist, sondern die Jahresfrist (§ 58 Abs. 2 VwGO).

---

[369] LT-Drucks. 14/4199 v. 23.04.2007.

d) Notwendiger Inhalt der Disziplinarverfügung

Die Disziplinarverfügung ist mit Begründung, Kostenentscheidung und Rechtsbehelfsbelehrung zu versehen und muss dem Beamten zugestellt werden. In der Begründung sind zum einen der persönliche Werdegang sowie die berufliche Vita des Beamten, der Gang des Disziplinarverfahrens (in historischer Reihenfolge), die Tatsachen, die ein Dienstvergehen begründen und die übrigen Tatsachen und Beweismittel darzustellen, die für die Entscheidung bedeutsam sind. Auf die bindenden Feststellungen eines Urteils (§ 23 BDG) kann verwiesen werden. Zu empfehlen ist aber die wörtliche Wiedergabe der entscheidenden Passagen in den Feststellungen der bindenden Urteile. Der **berufliche Werdegang** bezieht sich auf den Status und die Verwendung des Beamten. Er muss Ausbildungen, Prüfungen, dienstliche Beurteilungen und Beförderungen sowie frühere und gegenwärtige dienstliche Tätigkeiten umfassen.[370] Das Erfordernis, den beruflichen Werdegang des Beamten in sämtlichen Details in der Disziplinarklageschrift wiederzugeben, lässt sich dem BDG bzw. den Landesdisziplinargesetzen hingegen nicht entnehmen.[371]

Was den Sachverhalt anbelangt, so sind eindeutig und erschöpfend die Tatsachen, in denen ein Dienstvergehen erblickt wird, darzustellen. Sowohl für den Beamten als auch für den höheren Dienstvorgesetzte sowie ggf. die Widerspruchsbehörde muss der Umfang der Vorwürfe klar ersichtlich sein. Es bedarf einer strukturierten Darstellung. Die strukturierte Darstellung folgt dem Prinzip der **Einheit des Dienstvergehens**. So sind zunächst die einzelnen Pflichtverletzungen nach dem objektiven Tatbestand sowie dem subjektiven Tatbestand zu prüfen und dies unter konkreter Benennung der verletzten Beamtenpflicht.

Beispiel:

Erste Pflichtverletzung:
Fernbleiben vom Dienst.

Die Beamtin blieb am 03. und 04.07.2024 jeweils ganztägig dem Dienst unentschuldigt fern. Es erfolgte weder eine Krankmeldung noch im Nachhinein eine Arbeitsunfähigkeitsbescheinigung. Die Beamtin selbst gab keine Erklärung für ihr schuldhaftes Fernbleiben ab.

---

[370] VG Düsseldorf, 24.06.2024 – 38 K 7460/21; *Urban/Wittkowski*, Kommentar zum BDG, § 52 Rn. 11.
[371] VG Düsseldorf, 04.03.2024 – 35 K 2481/23.

Die Beamtin hat durch dieses Fehlverhalten gegen § 61 Abs. 1 Satz 1 BBG (Pflicht zum vollen persönlichen Einsatz) verstoßen. Gleichzeitig hat die Beamtin gegen § 61 Abs. 1 Satz 3 (Pflicht zu achtungs- und vertrauensvollem Verhalten innerhalb und außerhalb des Dienstes) verstoßen.

Es ist auch von einem vorsätzlichen Verhalten der Beamtin auszugehen.

Zweite Pflichtverletzung:
Die Beamtin übt seit 15.06.2024 bis zur Überführung am 13.07.2024 eine Nebentätigkeit als Kellnerin in einem Biergarten aus. Der Verdienst für die oben genannte Zeit betrug 2.100 Euro brutto.

Bereits in der Vergangenheit übte die Beamtin eine entsprechende Tätigkeit aus, wofür ihr seinerzeit eine Nebentätigkeitsgenehmigung erteilt wurde. Diese Nebentätigkeit ist nach Ablauf von fünf Jahren seit Ende 2022 nicht mehr gültig. Eine neue Nebentätigkeitsgenehmigung beantragte die Beamtin nicht.

Es liegt vorsätzliches Handeln vor. Der Beamtin ist das Prozedere rund um die Beantragung einer Genehmigung für die Ausübung einer entgeltlichen Nebentätigkeit bekannt. Aus der damaligen Verfügung ergab sich auch die Befristung bis zum 31.12.2022.

Die Beamtin hat gegen folgende Pflichten verstoßen: § 61 Abs. 1 Satz 1 BBG (§ 34 BeamtStG) (Pflicht zum vollen persönlichen Einsatz) sowie § 61 Abs. 1 Satz 3 BBG (§ 34 Abs. 1 Satz 3 BeamtStG) (Pflicht zu achtungs- und vertrauenswürdigem Verhalten innerhalb und außerhalb des Dienstes.

Somit ist die Beamtin hinsichtlich beider Vorwürfe als überführt anzusehen. Beide Vorwürfe wurden vorsätzlich von ihr begangen. Es liegt somit ein Dienstvergehen i. S. d. § 77 Abs. 1 BBG (§ 47 Abs. 1 BeamtStG) vor.

Im Einzelnen sind zum Sachverhalt des Dienstvergehens insbesondere aufzuführen

- der Ort der Ausübung des Dienstvergehens,

- eine konkrete Zeitangabe (nicht ausreichend: im Juli 2023 oder allgemein in der Zeit vom 01. bis 05.04. oder generell im Herbst des Jahres 2022),

- die Einzelheiten und

- Umstände des Fehlverhaltens,
- die das Verschulden begründenden Tatsachen.

Haben sich einzelne Vorwürfe, die Gegenstand der Ermittlungen waren, als nicht zutreffend erwiesen, sind diese in der Disziplinarverfügung nicht aufzuführen, da die Entscheidung nicht darauf beruht. In diesen Fällen ist eine besondere Einstellung bzw. Teileinstellung wegen dieser Verfehlungen indes nicht notwendig. Es bedarf somit keiner besonderen Einstellungsverfügung.

Eine Klarstellung innerhalb der Disziplinarverfügung, dass ein einzelner Vorwurf entkräftet wurde, der möglicherweise sogar Anlass für das Disziplinarverfahren war, ist allerdings erforderlich.

Die Disziplinarverfügung muss den Dienstvorgesetzten als persönlichen Urheber der Verfügung erkennen lassen. Sie ist von dem Dienstvorgesetzten oder dem Vertreter zu unterzeichnen.

Im Unterschied zum Untersuchungsergebnis bedarf es in der Disziplinarverfügung einer in der Regel ausführlicheren Begründung zum Disziplinarmaß. Hierbei sind die wesentlichen Gründe für die Bemessung der Disziplinarmaßnahme nach Art und Höhe darzulegen (vgl. § 13 Abs. 1 Sätze 2 und 3 BDG).[372] Die Entscheidung über eine Disziplinarmaßnahme ergeht nach pflichtgemäßem Ermessen. § 13 Abs. 1 Satz 1 BDG ist Ausdruck des Opportunitätsprinzips. Das danach auszuübende pflichtgemäße Ermessen greift aber nur für die Frage, ob auf ein Fehlverhalten von Beamten mit einer Disziplinarmaßnahme reagiert werden soll und ggf. mit welcher. Die Frage, ob ein Ermittlungsverfahren eingeleitet werden soll, beantwortet dagegen § 17 BDG i. S. d. Legalitätsprinzips.

Die Disziplinarmaßnahme ist insbesondere nach

- der Schwere des Dienstvergehens,
- der Beeinträchtigung des Vertrauens des Dienstherrn oder der Allgemeinheit und
- dem Persönlichkeitsbild und dem bisherigen dienstlichen Verhalten zu bemessen.

Auf diese Punkte ist im Zuge der Festsetzung der Disziplinarmaßnahme einzugehen.

Auch hier gilt: Es sind sowohl die belastenden wie auch die begünstigenden Umstände zu berücksichtigen. Die Disziplinarverfügung ist insbesondere dann angreifbar, wenn ausschließlich oder überwiegend

---

[372] Vgl. Art. 14 BayDG, § 26 LDG BW, § 14 NDiszG, § 13 LDG NRW und § 13 SächsDG.

die belastenden Umstände dargestellt werden und die entlastenden verschwiegen werden.

Was die Berücksichtigung des Persönlichkeitsbilds des Beamten anbelangt, so erfordert dies eine Prüfung, ob das festgestellte Dienstvergehen dem bisher gezeigten Persönlichkeitsbild des Beamten entspricht oder etwa von einem persönlichkeitsfremden Verhalten auszugehen ist, weil sich der Beamte in einer Ausnahmesituation befunden hat oder weil er sich sonst stets einwandfrei verhalten hat. Gerade dann, wenn die Pflichtverletzung aus einer Ausnahmesituation resultiert und deshalb der Schluss gerechtfertigt ist, dass in Zukunft nicht erneut mit einem entsprechenden persönlichkeitsfremden Fehlverhalten des Beamten gerechnet werden kann, bedarf dies einer besonderen Darlegung.

Genauso muss aber auch berücksichtigt werden, wenn der Beamte bereits wiederholt (eventuell auch einschlägig) disziplinarrechtlich oder strafrechtlich relevant auffällig geworden ist. Ein Verschleiern der Tat sowie eine Erschwerung der Ermittlungen sind genauso nachteilig zu berücksichtigen wie fehlende Reue.

Umgekehrt ist eine freiwillige Wiedergutmachung und Entschuldigung vor Tatentdeckung bzw. vor der Überführung als entlastender Umstand von beachtlichem Gewicht anerkannt.[373] Weiterhin kommen Bekundungen von Reue und Einsicht nach Entdeckung eines Fehlverhaltens ohne Hinzutreten weiterer mildernder Umstände von einigem Gewicht regelmäßig keine entscheidungserhebliche Bedeutung für die Maßnahmebemessung zu, wenn aufgrund der Schwere des Dienstvergehens die Entfernung aus dem Beamtenverhältnis angezeigt ist. Gänzlich anders liegt der Fall, wenn der Beamte das Fehlverhalten freimütig vor Entdeckung offenbart oder eben tätige Reue bekundet. Auch die Mithilfe bei der vollständigen Aufdeckung der Tat ist sehr positiv zu berücksichtigen wie jegliche freiwillige Offenbarung und jedes freimütige (umfassende) Geständnis.

Im Rahmen der Ermessenentscheidung zur Verhängung der Disziplinarmaßnahme ist zu prüfen, ob der Beamte nach einem Dienstvergehen einer Pflichtenmahnung durch Verhängung einer Disziplinarmaßnahme bedarf. Hierbei sind in erster Linie spezialpräventive Erwägungen entscheidend.[374] Allerdings dürften auch generalpräventive Gesichtspunkte im Einzelfall zulässig sein, um andere Beamte von ähnlichen Verfehlungen abzuhalten.

---

[373] BVerwG, 25.07.2013 – 2 C 63.11.
[374] OVG NRW, 24.04.1986 – 1 V 25/85.

Ablauf und Muster zum behördlichen Disziplinarverfahren

Ablauf und Muster zum behördlichen Disziplinarverfahren

1. Prüfung der vorliegenden Verdachtsmomente

Aus unterschiedlichen Quellen (etwa über eine Mitteilung nach der Anordnung über Mitteilung in Strafsachen (MiStra) in der ab 01.08.2022 geltenden Fassung vom 10.05.2022[375]) können Verdachtsmomente an die Dienststellenleitung gelangen. Diese sind auf ihre Stichhaltigkeit hin zu prüfen. Unklar sind oftmals der/die Täter, Zeit, Ort und Art der Ausübung des Dienstvergehens sowie dessen Ausmaß. Liegen hinreichende Anhaltspunkte für die Annahme eines Dienstvergehens vor, so ist laut § 17 Abs. 1 BDG ein Disziplinarverfahren einzuleiten.[376]

2. Vorermittlungsverfahren

Wenn noch keine zureichenden tatsächlichen Anhaltspunkte für den Verdacht eines Dienstvergehen vorliegen, aber erste Hinweise auf ein mögliches Dienstvergehen hindeuten, so sind disziplinare Vorermittlungen (Verwaltungsvorermittlungen) zu führen. Eine eigenständige Rechtsgrundlage für die Führung von Vorermittlungen existiert nicht; es sind die Regelungen zur Durchführung des behördlichen Disziplinarermittlungsverfahrens entsprechend anzuwenden. Beschuldigte sowie Zeugen sind daher zu belehren, Protokolle sind zu erstellen. Disziplinare Vorermittlungen sind umgehend zu beenden und ein Disziplinarverfahren ist unmittelbar einzuleiten, sobald zureichende tatsächliche Anhaltspunkte festgestellt werden, die den Verdacht eines Dienstvergehens rechtfertigen.

3. Einleitungsvermerk des Dienstvorgesetzten

Der Vermerk enthält die interne Prüfung, ob nach eigener Würdigung zureichende tatsächliche Anhaltspunkte vorliegen, die den Verdacht eines Dienstvergehens rechtfertigen. Es folgt die Aufführung des vorgeworfenen Fehlverhaltens sowie die konkrete Benennung einer Dienstpflicht nach dem BBG oder dem BeamtStG bzw. dem jeweiligen LBG.

---

[375] BAnz AT 20.07.2022 B1.
[376] Vgl. Art. 19 Abs. 1 BayDG, § 8 Abs. 1 LDG BW, § 18 Abs. 1 NDiszG, § 17 LDG NRW und § 17 SächsDG.

4. Einleitungsverfügung

Die Einleitungsverfügung enthält die bereits vorhandenen Erkenntnisse zu Täter, Ort, Zeit und Art der Begehung eines Dienstvergehens sowie den Hinweis auf die konkrete Dienstpflichtverletzung; insbesondere enthält die Einleitungsverfügung eine detaillierte Belehrung:

Ich weise darauf hin, dass es Ihnen freisteht, sich mündlich oder schriftlich zu äußern oder nichts zur Sache auszusagen oder sich jederzeit eines Bevollmächtigten oder Beistands zu bedienen.

Für die Abgabe einer schriftlichen Äußerung wird Ihnen eine Frist von einem Monat und für die Abgabe der Erklärung, sich mündlich äußern zu wollen, eine Frist von zwei Wochen gesetzt. Wenn Sie sich rechtzeitig erklären, sich mündlich äußern zu wollen, wird die Anhörung innerhalb von drei Wochen nach Eingang Ihrer Erklärung durchgeführt. Sind Sie aus zwingenden Gründen gehindert, eine dieser Fristen einzuhalten oder einer Ladung zur mündlichen Verhandlung Folge zu leisten, und haben Sie dies unverzüglich mitgeteilt, ist die maßgebliche Frist zu verlängern oder Sie sind erneut zu laden. Bei der Belehrung empfiehlt sich ausdrücklich, sich an dem jeweiligen Gesetzestext konkret zu orientieren (wie vorliegend geschehen nach § 20 Abs. 1 Satz 3 sowie Abs. 4 BDG). Es empfiehlt sich die persönliche Übergabe gegen Empfangsbestätigung oder die postalische Zuleitung per Postzustellungsurkunde.

5. Beauftragung einer die Ermittlung führenden Person

Die Beauftragung eines Ermittlungsführers kann bereits vor Erlass der Einleitungsverfügung erfolgen. In komplizierten bzw. aufwendigen Verfahren können auch mehrere Ermittlungsführer beauftragt werden.

Beauftragung Ermittlungsführer

Betreff: Einleitung eines Disziplinarverfahrens gegen ...

wegen: ...

Sehr geehrte(r) ...,

gegen ... habe ich wegen des Verdachts eines Dienstvergehens wegen ... ein Disziplinarverfahren am ... eingeleitet. Ich beauftrage Sie hiermit mit der Durchführung der Ermittlungen in dem gegen ... eingeleiteten Disziplinarverfahren.

Ich weise Sie auf die Pflicht hin, alle be- und entlastenden Gesichtspunkte gleichermaßen zu ermitteln. Es ist Ihre Aufgabe zu ermitteln, ob ein Dienstvergehen vorliegt.

Im Disziplinarrecht gilt der Grundsatz der „Beschleunigung des Verfahrens". Daher bitte ich um Abgabe des wesentlichen Ergebnisses der Ermittlungen bis zum ...

6. Durchführung der Ermittlungen durch den Ermittlungsführer

Zur Aufklärung des Sachverhalts sind die erforderlichen Ermittlungen durchzuführen. Dazu gehören alle be- und entlastenden Umstände (§ 21 Abs. 1 BDG).

Achtung: Von Ermittlungen ist in den Fällen des § 21 Abs. 2 Satz 1 BDG abzusehen. In den Fällen des § 21 Abs. 2 Satz 2 BDG kann von Ermittlungen abgesehen werden.

Laufen bereits staatsanwaltliche Ermittlungen oder ist im Strafverfahren die öffentliche Klage erhoben worden, ist das Disziplinarverfahren auszusetzen (§ 22 BDG).

Ist zu erwarten, dass nach den §§ 14, 15 BDG eine Disziplinarmaßnahme nicht in Betracht kommt, wird ein Disziplinarverfahren erst gar nicht eingeleitet (§ 17 Abs. 2 Satz 1 BDG). Es ist daher das **Maßnahmeverbot** nach § 14 Abs. 1 BDG sowie die Bewertung des disziplinarischen Überhangs nach § 14 Abs. 2 BDG zu bewerten.

Zu prüfen ist auch das **Disziplinarmaßnahmeverbot wegen Zeitablaufs** nach § 15 BDG. Die Fristen nach § 15 Abs. 1 bis 3 BDG können in den Fällen des § 15 Abs. 4 BDG unterbrochen und in den Fällen des § 15 Abs. 5 BDG gehemmt sein.

Es können behördliche Auskünfte eingeholt werden von Beschäftigten und Dienstherren der betreffenden oder einer anderen Dienststelle. Das Gleiche gilt auch für die **Personalakte** des Beamten und sonstige Behördenunterlagen mit personenbezogenen Daten gem. § 29 Abs. 1 BDG.

Der Beschuldigte ist anzuhören; er ist nicht zur Aussage verpflichtet.

Die Vernehmung von Zeugen und ihre schriftliche Befragung stehen als gleichberechtigte Methoden der Beweiserhebung nebeneinander. In der Qualität unterscheiden sie sich jedoch deutlich, weshalb der persönlichen Vernehmung im Regelfall der Vorzug zu geben ist.

Die Zeugen sind zu der Vernehmung förmlich zu laden.

Verweigern Zeugen oder Sachverständige ohne Vorliegen eines der in den §§ 52 bis 55 und 76 StPO bezeichneten Gründe die Aussage oder Erstattung des Gutachtens, kann nur das zuständige Verwaltungsgericht um die Vernehmung ersucht werden (§ 25 Abs. 2 Satz 1 BDG).

Muster für Ladung einer Zeugin

Frau

......

(Anschrift)

gegen Empfangsbekenntnis/Postzustellungsurkunde

Betr.: Disziplinarverfahren gegen ...

Sehr geehrte Frau ...,

in dem oben genannten Disziplinarverfahren besteht gegen den betroffenen Beamten der Verdacht, „unerlaubte Hilfe in Steuersachen" geleistet zu haben. Im Rahmen dieses Komplexes ist es erforderlich, Sie als Zeugin zu vernehmen.

Ich bitte Sie daher, sich am
(Datum, Uhrzeit)
zur Vernehmung in meinem Dienstzimmer (Ort) einzufinden.

Ich weise Sie darauf hin, dass Sie gem. § 25 Abs. 1 des Bundesdisziplinargesetzes, wenn Ihnen nicht ein besonderes Zeugnis- oder Auskunftsverweigerungsrecht zur Seite steht, zur Aussage verpflichtet sind.

Ferner weise ich Sie ausdrücklich darauf hin, dass Sie als Zeugin zur Wahrheit verpflichtet sind.

Mit freundlichen Grüßen

i. A.
(Unterschrift)

7. Die Ladung und Vernehmung von Zeugen; Anhörung des Beamten

Tipp:

Der Ermittlungsführer sollte vor der Vernehmung das Protokoll in seinen groben Zügen bereits erstellen. Dazu gehört auch die Formulierung der Beweisfragen. Die Konzentration gilt dann der Befragung der Zeugen und dem Festhalten der Zeugenaussage in dem Protokoll.

Hinweis:

Dem Beamten ist Gelegenheit zu geben, an der Vernehmung von Zeugen und Sachverständigen sowie an der Einnahme des Augenscheins teilzunehmen und hierbei **sachliche Fragen** zu stellen (§ 24 Abs. 4 Satz 1 BDG). Der Beamte bzw. seine Bevollmächtigten können somit genauso wie der Ermittlungsführer **Fragen** an den Zeugen stellen. Das Erstfragerecht hat der Ermittlungsführer.

Allerdings können auch die Beamten bzw. ihre Bevollmächtigten einen Beweisantrag gem. § 24 Abs. 3 BDG stellen. Diesem ist stattzugeben, soweit er für die Tat- oder Schuldfrage oder für die Bemessung der Art und der Höhe einer Disziplinarmaßnahme von Bedeutung sein kann (§ 24 Abs. 3 Satz 2 BDG). Wird dem Beweisantrag stattgegeben, so hat der Beamte das Erstfragerecht hinsichtlich der Vernehmung der Zeugen.

Die Vernehmung der Zeugen beginnt mit den Angaben zur Person (Name, Alter, Beruf bzw. Amtsbezeichnung).

Vor der Vernehmung zur Sache ist der Zeuge an seine Wahrheitspflicht zu erinnern sowie über ein etwaiges Zeugnis- oder Aussageverweigerungsrecht nach §§ 52 bis 56 StPO bzw. §§ 74 bis 76 StPO zu belehren.

Hinweis:

Besorgen Sie sich diese Gesetzestexte, wenn Sie einen Ermittlungsführer beauftragen oder selbst als Ermittlungsführer tätig sind!

Sollen öffentlich Bedienstete als Zeugen vernommen werden, ist unter den Voraussetzungen des § 25 Abs. 1 Satz 2 BDG i. V. m. § 54 StPO i. V. m. § 61 Abs. 2 und § 62 BBG eine Aussagegenehmigung einzuholen.

Die Einholung eines Sachverständigengutachtens ist dann angezeigt, wenn der Dienstherr aufgrund eigener Sachkunde zur Beurteilung einer entscheidungserheblichen Beweisfrage nicht in der Lage ist. Das Gutachten ist im Regelfall schriftlich einzuholen. Eine zusätzliche Vernehmung des Sachverständigen sollte im Rahmen des behördlichen Disziplinarverfahrens nur ausnahmsweise und insbesondere dann erfolgen, wenn sie zur Klärung verbliebener Zweifelsfragen erforderlich ist, die für die Entscheidung in der Sache von Bedeutung sind.

Eine **Durchsuchung** oder **Beschlagnahme** ist nur nach vorheriger gerichtlicher Anordnung (§ 27 Abs. 1 BDG) und dies nur durch die nach der Strafprozessordnung dazu berufenen Behörden durchzuführen (§ 27 Abs. 2 BDG).

Dienstliche Schriftstücke, technische Aufzeichnungen, Notebooks und Rechner etc. sind auf Verlangen von dem Beschuldigten herauszugeben. Dienstzimmer können bei Gefahr im Verzug ohnehin auch ohne gerichtliche Anordnung durchsucht werden. Das Herausverlangen bzw. die Durchsuchung der Diensträume sollte mindestens „zu zweit" erfolgen (§ 26 BDG).

Über die Vernehmung der Beschuldigten, der Zeugen sowie der Sachverständigen ist ein Protokoll zu fertigen. Nach § 28 Satz 1 BDG gilt § 168a der StPO entsprechend.

Muster für ein Protokoll der Zeugenvernehmung

Protokoll einer Zeugenvernehmung

Beginn der Vernehmung: … Uhr

Gegenwärtig
Steueramtsrat Donald Dag
Verwaltungsangestellter Hubert Schnell als Schriftführer
Der Beschuldigte: Matthias Klein
Der Bevollmächtigte des Beschuldigten: Rechtsanwalt Dr. Gnadenlos
…

In dem Disziplinarverfahren gegen Steueroberinspektor Matthias Klein erschien auf Ladung vom … als Zeuge Herr Rudi Rüstig.

Der Zeuge wurde über seine Pflicht zur Aussage und auf die Voraussetzungen des Zeugnis- und Aussageverweigerungsrechts hingewiesen. Außerdem wurde er über seine Pflicht zur wahrheitsgemäßen Aussage belehrt.

Er erklärte **zur Person**:

Name: …
Vorname: …
Alter: …
Beruf: …
Anschrift: …

Mit dem Beamten bin ich nicht verwandt, verlobt oder verschwägert.
bzw.
Ich bin mit dem Beamten verwandt verlobt verschwägert.

Zur Sache erklärte der Zeuge: ...

Ende der Vernehmung: ... Uhr

....

Ort, Datum

....

(Unterschrift des Ermittlungsführers)

....

(Unterschrift des Zeugen)

....

(Unterschrift des Schriftführers)

8. Erstellung des „wesentlichen Ergebnisses der Ermittlungen"

Nach dem NDiszG ist ein wesentliches Ergebnis der Ermittlungen nicht ausdrücklich vorgesehen. Es ist aber auch im Anwendungsbereich des NDiszG sinnvoll, einen abschließenden Ermittlungsbericht zu erstellen, so dass der oder die Dienstvorgesetzte in der Lage ist, eine Abschlussentscheidung zu treffen.

Muster für einen Abschlussbericht des Ermittlungsführers im behördlichen Disziplinarverfahren

Der Ermittlungsführer fertigt das wesentliche Ergebnis der Ermittlungen.

a) Es erfolgt zunächst die historische Schilderung des Verfahrensablaufs

Diese enthält sozusagen den Gang des Verfahrens ab dem Vorliegen der Verdachtsmomente bis zum aktuellen Stand des Verfahrens.

Es ist konkret aufzuführen, was dem Beamten im Einzelnen zur Last gelegt wird. Seine Einlassungen sind genauso wiederzugeben wie die Aussagen der Zeugen. Alle eingeholten Auskünfte und ggf. beantragten gerichtlichen Anordnungen sind darzustellen.

b) Jetzt erfolgt die Darstellung der dienstlichen Vita des Beamten. Hierin ist aufzuführen, seit wann der beschuldigte Beamte auf Probe bzw. Beamte auf Lebenszeit ist. Aufzuführen ist, seit wann der Beamte bei der jetzigen Dienststelle tätig ist. Hat er ein Aufstiegsverfahren absolviert? Wie lauten seine dienstlichen Beurteilungen? Wann wurde er zu welchem Zeitpunkt befördert? Hat er an besonderen Qualifizierungs- und Fortbildungsmaßnahmen teilgenommen, die im Zusammenhang mit dem vorgeworfenen Dienstvergehen von Bedeutung sind? Ist der Beamte disziplinarrechtlich vorbelastet?

c) Jetzt erfolgt die Darstellung, ob ein **Dienstvergehen** vorliegt und insoweit ist eine Beweiswürdigung vorzunehmen. Zu prüfen sind dabei:

- objektiv festgestellte Tatbegehung,

- Vorsatz/Fahrlässigkeit,

- Rechtswidrigkeit (eventuell Notwehr),

Schuld (Liegen Schuldausschließungsgründe vor?).

Es ist konkret zu benennen, gegen welche konkreten Dienstpflichten der Beamte durch welches Verhalten zu welchem Zeitpunkt und an welchem Ort verstoßen hat (z. B. Verstoß gegen die Verschwiegenheitspflicht nach § 67 BBG bzw. § 37 BeamtStG).

Sofern Gegenstand des Disziplinarverfahrens mehrere Handlungen des Beamten sind, so muss unter der Rubrik „Liegt ein Dienstvergehen vor?" der weitere Aufbau in der Weise erfolgen, dass nacheinander die einzelnen Pflichtverletzungen aufgeführt werden. Wiederum sind der objektive sowie der subjektive Tatbestand zu prüfen. Angaben zur Rechtswidrigkeit sind nur vorzunehmen, wenn sich hierfür Anhaltspunkte konkret ergeben. Angaben zur Schuld sind nur dann aufzuführen, wenn sich Anhaltspunkte für Schuldausschließungsgründe ergeben.

Beispiel:

C. Dienstvergehen

(1)

Beamtin soll an folgenden Tagen … in 2019 sowie an folgenden Tagen … im Jahr 2020 bewusst und gewollt an dienstlichen Veranstaltungen allein deshalb nicht teilgenommen haben, weil ihr Vorgesetzter teilnahm und sie aufgrund seines Daseins gesundheitliche Beeinträchtigungen befürchtete, ohne dazu jedoch eine ärztliche Bescheinigung vorzulegen.

aa) objektiver Tatbestand
bb) Vorsatz/Fahrlässigkeit

…

Benennung der konkret verletzten Dienstpflicht

Pflicht zum vollen persönlichen Einsatz, § 34 Abs. 1 Satz 1 BeamtStG, § 61 Abs. 1 Satz 1 BBG

Verstoß gegen die Wohlverhaltenspflicht, § 34 Abs. 1 Satz 3 BeamtStG, § 61 Abs. 2 Satz 3 BBG

(2)

Die Beamtin soll ihren Vorgesetzten mit den Worten „Du hässlicher, lahmer Esel" beleidigt haben.

aa) objektiver Tatbestand
bb) subjektiver Tatbestand
…

Benennung der konkreten Dienstpflicht

Verletzung der Pflicht zum achtungs- und vertrauenswürdigen Verhalten bzw. gegen die Wohlverhaltenspflicht, § 34 Abs. 1 Satz 3 BeamtStG, § 61 Abs. 1 Satz 3 BBG (siehe hierzu auch OVG Sachsen-Anhalt, 15.07.2021 – 10 L 4/19 (Beleidigung gegenüber Vorgesetzten); siehe ferner OVG NRW, 20.06.2023 – 31 A 1054/22. BDG (Rückernennung wegen exhibitionistischem Verhalten gegenüber Mitarbeiterinnen))

(3)

Die Beamtin soll die Motorhaube des Pkw ihres Vorgesetzten am … in der Tiefgarage des Rathauses mit einem Fahrzeugschlüssel zerkratzt haben.

aa) Objektiver Tatbestand
bb) Subjektiver Tatbestand
…

Pflichtverletzungen

Verstoß gegen die Pflicht zum vollen persönlichen Einsatz, § 34 Abs. 1 Satz 1 BeamtStG, § 61 Abs. 1 Satz 1 BBG

Verletzung der Pflicht zum achtungs- und vertrauenswürdigen Verhalten bzw. gegen die Wohlverhaltenspflicht, § 34 Abs. 1 Satz 3 BeamtStG, § 61 Abs. 1 Satz 3 BBG

D. Ergebnis

Im Ergebnis ist festzustellen, dass der Vorwurf, die Beamtin habe ihren Vorgesetzten am 08.05.2019 mit den Worten … in seinem

Dienstzimmer beleidigt, nicht erwiesen ist. Dies steht fest auf der Grundlage der glaubhaften Aussage der Zeugin Luise Bauer …

Überführt werden konnte die Beamte aber hinsichtlich des Vorwurfs, sie habe an 29 Tagen in der Zeit von … bis … an dienstlichen Veranstaltungen unerlaubt und ohne Vorlage einer ärztlichen Bescheinigung nicht teilgenommen. Die Beamtin hat selbst eingeräumt, dass sie den dienstlichen Veranstaltungen jeweils deshalb ferngeblieben sei, weil ihr Vorgesetzter an diesen Veranstaltungen ebenfalls teilgenommen habe und sie bei gleichzeitigem Erscheinen um ihre eigene Gesundheit fürchte.

Überdies wurde die Beamtin dahingehend überführt, dass sie den Pkw ihres Vorgesetzten in der Tiefgarage der Dienststelle am 14.09.2021 mit ihrem Fahrzeugschlüssel auf der Motorhaube zerkratzt habe. Dies steht fest aufgrund der glaubhaften Aussage der beiden Zeugen … Erst nach diesen beiden Zeugenaussagen hat die Beamtin das Fehlverhalten zugegeben.

Das wesentliche Ergebnis der Ermittlungen muss keine Angabe zu dem angemessenen Disziplinarmaß enthalten. Natürlich kann sich der Ermittlungsführer hierzu konkret äußern.

9. Anhörung des Beschuldigten nach Beendigung der Ermittlungen

Der Beschuldigte erhält nach Beendigung der Ermittlungen das Recht zur abschließenden Anhörung (§ 30 BDG). Auch hier hat wieder eine Belehrung nach § 20 Abs. 2 BDG zu erfolgen.

10. Weitere Schritte

Das wesentliche Ergebnis der Ermittlungen ist nach erfolgter Anhörung ggf. zu korrigieren bzw. zu ergänzen.

Es erfolgt die Abgabe des Disziplinarvorgangs durch den Ermittlungsführer an den Dienstvorgesetzten.

11. Abschlussvermerk

Dies ist der sog. interne Meinungsbildungsprozess, ob im Ergebnis des vorliegenden Abschlussberichts das Disziplinarverfahren eingestellt werden soll oder ob eine Disziplinarverfügung erstellt oder eine Disziplinarklage erhoben werden soll.

In Baden-Württemberg und beim Bund kommen hier nur die Einstellung sowie die Erhebung einer Disziplinarverfügung in Betracht.

Im Fall einer Disziplinarverfügung muss konkret aufgeführt werden, welche Disziplinarmaßnahme verhängt wird. Bei der Erhebung der Disziplinarklage muss dies nicht sein. Die Maßnahme kann in das Ermessen des Gerichts gelegt werden. Rechtlich verbindlich sind die Anträge der Dienststelle im Disziplinarklageverfahren ohnehin nicht.

Das Disziplinarmaß bestimmt die weitere Vorgehensweise.

12. Die Entscheidung des Dienstvorgesetzten

- Einstellung

  Die Einstellungsverfügung ist zu begründen und zuzustellen.

- Disziplinarverfügung

  Die Disziplinarverfügung ist zu begründen und zuzustellen.

- Erhebung der Disziplinarklage

Die Disziplinarklage muss auf dem Briefbogen der Dienstbehörde und nicht eines Anwaltsbüros erstellt sein. Auch sollte die Disziplinarklage eine handschriftliche Unterschrift des Dienstvorgesetzten (z. B. des Polizeipräsidenten bzw. der Landrätin etc.) enthalten.[377]

---

[377] BVerwG, 23.04.2020 – 2 C 21.19.

Maßnahmebemessung

Maßnahmebemessung

1. Bemessungskriterien für die Disziplinarmaßnahme

Die Entscheidung über eine Disziplinarmaßnahme ergeht nach pflichtgemäßem Ermessen. Eine ausgeprägte Bedeutung kommt der Ermessensausübung zu, wenn die schwersten Disziplinarmaßnahmen – wie beim Bund – per Disziplinarverfügung ausgesprochen werden können.

Die Disziplinarmaßnahme ist erstens nach der Schwere des Dienstvergehens zu bemessen. Zweitens ist das Persönlichkeitsbild des Beamten angemessen zu berücksichtigen. Drittens soll berücksichtigt werden, in welchem Umfang der Beamte das Vertrauen des Dienstherrn oder der Allgemeinheit beeinträchtigt hat.

Maßgebendes Bemessungskriterium für die Bestimmung der disziplinaren Maßnahme ist somit eindeutig die Schwere des Dienstvergehens. Sie beurteilt sich zum einen nach der Eigenart und Bedeutung der verletzten Dienstpflichten, Dauer und Häufigkeit der Pflichtenverstöße und den Umständen der Tatbegehung (objektive Handlungsmerkmale). Zum anderen nach Form und Gewicht des Verschuldens und den Beweggründen für sein pflichtwidriges Verhalten (subjektive Handlungsmerkmale) sowie nach den unmittelbaren Folgen der Pflichtenverstöße für den dienstlichen Bereich und für Dritte. Die Frage, in welchem Umfang das Vertrauen des Dienstherrn oder der Allgemeinheit beeinträchtigt ist, erfordert eine Würdigung des Fehlverhaltens des Beamten im Hinblick auf seinen allgemeinen Status, seinen Tätigkeitsbereich innerhalb der Verwaltung und seine konkret ausgeübte Funktion.

Das Bemessungskriterium „Persönlichkeitsbild" des Beamten erfasst dessen persönliche Verhältnisse und sein sonstiges dienstliches Verhalten vor und nach der Tat. Es erfordert eine Prüfung, ob das festgestellte Dienstvergehen mit dem bisher gezeigten Persönlichkeitsbild des Beamten übereinstimmt oder etwa als persönlichkeitsfremdes Verhalten in einer Notlage oder einer psychischen Ausnahmesituation davon abweicht.

Das Bemessungskriterium „Umfang der Beeinträchtigung des Vertrauens des Dienstherrn oder der Allgemeinheit" erfordert eine Würdigung des Fehlverhaltens des Beamten im Hinblick auf seinen allgemeinen Status, seinen Tätigkeitsbereich innerhalb der Verwaltung und seine konkret ausgeübte Funktion.

Aus den gesetzlichen Vorgaben des § 13 Abs. 1 BDG folgt die Verpflichtung des Dienstvorgesetzten bzw. der Verwaltungsgerichte, aufgrund einer prognostischen Gesamtwürdigung unter Berücksichtigung aller im Einzelfall belastenden und entlastenden Gesichtspunkte zu befinden, ob der Beamte auch künftig in erheblicher Weise gegen Dienstpflichten verstoßen wird oder ob die durch sein Fehlverhalten herbeigeführte Beeinträchtigung des Ansehens des Berufsbeamtentums bei einer Fortsetzung des Beamtenverhältnisses nicht wiedergutzumachen ist. Ein Beamter, der durch ein schweres Dienstvergehen das Vertrauen des Dienstherrn oder der Allgemeinheit endgültig verloren hat, ist aus dem Beamtenverhältnis zu entfernen (§ 13 Abs. 2 BDG). Nur so können die Integrität des Berufsbeamtentums und das Vertrauen in die ordnungsgemäße Aufgabenwahrnehmung der Beamten aufrechterhalten werden.[378] Ergibt die prognostische Gesamtwürdigung, dass ein endgültiger Vertrauensverlust noch nicht eingetreten ist, haben die Dienstvorgesetzten des Bundes, der Länder Baden-Württemberg und Brandenburg und die Verwaltungsgerichte diejenige Disziplinarmaßnahme zu verhängen, die erforderlich ist, um den Beamten zur künftigen Beachtung der Dienstpflichten anzuhalten und der Ansehensbeeinträchtigung entgegenzuwirken.[379]

Wesentlicher normativer Anhaltspunkt bei der Bestimmung der Schwere des Dienstvergehens ist, ob und in welcher Weise das Fehlverhalten des Beamten strafrechtlich bewertet wird, weil der Gesetzgeber dadurch seine Einschätzung zum Unwert eines Verhaltens verbindlich zum Ausdruck bringt und die Orientierung des Umfangs des Vertrauensverlusts am gesetzlichen Strafrahmen eine nachvollziehbare sowie gleichmäßige disziplinarische Ahndung der Dienstvergehen gewährleistet.[380] Nicht die Vorstellung des jeweiligen Disziplinargerichts, sondern die Einschätzung des demokratisch legitimierten Gesetzgebers bestimmt, welche Straftaten als besonders verwerflich anzusehen sind.[381] Mit dieser geänderten Rechtsprechung wird insbesondere eine gleichmäßige disziplinarische Ahndung der Dienstvergehen gewährleistet. In der Vergangenheit war dies in Anknüpfung an das Rechtsinstitut der Regelmaßnahme häufig nicht der Fall.

Jedenfalls bei einer abstrakten Strafandrohung von bis zu drei Jahren Freiheitsstrafe reicht der Orientierungsrahmen bei inner-

---

[378] Vgl. BVerwG, 23.01.1973 – 1 D 25.72, BVerwGE 46, 64 sowie 27.02.2014 – 2 C 1.13.
[379] BVerwG, 30.08.2017 – 2 A 6.15; OVG RP, 15.06.2020 – 3 A 11024/19.OVG.
[380] BVerwG, 16.06.2020 – 2 C 12.19 sowie 10.12.2015 – 2 C 6.14.
[381] BVerwG, 18.06.2015 – 2 C 9.14 sowie 24.10.2019 – 2 C 3.18.

dienstlich begangenen Dienstvergehen bis zur Entfernung aus dem Dienst.[382]

Wehrdisziplinarrecht

Bei der Bemessung der Disziplinarmaßnahme im Anwendungsbereich der Wehrdisziplinarordnung (WDO) ist von der von Verfassungs wegen allein zulässigen Zwecksetzung des Wehrdisziplinarrechts auszugehen, die Integrität, das Ansehen und die Disziplin in der Bundeswehr aufrechtzuerhalten oder wiederherzustellen.[383] Bei Art und Maß der zu verhängenden Disziplinarmaßnahme sind nach § 58 Abs. 7 i. V. m. § 38 Abs. 1 WDO Eigenart und Schwere des Dienstvergehens und seine Auswirkungen, das Maß der Schuld, die Persönlichkeit, die bisherige Führung und die Beweggründe des Soldaten zu berücksichtigen. Bei der konkreten Bemessung der Disziplinarmaßnahme legt der 2. Wehrdienstsenat des BVerwG ein zweistufiges Prüfungsschema zugrunde: Auf der ersten Stufe bestimmt er zwecks Gleichbehandlung vergleichbarer Fälle sowie im Interesse der Rechtssicherheit und Voraussehbarkeit der Disziplinarmaßnahme eine Regelmaßnahme für die in Rede stehende Fallgruppe als Ausgangspunkt der Zumessungserwägungen. Dabei entspricht es der Rechtsprechung des 2. Wehrdienstsenats, dass ein Soldat durch den bereits einmaligen sexuellen Missbrauch eines Kindes für die Bundeswehr im Grundsatz untragbar wird. Dieser wiegt in der Regel so schwer, dass der Soldat das in ihn gesetzte Vertrauen seines Dienstherrn endgültig verloren hat und diesem bei objektiver Betrachtung eine Fortsetzung des Dienstverhältnisses nicht zugemutet werden kann, der Soldat also aus dem Dienstverhältnis zu entfernen ist. Dies gilt beim schweren sexuellen Missbrauch eines Kindes erst recht, mag auch eine weniger gravierende Fallkonstellation i. S. d. § 176a Abs. 4 StGB vorliegen.[384]

Auf der zweiten Stufe ist zu prüfen, ob im Einzelfall im Hinblick auf die Bemessungskriterien des § 38 Abs. 1 WDO die Zwecksetzung des Wehrdisziplinarrechts Umstände vorliegen, die es gebieten, von der im Regelfall vorgesehenen Höchstmaßnahme abzuweichen und eine mildere Maßnahme in Form der Degradierung zu ergreifen.

Insoweit wendet der Wehrdienstsenat anders als der u. a. für das Beamtenrecht zuständige 2. Senat des Bundesverwaltungsgerichts die sog. Regelmaßnahme weiterhin an. In einer Entscheidung vom 25.06.2024 – 2 WD 15.23 – hat der 2. Wehrdienstsenat seine Rechtsprechung bekräftigt. In dieser Entscheidung hat der Wehrdienstsenat hervorgehoben, dass die Einstellung eines Strafverfahrens wegen Kindesmissbrauchs

---

[382] BVerwG, 10.12.2015 – 2 C 6.14; OVG RP, 19.06.2024 – 3 A 10264/24.OVG, ZBR 2024, S. 351.
[383] BVerwG, 19.06.2019 – 2 WD 21.18, NVwZ-RR 2019, 963.
[384] BVerwG, 02.05.2019 – 2 WD 15.18.

nach § 153a Abs. 2 i. V. m. Abs. 1 Satz 2 Nr. 1 StPO das Wehrdienstgericht nicht hindere, den Soldaten wegen dieser Tat im Disziplinarverfahren aus dem Dienst zu entfernen. Die für den Soldaten sprechenden ordentlichen dienstlichen Leistungen, das Geständnis und die gezeigte Reue entlasten bei einem solch schweren Vorwurf den Beamten im disziplinarrechtlichen Verfahren nicht erheblich. Insoweit deckt sich die Rechtsprechung des Wehrdienstsenats mit der des 2. Revisionssenats.

Das Gewicht der Pflichtverletzung (Schwere des Dienstvergehens) ist Ausgangspunkt und richtungsweisendes Bemessungskriterium für die Bestimmung der erforderlichen Disziplinarmaßnahme.[385] Dies beruht auf dem Schuldprinzip und dem Grundsatz der Verhältnismäßigkeit, die auch im Disziplinarverfahren Anwendung finden.[386] Die gegen den Beamten ausgesprochene Disziplinarmaßnahme muss unter Berücksichtigung aller be- und entlastenden Umstände des Einzelfalls in einem gerechten Verhältnis zur Schwere des Dienstvergehens und zum Verschulden des Beamten stehen.[387]

Mit der Anknüpfung an die (im Tatzeitpunkt geltende) Strafandrohung des verwirklichten Straftatbestands wird zugleich verhindert, dass die Disziplinargerichte ihre jeweils eigene Einschätzung des Unwertgehalts eines Delikts an die Stelle der Bewertung des Gesetzgebers setzen.[388] Bei einem innerdienstlich begangenen Dienstvergehen richtet sich die an seiner Schwere orientierte grundsätzliche Zuordnung zu einer der Disziplinarmaßnahmen nach dem gesetzlich bestimmten Strafrahmen. Auf die Einstufung des Dienstvergehens als Zugriffsdelikt zu Lasten des Dienstherrn oder einem diesem gleichgestellten Delikt (Rechtsinstitut der Regelmaßnahme) kommt es somit nicht (mehr) an.

2. Bestimmung des Disziplinarmaßes bei innerdienstlich und außerdienstlich begangenen Dienstvergehen bei gleichzeitiger Verwirklichung eines Straftatbestands

Im Weiteren ist bei der Bemessung der Disziplinarmaßnahme unter Berücksichtigung der neueren Rechtsprechung des BVerwG zu differenzieren zwischen außerdienstlich begangenen Dienstvergehen und solchen, die innerdienstlich begangen wurden. Bei innerdienst-

---

[385] BVerwG, 29.10.2013 – 1 D 1.12, BVerwGE 148, 192.
[386] BVerfG, 08.12.2004 – 2 BvR 52/02, BVerfGK 4, 243.
[387] BVerwG, 20.10.2005 – 2 C 12.04, BVerwGE 124, 252.
[388] BVerwG, 10.12.2015 – 2 C 6.14.

lichen Dienstvergehen ist zu berücksichtigen, dass das pflichtwidrige Verhalten des Beamten in das Amt und in die damit verbundene dienstliche Tätigkeit eingebunden sind. Bei einem innerdienstlichen Dienstvergehen, bei dem die Beamten – im Unterschied zu anderen Bürgern – in ihrer dienstlichen Pflichtenstellung und damit als Garant einer unparteilichen und gesetzestreuen Verwaltung betroffen sind, kommt dem ausgeurteilten Strafmaß bei der Bestimmung der konkreten Disziplinarmaßnahme keine „indizielle" und auch keine „präjudizielle" Bedeutung zu.[389]

In diesem Zusammenhang weist das BVerwG darauf hin, dass Straf- und Disziplinarrecht unterschiedliche Zwecke verfolgen.[390] Das Strafrecht ist vom Vergeltungsprinzip mit dem Ziel der individuellen Sühne durch ein Unwerturteil über gemeinschaftswidriges Verhalten und strafrechtliche Sanktionen geprägt. Demgegenüber ist es ausschließlich Zweck des Disziplinarverfahrens, das Vertrauen in die Ehrlichkeit und Zuverlässigkeit der Beamten und damit die Funktionsfähigkeit des öffentlichen Dienstes sicherzustellen.

Bei einer außerdienstlich begangenen Straftat kann zur Festlegung der Schwere des begangenen Dienstvergehens – die gem. § 13 Abs. 1 BDG richtungsweisend für die Bestimmung der erforderlichen Disziplinarmaßnahme ist – indiziell auf die vom Strafgericht konkret ausgesprochene Sanktion zurückgegriffen werden.[391] Ist von den Strafgerichten bei einem außerdienstlich begangenen Dienstvergehen lediglich auf eine Geldstrafe erkannt worden, kommt die Entfernung aus dem Beamtenverhältnis nur ausnahmsweise und bei Vorliegen disziplinarrechtlich bedeutsamer Umstände in Betracht.[392]

Bei der Bemessung einer Disziplinarmaßnahme (gerade bei der Verhängung der schweren Disziplinarmaßnahmen) ist zunächst zu differenzieren zwischen einem innerdienstlichen und einem außerdienstlichen Dienstvergehen. Die Schwere des Dienstvergehens orientiert sich indes in beiden Fällen an dem Strafrahmen des Strafdelikts, gegen welches der Beamte verstoßen hat. Begeht beispielsweise ein Beamter einen Diebstahl mit Waffen, so ist bereits danach aufgrund der abstrakten Strafandrohung – bei einem minderschweren Fall von drei Monaten bis zu fünf Jahren Freiheitsstrafe (vgl.

---

[389] BVerwG, 24.10.2019 – 2 C 3.18.
[390] BVerwG, 18.06.2015 – 2 C 9.14, BVerwGE 152, 228.
[391] BVerwG, 24.10.2019 – 2 C 3.18 sowie 25.03.2010 – 2 C 83.08, BVerwGE 136, 173 und 18.06.2015 – 2 C 9.14, BVerwGE 152, 228.
[392] BVerwG, 18.07.2015 – 2 C 9.14, BVerwGE 152, 228.

§§ 242, 244 Abs. 1 Nr. 1 Buchst. a Alt. 1, Abs. 3 StGB) – der Orientierungsrahmen für das dem Beamten zur Last zu legende und einheitlich zu würdigende Dienstvergehen insgesamt bis zur Höchstmaßnahme eröffnet.[393]

Bei einer abstrakten Strafandrohung von bis zu drei Jahren Freiheitsstrafe reicht somit der Orientierungsrahmen bei innerdienstlich und auch außerdienstlich begangenen Dienstvergehen bis zur Entfernung aus dem Dienst. Dem Ausgang des Strafverfahrens bzw. des staatsanwaltlichen Ermittlungsverfahrens kommt hingegen bei innerdienstlich begangenen Dienstpflichtverletzungen weder eine indizielle noch eine präjudizielle Bedeutung zu. Anders ist dies bei außerdienstlich begangenen Dienstvergehen. Hier kommt dem ausgeurteilten Strafmaß eine indizielle Bedeutung zu. Außerdienstliches Verhalten von Beamten ist nur dann disziplinarwürdig, wenn es zur Beeinträchtigung des berufserforderlichen Vertrauens führen kann. Dies ist insbesondere bei vorsätzlich begangenen Straftaten sowie bei Vorliegen eines Bezugs zwischen dem Pflichtenverstoß und dem Amt des Beamten anzunehmen. Anknüpfungspunkt hierfür ist das Amt im statusrechtlichen Sinn.[394] Denn die Rechtsstellung der Beamten wird durch ihr Statusamt geprägt. Dieses – und nicht die mit einem zum Zeitpunkt der Straftat innegehabten Dienstposten verbundene Tätigkeit – bestimmt, mit welchem Aufgabenbereich der Beamte amtsangemessen beschäftigt und damit künftig verwendet werden kann. Folgerichtig sind auch andere statusrechtliche Entscheidungen, wie etwa zu Eignung oder Dienstfähigkeit des Beamten, nicht auf die sich aus einem bestimmten Dienstposten ergebenden Anforderungen bezogen.

Zur Bestimmung der Schwere des im Einzelfall begangenen Dienstvergehens kann im Fall einer außerdienstlich begangenen Straftat indiziell auf die von Strafgerichten ausgesprochene Sanktion zurückgegriffen werden. Dies folgt zunächst aus § 41 Abs. 1 Satz 1 BBG bzw. aus § 24 Abs. 1 Satz 1 BeamtStG, der direkt und ausschließlich an den Strafausspruch der Strafgerichte anknüpft. Unterhalb der in dieser Vorschrift genannten Schwelle kommt der strafgerichtlichen Aburteilung zwar keine unmittelbare Verbindlichkeit für die disziplinarrechtliche Beurteilung zu, aber auch bei weniger gravierenden Verurteilungen kann der Ausspruch der Strafverfolgungsorgane als

---

[393] BVerwG, 10.12.2015 – 2 C 6.14, NVwZ 2016, 772.
[394] BVerwG, 18.06.2015 – 2 C 9.14.

Indiz für die Schwere einer außerdienstlich begangenen Straftat und für Abstufungen innerhalb des Orientierungsrahmens herangezogen werden.[395] Unbeschadet der unterschiedlichen Zwecke von Straf- und Disziplinarrecht kommt in dem Strafausspruch die Schwere und Vorwerfbarkeit der begangenen Handlung zum Ausdruck, die auch für die disziplinarrechtliche Beurteilung außerdienstlicher Dienstvergehen von maßgeblicher Bedeutung ist.

Fall:

Der Polizeioberkommissar des klagenden Landes begab sich in 2019 zu einem Unfallort. Dort war auf der Autobahn ein mit Käse beladener Sattelzug verunglückt. Infolge des Unfalls war dieser umgekippt, wodurch der Kühlcontainer aufbrach und der darin befindliche Käse teilweise auf der Fahrbahn verteilt wurde. Nachdem seitens der vor Ort eingesetzten Polizeibeamten keine weiteren Diensthandlungen mehr erforderlich gewesen seien, fuhr der Beamte mit einem Kleinbus der Polizei in die Nähe des beschädigten Containers. Dort öffnete er die seitliche Schiebetür des Busses und forderte einen Mitarbeiter des mit der Bergung beauftragten Unternehmens auf, ihm aus dem Kühlcontainer mehrere unbeschädigte Pakete Käse zu überreichen. In Kenntnis des Umstands, dass es sich hierbei um fremdes Eigentum handelte und der Eigentümer des Frachtgutes bzw. der sog. „Havariekommissar" über die Verwertung, Vernichtung oder Veräußerung der Ware noch nicht entschieden hatte, nahm der Beamte von dem Mitarbeiter der Abschleppfirma insgesamt neun Pakete mit Käse mit einem Gewicht von jeweils 20 Kilogramm und mit einem Gesamtwert von 554,00 € entgegen. Diese reichte er jeweils an seine ebenfalls anwesende Kollegin weiter, die den Käse sodann zwischen den sich gegenüberstehenden Sitzbänken im Fond des Busses auf den Boden ablegte. In dem Fahrzeug deckte der Beamte den verbrachten Käse vor dem Wegfahren mit Jacken ab. Die Kollegin nahm ein Paket Käse mit nach Hause. Zwei weitere Pakete Käse schnitten er und seine Kollegin auf der Wache in Würfel und füllten sie in eine Schüssel. Auf die Nachfrage seiner Vorgesetzten entgegnete der Beamte, dass der Käse bei dem Unfall freigegeben worden sowie die Kühlkette unterbrochen gewesen sei. Der Käse habe

---

[395] BVerwG, 18.06.2015 – 2 C 9.14.

auf der Straße gelegen. Gegenüber dem nächsthöheren Vorgesetzten äußerte er einen Tag später, dass alles in Ordnung sei und der Käse gestern auf der Straße gelegen habe. Die Verpackung sei kaputt gewesen, der Havariekommissar vor Ort habe den Käse als verwertbar und Abfall deklariert. Es sei ihm und der Kollegin die Erlaubnis erteilt worden, den Käse in diesem Zustand mitzunehmen und zu verwerten. Die dreckigen Stellen hätten sie abgeschnitten und den Rest in die Schüssel getan.

Das Amtsgericht A. verurteilte ihn mit Urteil wegen Diebstahls mit Waffen zu einer Geldstrafe von 150 Tagessätzen zu je 15 Euro. Das staatsanwaltliche Ermittlungsverfahren gegen die seinerzeitige Streifenpartnerin wurde seitens der Staatsanwaltschaft nach § 153a StPO nach Erfüllung der Auflagen eingestellt.

Durch das dem Beamten zur Last zu legende Verhalten hat dieser ein innerdienstliches Dienstvergehen im Sinne von § 77 Abs. 1 Satz 1 BBG (§ 47 Abs. 1 Satz 1 BeamtStG) begangen, da er schuldhaft mehrere ihm obliegende Pflichten verletzt hat.

Zunächst hat der Beamte durch den von ihm begangenen Diebstahl mit Waffen gem. §§ 242, 244 Abs. 1 Nr. 1 Buchst. a Alt. 1 StGB in schwerwiegender Weise gegen seine Pflicht zu achtungs- und vertrauenswürdigem Verhalten (§ 34 Abs. 1 Satz 3 BeamtStG) sowie dazu, sich mit vollem persönlichen Einsatz seinem Beruf zu widmen und das übertragene Amt uneigennützig nach bestem Wissen und Gewissen wahrzunehmen (§ 34 Abs. 1 Satz 1 BeamtStG), verstoßen.

Darüber hinaus hat der Beamte wiederholt gegenüber seinen Vorgesetzten die Unwahrheit gesagt und dadurch seine innerdienstliche Wahrheitspflicht als Ausformung der Verpflichtung, seinen Dienstherrn zu beraten und zu unterstützen (§ 35 Abs. 1 Satz 1 BeamtStG), verletzt (siehe hierzu auch OVG RP, 19.06.2024 – 3 A 10264/24.OVG; OVG SH, 08.10.2021 – 14 MB 1/21).

Hinsichtlich der Bemessung der Disziplinarmaßnahme bildet das maßgebliche Kriterium die Schwere des Dienstvergehens. Weiterhin zu prüfen ist das Bemessungskriterium „Persönlichkeitsbild" des Beamten sowie als drittes Bemessungskriterium der „Umfang der Beeinträchtigung des Vertrauens des Dienstherrn oder der Allgemeinheit".

Wesentlicher normativer Anhaltspunkt bei der Bestimmung der Schwere des Dienstvergehens ist, ob und in welcher Weise der

Beamte gegen eine Dienstpflicht sowie gleichzeitig gegen eine Strafvorschrift verstoßen hat. Des Weiteren kommt es darauf an, ob und in welcher Weise der Gesetzgeber das Fehlverhalten des Beamten strafrechtlich bewertet, weil der Gesetzgeber durch seine Einschätzung zum Unwert eines Verhaltens verbindlich zum Ausdruck bringt und die Orientierung des Umfangs des Vertrauensverlusts am gesetzlichen Strafrahmen eine nachvollziehbare sowie gleichmäßige disziplinarische Ahndung der Dienstvergehen gewährleistet (vgl. BVerwG, 16.06.2020 – 2 C 12.19).

Jedenfalls bei einer abstrakten Strafandrohung von bis zu drei Jahren Freiheitsstrafe reicht der Orientierungsrahmen bei innerdienstlich begangenen Dienstvergehen bis zur Entfernung aus dem Dienst (vgl. BVerwG, 10.12.2015 – 2 C 6.14).

Dies zugrunde gelegt, ist bei der Bemessung der Disziplinarmaßnahme bei dem zugrunde liegenden Sachverhalt von einem begangenen Diebstahl mit Waffen durch den Beamten abzustellen. Bereits danach ist aufgrund der abstrakten Strafandrohung – bei einem minderschweren Fall von drei Monaten bis zu fünf Jahren Freiheitsstrafe (vgl. §§ 242, 244 Abs. 1 Nr. 1 Buchst. a Alt. 1, Abs. 3 StGB) – und unabhängig von dem nicht unbeträchtlichen Gewicht des Verstoßes gegen die innerdienstliche Wahrheitspflicht der Orientierungsrahmen für das dem Beamten zur Last zu legende und einheitlich zu würdigende Dienstvergehen insgesamt bis zur Höchstmaßnahme eröffnet.

Die Allgemeinheit und der Dienstherr erwarten zu Recht von einem Polizeibeamten, dass er die Rechtsordnung in besonderem Maße wahrt. Wenn ein Amtsträger, zu dessen zentralen Dienstpflichten es gehört, Straftaten zu verhindern, aufzuklären und zu verfolgen, innerhalb des Dienstes Eigentumsdelikte begeht, verletzt er in äußerst schwerwiegender Weise die ihm gem. § 34 Abs. 1 Satz 3 BeamtStG obliegende Pflicht, der Achtung gerecht zu werden, die sein Beruf erfordert. Hierdurch löst er sich zugleich innerlich von den an ihn zu stellenden Anforderungen als Polizeibeamter in einem solchen Maße, dass ihm nicht mehr das Vertrauen entgegengebracht werden kann, das zur Fortsetzung des Beamtenverhältnisses erforderlich ist (§ 13 Abs. 2 BDG).

Erschwerend kommt vorliegend hinzu, dass der Beamte durch den Diebstahl die Kernpflichten eines Polizeibeamten verletzt und in Ausübung des Dienstes gegen Strafgesetze verstoßen hat.

Die Voraussetzungen für die Verhängung der höchsten Disziplinarmaßnahme der Dienstentfernung sind auch unter Einbeziehung des gesamten Persönlichkeitsbilds des Beamten zu prüfen und vorliegend gegeben. Je schwerwiegender das Dienstvergehen oder die mit ihm einhergehende Vertrauensbeeinträchtigung ist, umso gewichtiger müssen die sich aus dem Persönlichkeitsbild ergebenden mildernden Umstände sein, um gleichwohl eine andere als die durch die Schwere des Dienstvergehens indizierte Maßnahme zu rechtfertigen. Umgekehrt können Gesichtspunkte des Persönlichkeitsbilds oder eine besondere Vertrauensbeeinträchtigung die Entfernung aus dem Beamtenverhältnis rechtfertigen, obwohl diese Maßnahme nach der Schwere des Dienstvergehens für sich genommen nicht indiziert ist (vgl. BVerwG, 25.07.2013 – 2 C 63.11).

Bei der Tatbegehung und in der Folgezeit offenbarte der Polizeibeamte vorliegend ein Persönlichkeitsbild, das ein **Restvertrauen** in seine Person und eine zukünftig pflichtengetreue Amtsverrichtung nicht erwarten lässt. Bereits die Umstände der Tatbegehung, bei welcher er im Dienst planvoll die durch die Havarie eingetretene Situation zu seinen Gunsten ausgenutzt hat, offenbaren ein erhebliches Maß an Rücksichtslosigkeit und Eigennützigkeit. Als gravierend erweist sich dabei, dass der Beamte unter Ausnutzung seiner Dienststellung den vor Ort befindlichen Mitarbeiter des Bergungsunternehmens instrumentalisiert hat, indem er diesen anwies, gleich mehrere unbeschädigte Pakete aus dem Kühlcontainer zu holen und ihm auszuhändigen.

Zu berücksichtigen sind auch die beiden im Anschluss an die Tat – und damit zu einem Zeitpunkt, in dem noch kein Straf- oder Disziplinarverfahren eingeleitet worden war – getätigten unwahren Aussagen des Beamten gegenüber seinen Vorgesetzten. Der Beamte hat, indem er zur Vertuschung seiner Tat nicht einmal vor Lügen gegenüber seinem Dienstherrn zurückgeschreckt hat, abermals in eigennütziger Weise seine persönlichen Motive über die des Dienstherrn gestellt.

Erhebliche Milderungsgründe, die den Schluss rechtfertigen, der Beamte habe das Vertrauen seines Dienstherrn und der Allgemeinheit noch nicht endgültig verloren, waren vorliegend nicht erkennbar. Soweit sich der Beamte weiterhin darauf berief, der Dienstherr habe seine seinerzeitige Streifenpartnerin nicht in gleicher Weise disziplinarrechtlich verfolgt und nach dem Vorfall sogar zur Polizeioberkommissarin befördert, vermag ihn dies nicht zu entlasten. Der von ihm herangezogene Gleichbehandlungsgrundsatz (Art. 3 Abs. 1 GG) setzt voraus, dass die behaupteten Vergleichsfälle der gleichen Stelle zuzurechnen sind. Die Annahme einer Ungleichbehandlung scheidet daher von vornherein aus, wenn die beiden Sachverhalte zwei verschiedene Träger öffentlicher Gewalt betreffen. Der Gleichheitssatz bindet jeden Träger öffentlicher Gewalt allein in dessen konkretem Zuständigkeitsbereich (BVerfG, 12.05.1987 – 2 BvR 1226/83).

Dies zugrunde gelegt, ist es für die zu treffende disziplinarrechtliche Entscheidung ohne Bedeutung, ob und inwiefern der Dienstherr das Verhalten der Streifenpartnerin des Beamten disziplinarisch geahndet hat. Das Verwaltungsgericht trifft seine Entscheidung über die Disziplinarklage selbständig und ohne Bindung an die disziplinarrechtliche Einschätzung des Dienstherrn oder dessen vorangegangenes (beamtenrechtliches) Verhalten.

Ungeachtet dessen begründet der Umstand, dass der Dienstherr gegen die Streifenpartnerin des Beamten keine Disziplinarklage erhoben hat, aber auch schon angesichts ihrer andersartigen strafrechtlichen Sanktionierung – das Strafverfahren gegen sie wurde gem. § 153a StPO eingestellt – keinen Verstoß gegen den Gleichheitsgrundsatz (vgl. OVG NRW, 22.08.2019 – 3d A 1533/15.O).

3. Notwendige Differenzierung zwischen einem innerdienstlichen und einem außerdienstlichen Dienstvergehen

Außerhalb seines Dienstes ist der Beamte grundsätzlich nur verpflichtet, der Achtung und dem Vertrauen gerecht zu werden, die sein Beruf erfordert (§ 61 Abs. 1 Satz 3 BBG, § 34 Abs. 1 Satz 3 BeamtStG). Außerdienstliches Verhalten kann deshalb den Pflichtenkreis des Beamten nur berühren, wenn es die Achtungs- und Vertrauenswürdigkeit betrifft und dadurch mittelbar dienstrechtliche Relevanz erlangt. Als Dienstvergehen ist außerdienstliches Fehlverhalten von Beamten gem. § 77 Abs. 1 Satz 2 BBG (§ 47 Abs. 1 Satz 2 BeamtStG) dabei nur zu qualifizieren, wenn es nach den besonderen Umständen des Einzelfalls im besonderen Maße geeignet ist, das Vertrauen der Bürger in einer für das Amt bedeutsamen Weise zu beeinträchtigen.

Die Pflichtverletzung als solche reicht zur Annahme eines Dienstvergehens nicht aus, und zwar auch dann nicht, wenn hierdurch eine

Straftat begangen worden ist. Hinzutreten müssen weitere, auf die Eignung zur Vertrauensbeeinträchtigung bezogene Umstände. Nur soweit es um die Wahrung des Vertrauens der Bürger in die Integrität der Amtsführung und damit die künftige Aufgabenwahrnehmung geht, vermag das durch Art. 33 Abs. 5 GG geschützte Interesse an der Funktionsfähigkeit des Berufsbeamtentums die im privaten Bereich des Beamten wirkenden Grundrechte einzuschränken. Unterhalb dieser Schwelle erwartet der Gesetzgeber von Beamten kein wesentlich anderes Sozialverhalten mehr als von jedem anderen Bürger. Das Vertrauen der Bürger, dass die Beamten dem Auftrag gerecht werden, als Repräsentant des demokratischen Rechtsstaats eine unabhängige, unparteiliche und gesetzestreue Verwaltung zu sichern, dürfen die Beamten auch durch ihr außerdienstliches Verhalten nicht beeinträchtigen.[396]

Ob und in welchem Umfang durch das außerdienstliche Verhalten eines Beamten das für sein Amt erforderliche Vertrauen beeinträchtigt wird, hängt in maßgeblicher Weise von Art und Intensität der jeweiligen Verfehlung ab. Dabei kommt vorsätzlichen (§ 41 Abs. 1 Satz 1 Nr. 1 BBG bzw. § 24 Abs. 1 Satz 1 BeamtStG) Straftaten eine besondere Bedeutung zu. Maßgeblich ist auch, ob der Pflichtenverstoß des Beamten einen Bezug zu seinem Amt aufweist. Bezugspunkt hierfür ist das dem Beamten verliehene Amt im statusrechtlichen Sinne.

Weist ein Dienstvergehen hinreichenden Bezug zum statusrechtlichen Amt des Beamten auf, reicht der Orientierungsrahmen für die mögliche Disziplinarmaßnahme auch für mittelschwere Straftaten, für die eine Strafandrohung von Freiheitsstrafe bis zu drei Jahren gilt, bis zur Entfernung aus dem Beamtenverhältnis.[397]

Die erforderliche Abgrenzung des innerdienstlichen vom außerdienstlichen Dienstvergehen ist nicht bloß anhand einer formellen Dienstbezogenheit (zeitlicher oder örtlicher Zusammenhang), sondern in erster Linie materiell danach vorzunehmen, wie weit sich das Fehlverhalten auf den Amtsbereich (statusrechtliches Amt) des Beamten ausgewirkt hat (materielle Dienstbezogenheit). Hiernach liegt ein Fehlverhalten außerhalb des Dienstes nur dann vor, wenn es weder formell in das statusrechtliche Amt des Beamten noch materiell in die damit verbundene dienstliche Tätigkeit eingebunden war. Bei der gebotenen materiellen Betrachtung ist zu prüfen, ob sich das Verhalten des Beamten als das eines Privatmanns darstellt.

---

[396] BVerwG, 08.03.2018 – 2 B 48.17 sowie 18.06.2015 – 2 C 9.14, BVerwGE 152, 228.
[397] BVerwG, 10.12.2015 – 2 C 6.14.

Verrät ein Beamter in seiner Freizeit ein Dienstgeheimnis, so verstößt er u. a. gegen die Verschwiegenheitspflicht nach § 67 BBG (bzw. § 37 BeamtStG). Verstöße gegen die Verschwiegenheitspflicht und gegen das Verbot der Annahme von Belohnungen, Geschenken und sonstigen Vorteilen (§ 71 BBG bzw. § 42 BeamtStG) stellen per se ein innerdienstliches Dienstvergehen dar. Gleiches gilt, wenn ein Beamter gegen eine interne Weisung (§ 62 Abs. 1 Satz 2 BBG; § 35 Abs. 1 Satz 2 BeamtStG) im Privatbereich verstößt. Ergeht etwa eine interne Weisung an die Beschäftigten der Vergabeabteilung, wonach private Kontakte zu Bietern unverzüglich offenzulegen sind, so begeht ein Beamter ein innerdienstliches Fehlverhalten, wenn er wiederholt an Firmenfeiern und Geburtstagspartys des Geschäftsführers eines Bieters teilnimmt. Gleiches gilt, wenn ein Beamter gemeinsam mit einem Arzt Krankheiten und Untersuchungen fingiert und dadurch Aufwendungen der Beihilfe auslöst.

Fall:

Abgrenzung innerdienstliches und außerdienstliches Dienstvergehen

Der Beamte (Besoldungsgruppe A 11 BBesO) steht in Diensten der klagenden Bundesrepublik Deutschland. Anfang Dezember 2021 begab sich der Beamte mit einer ihm zur Ausbildung zugewiesenen Praktikantin nach Beendigung eines dienstlichen Auftrags zur Verschleierung des operativen Dienstgeschäfts auf einen Weihnachtsmarkt in Berlin. Sie hielten sich ungefähr zwei Stunden auf dem Weihnachtsmarkt auf, dabei trank der Beamte drei Becher Glühwein. Dort unterhielten sich der Beamte und die Praktikantin über Themen aus dem Bereich der Innen- und Außenpolitik. Im Anschluss besuchten die beiden ein nahegelegenes Restaurant und beschlossen, das Ende ihrer Dienstzeit auf 17.00 Uhr festzulegen. Der Beamte konfrontierte die Auszubildende unvermittelt und ohne Übergang damit, dass er und seine Frau Swingerklubs besuchen, und lud die Praktikantin ein, ihn dorthin zu begleiten. Dies lehnte sie ab. Anschließend befragte der Beamte die Praktikantin eingehend nach sexuellen Vorlieben, obwohl die Auszubildende dem Beamten gegenüber deutlich gemacht hatte, dass ihr diese Gesprächsthemen unangenehm seien. Während des Aufenthalts im Restaurant trank der Beamte zwei Gläser Bier. Im Verlauf des Gesprächs ergriff der Beamte die Hand der Auszubildenden und sagte ihr, es gefalle ihm, dass sie sich „bauchfrei" zeige. Die Auszubildende entgegnete, dass dies nicht der Fall sei und sie wegen Mobbingerfahrungen in der Schule nicht auf ihr Outfit angesprochen werden wolle. Bei der Verabschiedung nach Verlassen des Restaurants umarmte der Beamte die Auszubildende und küsste sie auf die Wangen. Das in diesem Verfahren erstinstanzlich zuständige BVerwG hat den Beamten zurückgestuft in die Besoldungsgruppe A 10 BBesO und zusätzlich angeordnet, dass eine Beförderung nicht vor Ablauf von vier Jahren nach Eintritt der Unanfechtbarkeit des Urteils möglich ist.

Dabei hat das Bundesverwaltungsgericht zu Recht hervorgehoben, dass der Beamte das Dienstvergehen (Pflicht zu achtungs- und vertrauenswürdigem Verhalten aus § 61 Abs. 1 Satz 3 BBG) innerdienstlich begangen habe. Bei der Entscheidung zwischen inner- und außerdienstlicher Pflichtverletzung geht es nicht um die formale Zuordnung in räumliche oder zeitliche Beziehung zur Dienstausübung. Entscheidend ist die kausale und logische Einbindung des Verhaltens in das Amt (im statusrechtlichen Sinne) und die damit verbundene dienstliche Tätigkeit. Ist diese Voraussetzung erfüllt, ist es unerheblich, ob das Dienstvergehen innerhalb oder außerhalb der Dienstzeit begangen wird.

Die von dem Beamten gemachten Äußerungen auf dem Weihnachtsmarkt erfolgten noch im Rahmen einer Maßnahme, die der „Verschleierung" eines dienstlichen Auftrags der beiden Mitarbeiter diente. Das Ende des Dienstgeschäfts wurde erst im Restaurant selbst festgelegt. Auch das anschließende Gespräch war nicht Teil einer rein privaten Freizeitgestaltung, sondern Teil des einheitlichen Geschehensablaufs, der durch den dienstlich veranlassten Kontakt des beklagten Beamten und der Praktikantin geprägt war.

(BVerwG, Urteil v. 01.02.2024 – 2 A 7.23, ZBR 2024, 249)

4. Begehung einer Dienstpflichtverletzung ohne gleichzeitiges Begehen eines Strafdelikts

Wird von den Beamten lediglich eine Dienstpflichtverletzung begangen, ohne dass zugleich Strafvorschriften tangiert werden, so greift bei der Bemessung der Disziplinarmaßnahme nach Maßgabe des § 13 BDG weiterhin das Rechtsinstitut der Regelmaßnahme. Die

Rechtsfigur der Regelmaßnahme verleiht den Dienstvorgesetzten bzw. den Verwaltungsgerichten eine Leitlinie zur möglichst einheitlichen Rechtsanwendung.

5. Weitere allgemeine Grundsätze für die Bemessung der Disziplinarmaßnahme

Das gesetzliche Gebot der Gesamtwürdigung trägt dem Zweck der disziplinarrechtlichen Sanktionierung Rechnung. Diese besteht darin,

■ die Integrität des Berufsbeamtentums und

■ die Funktionsfähigkeit der öffentlichen Verwaltung

aufrechtzuerhalten. Daher ist Gegenstand der disziplinarrechtlichen Betrachtung und Wertung die Frage, ob ein Beamter, der in vorwerfbarer Weise gegen Dienstpflichten verstoßen hat, nach der Persönlichkeit noch im Beamtenverhältnis tragbar ist und falls dies zu bejahen ist, durch welche Disziplinarmaßnahme auf ihn eingewirkt werden muss, um weitere Verstöße zu verhindern.[398]

Daraus folgt zwingend, dass das sonstige, insbesondere das dienstliche Verhalten des Beamten vor und nach der Begehung der angeschuldigten Handlungen in die Gesamtwürdigung nach § 13 Abs. 1 BDG einbezogen werden muss.

6. Gebot der erschöpfenden Sachaufklärung

Allerdings sind die Verwaltungsgerichte auch bei der Maßnahmebemessung nicht an die tatsächlichen Feststellungen und disziplinarrechtlichen Wertungen des Dienstherrn gebunden. Die Gerichte haben die bemessungsrelevanten Gesichtspunkte selbst aufzuklären und zu würdigen. Ein Verstoß gegen das Gebot erschöpfender Sachverhaltsaufklärung führt zwangsläufig dazu, dass die Bemessungsentscheidung, d. h. die Bestimmung der Disziplinarmaßnahme, unvollständig und damit rechtswidrig ist.[399] Diese Anforderungen an die Bemessung der Disziplinarmaßnahme durch die Verwaltungsgerichte schließen deren Bindung an den Inhalt der Disziplinarklageschrift in Bezug auf die bemessungsrelevanten Gesichtspunkte aus. Dies gilt für erschwerende und mildernde Umstände gleichermaßen.

---

[398] BVerwG, 25.07.2013 – 2 C 63.11, BVerwGE 147, 229.
[399] BVerwG, 09.10.2014 – 2 B 60/14, ZBR 2015, S. 34.

Andernfalls könnte das gesetzliche Gebot, die Disziplinarmaßnahme aufgrund einer Gesamtwürdigung aller Umstände zu bestimmen, nicht erfüllt werden. Vielmehr hätte es der Dienstherr in der Hand, durch den Inhalt der Disziplinarklageschrift festzulegen, welche bemessungsrelevanten Gesichtspunkte berücksichtigt oder außer Acht gelassen werden.

7. Allgemeine Bemessungsgrundsätze

a) Die wesentlichen Kriterien für die Festlegung der Maßnahme

Das Disziplinarmaß richtet sich vor allem nach folgenden Gesichtspunkten:

- Eigengewicht des Dienstvergehens,
- Ansehensstörung im Allgemeinen (Berufsbeamtentum) und im Besonderen (betroffene Dienststelle),
- Vertrauensstörung im Allgemeinen (Berufsbeamtentum) und im Besonderen (betroffene Dienststelle),
- Persönlichkeitsbild des Beamten,
- Wiederholungsgefahr,
- Möglichkeit der Resozialisierung,
- Grundsatz der Verhältnismäßigkeit,
- Milderungsgründe und
- Erschwernisgründe.

b) Grundsatz „in dubio pro reo"

Die Frage, welche inhaltlichen Anforderungen die Verwaltungsgerichte an den nicht weiter aufklärbaren Entlastungsvortrag der Beamten stellen darf, ist unter Heranziehung des Grundsatzes „in dubio pro reo" zu beantworten. Es ist durch die Rechtsprechung des BVerwG geklärt, dass dieser grundgesetzlich verankerte Rechtsgrundsatz für bemessungsrelevante Gesichtspunkte Anwendung findet. Demnach darf ein erschwerender Umstand grundsätzlich nur dann in die Maßnahmebemessung einfließen, wenn an den Tatsachen nach gerichtlicher Überzeugung kein vernünftiger Zweifel besteht.

Dagegen muss ein mildernder Umstand schon dann berücksichtigt werden, wenn hierfür nach der Tatsachenlage hinreichende Anhaltspunkte bestehen. Die Anwendung des Grundsatzes „in dubio pro reo" ist auch ausgeschlossen, wenn die Verwaltungsgerichte aufgrund ihrer Beweiswürdigung zu der Überzeugung gelangen, die Tatsachen, aus denen der mildernde Umstand hergeleitet wird, läge nicht vor bzw. es bestünden keine hinreichenden tatsächlichen Anhaltspunkte für ihr Vorliegen.[400]

c) Schwere der Schuld richtungsweisend

Die Regelung des § 13 Abs. 1 Satz 2 bis 3 BDG verlangt, dass die Disziplinarmaßnahme aufgrund einer prognostischen Gesamtwürdigung unter Berücksichtigung aller im Einzelfall belastenden und entlastenden Gesichtspunkte bestimmt wird. Dabei ist fallbezogen dem auch im Disziplinarrecht geltenden Schuldprinzip und dem Grundsatz der Verhältnismäßigkeit Rechnung zu tragen.

Gem. § 13 Abs. 1 BDG ist die Schwere des Dienstvergehens richtungsweisend für die Bestimmung der erforderlichen Disziplinarmaßnahme. Die Schwere beurteilt sich nach objektiven Handlungsmerkmalen wie Eigenart und Bedeutung der Dienstpflichtverletzungen, den besonderen Umständen der Tatbegehung sowie Häufigkeit und Dauer eines wiederholten Fehlverhaltens, nach subjektiven Handlungsmerkmalen wie Form und Gewicht des Verschuldens des Beamten, den Beweggründen für sein Verhalten sowie nach den unmittelbaren Folgen für den dienstlichen Bereich und für Dritte.

Das Dienstvergehen ist nach der festgestellten Schwere einer der im Katalog des § 5 BDG aufgeführten Disziplinarmaßnahmen zuzuordnen. Davon ausgehend kommt es darauf an, ob Erkenntnisse zum Persönlichkeitsbild und zum Umfang der Vertrauensbeeinträchtigung im Einzelfall derart ins Gewicht fallen, dass eine andere als die durch die Schwere des Dienstvergehens indizierte Maßnahme geboten ist.[401] Eine vollständige und richtige Gesamtwürdigung setzt daher voraus, dass der Dienstherr sowie insbesondere die Verwaltungsgerichte die im Einzelfall bemessungsrelevanten, d. h. die für die Schwere und das Persönlichkeitsbild bedeutsamen Tatsachen ermitteln und mit dem ihnen zukommenden Gewicht in die Gesamtbewertung einbeziehen.

---

[400] BVerwG, 28.02.2013 – 2 C 3.12, BVerwGE 146, 98.
[401] BVerwG, 28.07.2011 – 2 C 16.10.

8. Einzelne Milderungsgründe

Die Milderungsgründe sind nicht erst durch das Verwaltungsgericht, sondern bereits im behördlichen Disziplinarverfahren durch den Dienstvorgesetzten auf ihre Einschlägigkeit hin zu prüfen. Sowohl in der Disziplinarverfügung wie auch in der Disziplinarklageschrift muss der Dienstvorgesetzte dem gesetzlichen Gebot der Gesamtwürdigung nach Maßgabe des § 13 BDG gerecht werden. Dies verlangt die Aufführung sowohl der erschwerenden wie auch der mildernden Umstände. Als Milderungsgründe kommen u. a. folgende Sachverhalte in Betracht:

a) Wiedergutmachung des Schadens vor Tatentdeckung

Der Milderungsgrund der freiwilligen Offenbarung des Fehlverhaltens vor Tatentdeckung liegt nicht vor, wenn die Tat als solche entdeckt ist und der Beamte weiß, dass gegen ihn ermittelt wird, er aber noch nicht überführt ist.

Positiv zu berücksichtigen ist hingegen, wenn der Beamte den Schaden wiedergutgemacht hat oder zumindest hiermit begonnen hat, den Schaden auszugleichen.

Nach der Rechtsprechung des BVerwG[402] ist der Milderungsgrund mithin an bestimmte Anforderungen gebunden:

- Der Beamte muss die Wiedergutmachung freiwillig begonnen haben.

- Der Beamte darf keine Verschleierungshandlungen vorgenommen haben.

- Das Verhalten des Beamten muss erkennen lassen, dass eine dauerhafte Schädigung des Dienstherrn ausgeschlossen sein sollte.

- Der Beamte ist dienstlich und außerdienstlich bislang disziplinarrechtlich unbelastet (günstige Prognoseentscheidung).

- Als Milderungsgrund anerkannt ist die tätige Reue. Diese kann eben darin bestehen, dass der Beamte vor Entdeckung sein Verhalten offenbart oder den Schaden freiwillig wiedergutmacht.

Die Voraussetzung der tätigen Reue ist nicht schon dann erfüllt, wenn ein Beamter, nachdem er mehrere Straftaten begangen hat,

---

[402] BVerwG, 28.07.2011 – 2 C 16.10 sowie 15.06.2016 – 2 B 49.15.

es schlicht unterlässt, weitere vergleichbare Straftaten zu begehen.[403] Ebenso ist es in der Rechtsprechung des BVerwG anerkannt, dass sich Erschwerungsgründe etwa aus der Anzahl und Häufigkeit von Betrugshandlungen oder der Höhe des Gesamtschadens ergeben können.[404] Daraus folgt, dass das bloße Unterlassen der Begehung weiterer Straftaten aus sich heraus noch keine Milderungsgründe ergeben kann. Denn bei Fortsetzung der Straftaten führe dies zu einem Erschwernisgrund, weil sich Anzahl, Häufigkeit, Gesamtdauer und der Schadensumfang steigern würden. Das bloße Unterlassen weiterer Straftaten trotz der Möglichkeit der Tatbegehung ist deswegen im Hinblick auf die Bewertung vergangener Straftaten neutral. Die ab diesem Zeitpunkt wiederhergestellte Rechtstreue des Beamten kann nicht als mildernd für vergangene Straftaten gewertet werden. Sie ist nämlich das Minimum dessen, was von jedem Beamten ohnehin zu verlangen ist. Ein Milderungsgrund kann der geschilderten Rechtsprechung entsprechend erst dann entstehen, wenn der Beamte durch aktives Tun an der Aufarbeitung und Wiedergutmachung der vergangenen Straftaten freiwillig und ohne bereits entdeckt worden zu sein mitwirkt.

b) Einmalige, persönlichkeitsfremde Augenblickstat

Die Anerkennung der „persönlichkeitsfremden Gelegenheitstat" erfordert, dass der Beamte in eine für ihn unvermutete Versuchungssituation geraten ist. Dieses Ereignis muss geeignet sein,

- Spontanität,
- Kopflosigkeit und
- Unüberlegtheit auszulösen und muss die Kriterien „ungewöhnlich und unvorhersehbar" erfüllen.

Beispiel:

Der Milderungsgrund des einmaligen, persönlichkeitsfremden Augenblicksversagens kommt nicht in Betracht, wenn das Versagen des Beamten aus verschiedenen Teilakten (Körperverletzung; Abfassen eines unrichtigen Vorkommnisberichts; bewusstes Erschweren der Ermittlung über Jahre hinweg) besteht.

---

[403] BVerwG, 31.07.2017 – 2 B 1.17.
[404] BVerwG, 10.12.2015 – 2 C 6.14, BVerwGE 154, 10 sowie 10.09.2010 – 2 B 97.09.

Zweites Beispiel: Der rücksichtslos autofahrende Beamte:

Der Beamte Jason hat über einen längeren Zeitraum extrem gegen die Geschwindigkeitsbestimmungen der Straßenverkehrsordnung verstoßen, indem er sein Tempo im ersten zweispurigen Straßenabschnitt auf ca. 153 km/h und im zweiten zweispurigen Streckenabschnitt auf ca. 263 km/h erhöhte, obwohl die zulässige Höchstgeschwindigkeit auf 90 bzw. 100 km/h begrenzt war. Gleichzeitig überholte er im Feierabendverkehr mit einer erheblichen Überschussgeschwindigkeit von bis zu 140 km/h zahlreiche Verkehrsteilnehmer, die durch starke Lärmentwicklung und den Luftzug der beiden überholenden Rennfahrzeuge erschreckt wurden und teilweise Ausgleichslenkbewegungen ausführten. An dem Wettrennen hat im zweiten Wagen eine andere Person (Uli) teilgenommen. Indem Jason mit dem 500 PS starken Fahrzeug Geschwindigkeiten fuhr, die in einem illegalen Autowettrennen gefahren werden, und indem er den ihm dicht folgenden Uli nicht überholen ließ, hat er sich nicht nur über einzelne Verkehrsregeln hinweggesetzt, sondern zusätzlich eine erhebliche abstrakte Gefährdung der übrigen Verkehrsteilnehmer herbeigeführt, die mit der Gefahrensituation eines illegalen Autorennens vollkommen vergleichbar sind. Überdies hat Jason in der langgezogenen Rechtskurve den Bürgersteig befahren und stieß dabei auf das dort spazierende junge Ehepaar. Beide verstarben durch die Kollision.

Entgegen dem Vortrag des Bevollmächtigten handelt es sich nicht um eine einmalige persönlichkeitsfremde Augenblickstat eines ansonsten tadelfreien und im Dienst bewährten Soldaten. Denn dies liegt nur vor, wenn dieser das Dienstvergehen in einem Zustand begangen hat, in dem er die rechtlichen und tatsächlichen Folgen seines Verhaltens nicht bedacht hat, wozu ein gewisses Maß an Spontanität, Kopflosigkeit und Unüberlegtheit gehört.[405] Spontanität, Kopflosigkeit oder Unüberlegtheit liegt jedoch dann nicht mehr vor, wenn das Dienstvergehen sich als mehraktiges Verhalten darstellt, das immer wieder neue, wenn auch kurze Überlegungen erfordert.[406]

Danach setzt dieser Milderungsgrund voraus, dass die Dienstpflichtverletzung eine Kurzschlusshandlung darstellt, die durch eine spezifische Versuchssituation hervorgerufen worden ist,

---

[405] BVerwG, 25.08.2017 – 2 WD 2.17.
[406] BVerwG, 27.07.2010 – 2 WD 5.09.

und sich eine Wiederholung in Ansehung der Persönlichkeit des Beamten ausschließen lässt. Dies wiederum hängt davon ab, ob sich der Beamte zuvor dienstlich wie außerdienstlich tadelsfrei verhalten hat, wobei Verfehlungen auf einem völlig anderen Gebiet außer Betracht bleiben. Es kommt darauf an, ob das Fehlverhalten nach dem Gesamtbild der Persönlichkeit des Beamten eine einmalige Entgleisung darstellt.[407]

c) Psychische Ausnahmesituation

Dieser Milderungsgrund ist gekennzeichnet durch eine seelische Zwangslage, die durch ein unvorhergesehenes Ereignis ausgelöst worden ist, welches wie ein Schock auf den Beamten einwirkt und zu einer für einen derartigen Zustand typischen Handlung geführt hat. Der Beamte hat in einem Schockzustand oder einer besonderen Anspannung des Gemütszustands unter Druck das Fehlverhalten begangen.

Eine psychische Ausnahmesituation ist für die Pflichtwidrigkeit dann kausal, wenn der Schockzustand nicht hinweggedacht werden kann, ohne dass das Fehlverhalten entfiele.

Das Gericht darf eine Aufklärungsmaßnahme, die sich ihm nach den Umständen des Falles hat aufdrängen müssen, nicht deshalb unterlassen, weil kein Beweisantrag gestellt worden ist.[408]

Beispiel:

Der Bundesbahnobersekretär Bernd leidet seit der Diagnose im Dezember 2010 an einer Krebserkrankung und ist dienstunfähig erkrankt. Ihm wird vorgeworfen, er habe bei den monatlichen Abrechnungen jeweils zu hohe Umsätze für die 1. Klasse angegeben, die im Ergebnis dazu führten, dass ihm für den Gesamtzeitraum eine um rund 200 Euro zu hohe Provision ausgezahlt wurde. Zudem hatte er in den Abrechnungsformularen in rund 130 Fällen an der Stelle, an der der jeweilige Tagesumsatz durch einen Mitarbeiter des Bordrestaurants des ICE zu bestätigen war, eigenhändig unleserliche Unterschriften eingetragen.

Im Disziplinarverfahren hat der Beamte Bernd die Vorwürfe eingeräumt und angegeben, er habe nur deshalb falsch abgerech-

---

[407] BVerwG, 09.10.2014 – 2 B 60.14, ZBR 2015, S. 34.
[408] BVerwG, 09.10.2014 – 2 B 60.14, ZBR 2015, S. 34, 36 sowie 04.09.2008 – 2 B 61.07.

net, um wieder eine Aufstiegschance zu bekommen. Mit guten Umsätzen habe er auffallen wollen. Durch die Abschaffung der InterRegios habe er seinen Zugchefposten verloren und sei gezwungen gewesen, sich als ICE-Zugchef (neu) zu bewerben. Andere Bewerber seien ihm aber stets vorgezogen worden. In der II. Instanz wurde er in das Amt nach A 6 zurückgestuft. Noch in der Anhörung hatte der Beamte ein ärztliches Attest zu den Akten gereicht, aus dem sich ergibt, dass er unter einer Zwangserkrankung bei narzisstisch-depressiver Persönlichkeit (ICD-10:F42.0) litt. Die Zwänge seien auch weiterhin unverändert, außerdem sei er zwanghaft auf extreme Perfektion bedacht. Das Berufungsurteil befasste sich mit der psychischen Erkrankung des Beklagten nicht. Das BVerwG hat ausgeführt, die genannten persönlichen Umstände legten im Zusammenhang mit dem vom Beamten eingeräumten übertriebenen beruflichen Aufstiegsstreben auch bei laienhafter Betrachtung einen möglichen Einfluss seiner psychischen Erkrankung auf das Tatgeschehen nahe. Sie gäben daher Anlass für weitere Ermittlungen unter Zuhilfenahme externen Sachverstands. Das Berufungsgericht habe gegen seine Aufklärungspflicht verstoßen.[409]

d) Unverschuldete wirtschaftliche Notlage

Die „wirtschaftliche Notlage" darf nicht mit einer bloßen Überschuldung gleichgesetzt werden. Vielmehr müssen die existenziellen Bedürfnisse des Beamten und seiner Familie infrage gestellt sein; wirtschaftliche Sorgen oder finanzielle Engpässe reichen nicht aus.

Es muss objektiv eine wirtschaftliche Notlage vorgelegen haben. Das drohende Abstellen von Strom oder Heizung zur Winterzeit oder die unmittelbar bevorstehende Zwangsräumung oder das Drohen von Obdachlosigkeit wurden anerkannt.[410]

Die Notlage ist etwa nicht vorwerfbar bei

- Wegfall eines Verdienstes,

- Arbeitslosigkeit eines Familienmitglieds oder

- beim Tod der Eltern, die bis dahin finanzielle Unterstützung geleistet hatten.

---

[409] BVerwG, 29.03.2017 – 2 B 26.16.
[410] BVerwG, 26.01.1994 – 1 D 34.93.

Die Notlage muss für den Beamten ausweglos sein.[411]

Beispiel:

Einem Beamten wurde zur Last gelegt, im Zeitraum vom 31.12.2011 bis 27.07.2012 insgesamt 150 Euro vereinnahmt und für sich verbraucht zu haben. Der Beamte erklärte, er habe sich in erheblichen finanziellen Schwierigkeiten befunden. Konkret benannt hat er eine Tilgungsrate bei einer Bank in Höhe von 500 Euro monatlich. Die von der Rechtsprechung entwickelten Milderungsgründe, die ausnahmsweise ein Verbleiben im öffentlichen Dienst rechtfertigen könnten, sind tatbestandlich hier nicht gegeben. Insbesondere hat der Beamte keine unausweichliche wirtschaftliche Notlage vorgetragen.[412]

e) Abgeschlossene negative Lebensphase

Die in der Rechtsprechung entwickelten „anerkannten" Milderungsgründe führen teilweise zu einer Disziplinarmaßnahme, die um eine Stufe niedriger liegt als die durch die Schwere des Dienstvergehens indizierte Maßnahme, es sei denn, es liegen gegenläufige belastende Umstände vor. Für den Milderungsgrund der **„Entgleisung während einer negativen, inzwischen überwundenen Lebensphase"** gilt die regelhafte Herabstufung der angemessenen Disziplinarmaßnahme dagegen nicht. Vielmehr ist eine solch **negative Lebensphase während des Tatzeitraums** je nach den Umständen des Einzelfalls **als mildernder Gesichtspunkt** im Rahmen der Gesamtwürdigung nach § 13 BDG zu berücksichtigen.[413]

War ein Dienstvergehen zeitlich in einer nun beendeten Lebensphase eines Beamten angesiedelt, kann ein Pflichtverstoß durch diesen Umstand milder bewertet werden. Als Beispiel wird die Drogenabhängigkeit oder die Alkoholabhängigkeit eines Beamten angeführt, die zu einer Persönlichkeitsveränderung führen kann. Bei der Berücksichtigung dieses – indes nicht klassischen – Milderungsgrundes ist eine Prognose erforderlich.

Entscheidend ist, dass die Umstände und Ereignisse der Vergangenheit im Zeitpunkt der Entscheidung nicht mehr fortdauern und auch

---

[411] BVerwG, 26.04.1984 – 1 D 120.83.
[412] VG Meinigen, 26.04.2006 – 6 D 60008/05 Me.
[413] BVerwG, 22.03.2016 – 2 B 43/15, Buchholz 235.1, § 13 BDG Nr. 34; BVerwG, 15.06.2015 – 2 B 49/15, Buchholz 235.1 § 13 BDG Nr. 36.

für das künftige Verhalten des Beamten keine Bedeutung mehr haben werden, sodass davon ausgegangen werden kann, dass der Beamte zukünftig derartige Verfehlungen nicht mehr begehen wird.

Der Beamte hat eine negative Lebensphase während des Tatzeitraums überwunden, wenn die Gesamtbetrachtung der Lebensverhältnisse ergibt, dass er nicht mehr „aus der Bahn geworfen" ist. Dies kann bei der Maßnahmebemessung mildernd berücksichtigt werden, weil die Überwindung der negativen Lebensphase im Regelfall den Schluss zulässt, der Beamte werde gleichartige, auf die damaligen Lebensverhältnisse zurückzuführende Dienstpflichtverletzungen voraussichtlich nicht mehr begehen.[414]

Unter disziplinarrechtlicher Interventionsschwelle bei dem Suchtmittelmissbrauch (etwa Alkohol) versteht man, dass gem. § 17 Abs. 1 Satz 1 BDG zureichende tatsächliche Anhaltspunkte vorliegen, die den Verdacht eines Dienstvergehens rechtfertigen, sodass der Dienstvorgesetzte die Dienstpflicht hat, von Amts wegen ein Disziplinarverfahren einzuleiten. Zu Beginn eines Disziplinarverfahrens steht ggf. noch nicht fest, ob eine dienstliche Verfehlung alkoholbedingt ist. Dies würde die Schuldhaftigkeit des Dienstvergehens ausschließen. Solange die Alkoholbedingtheit aber noch nicht feststeht, ist ein Disziplinarverfahren einzuleiten, um auf diesem Wege das Vorliegen einer Alkoholerkrankung aufzuklären. Zu berücksichtigen ist in diesem Zusammenhang auch eine sog. Therapieverweigerung.

Das Erreichen der disziplinarrechtlichen Interventionsschwelle markiert eine höhere Eskalationsstufe im Umgang mit alkoholkranken Beamten. Die Einleitung eines Disziplinarverfahrens steht nicht in Widerspruch zu der bis dahin zu übenden Fürsorge. Durch den Druck über die Einleitung des Disziplinarverfahrens können Beamte, denen es häufig an der Krankheitseinsicht fehlt, zu einer Therapie herangeführt werden. Fürsorge und disziplinarer Druck schließen sich somit nicht aus.

Übliche Dienstpflichtverletzungen von alkoholkranken Beamten sind alkoholisierte oder alkoholbedingt verspätete Dienstantritte oder eine vorzeitige Beendigung des Dienstes, aber auch Fehler in der Bearbeitung. Auch ein negativ auffallendes Sozialverhalten gegenüber Kunden, Kollegen oder Vorgesetzten zeigt sich häufig.

---

[414] BVerwG, 09.10.2014 – 2 B 60.14, ZBR 2015, S. 34, 36, 37.

Grundsätzlich kommt einem Disziplinarverfahren eine Erziehungs- und Reinigungsfunktion zu. Gerade zu Beginn eines Disziplinarverfahrens lässt sich in der Regel gerade nicht feststellen, dass die dienstlichen Verfehlungen, wegen derer ein Beamter auffällig wird, alkoholbedingt sind bzw. auf eine Suchterkrankung zurückgehen. Dies kann aber vielleicht auch im Vorfeld eines Disziplinarverfahrens im Wege der Verwaltungsvorermittlungen aufgeklärt werden. Andererseits dient die Einleitung eines Disziplinarverfahrens auch dazu, den alkoholerkrankten Beamten die Ernsthaftigkeit des Vorgehens des Dienstherrn und damit auch die Ernsthaftigkeit ihres Alkoholproblems bzw. ihrer Alkoholerkrankung vor Augen zu führen.

Von der Dienstleistungspflicht gem. § 61 Abs. 1 Satz 1 BBG mit umfasst ist die Gesunderhaltungspflicht. Beamte sind verpflichtet, alle gebotenen und zumutbaren Maßnahmen zu ergreifen, um ihre Dienstfähigkeit zu erhalten bzw. eine eingeschränkte oder verlorene Dienstfähigkeit wiederherzustellen (§ 46 Abs. 1 Satz 1 und Satz 2 BBG).

Von alkoholkranken Beamten kann nicht verlangt werden, dass sie von der Alkoholkrankheit geheilt sind. Die Dauer der Abstinenz ist dabei ein wichtiges Indiz für den Erfolg einer Entziehungskur. Nach einer Entziehungskur oder einer sonstigen Heilbehandlung muss der Beamte wieder auftretendem Verlangen nach Alkohol bis zur Grenze des persönlichen Leistungsvermögens Widerstand entgegensetzen.[415] Fällt ein Beamter nach einer Therapie wieder in eine sog. „nasse Phase" zurück, ist zunächst festzustellen, ob die erfolgte Therapie erfolgreich war. Sofern dies der Fall ist, ist weiterhin im Rahmen des Disziplinarverfahrens zu prüfen, ob dieser Rückfall von dem Beamten verschuldet war. Zu den dienstlichen Pflichten alkoholerkrankter Beamter gehört es, nach einer Entwöhnungsbehandlung den Griff zum „ersten Glas" Alkohol zu unterlassen, weil jeder Genuss von Alkohol nach einer Entziehungstherapie das Verlangen nach weiterem Alkohol wiederaufleben lässt und so erfahrungsgemäß in die „nasse Phase" der Alkoholabhängigkeit zurückführen kann.[416] Eine disziplinarrechtliche Relevanz kommt einem Rückfall in die nasse Phase der Alkoholsucht erst dann zu, wenn eine Entwöhnungstherapie erfolgreich war, sodass der Beamte im Zeitpunkt des Rückfalls grundsätzlich in der Lage war, der Gefahr eines Rückfalls in

---

[415] BVerwG, 15.03.1994 – 1 D 42/93 sowie 10.10.1990 – 1 D 71.89.

[416] *Pflüger* in: Kawik/Michaelis/Immich, Fehlverhalten im öffentlichen Dienst, S. 107.

die Alkoholsucht mit Erfolg zu begegnen und wenn die erneute Abhängigkeit Folgen im dienstlichen Bereich hatte.[417]

Obwohl mit der Herbeiführung der Dienstunfähigkeit bei einem schuldhaften Rückfall in die Alkoholsucht das Dienstvergehen vollendet ist, können nachträgliche (also erneute) Therapiemaßnahmen bei der Bemessung der Disziplinarmaßnahme mildernd berücksichtigt werden, wenn eine günstige Zukunftsprognose aufgestellt werden kann. Hieraus müssen sich gesicherte Anhaltspunkte dafür ergeben, dass mit einer dauerhaften Wiedererlangung der Dienstfähigkeit gerechnet werden kann.[418]

f) Übermäßige Dauer des Disziplinarverfahrens

Eine unterhalb der Entfernung aus dem Dienst gebotene Disziplinarmaßnahme kann auch in der Maßnahmeart milder ausfallen, wenn das Straf- und/oder das Disziplinarverfahren übermäßig lange gedauert hat und der Beamte dies nicht zu vertreten hat.

Die längere Untätigkeit des Dienstvorgesetzten entgegen § 17 Abs. 1 Satz 1 BDG ist regelmäßig als mildernder Umstand bei der Bemessung einer pflichtenmahnenden Disziplinarmaßnahme gem. § 13 Abs. 1 Satz 2 bis 4 BDG zu berücksichtigen, wenn der Beamte über die disziplinarrechtliche Relevanz seines Verhaltens im Unklaren gelassen wurde und er bei rechtzeitiger Einleitung des behördlichen Disziplinarverfahrens voraussichtlich keine weiteren Dienstpflichtverletzungen begangen hätte.

Der Beamte soll so früh als möglich an die Dienstpflichten erinnert und zu deren Erfüllung angehalten werden. Der Dienstvorgesetzte darf nicht zuwarten, bis die Pflichtenverstöße ein gravierendes Ausmaß angenommen haben, das die Erhebung einer Disziplinarklage bzw. der Erlass einer Disziplinarverfügung mit dem Ergebnis einer Entfernung (Bund, Länder BW und Brandenburg) rechtfertigen kann. Oftmals wird gerade dieser Milderungsgrund weder im behördlichen Disziplinarverfahren noch im gerichtlichen Verfahren berücksichtigt, weil dies in der Regel mit einem Eingeständnis der deutlich verzögerten Bearbeitung verbunden ist. Die gänzlich fehlende oder nicht hinreichend berücksichtigte erhebliche Verzögerung des

---

[417] VG Schleswig, 14.12.2022 – 22 A 3.19.
[418] Siehe im Einzelnen zu den dienstlichen Folgen von Alkoholmissbrauch/Alkoholismus *Pflüger* in: Kawik/Michaelis/Immich, Fehlverhalten im öffentlichen Dienst, S. 109 bis 112.

Disziplinarverfahrens macht die behördliche sowie die gerichtliche Entscheidung angreifbar.

Es ist mittlerweile in der Rechtsprechung geklärt, dass die Verfahrensdauer es nicht rechtfertigt, von der Höchstmaßnahme (der Entfernung aus dem Dienst bzw. der Aberkennung des Ruhegehalts) abzusehen, wenn diese Maßnahme geboten ist. Bei der Dienstentfernung geht es darum, das Beamtenverhältnis in Fällen besonders schwerwiegender Dienstvergehen zu beenden, weil der Beamte im öffentlichen Dienst untragbar geworden ist. An dem endgültigen Vertrauensverlust, den er durch das Fehlverhalten herbeigeführt hat, vermag eine lange Verfahrensdauer nichts zu ändern. Das verlorene Vertrauen kann nicht durch Zeitablauf wiederhergestellt werden. Dies gilt gleichermaßen für die Aberkennung des Ruhegehalts.[419] Weder aus dem Unionsrecht noch aus der Europäischen Menschenrechtskonvention ergibt sich, dass die überlange Verfahrensdauer des beamtenrechtlichen Disziplinarverfahrens sich mildernd auswirkt, wenn der Beamte/Ruhestandsbeamte ein schweres Dienstvergehen begangen hat. In diesem Fall kommt in der Regel nur die Entfernung aus dem Dienst bzw. die Aberkennung des Ruhegehalts in Betracht.[420] Nach Art. 6 Abs. 1 Satz 1 EMRK hat jede Person ein Recht darauf, dass über Streitigkeiten in Bezug auf ihre zivilrechtlichen Ansprüche und Verpflichtungen oder über eine gegen sie erhobene strafrechtliche Anklage von einem unabhängigen und unparteiischen, auf Gesetz beruhenden Gericht in einem fairen Verfahren, öffentlich und innerhalb angemessener Frist verhandelt wird.

Der Europäische Gerichtshof für Menschenrechte (EGMR), dessen Rechtsprechung über den jeweils entschiedenen Fall hinaus Orientierungs- und Leitfunktion über die Auslegung der EMRK hat, entnimmt Art. 6 Abs. 1 Satz 1 EMRK einen Anspruch auf abschließende gerichtliche Entscheidung innerhalb angemessener Zeit. Die Angemessenheit der Dauer des Verfahrens ist aufgrund einer Gesamtbetrachtung unter Berücksichtigung der Schwierigkeit des Falls, des Verhaltens der Parteien, der Vorgehensweise der Behörden und Gerichte sowie der Bedeutung des Verfahrens für die Parteien zu beantworten. Dies gilt auch für Disziplinarverfahren. Sie müssen

---

[419] BVerfG, 04.10.1977 – 2 BvR 80/77, BVerfGE 46,17 sowie 09.08.2006 – 2 BvR 1003/05, DVBl. 2006, 1372; BVerwG, 11.05.2010 – 2 B 5.10 sowie 07.11.2024 – 2 C 16.23.
[420] BVerwG, 07.11.2024 – 2 C 16.23.

innerhalb angemessener Zeit, d. h. ohne schuldhafte Verzögerungen, unanfechtbar abgeschlossen sein. Dabei sind behördliches und gerichtliches Verfahren als Einheit zu betrachten.[421]

Für die innerstaatlichen Rechtsfolgen einer unangemessen langen Verfahrensdauer im Sinne von Art. 6 Abs. 1 Satz 1 EMRK ist zu beachten, dass diese Bestimmung nur Verfahrensrechte einräumt. Diese dienen der Durchsetzung und Sicherung des materiellen Rechts. Sie sind aber nicht darauf gerichtet, das materielle Recht zu ändern. Daher kann eine unangemessen lange Verfahrensdauer nicht dazu führen, dass den Verfahrensbeteiligten eine Rechtsstellung zuwächst, die ihnen nach dem innerstaatlichen materiellen Recht nicht zusteht. Vielmehr kann sie für die Sachentscheidung in dem zu lange dauernden Verfahren nur berücksichtigt werden, wenn das materielle Recht dies vorschreibt oder zulässt. Ob diese Möglichkeit besteht, ist durch die Auslegung der entscheidungserheblichen materiell-rechtlichen Normen und Rechtsgrundsätze zu ermitteln. Bei dieser Auslegung ist das Gebot der konventionskonformen Auslegung im Rahmen des methodisch Vertretbaren zu berücksichtigen.[422]

Ergibt die Gesamtwürdigung aller be- und entlastenden Umstände nach Maßgabe des § 13 Abs. 1 BDG, dass wegen eines schwerwiegenden Dienstvergehens die Entfernung aus dem Beamtenverhältnis (oder die Aberkennung des Ruhegehalts) geboten ist, so lässt sich der Verbleib im Beamtenverhältnis allein aufgrund einer unangemessen langen Verfahrensdauer nicht mit dem Zweck der Disziplinarbefugnis, nämlich dem Schutz der Integrität des Berufsbeamtentums und der Funktionsfähigkeit der öffentlichen Verwaltung, vereinbaren. Diese Schutzgüter und der Grundsatz der Gleichbehandlung schließen es aus, dass ein Beamter, der durch gravierendes Fehlverhalten im öffentlichen Dienst untragbar geworden ist, weiterhin Dienst leisten und als Repräsentant des Dienstherrn hoheitliche Befugnisse ausüben kann, weil das gegen ihn geführte Disziplinarverfahren unangemessen lange gedauert hat. Das von dem Beamten zerstörte Vertrauen kann nicht durch Zeitablauf und damit auch nicht durch eine verzögerte disziplinarrechtliche Sanktionierung schwerwiegender Pflichtenverstöße wiederhergestellt werden.

Ergibt die Gesamtwürdigung dagegen, dass eine pflichtenmahnende Disziplinarmaßnahme ausreichend ist, steht fest, dass der Beamte im

---

[421] EGMR, 16.07.2009 – 8453/04, NVwZ 2010, 1015.
[422] BVerwG, 28.02.2013 – 2 C 3.12 sowie 16.05.2012 – 2 B 3.12, NVwZ-RR 2012, 609.

öffentlichen Dienst verbleiben kann. Hier kann das disziplinarrechtliche Sanktionsbedürfnis gemindert sein, weil die mit dem Disziplinarverfahren verbundenen beruflichen und wirtschaftlichen Nachteile positiv auf den Beamten eingewirkt haben. Unter dieser Voraussetzung kann eine unangemessen lange Verfahrensdauer bei der Bestimmung der Disziplinarmaßnahme aus Gründen der Verhältnismäßigkeit mildernd berücksichtigt werden.[423]

g) Disziplinar- und strafrechtliche Unbescholtenheit sowie positiv gezeigte dienstliche Leistungen

Auch der disziplinar- und strafrechtlichen Unbescholtenheit eines Beamten kommt bei schweren Pflichtenverstößen keine entscheidende Bedeutung für die Bemessung der Disziplinarmaßnahme bei. Denn jeder Beamte ist verpflichtet, dauerhaft bestmögliche Leistungen bei vollem Einsatz der Arbeitskraft zu erbringen und sich innerhalb und außerhalb des Dienstes achtungs- und vertrauenswürdig zu verhalten. Die langjährige Erfüllung dieser Verpflichtung kann nicht dazu führen, dass die Anforderungen an das inner- und außerdienstliche Verhalten abgesenkt werden.[424]

h) Geringfügigkeit

Oftmals wird von Beamten eingewandt, dass der Wert etwa einer entwendeten Sache mildernd im Rahmen der Maßnahmebemessung zu berücksichtigen sei. Die frühere Rechtsprechung zu Zugriffsdelikten, wonach die Entfernung aus dem Beamtenverhältnis grundsätzlich Richtschnur für die Maßnahmebestimmung sei, wenn die veruntreuten Beträge oder Werte insgesamt die Schwelle der Geringwertigkeit deutlich übersteigen, hat der 2. Senat des Bundesverwaltungsgerichts zwischenzeitlich aufgegeben.[425] Maßgeblich für den Orientierungsrahmen ist seither nach höchstrichterlicher Rechtsprechung die abstrakte Strafandrohung. Bei einem Strafrahmen von bis zu drei Jahren Freiheitsstrafe reicht der Orientierungsrahmen bei innerdienstlich begangenen Dienstvergehen bis zur Entfernung aus dem Dienst. Im Rahmen der Maßnahmebemessung ist nach langjähriger Rechtsprechung des Bundesverwaltungsgerichts

---

[423] BVerwG, 25.07.2013 – 2 C 63.11.
[424] BVerwG, 23.01.2013 – 2 B 63.12; OVG NRW, 06.12.2017 – 3d A 592/15.BDG.
[425] BVerwG, 10.12.2015 – 2 C 6.14, BVerwGE 154, 10.

der **Milderungsgrund der Geringwertigkeit ausgeschlossen,** wenn der Beamte durch die konkrete Tatausführung oder sein sonstiges Verhalten zusätzlich belastet wird.[426]

Nach der Rechtsprechung der Strafgerichte zu § 248a StGB liegt die Grenze der Geringwertigkeit bei etwa 50 Euro.[427]

Im Fall eines Diebstahls während eines Polizeieinsatzes und unter Ausnutzung der Dienststellung als Polizeibeamter wird das Unrechtsbewusstsein eines Beamten jedoch nicht durch den Wert der entwendeten Sache bestimmt, sondern durch die äußeren erschwerenden Umstände der Tatbegehung. Begeht ein Polizeibeamter im Polizeieinsatz ein Eigentumsdelikt, verstößt er hierbei massiv gegen die Kernpflichten eines Polizeibeamten.

Die Stellung als Polizeibeamter kann sich für die Bewertung auch außerdienstlichen Verhaltens erschwerend auswirken, wenn ein Bezug zur Dienstausübung des Beamten gegeben ist. Entsprechendes gilt für innerdienstliche Pflichtverletzungen, die unter Ausnutzung der dienstlichen Stellung begangen werden. Dagegen hängt die disziplinarische Bewertung eines Kollegendiebstahls nicht davon ab, welcher Laufbahn oder welchem Verwaltungszweig der Beamte angehört oder welche dienstlichen Aufgaben er wahrnimmt. Der Kollegendiebstahl ist hinsichtlich seiner Schwere im Grundsatz deshalb der Veruntreuung amtlich anvertrauter Gelder vergleichbar, weil der Dienstherr sich auch hier auf die Ehrlichkeit seiner Bediensteten verlassen können muss. Ein Diebstahl zum Nachteil eines Kollegen belastet das Betriebsklima und stört den Arbeitsfrieden und damit letztendlich die Funktionsfähigkeit der Verwaltung in schwerwiegender Weise.[428] Insofern macht es keinen Unterschied, ob ein Polizeibeamter oder ein Beamter aus einem anderen Verwaltungszweig seine Kollegen bestiehlt.

Bei einem beamteten Lehrer oder Polizeibeamten führt der außerdienstliche Besitz kinderpornografischer Schriften – auch bei geringer Anzahl oder niederschwelligem Inhalt – aufgrund des damit verbundenen Vertrauensverlusts beim Dienstherrn und der Allgemeinheit in aller Regel zur disziplinaren Entfernung aus dem

---

[426] BVerwG, 24.11.1992 – 1 D 66.91 sowie 08.04.2003 – 1 D 27.02 sowie 24.06.2016 – 2 B 24.15 und 29.08.2017 – 2 B 10.17.

[427] BVerwG, 13.12.2012 – 2 WD 29.11, BVerwGE 145, 269.

[428] BVerwG, 29.05.2008 – 2 C 59.07.

Beamtenverhältnis.[429] Auch der nicht innerdienstliche, sondern lediglich außerdienstliche Besitz von Schriften, die den sexuellen Missbrauch von Kindern zum Gegenstand haben, ist mit dem Bildungsauftrag der Schule unvereinbar und lässt dessen Erfüllung durch den Beamten in aller Regel als unmöglich erscheinen. Für die Gruppe der beamteten Lehrer gilt insoweit – eben wegen der mit ihrem Statusamt verbundenen besonderen Aufgaben- und Pflichtenstellung – ein besonders strenger Maßstab.

i) Mitverschulden von Vorgesetzten

Ein mögliches Mitverschulden von Vorgesetzten darf erstens nicht darüber hinwegtäuschen, dass die Handlungen eines Beamten grundsätzlich in seinem eigenen Verantwortungsbereich liegen und auch dort verbleiben, d. h., er ist und bleibt grundsätzlich für sein Tun eigenverantwortlich. Das Vorliegen der Tatbestandsvoraussetzungen des Tatmilderungsgrundes „Mitverschulden des Vorgesetzten" bewirkt, dass diese Eigenverantwortung des Beamten aufgrund eines Fehlverhaltens des Vorgesetzten „gemindert" wird, nicht aber ganz entfällt. So kann sich eine Vernachlässigung der Aufsichtspflicht durch Vorgesetzte als Mitursache einer dienstlichen Verfehlung darstellen.

Im zweiten Schritt ist zu prüfen, ob eine gebotene Dienstaufsichtsmaßnahme von den Vorgesetzten unterlassen wurde. Dabei geht es nicht nur um eine „bloße Kontrolle", sondern vor allem um Hilfe in Form von Erklärungen, Anleitungen und Unterstützungen. Zu prüfen ist, ob für Vorgesetzte des Beamten aufgrund besonderer Umstände Kontroll- oder Unterstützungsmaßnahmen unerlässlich waren und pflichtwidrig unterlassen wurden. Das Wissen um die labile Persönlichkeit eines Beamten oder der angegriffene Gesundheitszustand können solche besonderen Umstände darlegen, auch die nachhaltige Überforderungssituation eines Beamten aufgrund einer dauerhaften Arbeitsüberlastung.[430]

Eine Vernachlässigung der Dienstaufsichtspflicht durch Vorgesetzte kann ggf. unter dem Gesichtspunkt der Verletzung der Fürsorgepflicht oder des „Mitverschuldens" als Mitursache einer dienstlichen

---

[429] BVerwG, 14.10.2019 – 4 C 3.18.
[430] *Wilhelm*, ZBR 2009, 158.

Verfehlung bei der Bemessung der Disziplinarmaßnahme mildernd berücksichtigt werden.[431]

Nach Auffassung des BVerwG erfordert dieser Milderungsgrund das Vorliegen einer Überforderungssituation, die ein hilfreiches Eingreifen von Vorgesetzten verlangt hätte.

j) Spielsucht

Krankhafte Spielleidenschaft kann nach der Rechtsprechung des BVerwG nur in ganz wenigen – besonders gelagerten – Fällen zu einer die Schuldfähigkeit ausschließenden seelischen Abartigkeit im Sinne von § 20 StGB führen.[432]

k) Alkoholsucht

Beim Zugriff auf amtlich anvertraute Gelder ist Alkoholsucht regelmäßig kein Schuldausschließungsgrund.

Eine verminderte Schuldfähigkeit wird es nicht rechtfertigen, von der Entfernung aus dem Dienst abzusehen.

Eine andere Bewertung ist denkbar, wenn der Beamte Beschaffungstaten unter starken Entzugserscheinungen oder die Tat im akuten Rauschzustand verübt hat.[433]

 BVerwG vom 14.10.1997 – 1 D 90.96

Das BVerwG stellte im Falle eines alkoholkranken Beamten (im Ruhestand) des einfachen Dienstes fest, dass die Indizwirkung für einen endgültigen Vertrauensverlust dann entfällt, wenn hinreichende tatsächliche Anhaltspunkte für einen gewichtigen und im Einzelfall durchgreifenden Entlastungsgrund festgestellt werden können. Die Würdigung darf sich nicht auf die Verneinung „anerkannter Milderungsgründe" beschränken. Bei den sog. Vermögensdelikten sind Ausnahmesituationen gegeben und zu berücksichtigen, die bei einem Beamten im aktiven Dienst die Annahme eines Restvertrauens rechtfertigen können. Bejaht wurde dies bei Unterschlagung in der nassen Phase der Alkoholkrankheit.

---

[431]   BVerwG, 09.10.2014 – 2 B 60.14.
[432]   BVerwG, 19.01.1993 – 1 D 68.91; OVG NRW, 22.06.1999 – 1 TG 1524/99, NVwZ-RR 2000, 236.
[433]   BVerwG, 14.10.1997 – 1 D 60.96.

l) Alter des Beamten

Steht bei einem Beamten, der bereits kurz vor der Pension steht und voraussichtlich nicht mehr den derzeitigen Dienstgrad erreichen wird, eine Zurückstufung im Raum, so würde sich diese „Degradierung" bei Pensionsbeginn zu einer dauerhaften Kürzung des Ruhegehalts umwandeln, da sich dieses an der Höhe der letzten Bezüge bemisst. Gleichwohl verstößt eine derartige Maßnahme nicht gegen den Verhältnismäßigkeitsgrundsatz.

9. Die Erschwernisgründe

Bei der Bemessung der Disziplinarmaßnahme können als Erschwernisgründe u. a. in Betracht kommen:

- Uneinsichtigkeit,

- Beharrlichkeit,

- Beratungsresistenz,

- Persönlichkeitsbild des Beamten,

- wiederholte (womöglich einschlägig wiederholte) Dienstpflichtverletzungen,

- voraussehbare schwere Folgen,

- Stellung des Beamten (Schlüsselfunktion als Vorgesetzter),

- besondere dienstliche Qualifikation,

- Verleiten eines Kollegen zu einem Fehlverhalten,

- Abschieben der Schuld auf andere und

- Aufsehen in der Öffentlichkeit (voraussehbar)/Flucht in die Öffentlichkeit.

Dagegen darf als Erschwernisgrund z. B. nicht berücksichtigt werden:

- Wahrnehmung von Rechten (Aussageverweigerung zur Sache),

- schwere Folgen für den Beamten,

- bedingt zulässige Maßnahmen, relatives Maßnahmeverbot und

- § 14 LDG.

Die zusätzliche Disziplinierung hat eng begrenzten Ausnahmecharakter. Sie setzt die Gefahr voraus, dass sich die durch das Fehlverhalten des Beamten zutage getretenen Eigenarten trotz der strafrechtlichen Sanktionen auch in Zukunft in für den Dienst bedeutsamer Weise auswirken können, er also noch erziehungsbedürftig ist. Dabei muss sich die nie gänzlich auszuschließende Möglichkeit – über eine generelle Wahrscheinlichkeit hinaus – zu einer im Einzelfall konkret zu belegenden Wiederholungsgefahr verdichten.[434]

Eine zusätzliche disziplinare Ahndung kommt in Betracht, wenn die Gesamtpersönlichkeit des Täters ein individuelles zusätzliches Erziehungsbedürfnis bei ihm im Zusammenhang mit dem begangenen Dienstvergehen offenbart.

Grundsätzlich steht eine Würdigung der Gesamtpersönlichkeit der Betroffenen unter Berücksichtigung des gesamten dienstlichen und außerdienstlichen Verhaltens bei der Bemessung des Dienstvergehens im Vordergrund. Denn es gilt in erster Linie der Grundsatz der Einzelfallgerechtigkeit. In Ausnahmefällen sind aber auch generalpräventive Gesichtspunkte zu berücksichtigen.

Es ist überdies der Grundsatz der Verhältnismäßigkeit (Übermaßverbot) zu beachten. Die gegen den Beamten ausgesprochene Disziplinarmaßnahme muss unter Berücksichtigung aller belastenden und entlastenden Umstände des Einzelfalls in einem gerechten Verhältnis zur Schwere des Dienstvergehens und zum Verschulden des Beamten stehen.[435]

Dies gilt letztendlich auch für die Dienstvergehen, für die nach der Rechtsprechung des BVerwG Regelmaßnahmen grundsätzlich anzuwenden sind. Selbst wenn Regelmaßnahmen durch die Rechtsprechung des BVerwG anzunehmen sind, bedarf es im zweiten Schritt immer noch der Prüfung, ob Einzelfallgründe (der Beamte befand sich etwa in einer Ausnahmesituation) von der Regelmaßnahme abgewichen werden kann. Erst recht gilt diese Prüfungsreihenfolge für die Gerichte in Disziplinarsachen.

---

[434] VG Düsseldorf, 22.10.2009 – 35 K 2513/08.O; OVG NRW, 24.04.1986 – 1 V 25/85; BVerwG, 26.06.1985 – 1 D 89/84.
[435] BVerwG, 25.07.2013 – 2 C 63.11.

10. Muster Disziplinarverfügung

Dienststelle   Ort, Datum
– Der Dienstvorgesetzte –   Bearbeiter:
Geschäftszeichen
Durchwahl:

– Vertrauliche Personalsache –   Gegen Zustellungsnachweis

Herrn Amtsbezeichnung
Vor-, Zuname
Anschrift

Disziplinarverfügung

In dem am ... (Datum des Einleitungsvermerks) eingeleiteten und ggf. vom ... bis ... ausgesetzten Disziplinarverfahren spreche ich gegen Sie wegen eines Dienstvergehens gem. § 33 Abs. 1 und 2 Bundesdisziplinargesetz (BDG) als Disziplinarmaßnahme einen Verweis aus.

oder

In dem am ... (Datum des Einleitungsvermerks) eingeleiteten und ggf. vom ... bis ... ausgesetzten Disziplinarverfahren spreche ich gegen Sie wegen eines Dienstvergehens gem. § 33 Abs. 1 und 2 Bundesdisziplinargesetz (BDG) als Disziplinarmaßnahme eine Geldbuße in Höhe von ... Euro aus.

oder

In dem am ... (Datum des Einleitungsvermerks) durch den ... (einleitender Dienstvorgesetzter) eingeleiteten und ggf. vom ... bis ... ausgesetzten Disziplinarverfahren spreche ich gegen Sie wegen eines Dienstvergehens gem. § 33 Abs. 1, 3 und 5 Bundesdisziplinargesetz (BDG) als Disziplinarmaßnahme eine Kürzung der Dienstbezüge um 1/... auf ... Monate aus.

oder

In dem am ... (Datum des Einleitungsvermerks) durch den ... (einleitender Dienstvorgesetzter) eingeleiteten und ggf. vom ... bis ... ausgesetzten Disziplinarverfahren spreche ich gegen Sie wegen eines Dienstvergehens gem. § 33 Abs. 1 und 4 i. V. m. § 84 Bundesdisziplinargesetz (BDG) als Disziplinarmaßnahme eine Kürzung des Ruhegehalts um 1/... auf ... Monate aus.

Die Kosten des Verfahrens werden Ihnen auferlegt.

Gründe:

Nach dem Ergebnis der disziplinarrechtlichen Ermittlungen haben Sie rechtswidrig und schuldhaft Ihre Pflicht zu ... (Aufzählung der verletzten Dienstpflichten) verletzt und damit ein einheitlich zu bewertendes inner- bzw.

außerdienstliches Dienstvergehen i. S. d. § 77 Abs. 1 Bundesbeamtengesetz (BBG) begangen, denn ... (Sachverhaltsdarstellung, Beweiswürdigung und anschließende rechtliche Würdigung i. d. R. aus dem Ermittlungsbericht).

Dieses Verhalten erfordert als Disziplinarmaßnahme eine/en ... (verhängte Disziplinarmaßnahme). Dabei habe ich ausgehend von der Schwere des Dienstvergehens Ihr Persönlichkeitsbild und den Grad der Vertrauensbeeinträchtigung zu würdigen.

(Gewichtung der Kriterien des § 13 BDG im Einzelfall mit detaillierter Darstellung aller objektiven und subjektiven Handlungsmerkmale, Erschwerungs- bzw. Milderungsgründe etc.).

( ) Nach Abwägung der Gesamtumstände halte ich im vorliegenden Fall den Ausspruch einer/s .... (verhängte Disziplinarmaßnahme) für ausreichend und angemessen, um Sie künftig zur Einhaltung Ihrer Pflichten anzuhalten.

( ) Nach Abwägung der Gesamtumstände halte ich im vorliegenden Fall eine fühlbare Disziplinarmaßnahme für notwendig, um Ihnen die Schwere Ihres Fehlverhaltens deutlich zu machen. Ein/e ... (verhängte Disziplinarmaßnahme) scheint ausreichend und angemessen, um Sie künftig zur Einhaltung Ihrer Pflichten anzuhalten.

Vorsorglich weise ich darauf hin, dass Sie im Wiederholungsfall nicht mehr mit Milde rechnen können.

Meine Zuständigkeit zur Verhängung der ... (verhängte Disziplinarmaßnahme) ergibt sich aus § 33 Abs. ... BDG (Rechtsgrundlage siehe Tenor, ggf. zusätzlicher Hinweis auf Fundstelle in der Anlage 2).

Die Kostenentscheidung ergibt sich aus § 37 Abs. ... Satz ... BDG.

Rechtsbehelfsbelehrung

Gegen diese Disziplinarverfügung kann innerhalb eines Monats nach Bekanntgabe Widerspruch erhoben werden. Der Widerspruch ist bei ... (Bezeichnung und Anschrift der Behörde des Dienstvorgesetzten, welche die Disziplinarverfügung erlassen hat) schriftlich oder zur Niederschrift einzulegen. Die Frist wird auch gewahrt, wenn der Widerspruch innerhalb der Monatsfrist bei dem ... (Bezeichnung und Anschrift der Widerspruchsbehörde) eingeht.

Wenn Sie einen Bevollmächtigten bestellen, gilt sein Verschulden an der Versäumnis einer Frist als Ihr eigenes Verschulden.

Unterschrift

Erhebung der Disziplinarklage

Erhebung der Disziplinarklage

1. Grundsätzliches

In den Fällen, in denen das Disziplinarverfahren weder eingestellt wird noch eine Disziplinarverfügung ergeht, ist (außer beim Bund und in Baden-Württemberg) unmittelbar Disziplinarklage beim Verwaltungsgericht zu erheben. Bei einer Disziplinarklage handelt es sich um eine eigenständige, spezifisch disziplinarrechtliche Klageart, die eigenen Regeln folgt (z. B. §§ 52 ff. LDG NRW) und nur hilfsweise ergänzend auf die Bestimmungen der VwGO zurückgreift (§ 3 Abs. 1 LDG NRW).

> Die Vorschriften nach den Landesdisziplinargesetzen zur Disziplinarklage:
>
> § (-) LDG BW, Art. 35 BayDG, § 34 DiszG B, § (-) BrLDG, § 34 BremDG, § 34 HmbDG, § 38 HDG, § 34 NDiszG, § 35 LDG NRW, § 36 LDG M-V, § 40 LDG RP, § 34 SDG, § 34 SächsDG, § 34 DG LSA, § 34 DG SH, § 41 ThürDG

Die Disziplinarklage ist nur gegen Beamte auf Lebenszeit und gegen Ruhestandsbeamte zulässig.

Die Klage ist beim für den dienstlichen Wohnsitz des Beamten zuständigen Verwaltungsgericht (§ 52 Nr. 4 VwGO) einzureichen, sofern das Landesrecht keine besondere Zuständigkeit vorsieht. Maßgeblich sind hierfür die Zuständigkeitsregelungen der Länder.

Die Disziplinarklage bedarf der **Schriftform**.

In ihr ist festzuhalten

- dass Disziplinarklage erhoben wird,
- der persönliche und berufliche Werdegang des Beamten,
- der bisherige Gang des Disziplinarverfahrens,
- die Tatsachen, in denen ein Dienstvergehen gesehen wird, und
- die anderen Tatsachen und Beweismittel, die für die Entscheidung bedeutsam sind.
- Wenn binnen der Feststellungen eines Strafurteils vorliegen (§ 23 BDG), kann wegen der Tatsachen, in denen ein Dienstvergehen gesehen wird, auf diese Feststellungen verwiesen werden.

Die Disziplinarklage muss so gefasst werden, dass sie inhaltlich eindeutig und strukturiert ist. Denn sie beschreibt und begrenzt den

Prozessstoff. Was nicht Gegenstand der Disziplinarklage ist, kann auch nicht dem Beamten vorgehalten werden. Denn was nicht in der Klageschrift enthalten ist, ist auch nicht Verfahrensgegenstand.

Die Disziplinarklage kommt nur bei schweren Dienstvergehen, die eine schwere Disziplinarmaßnahme wie die Zurückstufung, die Entfernung aus dem Beamtenverhältnis oder die Aberkennung des Ruhegehalts erfordern, infrage.

Die Disziplinarklage wird durch die zuständigen Dienstvorgesetzten – zumeist die oberste Dienstbehörde – für den Dienstherrn erhoben. Die oberste Dienstbehörde kann ihre Befugnis durch allgemeine Anordnung ganz oder teilweise auf nachgeordnete Dienstvorgesetzte übertragen, was wiederum im Gesetzblatt des jeweiligen Landes zu veröffentlichen ist.

Die Erhebung der Disziplinarklage ist nur dann statthaft, wenn seitens der obersten Dienstbehörde die gerichtliche Verhängung der Zurückstufung, Entfernung aus dem Dienst oder der Aberkennung des Ruhegehalts beabsichtigt ist. Die Erhebung einer Disziplinarklage wäre mangels Rechtsschutzinteresse unzulässig, wenn der Dienstherr nicht darauf abzielt, eine solche Disziplinarmaßnahme zu erreichen.

Im Disziplinarklageverfahren muss der Dienstherr indes keinen Antrag auf Festsetzung einer bestimmten Disziplinarmaßnahme stellen. Die Anträge sind auch für die Verwaltungsgerichte unverbindlich. Denn die Disziplinarbefugnis ist den Verwaltungsgerichten zugewiesen.

Gem. § 59 Abs. 2 LDG NRW bestimmen ausschließlich die Dienstvorgesetzten die Verfolgung eines Dienstvergehens. Infolge dessen ist die Entscheidungskompetenz der Verwaltungsgerichte an den Inhalt und den Umfang von Disziplinarklage oder -verfügung gebunden. Es können daher nicht angeschuldigte Verfehlungen nicht zum Gegenstand einer gerichtlichen Entscheidung gemacht werden.[436]

Frist, Form und Inhalt der Disziplinarklage sind in § 52 ff. LDG NRW[437] geregelt. Nach § 52 Abs. 1 Satz 1 LDG NRW ist die Disziplinarklage

---

[436] BVerwG, 27.01.2011 – 2 A 5.09, ZBR 2015, 34.
[437] Vgl. Art. 50 BayDG, § 56 Abs. 3 HmbDG, § 48 Abs. 1 NDiszG und § 53 SächsDG sowie § 57 Abs. 2 DG LSA.

schriftlich zu erheben. Die Disziplinarklage muss folgenden Inhalt nach § 52 Abs. 1 Satz 2 LDG NRW enthalten:

- persönlicher und beruflicher Werdegang des Beamten,

- Schilderung des bisherigen Gangs des Disziplinarverfahrens,

- Aufführung der Tatsachen, in denen ein Dienstvergehen gesehen wird, und

- Schilderung der anderen Tatsachen und Beweismittel, die für die Entscheidung bedeutsam sind.

Nach § 53 Abs. 1, § 60 Abs. 2 BDG grenzt die Klageschrift für das Disziplinargericht verbindlich den gerichtlich verwertbaren Prozessstoff ein und legt ihn gleichzeitig fest. Gem. § 61 Abs. 1 BDG kann der Dienstherr die Disziplinarklage auch (ganz oder teilweise) zurücknehmen. Mittels der Erhebung einer Nachtragsdisziplinarklage (§ 53 Abs. 1 BDG) ist eine Erweiterung des Prozessstoffs zulässig.

Die Klageschrift muss die Sachverhalte, aus denen das Dienstvergehen hergeleitet wird, aus sich heraus verständlich darlegen. Ort und Zeit der einzelnen Handlungen müssen möglichst genau angegeben, die Geschehensabläufe müssen nachvollziehbar beschrieben werden. Nur eine derartige Konkretisierung der disziplinarischen Vorwürfe ermöglicht dem Beamten eine sachgerechte Verteidigung. Daran anknüpfend bestimmt § 60 Abs. 2 Satz 1 BDG, dass bei einer Disziplinarklage nur Handlungen zum Gegenstand einer Urteilsfindung gemacht werden dürfen, die dem Beamten in der Klage oder in der Nachtragsdisziplinarklage zur Last gelegt werden.[438]

Aus den vorgenannten Regelungen folgt, dass Streitgegenstand des Disziplinarklageverfahrens der Anspruch des Dienstherrn ist, gegen den angeschuldigten Beamten die erforderliche Disziplinarmaßnahme für die in der Disziplinarklageschrift zur Last gelegten Handlungen zu bestimmen. Dieser Disziplinaranspruch besteht, wenn der Beamte die angeschuldigten Handlungen nach der Überzeugung des Gerichts ganz oder teilweise vorsätzlich oder fahrlässig begangen hat, die nachgewiesenen Handlungen als Dienstvergehen zu würdigen sind, und dem Ausspruch der Disziplinarmaßnahme kein rechtliches Hindernis entgegensteht.[439]

---

[438] St. Rspr.; vgl. BVerwG, 09.10.2014 – 2 B 60/14, ZBR 2015, S. 34; BVerwG, 25.01.2007 – 2 A 3.05.

[439] BVerwG, 28.07.2011 – 2 C 16.10, BVerwGE 140, 185.

2. Beteiligung der Personalvertretung, der Vertrauensperson der schwerbehinderten Menschen sowie Beteiligung der Gleichstellungsbeauftragten

a) Die Personalvertretung

Sofern nach dem Personalvertretungsrecht der Länder der Personalrat vor Erhebung der Disziplinarklage zu beteiligen ist, so ist hierauf zwingend zu achten. In Schleswig-Holstein hat der Personalrat bei der „Erhebung der Disziplinarklage" aufgrund seiner Allzuständigkeit mitzubestimmen. Ein Mitwirkungsrecht bei entsprechendem Antrag des Beamten besteht in Berlin, Brandenburg, Nordrhein-Westfalen, Mecklenburg-Vorpommern, Rheinland-Pfalz, Sachsen und Thüringen sowie in Bayern (hier mit der Einschränkung, „Wenn dem Disziplinarverfahren eine auf den gleichen Tatbestand gestützte Disziplinarverfügung nicht vorausgegangen ist").

In den meisten dieser Länder ist die Beteiligung des Personalrats von einem **Antrag des Beschäftigten** abhängig (Art. 76 Abs. 1 Satz 3 BayPVG, § 73 Nr. 6 LPVG NRW, § 63 Abs. 3 LPersVG M-V, § 79 Abs. 2 Satz 2 LPersVG RP, § 80 Abs. 1 Satz 2 SächsPersVG, § 73 Abs. 2 Nr. 9 ThürPersVG). Dabei besteht in Bayern die Besonderheit, dass der Beschäftigte die Beteiligung desjenigen Personalrats beantragen kann, der an der Dienststelle gebildet ist, der der betreffende Beschäftigte angehört (Art. 76 Abs. 1 Satz 4 BayPVG). In Schleswig-Holstein ist die Mitbestimmung von der vorher einzuholenden Zustimmung des Betroffenen abhängig (§ 51 Abs. 5 MBG SH).

b) Schwerbehindertenvertretung

Nach § 178 SGB IX bestehen für die Schwerbehindertenvertretung bestimmte Aufgaben. Gem. § 178 Abs. 2 Satz 1, Satz 2 SGB IX hat der Arbeitgeber die Schwerbehindertenvertretung in allen Angelegenheiten, die einen einzelnen oder die schwerbehinderten Menschen als Gruppe berühren, unverzüglich und umfassend zu unterrichten und vor einer Entscheidung anzuhören; er hat ihr die getroffene Entscheidung unverzüglich mitzuteilen. Durchführung oder Vollziehung einer ohne Beteiligung nach Satz 1 getroffenen Entscheidung ist auszusetzen, die Beteiligung ist innerhalb von sieben Tagen nachzuholen; sodann ist endgültig zu entscheiden.

Die Einleitung eines Disziplinarverfahrens gegen einen schwerbehinderten Beamten löst eine Unterrichtungspflicht des Dienstvorgesetzten gegenüber der Schwerbehindertenvertretung aus, aber noch keine Anhörungspflicht, da die Einleitung des Verfahrens noch keine „Entscheidung" i. S. d. § 178 Abs. 2 Satz 1 SGB IX darstellt. Erst vor einer anstehenden Entscheidung im Disziplinarverfahren, also insbesondere vor der disziplinaren Abschlussentscheidung besteht eine Verpflichtung des Dienstvorgesetzten, die Schwerbehindertenvertretung anzuhören. Somit ist die Schwerbehindertenvertretung auch vor der Erhebung der Disziplinarklage anzuhören, wenn der betroffene Beamte dies wünscht.

c) Gleichstellungsbeauftragte

§ 26 Abs. 2 Nr. 2 BGleiG	personelle Maßnahmen
§ 17 Abs. 1 Satz 2 Nr. 1 LGleiG NRW	personelle Maßnahmen
§ 20 Abs. 1 GstG SH	personelle Maßnahmen
§ 20 Abs. 1 Satz 2 NGG	personelle Maßnahmen
§ 21 Abs. 1 HmbGleiG	personelle Maßnahmen
§ 21 Abs. 1 LGG Bremen	personelle Maßnahmen
§ 18 Abs. 1 Nr. 1 GLG M-V	personelle Maßnahmen
§ 22 Abs. 1 Satz 2 LGG Brandenburg	personelle Maßnahmen
§ 17 Abs. 1 LGG Berlin	personelle Maßnahmen
§ 20 Abs. 1 Satz 1 SächsGleiG	personelle Maßnahmen
§ 18 Abs. 1 Satz 2 GleichstG Th	
§ 17 Abs. 1 Satz 1 HGlG	
§ 20 Abs. 1 Satz 2 ChancenG BW	allgemeine personelle Maßnahmen
§ 23 Abs. 1 Satz 1 LGG Saarland	
§ 15 Abs. 2 Satz 1 FrFG LSA	
§ 24 Abs. 1 und 2 Nr. 6 LGG RP	Wenn der Beamte die Mitwirkung der GleiB beantragt
Art. 17 Abs. 2 und Art. 18 Abs. 3 Satz 2 BayGIG	Antrag der Betroffenen

BVerwG, 04.03.2021 – 2 WD 11.20

Die Gleichstellungsbeauftragte ist im wehrdisziplinargerichtlichen Verfahren nicht zu beteiligen.

Es stellt nach Sichtweise des BVerwG keinen Mangel des Disziplinarverfahrens i. S. v. § 55 BDG a. F. dar, dass die Gleichstellungsbeauftragte vor der Erhebung der Disziplinarklage an dem gegen einen Beamten geführten Disziplinarverfahren nicht beteiligt worden ist. Ein Verstoß gegen die Rechte und Befugnisse der Gleichstellungsbeauftragten nach dem BGleiG könne nur dann einen wesentlichen Mangel i. S. v. § 55 BDG a. F. begründen, wenn ihr Mitwirkungsrecht nach § 26 Abs. 2 Nr. 2 BGleiG verletzt worden ist.

Ein Mangel des behördlichen Disziplinarverfahrens ist wesentlich im Sinne von § 55 BDG a. F., wenn sich nicht mit hinreichender Sicherheit ausschließen lässt, dass er sich auf das Ergebnis des Disziplinarverfahrens ausgewirkt haben kann.[440] Danach kann auch bei einem Verstoß gegen Vorschriften des BGleiG ein wesentlicher Mangel des behördlichen Disziplinarverfahrens gegeben sein.

Nach § 24 Abs. 1 Satz 1 BGleiG gehört die Gleichstellungsbeauftragte der Personalverwaltung an. Hierdurch kommt zum Ausdruck, dass die Beauftragte dem Gemeinwohl verpflichtete Sachverwalterin der im Bundesgleichstellungsgesetz festgelegten Ziele ist und nicht lediglich Vertreterin der Interessen der Wählerinnen in ihrer Dienststelle. Im Unterschied zu Personalräten nimmt sie Sachaufgaben der Personal- und Organisationsarbeit wahr und ist über eine bloße nachvollziehende Kontrolle hinaus in die Willensbildung der Dienststellenleitung unmittelbar eingebunden.[441]

Nach Wortlaut und Systematik des BGleiG sind die Befugnisse der Gleichstellungsbeauftragten unterschiedlich ausgestaltet.

Gem. § 25 Abs. 1 Satz 2 BGleiG wirkt die Gleichstellungsbeauftragte zum einen bei allen personellen, organisatorischen und sozialen Maßnahmen ihrer Dienststelle mit, die die Gleichstellung von Frauen und Männern, die Beseitigung von Unterrepräsentanzen, die Vereinbarkeit von Familie und Erwerbstätigkeit sowie den Schutz vor sexueller Belästigung am Arbeitsplatz betreffen.

Die Mitwirkung setzt wiederum eine Maßnahme voraus, die den Rechtsstand des Bediensteten berührt und bezieht sich auf eine bei

---

[440] BVerwG, 28.02.2013 – 2 C 62.11 und 24.06.2010 – 2 C 15.09, BVerwGE 137, 192.
[441] BVerwG, 27.06.2007 – 6 A 1.06 sowie 08.04.2010 – 6 C 3.09, BVerwGE 136, 263.

der Leitung der Dienststelle bereits abgeschlossene Willensbildung. Dieses Mitwirkungsrecht wird regelmäßig durch ein schriftliches Votum ausgeübt, das zu den Akten zu nehmen ist.

Zum anderen hat die Gleichstellungsbeauftragte regelmäßig das Recht zur aktiven Teilnahme an allen Entscheidungsprozessen zu personellen, organisatorischen und sozialen Angelegenheiten. Diese Befugnis knüpft systematisch an das Recht der Gleichstellungsbeauftragten auf frühzeitige Beteiligung (§ 27 Abs. 1 BGleiG) sowie auf unverzügliche und umfassende Unterrichtung an und verlagert ihre Einflussnahme im Verhältnis zur Mitwirkung zeitlich und sachlich vor. Art und Weise der Teilnahme der Gleichstellungsbeauftragten an diesem durch vorläufige Überlegungen gekennzeichneten Vorbereitungsstadium sind im Gegensatz zur Mitwirkung im gewissen Umfang der Beauftragten und der Dienststellenleitung überlassen. Das für die Mitwirkung gesetzlich vorgeschriebene Instrument des schriftlichen Votums der Beauftragten scheidet im behördlichen Disziplinarverfahren aus, weil in diesem frühen Stadium die Leitung der Dienststelle gerade noch keine Entscheidung getroffen hat, zu der die Gleichstellungsbeauftragte Stellung nehmen könnte.[442]

Im behördlichen Disziplinarverfahren können nur Verstöße gegen das Mitwirkungsrecht der Gleichstellungsbeauftragten nach § 25 Abs. 2 BGleiG einen Mangel im Sinne von § 55 BDG a. F. begründen, nicht dagegen die Verletzung ihres Rechts auf vorgelagerte Beteiligung. Diese frühzeitige Beteiligung an der Willensbildung der Dienststellenleitung, die im Verfahren nach dem BDG bei einer Vielzahl von einzelnen Verfahrensschritten nach den Vorschriften der §§ 17 ff. BDG in Betracht kommt, ist nicht in einer Weise vom Gesetzgeber ausgestaltet worden, dass bei Verstößen ein Fall des § 55 BDG a. F. mit seinen weitreichenden Folgerungen angenommen werden könnte.

In Disziplinarverfahren kommen diverse abschließende Maßnahmen in Betracht, so wie die Einstellung des Verfahrens, der Erlass einer Disziplinarverfügung und die Erhebung der Disziplinarklage. Auf diese abschließenden Sachentscheidungen bezieht sich das Recht der Gleichstellungsbeauftragten auf Mitwirkung im behördlichen Disziplinarverfahren nach den Disziplinargesetzen. Allerdings ist ihre Mitwirkung nach dem Wortlaut des § 25 Abs. 2 BGleiG nur geboten, wenn die Maßnahme einen Bezug zu den gesetzlichen

---

[442] BVerwG, 28.02.2013 – 2 C 62.11.

Aufgaben der Beauftragten aufweist. Dies setzt voraus, dass das Verfahren Aspekte der Gleichstellung von Frauen und Männern, der Vereinbarkeit von Familie und Erwerbstätigkeit sowie des Schutzes vor sexueller Belästigung am Arbeitsplatz betrifft. Dies ist auch dann der Fall, wenn Anhaltspunkte dafür bestehen, dass bei der Aufklärung und Ahndung von Dienstpflichtverletzungen, die unmittelbar nichts mit dem Zweck des BGleiG zu tun haben, die Ermittlungsmethoden oder die Sanktionen je nach Geschlecht oder nach anderen individuellen Verhältnissen, die die Aufgabentrias des § 25 Abs. 2 BGleiG berühren, wie z. B. Familienstand oder Unterhaltspflichten, differieren.[443] Somit hält das BVerwG nur die Verletzung dieser Mitwirkungsrechte für geeignet, einen relevanten Verfahrensfehler im Disziplinarverfahren darzustellen. Das BVerwG sieht in einem Disziplinarverfahren zwar eine personelle Maßnahme i. S. d. § 25 Abs. 2 BGleiG, hat aber für den vorliegenden Fall einen Bezug zu den Aspekten der Gleichstellung von Frauen und Männern, der Beseitigung von Unterrepräsentanzen, der Vereinbarkeit von Familie und Erwerbstätigkeit oder des Schutzes vor sexueller Belästigung am Arbeitsplatz verneint.

Ein Hauptaspekt aber, die Einhaltung einheitlicher Maßstäbe, wurde nur indirekt erwähnt, indem das BVerwG darauf hingewiesen hat, dass immer dann, „wenn Anhaltspunkte dafür bestehen, dass bei der Aufklärung und Ahndung von Dienststellenverletzungen, die unmittelbar nichts mit dem Zweck des BGleiG zu tun haben, die Ermittlungsmethoden oder die Sanktionen je nach Geschlecht oder nach anderen individuellen Verhältnissen, die die Aufgabentrias des § 19 Abs. 1 Satz 1 BGleiG berühren, wie z. B. Familienstand oder Unterhaltsansprüche, differieren", die Mitwirkung der Gleichstellungsbeauftragten formale Voraussetzung für das Disziplinarverfahren ist.

Die Beteiligung der Gleichstellungsbeauftragten sieht das BVerwG nicht für eine von Amts wegen bei der Disziplinarklage zu prüfende formale Voraussetzung. Es geht aber ausdrücklich auf diese der Mitwirkung zeitlich und sachlich vorgelagerten Rechte ein, wie die frühzeitige Beteiligung nach § 27 Abs. 1 BGleiG und die unverzügliche und umfassende Unterrichtung. Das BVerwG geht wohl davon aus, dass diese Rechte für Gleichstellungsbeauftragte im Disziplinarverfahren immer gelten.

---

[443] BVerwG, 28.02.2013 – 2 C 62.11.

Gleichwohl wurde vorliegend das Erfordernis der frühzeitigen Beteiligung seitens des BVerwG abgelehnt. Der Grund hierfür ist nachvollziehbar. Das BVerwG hat in einem Disziplinarverfahren gegen einen bestechlichen Beamten geprüft, ob dieser in seinen Rechten verletzt wurde, weil die Dienststelle die Gleichstellungsbeauftragte nicht ordentlich beteiligt hat. Dies hat das BVerwG schließlich unter dem Aspekt des Bundesdisziplinargesetzes und für diesen einen Fall verneint. Dabei wurde nicht geprüft, ob die Gleichstellungsbeauftragte überhaupt hätte beteiligt werden müssen. Diese Frage hätte das BVerwG wohl bejaht. Es hat lediglich geprüft, ob die Missachtung der Rechte der Gleichstellungsbeauftragten Prozesshindernis im vorliegenden Fall gewesen wäre.

Zusammenfassend ist somit festzuhalten, dass die Gleichstellungsbeauftragte in Disziplinarverfahren immer zu beteiligen ist. In seltenen Fällen kann die Missachtung dieser Vorschrift für ein Gerichtsverfahren in der Disziplinarsache unbeachtlich sein.

In einer weiteren Entscheidung[444] hat das Gericht ausgeführt, die Mitwirkung der Gleichstellungsbeauftragten bei der **Erhebung der Disziplinarklage** setze voraus, dass die gegen den Beamten erhobenen Vorwürfe einen Bezug zu ihren gesetzlichen Aufgaben aufweise; dies sei auch der Fall, wenn Anhaltspunkte dafür bestünden, dass bei der Aufklärung und Ahndung von Dienstpflichtverletzungen die Ermittlungsmethoden oder die Sanktionen je nach Geschlecht oder nach anderen individuellen Verhältnissen differieren, die den Aufgabenbereich der Gleichstellungsbeauftragten berührten, wie z. B. Familienstand oder Unterhaltspflichten. Übertrage man diese Rechtsprechung auf das Landesgleichstellungsgesetz (LGG NRW), wonach die Gleichstellungsbeauftragte bei allen Maßnahmen mitwirke, die Auswirkungen auf die Gleichstellung von Frau und Mann haben oder haben können, bedurfte es in dem vom BVerwG entschiedenen Fall nicht der Mitwirkung der Gleichstellungsbeauftragten. Denn es sei nicht ersichtlich, inwiefern das im Hinblick auf die außerdienstlichen Pflichtverletzungen des Beamten eingeleitete Disziplinarverfahren den Aufgabenbereich der Gleichstellungsbeauftragten tangiert haben könne (dem Beamten wurden exhibitionistische Handlungen sowie ein besonders schwerer Diebstahl in zwei Fällen vorgeworfen). Konkret ist das Mitwirkungsrecht bei **Erhebung der Disziplinarklage**, bei der vorläufigen

---

[444] BVerwG, 08.06.2017 – 2 B 5.17.

Dienstenthebung sowie bei der Einbehaltung von Bezügen nur in dem saarländischen Landesgleichstellungsgesetz (LGG Saar) in § 24 Abs. 2 Nr. 6 geregelt. Die Mitwirkung erfolgt nur, wenn der Beamte dies beantragt. Gleiches gilt gem. § 24 Abs. 2 Nr. 5 LGG Saar bei der vorzeitigen Beendigung der Beschäftigung, insbesondere durch eine Kündigung. In diesen Fällen muss die Dienststelle die betroffenen Personen auf ihr Antragsrecht hinweisen.

3. Nachtragsdisziplinarklage

Das gerichtshängige Verfahren kann nach Eingang der Disziplinarklage vom Verwaltungsgericht ausgesetzt werden, um neue Vorwürfe zum Gegenstand der Verhandlung zu machen (§ 53 BDG a. F.; § 53 LDG NRW). Dazu ist eine **Nachtragsdisziplinarklage** erforderlich. Bei ihr handelt es sich um eine selbstständige Disziplinarklage und mit ihr wird der Gegenstand des bereits anhängigen Disziplinarklageverfahrens erweitert. Für sie gelten die gleichen Voraussetzungen und inhaltlichen Anforderungen wie für die Disziplinarklage.

Auf ein vor dem 01.04.2024 eingeleitetes Disziplinarverfahren im Bereich der Anwendung des Bundesdisziplinargesetzes ist weiterhin das Bundesdisziplinargesetz in der bis zum 31.03.2024 geltenden Fassung anzuwenden (§ 85 Satz 1 BDG).

Der Grundsatz der Einheit des Dienstvergehens verlangt vom Dienstherrn, dass er neue Sachverhalte, die disziplinar verfolgt werden sollen, im Wege der förmlichen Nachtragsdisziplinarklage in ein anhängiges Disziplinarklageverfahren einführt. Sowohl ein nachträglich entstandener Sachverhalt, ein schon früher entstandener, aber erst nachträglich bekannt gewordener wie auch ein schon vorher bekannter, aber bewusst nicht von der Klageerhebung einbezogener Sachverhalt kann Gegenstand einer Nachtragsdisziplinarklage sein.

Die Rechtsfigur der fortgesetzten Handlung oder des Fortsetzungszusammenhangs, die im Strafrecht aufgegeben worden ist,[445] ist dem Disziplinarrecht fremd.[446] Dies gilt gleichermaßen für den strafrechtlichen Begriff des sog. **Dauerdelikts**. Im Fall einer Vielzahl gleichartiger Dienstpflichtverletzungen wie bei **Kernzeitverstößen** stellen die einzelnen Verstöße auch nicht unselbstständige Teilakte

---

[445] BGH, 03.05.1994 – GSSt 2/93, BGHSt 40, 138.
[446] BVerwG, 26.03.2003 – 1 D 23.02.

oder nur einen Beitrag zu einer einzigen Handlung im Rechtssinne dar, die keine Zäsur erlauben würden. Bei wiederholt verspätetem Dienstantritt muss für jede Wiederholung neu ein (Tat-)Entschluss gefasst werden. Der Pflichtenverstoß ist mit dem jeweiligen Zuspätkommen vollendet. Insoweit kommt auch in diesen Fällen bei neu hinzutretenden gleichartigen Pflichtverletzungen eine Nachtragsdisziplinarklage in Betracht.[447] Um die Klärung und die spätere Einführung des neuen Verdachts zu ermöglichen, muss das anhängige Verfahren angehalten werden. Auf die Mitteilung der zusätzlichen Verfolgungsabsicht durch den Dienstherrn muss das Verwaltungsgericht das Verfahren bis zur Nachtragsdisziplinarklage aussetzen. Die Frist kann gem. § 53 Abs. 2 Satz 3 BDG a. F. auf einen vor ihrem Ablauf gestellten Antrag des Dienstherrn verlängert werden, wenn dieser sie aus Gründen, die er nicht zu vertreten hat, voraussichtlich nicht einhalten kann. Die Fristsetzung und die Nachfristsetzung erfolgen durch Beschluss des Verwaltungsgerichts, der unanfechtbar ist.

Das Verwaltungsgericht kann indes von einer Aussetzung gem. § 53 Abs. 3 BDG a. F. absehen, wenn die neuen Handlungen für die Art und Höhe der zu erwartenden Disziplinarmaßnahme voraussichtlich nicht ins Gewicht fallen oder ihre Einbeziehung das Disziplinarverfahren erheblich verzögern würde. In diesem Fall setzt das Verwaltungsgericht das Disziplinarverfahren fort und führt es der Entscheidungsreife zu. § 53 Abs. 3 Satz 2 BDG a. F. stellt für diesen Fall klar, dass damit eine Nachtragsdisziplinarklage nicht unzulässig wird. Der Dienstherr behält vielmehr sein Entscheidungsermessen, die neuen Handlungen einzubringen.

Nach Zustellung der Ladung zur mündlichen Verhandlung oder eines Beschlusses nach § 59 BDG a. F.

4. Bindungswirkung an tatsächliche Feststellungen

Im Sachverhalt ist ein sachgleiches Strafverfahren unbedingt anzugeben und bei Erfüllung der Voraussetzungen des § 23 Abs. 1 BDG/ LDG NRW kann wegen der Bindungswirkung an die tatsächlichen Feststellungen eines rechtskräftigen Strafurteils auf dieses verwiesen werden. Wie sich aus § 57 Abs. 1 Satz 1 BDG (§ 56 LDG NRW) ergibt, besteht eine entsprechende Bindung an die tatsächlichen Feststellungen etwa eines rechtskräftigen Strafurteils auch für die

---

[447] A. A. *Köhler/Baunack*, § 53 BDG, Rn. 2.

Disziplinargerichte. Die Disziplinargerichte können sich durch Mehrheitsbeschluss gem. § 57 Abs. 1 Satz 2 BDG (§ 56 Abs. 1 Satz 2 LDG NRW) von den bindenden strafgerichtlichen Feststellungen lösen, sofern diese offenkundig unrichtig sind. Dies ermöglicht den Disziplinargerichten, eigene Tatsachenfeststellungen treffen zu können.

Die gesetzliche Bindungswirkung dient der Rechtssicherheit. Sie soll verhindern, dass zu ein und demselben Geschehensablauf unterschiedliche Tatsachenfeststellungen getroffen werden. Der Gesetzgeber hat sich dafür entschieden, die Aufklärung eines sowohl strafrechtlich als auch disziplinarrechtlich bedeutsamen Sachverhalts sowie die Sachverhalts- und Beweiswürdigung den Strafgerichten zu übertragen. Dieser Entscheidung muss bei der Auslegung des gesetzlichen Begriffs der offenkundigen Unrichtigkeit im Sinne von § 57 Abs. 1 Satz 2 BDG (§ 56 Abs. 1 Satz 2 LDG NRW)[448] Rechnung getragen werden.

Daher sind die Disziplinargerichte nur dann berechtigt und verpflichtet, sich von den Tatsachenfeststellungen eines rechtskräftigen Strafurteils zu lösen und den disziplinarrechtlich bedeutsamen Sachverhalt eigenverantwortlich zu ermitteln, wenn sie ansonsten „sehenden Auges" auf der Grundlage eines unrichtigen oder aus rechtsstaatlichen Gründen unverwertbaren Sachverhalts entscheiden müssten. Dies ist etwa der Fall, wenn die Feststellungen in einem entscheidungserheblichen Punkt unter offenkundiger Verletzung wesentlicher Verfahrensvorschriften zustande gekommen sind. Hierunter fällt auch, dass das Strafurteil auf einer Urteilsabsprache beruht, die den rechtlichen Anforderungen nicht genügt. Darüber hinaus entfällt die Bindungswirkung des § 57 Abs. 1 Satz 1 BDG (§ 56 Abs. 1 Satz 1 LDG NRW), wenn Beweismittel eingeführt werden, die dem Strafgericht nicht zur Verfügung standen und nach denen seine Tatsachenfeststellungen zumindest auf erhebliche Zweifel stoßen.[449]

5. Darstellung des persönlichen und beruflichen Werdegangs des Beamten

Im Rahmen einer Disziplinarklage beim Bund sowie in den Ländern Baden-Württemberg und Brandenburg ist im Rahmen einer Disziplinarverfügung, mit der eine Zurückstufung, eine Entfernung oder

---

[448] Vgl. Art. 55 BayDG, § 52 Abs. 1 NDiszG und § 58 Abs. 1 SächsDG.
[449] Vgl. BVerwG, 26.08.2010 – 2 B 43.10 sowie 27.12.2017 – 2 B 18.17.

die Aberkennung des Ruhegehalts ausgesprochen werden soll, zunächst der persönliche und berufliche Werdegang des Beamten darzustellen.

Hier ist aufzuführen, seit wann der Beamte in der jeweiligen Dienstbehörde tätig ist. In der Regel wird dies seit dem Vorbereitungsdienst (im Beamtenverhältnis auf Widerruf) der Fall sein. Das Datum der Verbeamtung auf Lebenszeit und nachfolgende Beförderungen sowie Aufstiegsverfahren sind darzustellen. Die Beurteilungen sind mit dem Gesamtergebnis zu konkretisieren.

Weiterhin ist relevant, ob und seit wann der Beamte eine Führungs- bzw. Leitungsposition innehat.

Auch wenn die Vorwürfe schwer wiegen, so sind gleichwohl auch alle positiven Aspekte in der Darstellung der dienstlichen Vita aufzuführen. So etwa die wiederholte Bereitschaft, Zusatzaufgaben wahrzunehmen.

Auch negative Aspekte sind aufzuführen, so etwa die fehlende Bereitschaft, Zusatzaufgaben wahrzunehmen.

Des Weiteren ist darauf einzugehen, ob der Beamte disziplinarrechtlich oder strafrechtlich vorbelastet ist. Sofern eine Beweisaufnahme stattgefunden hat, ist hier im Einzelnen darzustellen, welche Beweise erhoben wurden und welche Beweisergebnisse hier festgestellt bzw. eingegangen (Sachverständigengutachten) sind. Wurde eine Zeugenvernehmung durchgeführt, so ist diese nun im Einzelnen darzustellen. Was haben die jeweiligen Zeugen auf die maßgeblichen Beweisfragen geantwortet?

6. Schilderung des Gangs des Disziplinarverfahrens in der Disziplinarklage

Der Gang des Verfahrens sollte historisch geordnet sein. Er beginnt mit eventuell durchgeführten Vorermittlungen oder ansonsten direkt mit der Einleitung des Disziplinarverfahrens gegen den Beamten. Zum Verfahrensablauf gehören neben dem Einleitungsdatum auch die Aussetzung des Verfahrens nach § 22 Abs. 1 BDG/LDG NRW, die Ausdehnung oder Beschränkung nach Maßgabe des § 19 Abs. 1 und Abs. 2 BDG/LDG NRW, die zwischenzeitlich ergangenen rechtskräftigen Urteile in Straf- oder Bußgeldverfahren oder im verwaltungsgerichtlichen Verfahren, durch das nach § 9 des BBesG (§ 11 LBesG NRW) über den Verlust der Besoldung bei schuldhaftem Fernbleiben vom Dienst entschieden worden ist sowie Entscheidungen nach §§ 153, 153a bzw. § 170 Abs. 2 StPO etc. Soweit eine vorläufige Dienstenthebung oder die Einbehaltung von Bezügen nach Maßgabe des § 38 BDG/LDG NRW ausgesprochen wurde, so ist auch dies wesentlicher Bestandteil des Verfahrensverlaufs.

7. Schilderung des vorgeworfenen Sachverhalts

Aus der Darstellung des vorgeworfenen Sachverhalts muss sich für den Beamten, das Disziplinargericht und andere Beteiligte schlüssig und in sich widerspruchsfrei ergeben, aufgrund welchen konkreten Sachverhalts sich welche Dienstpflichtverletzung ergibt. Der Wortlaut des § 52 Abs. 2 LDG NRW „geordnet darstellen" weist darauf hin, dass die Darstellung des vorzuwerfenden Sachverhalts abschnittsweise zu erfolgen hat. Untergliedert werden kann der Sachverhalt nach Maßgabe der vorgeworfenen Pflichtverletzungen. Dabei muss substantiiert der Sachverhalt zu Tatbegehung, Ort, Zeit und eventuell Umfang des erzeugten Schadens dargelegt werden. Überdies bedarf es zwingend der Angabe der Norm aus dem BBG (bzw. BeamtStG oder LBG), gegen die der Beamte verstoßen hat (z. B. Verstoß gegen die Wohlverhaltenspflicht nach § 61 Abs. 1 Satz 3 BBG bzw. § 34 Abs. 1 Satz 3 BeamtStG).

Die Darstellung des vorzuwerfenden Sachverhalts in den Fließtext ist daher unbedingt zu vermeiden. Nur eine nach Dienstpflichten orientierte datengeordnete Darstellung des Sachverhalts wird den Vorgaben der Landesdisziplinargesetze[450] gerecht.

Der vorgeworfene Sachverhalt muss auch die Tatsachen aufführen, die für die Maßnahmenwahl und -bemessung erforderlich sind. Gemeint sind die Tatsachen, aus denen sich der äußere Tatverlauf und seine Hintergründe, die Kenntnis bzw. die Evidenz der Pflichtwidrigkeit, die Schuld und im Zweifelsfall die Schuldfähigkeit, ergibt.[451] Dazu gehört aber auch die Aufführung aller entscheidungserheblichen, erschwerenden wie mildernden und auch maßnahmeausschließenden Umstände.

---

[450] Vgl. Art. 50 Abs. 1 BayDG, § 48 Abs. 1 NDiszG, § 52 Abs. 2 LDG NRW und § 53 SächsDG.
[451] *Köhler* in: Hummel/Köhler/Mayer, § 52 BDG S. 542.

8. Beweismittel

In der Disziplinarklage sind die Beweismittel zu benennen. Eine geordnete Angabe der Beweismittel setzt voraus, dass nicht nur die Aufzählung der angelegten und beigezogenen Verfahrensakten am Ende der Klageschrift aufgeführt werden. Die zugrunde gelegten Beweismittel und -ergebnisse sind in der Sachverhaltsdarstellung aufzuführen und sollten durch präzise Randvermerke der Fundstellen besonders gekennzeichnet sein. Diese Fleißarbeit fällt nicht schwer, wenn bereits im behördlichen Disziplinarverfahren so präzise vorgegangen wurde.

Als Beweisanträge sind die in Betracht kommenden Zeugen sowie Sachverständige etc. zu benennen. Die Beweisanträge sollten sinnvollerweise abschnittsweise unmittelbar am Beweisthema erfolgen.

9. Rechtliche Würdigung des Dienstvergehens

Ausgangspunkt der rechtlichen Würdigung in einer Disziplinarklage ist die Vorschrift des § 47 Abs. 1 und Abs. 2 BeamtStG. Alsdann erfolgt eine strukturierte Darstellung, durch welche Handlungen der Beamte gegen welche beamtenrechtlichen Pflichten nach §§ 33 ff. BeamtStG verstoßen hat. Es ist sinnvoll, selbständige Handlungen geordnet und separat darzustellen und hierbei konkret darzulegen, welches konkrete Fehlverhalten dem Beamten vorgeworfen wird. Alsdann erfolgt die Prüfung, ob der Beamte aufgrund der von der Disziplinarbehörde durchgeführten Beweisaufnahme als überführt gilt. Dies jedenfalls nach Sichtweise der Dienstbehörde.

In der Folge ist dann darzulegen, gegen welche konkrete Pflicht nach den §§ 33 ff. BeamtStG der Beamte verstoßen hat. Möglicherweise wurde auch gleich gegen mehrere Beamtenpflichten verstoßen.

Alsdann erfolgt die Überprüfung der nächsten selbständigen Handlung nach dem gleichen Muster. Am Ende erfolgt dann die Feststellung, dass der Beamte durch die jeweiligen Pflichtverletzungen insgesamt ein einheitliches Dienstvergehen i. S. d. § 47 Abs. 1 BeamtStG begangen hat.

Im Rahmen der rechtlichen Würdigung ist aufgrund des dargestellten vorzuwerfenden Sachverhalts zusammenzufassen, gegen welche beamtenrechtliche Dienstpflicht der Beamte jeweils verstoßen hat. Es folgt dann eine Begründung zum angestrebten Disziplinarmaß. Es sind die belastenden und entlastenden Umstände zu berücksichtigen.

Bei der Bemessung der Disziplinarmaßnahme müssen die in § 13 Abs. 1 BDG[452] aufgeführten folgenden Kriterien aufgeführt werden:

■ Schwere des Dienstvergehens

■ Persönlichkeitsbild des Beamten

■ Umfang der Beeinträchtigung des Vertrauens des Dienstherrn oder der Allgemeinheit

Das Verwaltungsgericht ist im Fall des Disziplinarklageverfahrens nicht an die Anträge der Dienstbehörde gebunden. Insoweit ist es auch nicht prozessual erforderlich, einen bestimmten Antrag zu stellen. Es kann auch der Antrag gestellt werden, dass die Disziplinarmaßnahme in das Ermessen des Gerichts gestellt wird, wobei mindestens auf eine Zurückstufung zu erkennen ist.

Am Ende der Disziplinarklage sollten die angelegten sowie beigezogenen Akten (Disziplinarermittlungsakte, Strafakte, Personalakte des Beamten) im Einzelnen aufgeführt werden. Es ist darüber hinaus zweckmäßig, diese Akten bereits zusammen mit der Disziplinarklage dem Gericht (ggf. in Kopie) vorzulegen.

10. Rechtshängigkeit der Disziplinarklage

Die Disziplinarklage wird mit ihrem Eingang beim Verwaltungsgericht rechtshängig (§ 90 VwGO) und somit nicht erst mit der Zustellung an den Beamten.

---

[452] Vgl. Art. 14 BayDG, § 26 LDG BW, § 14 NDiszG, § 13 LDG NRW und § 13 SächsDG.

Einleitungshindernisse

Einleitungshindernisse

1. Einleitungshindernis bei Vorliegen eines Maßnahmeverbots

Ist zu erwarten, dass nach den §§ 14 und 15 BDG eine Disziplinarmaßnahme nicht in Betracht kommt, wird ein Disziplinarverfahren nicht eingeleitet. Die Gründe sind dabei aktenkundig zu machen und dem Beamten bekanntzugeben, § 17 Abs. 2 BDG. Mit dieser Vorschrift erfolgt zum einen eine Durchbrechung des Legalitätsprinzips wegen eines Ahndungsverbots. Zum anderen soll der Verwaltungsaufwand reduziert werden. In diesen Fällen sind die Gründe in einem Nichteinleitungsvermerk aktenkundig zu machen und dem Beamten bekanntzugeben. Dieser Nichteinleitungsvermerk entspricht hinsichtlich seiner Gliederung einer abschließenden **Disziplinarverfügung** und beinhaltet auch die Disziplinarmaßnahme, die ohne das Maßnahmeverbot verfügt worden wäre.

Vergleichbare Regelungen zum Maßnahmeverbot:

> § 17 Abs. 2 BDG; entsprechende Vorschriften nach den Landesdisziplinargesetzen:
>
> § 8 Abs. 2 LDG BW, Art. 19 Abs. 2 BayDG, § 17 Abs. 2 DiszG B, § 18 Abs. 2 BrLDG, § 17 Abs. 2 BremDG, § 23 HmbDG, § 20 Abs. 2 HDG, § 19 Abs. 2 LDG M-V, § 18 Abs. 2 NDiszG, § 17 Abs. 2 LDG NRW, § 22 Abs. 2 LDG RP, § 17 Abs. 2 SDG, § 17 Abs. 2 SächsDG, § 17 Abs. 2 DG LSA, § 17 Abs. 2 DG SH, § 22 Abs. 2 ThürDG

Ein Maßnahmeverbot nach §§ 14, 15 BDG muss in diesen Fällen von Beginn an ohne jeden Zweifel feststehen. Sofern solche Zweifel vorhanden sind, ist ein Disziplinarverfahren einzuleiten. Sollte sich im weiteren Verfahren dann das Vorliegen eines solchen Maßnahmeverbots bestätigen, so ist das Verfahren dann nach § 32 Abs. 1 Nr. 3 BDG einzustellen.

2. Das absolute und relative Maßnahmeverbot nach § 14 Abs. 1 BDG

§ 14 Abs. 1 BDG (Art. 15 Abs. 1 BayDG, § 15 Abs. 1 und Abs. 2 NDiszG, § 14 Abs. 1 LDG NRW, § 14 Abs. 1 SächsDG, § 13 Abs. 1 ThürDG) ist Ausfluss des im Disziplinarverfahren generell geltenden Grundsatzes der Verhältnismäßigkeit und bringt die Entscheidung des Gesetzgebers zum Ausdruck, dass bei leichten bis mittelschweren Dienstvergehen der Zweck der disziplinarrechtlichen Sanktion bereits durch die strafrechtliche oder behördliche Ahndung erreicht sein kann.[453] Die Disziplinarmaßnahmen Verweis, Geldbuße und Kürzung der Dienstbezüge sind zur Einwirkung auf den betroffenen Beamten und damit zur Sicherstellung der Funktionsfähigkeit des öffentlichen Dienstes nicht mehr erforderlich. Gegenüber den beiden schwersten Disziplinarmaßnahmen der Zurückstufung und der Entfernung aus dem Beamtenverhältnis entfaltet § 14 Abs. 1 BDG dagegen keine absolute Sperrwirkung.[454]

Auch Beamte im Ruhestand unterliegen den Regelungen des § 14 Abs. 1 und Abs. 2 BDG. Allerdings dürfen gegen sie ohnehin nur die Maßnahmen des § 5 Abs. 2 BDG verhängt werden. Auf die Aberkennung des Ruhegehalts nach § 5 Abs. 2 Nr. 2 BDG hat § 14 Abs. 1 BDG keine Auswirkungen, da ein untragbarer Beamter nicht deshalb im Dienst zu belassen ist, weil zuvor eine Kriminalstrafe verhängt wurde.[455] § 14 Abs. 1 BDG (und die landesrechtlichen Regelungen) verlangen die Zugrundelegung desselben Sachverhalts. Es muss sozusagen Tatidentität bestehen. Entscheidend ist, ob der Sachverhalt des Strafverfahrens und der des Disziplinarverfahrens identisch sind.[456] Für eine Sachverhaltsidentität ist allein der historische Geschehensablauf maßgebend.[457] Ein **identischer Sachverhalt** in dem Sinne liegt nur vor, wenn der gesamte historische Geschehensablauf, der Gegenstand des Disziplinarverfahrens ist und sich als einheitliches Dienstvergehen darstellt, bereits in vollem Umfang durch die strafgerichtliche Entscheidung erfasst wurde, sodass hiernach trotz § 14 Abs. 1 Nr. 2 BDG die gesonderte disziplinarrechtliche Ahnung eines strafrechtlich noch nicht bereits erfassten Sachverhalts nicht ausgeschlossen ist.[458] Mit der Verwendung des Begriffs „wegen desselben Sachverhalts" soll ausgeschlossen werden, dass aus einer natürlichen Handlungseinheit, die sich als einheitlicher historischer Geschehensablauf darstellt, Sachverhaltsteile herausgefiltert werden, um diese dann disziplinarrechtlich gesondert zu verfolgen. Dies würde eine Umgehung der Vorschrift des § 14 Abs. 1 BDG bedeuten.

---

[453] BT-Drucks. 14/4659, S. 38.

[454] BVerwG, 22.10.2018 – 2 B 54.18.

[455] *Köhler/Baunack*, BDG, § 14 Rn. 7.

[456] *Weiß* in: GKÖD, II M § 14 Rn. 51; *Urban/Wittkowski*, BDG, § 14 Rn. 14.

[457] BVerwG, 09.05.1990 – 1 D 54.89, ZBR 1991, 92.

[458] BVerwG, 20.02.2001 – 1 D 7/00, BVerwGE 114, 50; BayVGH, 28.01.2015 – 16b DZ 12.1868.

Sind in dem strafrechtlich festgestellten Geschehensablauf außer der zugleich dienstpflichtwidrigen Straftat **weitere Dienstpflichtverletzungen enthalten** (wie z. B. innerdienstliche Vorschriften und Weisungen), so kommt es für die Frage der Sachverhaltsidentität darauf an, ob Letztere Inhalt der strafrechtlichen Würdigung und damit der Verurteilung waren oder jedenfalls das Tatverhalten betreffen.[459] Das ist z. B. der Fall, wenn sich bei einer Kassenveruntreuung die Rechtswidrigkeit der Tat aus den – auch vom Strafgericht zu prüfenden – dienstlichen Kassenvorschriften ergibt, wenn bei einer fahrlässigen Tötung im Bahnbetrieb die Rechtswidrigkeit aus den Betriebsvorschriften zu entnehmen war oder wenn die Schuld eines Schrankenwärters an der Pforte der Polizeiinspektion an dem Schrankenunfall aus dem vorausgegangenen pflichtwidrigen Alkoholgenuss (absolutes Alkoholverbot) abgeleitet wurde, der unabhängig von der nachfolgenden Straftat einen Verstoß gegen seine Pflicht zur Erhaltung der alkoholfreien Dienstfähigkeit darstellte.

Unterschiedliche Sachverhalte liegen vor, wenn der pflichtwidrige Geschehensablauf nicht Gegenstand der strafrechtlichen Aburteilung war, z. B. wenn ein Polizeibeamter oder Kraftfahrer der Polizei nach dem Dienst mit dem Dienstwagen eine Privatfahrt mit Alkoholgenuss beging und wegen des Verkehrsdelikts, nicht aber wegen der innerdienstlichen Pflichtverletzung bestraft wurde. Von einem unterschiedlichen Sachverhalt ist auch auszugehen, wenn ein Polizeibeamter mit dem Alkoholmissbrauch nicht nur vor dem Dienst die bestrafte außerdienstliche Trunkenheit begangen hat, sondern zugleich die Dienstverrichtung in alkoholisiertem und damit dienstunfähigem Zustand pflichtwidrig ausgeübt hat.[460]

Sofern gegen den Beamten im Straf- oder Bußgeldverfahren unanfechtbar eine Strafe, Geldbuße oder Ordnungsmaßnahme verhängt wurde oder eine Tat nach § 153a Abs. 1 Satz 5 oder Abs. 2 Satz 2 StPO nach der Erfüllung von Auflagen und Weisungen nicht mehr als Vergehen verfolgt werden kann, darf wegen desselben Sachverhalts

1. ein Verweis, eine Geldbuße oder eine Kürzung des Ruhegehalts **nicht** ausgesprochen werden,

2. eine Kürzung der Dienstbezüge noch ausgesprochen werden, wenn dies zusätzlich erforderlich ist, um den Beamten **zur Pflichterfüllung anzuhalten**.

---

[459] BVerwG, 26.06.1985 – 1 D 49.84.
[460] BVerwG, 06.05.1985 – 1 D 6.85 sowie 26.05.1985 – 1 D 18.84.

Gem. § 14 Abs. 1 Nr. 2 BDG (§ 16 Abs. 2 Nr. 2 HmbDG) darf eine Kürzung der Dienstbezüge neben der Verhängung einer Strafe nur ausgesprochen werden, wenn dies zusätzlich erforderlich ist, um den Beamten zur Erfüllung seiner Pflichten anzuhalten. Eine zusätzliche Maßnahme ist nur nach individueller Prüfung des Einzelfalls beim Vorliegen konkreter Umstände für eine Wiederholungsgefahr zulässig.[461] Auch ein Bedürfnis nach individueller disziplinarer Einwirkung auf den Beamten, das ebenfalls die Verhängung einer zusätzlichen Disziplinarmaßnahme rechtfertigen kann, ist in jedem Einzelfall zu prüfen.[462] Es müssen im Ergebnis konkrete Anhaltspunkte dafür bestehen, dass der Beamte sich trotz der ihm wegen desselben Sachverhalts bereits auferlegten Kriminalstrafe erneut eines Dienstvergehens schuldig machen wird. Auf eine Wiederholungsgefahr lassen einschlägige Vortaten (Rückfall) schließen. **Nicht einschlägige Vortaten** lassen nicht ohne Weiteres den Schluss auf eine Wiederholung in der Art des zur Entscheidung stehenden Dienstvergehens zu. Wenn sich jedoch aus den nicht einschlägigen Vortaten Hinweise für eine besonders legere Einstellung des Beamten zur Einhaltung von Regelungen ergeben, so wäre die Heranziehung zulässig.[463]

Hinsichtlich der disziplinarischen Maßnahmen Verweis, Geldbuße sowie Kürzung des Ruhegehalts besteht ein **absolutes Maßregelungsverbot**. In den Fällen des § 14 Abs. 1 Nr. 2 BDG liegt ein **relatives Maßregelungsverbot** vor.

3. Ausspruch einer Missbilligung

Der Ausspruch einer **Missbilligung** wird durch § 14 BDG nicht ausgeschlossen, weil es sich bei der Missbilligung um eine Maßnahme außerhalb eines Disziplinarverfahrens nach allgemeinen beamtenrechtlichen Regelungen handelt. So kann beispielsweise ein Disziplinarverfahren nach § 32 Abs. 1 Nr. 3 BDG eingestellt und eine schriftliche Missbilligung ausgesprochen werden. Wird das Verhalten eines Beamten beanstandet, ohne dass die Form des Verweises gewählt wird, liegt keine Disziplinarmaßnahme, sondern eine Maßnahme der Dienstaufsicht vor, die ihre Rechtsgrundlage im allgemeinen beamtenrechtlichen Über- und Unterordnungsverhältnis hat. Eine Missbilligung kann in Gestalt von Zurechtweisungen,

---

[461] BVerwG, 23.02.2005 – 1 D 13.04, BVerwGE 123, 75; OVG Hamburg, 03.07.2009 – 12 Bf 71/09.F.

[462] BVerwG, 23.02.2005 – 1 D 13.04, BVerwGE 123, 75.

[463] BVerwG, 26.09.2006 – 2 WD 2.06, NVwZ-RR 2006, 53.

Ermahnungen und Rügen oder aber auch durch tadelnde Hinweise, kritische Äußerungen, Belehrungen, Vorhalte, Warnungen, ernste Missfallensbekundungen sowie dringliche Ersuche geschehen.[464] Eine Missbilligung im beamtenrechtlichen Sinne muss nicht als solche bezeichnet werden. Es reicht aus, wenn die Pflichtenmahnung hieraus klar erkenntlich wird. Es muss für den Beamten erkennbar sein, welches Verhalten missbilligt wird. Im Unterschied zu einer arbeitsrechtlichen Abmahnung muss die schriftliche Missbilligung keine Warnfunktion erfüllen und einen deutlichen Hinweis dazu geben, was dem Beamten droht, wenn er sich weiterhin pflichtwidrig verhält. Ein solcher Hinweis kann aber im Einzelfall nützlich sein.

4. Die Bewertung des disziplinarischen Überhangs

Der disziplinare Überhang betrifft die Frage, ob trotz eines rechtskräftigen Freispruchs im Straf- oder Bußgeldverfahren noch eine Disziplinarmaßnahme ausgesprochen werden darf oder ob einem solchen Ausspruch die Sperrwirkung des rechtskräftigen Freispruchs entgegensteht. Diese Frage beantworten die Beamtengesetze (vgl. § 14 Abs. 2 BDG, § 13 Abs. 2 ThürDG). Soweit die Sperrwirkung des rechtskräftigen Freispruchs im Straf- oder Bußgeldverfahren für das Disziplinarverfahren reicht, besteht für dieses ein Prozesshindernis.[465] Allerdings lassen die Disziplinargesetze den Ausspruch einer Disziplinarmaßnahme dann zu, wenn der Sachverhalt, der Gegenstand des Freispruchs gewesen ist, ein Dienstvergehen darstellt, ohne den Tatbestand einer Straf- oder Bußgeldvorschrift zu erfüllen. Erfüllt also ein bestimmtes Verhalten zwar keinen Straf- oder Ordnungswidrigkeitentatbestand, wohl aber den Tatbestand eines Dienstvergehens, liegt ein disziplinarer Überhang vor und entfaltet der rechtskräftige Freispruch im Straf- oder Bußgeldverfahren keine Sperrwirkung für das Disziplinarverfahren.[466]

Entfaltet der rechtskräftige Freispruch im Straf- oder Bußgeldverfahren wegen eines disziplinaren Überhangs **keine Sperrwirkung** für das Disziplinarverfahren, gelten die Regelung der Disziplinargesetze über die Bindung an tatsächliche Feststellungen in anderen

---

[464] VG Stade, 24.02.2021 – 9 A 1488/19; *Urban/Wittkowski*, BDG, § 6 BDG Rn. 7; a. A. *Köhler/Baunack*, BDG, § 14 Rn. 12.

[465] BVerwG, 05.05.2015 – 2 B 32.14 sowie 09.05.1990 – 1 D 54.89, BVerwGE 86, 279.

[466] BVerwG, 23.02.2005 – 1 D 13.04, BVerwGE 123, 75 sowie 16.03.2004 – 1 D 15.03, Buchholz 232 § 54 Satz 3 BBG Nr. 36, S. 81.

Verfahren und die Lösung von einer solchen Bindung (§ 57 BDG, § 16 ThürDG). Grundsätzlich können auch die Tatsachenfeststellungen in sachgleichen freisprechenden Strafurteilen unter die Bindungswirkung nach den Disziplinargesetzen fallen, wenn und soweit diese auf einer vollständigen Prüfung der Tat- und Schuldfrage beruhen oder wenn das freisprechende Strafurteil darauf beruht, dass – etwa im Falle eines persönlichen Strafaufhebungsgrundes – Tat und Täterschaft des Beamten feststehen.[467]

Ein Freispruch i. S. v. § 14 Abs. 2 BDG liegt nicht vor, wenn die Staatsanwaltschaft das Verfahren nach § 170 Abs. 2 StPO einstellt oder das Gericht den beschuldigten Beamten nach durchgeführter Voruntersuchung außer Verfolgung setzt oder die **Eröffnung des Hauptverfahrens** nach § 204 StPO ablehnt bzw. das Verfahren **wegen Geringfügigkeit** nach § 153 StPO oder aus formellen Gründen, etwa wegen des Fehlens einer Prozessvoraussetzung z. B. wegen Verjährung, einstellt.[468]

5. Disziplinarmaßnahmeverbot wegen Zeitablaufs, § 15 BDG

§ 15 Abs. 1 BDG regelt, dass ein **Verweis** nicht mehr erteilt werden darf, wenn seit der Vollendung eines Dienstvergehens mehr als **zwei Jahre** vergangen sind. Sind seit der Vollendung eines Dienstvergehens mehr als **drei Jahre** vergangen, darf eine **Geldbuße**, eine **Kürzung der Dienstbezüge** oder **eine Kürzung des Ruhegehalts** nicht mehr ausgesprochen werden (§ 15 Abs. 2 BDG). Sind seit der Vollendung eines Dienstvergehens bereits mehr als **sieben Jahre** vergangen, so darf auf **Zurückstufung** nicht mehr erkannt werden. Die Landesdisziplinargesetze weichen zum Teil von § 15 Abs. 1 bis Abs. 3 BDG ab.

Anknüpfungspunkt für den Beginn des Fristenlaufs ist die Vollendung des Dienstvergehens. Dies ist typischerweise die letzte aktive Tathandlung. Bei sog. Unterlassungstaten ist auf den Zeitpunkt abzustellen, in dem keine Pflicht zu einem Eingreifen bzw. Tätigwerden mehr bestand. § 78a StGB knüpft für den Beginn des Laufs der Verjährungsfrist in Strafsachen auf die Beendigung der Tat an. Die Fristen in § 15 Abs. 1 bis 3 BDG orientieren sich demgegenüber

---

[467] BVerwG, 16.03.2004 – 1 D 15.03, Buchholz 232 § 54 Satz 2 BBG Nr. 36 S. 81.
[468] *Weiß* in: GKÖD, II M § 14 Rn. 88; *Köhler/Baunack*, BDG, § 14 Rn. 22.

an der Vollendung des Dienstvergehens und somit an einen früheren Zeitpunkt. Bei einer Mehrheit von Pflichtverletzungen richtet sich der Fristbeginn aufgrund des Grundsatzes der Einheit des Dienstvergehens nach der Vollendung **des gesamten Dienstvergehens**, also nach der zeitlich letzten Pflichtverletzung.[469]

Für die Frage, ab welchem Zeitpunkt nach Vollendung eines Dienstvergehens – das auch und gerade in einer Straftat liegen kann – eine Disziplinarmaßnahme nicht mehr verhängt werden darf (sog. Disziplinarmaßnahmeverbot), treffen die Disziplinargesetze des Bundes und der Länder somit eigenständige, nach der Schwere der Disziplinarmaßnahme abgestufte Regelungen. Die Disziplinargesetze enthalten auch Regelungen zu **Verwertungsverboten früherer Disziplinarmaßnahmen** nach Ablauf bestimmter Fristen (§ 16 BDG). Das Verwertungsverbot nach **§ 51 Abs. 1 Bundeszentralregistergesetz**, wonach die Tat und die Verurteilung den Betroffenen im Rechtsverkehr nicht mehr vorgehalten und nicht mehr zu seinem Nachteil verwertet werden dürfen, wenn die Eintragung über eine Verurteilung im Register getilgt worden ist oder zu tilgen ist, ist im Disziplinarverfahren daneben lediglich insoweit von Bedeutung, als im Rahmen der Bemessung der Disziplinarmaßnahme, bei der das Persönlichkeitsbild des Beamten angemessen zu berücksichtigen ist (vgl. § 13 Abs. 1 BDG), nicht zu Lasten des Beamten auf von § 51 BZRG erfasste Verurteilungen wegen anderer – nicht den Gegenstand des Disziplinarverfahrens bildender – Vergehen abgestellt werden darf. Dies gilt nicht nur für den Fall der während eines Disziplinarverfahrens eintretenden Tilgungsreife nach § 51 Abs. 1 BZRG, sondern gleichermaßen auch für die bereits vor Einleitung des Disziplinarverfahrens eingetretene Tilgungsreife nach § 51 Abs. 1 BZRG.[470]

Je schwerer die Disziplinarmaßnahme ist, desto länger ist der Zeitraum, in dem diese Disziplinarmaßnahme verhängt werden darf. Hierin ähneln sich das BDG und die Landesdisziplinargesetze. Für die **Höchstmaßnahme der Entfernung** aus dem Dienst sieht § 15 BDG (§ 12 ThürDG) **kein Verhängungsverbot** vor.

Die eigenständige Regelung des Disziplinarrechts trägt dem besonderen Zweck des Disziplinarrechts Rechnung. Zweck der Disziplinarbefugnis ist nicht, begangenes Unrecht zu vergelten. Vielmehr geht

---

[469] *Köhler/Baunack*, BDG, § 15 Rn. 10; *Weiß* in: GKÖD, II M § 15 Rn. 30; *Urban/Wittkowski*, BDG, § 15 Rn. 8.
[470] BVerwG, 21.11.2013 – 2 B 86.13.

es darum, die **Integrität des Berufsbeamtentums** und die **Funktionsfähigkeit der öffentlichen Verwaltung** aufrechtzuerhalten. Daher ist Gegenstand der disziplinarrechtlichen Betrachtung und Wertung die Frage, ob ein Beamter, der in vorwerfbarer Weise gegen Dienstpflichten verstoßen hat, nach seiner Persönlichkeit noch im Beamtenverhältnis tragbar ist und, falls dies zu bejahen ist, durch welche Disziplinarmaßnahme auf ihn eingewirkt werden muss, um weitere Pflichtenverstöße zu verhindern.[471] Demgegenüber ist Zweck des Verwertungsverbots etwa des § 51 Abs. 1 BZRG, den verurteilten Straftäter nach einer gewissen Zeit vom **Makel der Bestrafung** zu befreien, um seine **Resozialisierung** zu erleichtern.[472] Mit dem Zweck des Disziplinarrechts wäre es nicht zu vereinbaren, wenn der Umstand, dass eine Dienstpflichtverletzung zugleich auch eine Straftat darstellt und deshalb als solche geahndet wird, privilegierende Wirkung in der Weise hätten, dass sie eine disziplinarrechtliche Ahndung bei Eintritt der Tilgungsreife nach § 51 Abs. 1 BZRG ausschließen würde.

Unterbrechung und Hemmung der Frist

Die Fristen nach § 15 Abs. 1 bis 3 BDG werden

1. durch die Einleitung des Disziplinarverfahrens,

2. durch die Ausdehnung des Disziplinarverfahrens,

3. durch die Erhebung der Disziplinarklage,

4. durch die Erhebung der Nachtragsdisziplinarklage oder

5. die Anordnung oder Ausdehnung von Ermittlungen gegen Beamte auf Probe und Beamte auf Widerruf nach § 34 Abs. 3 Satz 2 und § 37 Abs. 1 i. V. m. § 34 Abs. 3 Satz 2 BBG

unterbrochen.

Das bedeutet, dass die Zeit vor Beginn der Unterbrechung nicht auf den Zeitraum nach § 15 Abs. 1 bis Abs. 3 BDG angerechnet wird. Die Frist beginnt nach Ende der Unterbrechung neu zu laufen, der gesamte Zeitraum der Fristen nach § 15 Abs. 1 bis Abs. 3 BDG muss somit nach Ende der Unterbrechung neu verstreichen, um ein Maßregelverbot zu bewirken.

---

[471] BVerwG, 28.02.2013 – 2 C 62.11, NVwZ-RR 2013, 693.
[472] BVerwG, 03.12.1973 – 1 D 62.73, BVerwGE 46, 205.

Nach § 15 Abs. 5 BDG werden die Fristen der Absätze 1 bis 3 für die Dauer des Widerspruchsverfahrens, des gerichtlichen Disziplinarverfahrens, für die Dauer einer **Aussetzung des Disziplinarverfahrens** nach § 22 BDG oder für die Dauer der Mitwirkung des Personalrats **gehemmt**. Die **Hemmung** bewirkt, dass der Zeitraum, in dem die Maßnahme durchgeführt wird, nicht auf die Frist angerechnet wird. Nach Wegfall der Hemmung läuft die Frist in dem Stand, welchen sie vor Beginn der Hemmung hatte, weiter.

Verhältnis des behördlichen Disziplinarverfahrens zum Strafverfahren oder anderen Verfahren, Aussetzung

Verhältnis des behördlichen Disziplinarverfahrens zum Strafverfahren oder anderen Verfahren, Aussetzung

1. Das Zusammentreffen von Disziplinarverfahren und Strafverfahren oder anderen Verfahren

Nicht selten treffen Disziplinarverfahren mit anderen gegen den betroffenen Beamten gerichtete Verfahren zusammen, denen derselbe Sachverhalt zugrunde liegt. In diesem Zusammenhang sind die Verfahrensvorschriften der §§ 22, 23 BDG zu beachten.

Aufgrund des Legalitätsprinzips (§ 17 Abs. 1 BDG) ist jedenfalls auch im Falle der Anhängigkeit eines sachgleichen Strafverfahrens bzw. staatsanwaltlichen Ermittlungsverfahrens grundsätzlich ein Disziplinarverfahren einzuleiten. Zu beachten ist dabei, dass nicht jedes Strafverfahren ein Disziplinarverfahren nach sich ziehen muss (vgl. § 77 Abs. 1 Satz 2 BDG; § 47 Abs. 1 Satz 2 BeamtStG). Schon im Hinblick auf die Unterbrechung der Fristen nach § 15 Abs. 1, 2 BDG ist eine Einleitung eines Disziplinarverfahrens sinnvoll, auch wenn ein staatsanwaltliches Ermittlungsverfahren nach Sichtweise der Dienststelle schnell beendet sein könnte. Es besteht wegen des auch im Disziplinarrecht geltenden Legalitätsprinzips kaum ein Erschließungsermessen der Einleitungsbehörde, ob ein Anfangsverdacht vorliegt. Besteht ein Verdacht, dass der Beamte durch sein strafwürdiges Verhalten auch gegen eine Beamtenpflicht verstoßen hat, so sind jedenfalls disziplinare Ermittlungen aufzunehmen und zugleich ist das Disziplinarverfahren im Regelfall auszusetzen (§ 22 BDG).

2. Aussetzung des Disziplinarverfahrens

§ 22 BDG; entsprechende Vorschriften nach den Landesdisziplinargesetzen:

§ 13 LDG BW, Art. 24 BayDG, § 22 DiszG B, § 23 BrLDG, § 22 BremDG, § 14 HmbDG, § 25 HDG, § 23 NDiszG, § 22 LDG NRW, § 24 LDG M-V, § 15 LDG RP, § 22 SDG, § 22 SächsDG, § 22 DG LSA, § 23 DG SH, § 15 ThürDG.

Es kommt bisweilen vor, dass Dienstvorgesetzte ein Disziplinarverfahren nach § 22 Abs. 1 oder Abs. 3 BDG aussetzen, ohne zuvor ein Disziplinarverfahren eingeleitet zu haben. Ein Verfahren kann jedoch denklogisch überhaupt nur ausgesetzt werden, wenn es zuvor eingeleitet wurde. Dies kann gleichzeitig in einem Schriftstück erfolgen.

3. Aussetzung des Disziplinarverfahrens wegen Vorgreiflichkeit

Ist gegen einen Beamten wegen eines Sachverhalts, der dem Disziplinarverfahren zugrunde liegt, im Strafverfahren die öffentliche Klage erhoben worden, so ist das Disziplinarverfahren gem. § 22 Abs. 1 Satz 1 BDG[473] auszusetzen. Die Vorschrift regelt die Konkurrenz des behördlichen Disziplinarverfahrens zu anderen sachverhalts(teil)identischen Verfahren, insbesondere zum Strafverfahren. Die Durchführung des Strafverfahrens hat in diesem Falle Vorrang. Öffentliche Klage ist im Strafverfahren erhoben, wenn die von der Staatsanwaltschaft erstellte Anklageschrift oder der Antrag auf gerichtliche Voruntersuchung dem Strafgericht zugegangen ist (§§ 179, 199 StPO). Dem muss man die Anordnung des Hauptverhandlungstermins im Strafbefehlsverfahren oder die Eröffnung des Hauptverfahrens im sog. Privatklageverfahren gleichstellen, da auch in diesen Verfahren der Sachverhalt umfassend aufgeklärt und beurteilt wird.

Muss trotz Aussetzung des Verfahrens das Disziplinarverfahren eingeleitet werden?

Der Legalitätsgrundsatz aus § 17 Abs. 1 BDG gibt die Antwort zu dieser Frage. Es muss stets auch in diesen Fällen ein Ermittlungsverfahren eingeleitet werden. Das eingeleitete Disziplinarverfahren kann dann zeitgleich gem. § 22 Abs. 1 BDG[474] ausgesetzt werden. Die Aussetzung ist dem Beamten in entsprechender Anwendung des § 20 Abs. 1 Satz 2 BDG mitzuteilen.

Die Aussetzung ist aktenkundig zu machen und insoweit ist die Schriftform zu wahren. Eine stillschweigende Aussetzung i. S. d. bloßen Wartens auf eine vorgreifliche Entscheidung ist unzulässig.

---

[473] Vgl. Art. 24 BayDG, § 13 LDG BW, § 23 NDiszG, § 22 LDG NRW und § 22 SächsDG.
[474] Vgl. Art. 24 BayDG, § 13 LDG BW, § 23 NDiszG, § 22 LDG NRW und § 22 SächsDG.

4. Aussetzung bei einem anderen gesetzlich geordneten Verfahren

Nach § 22 Abs. 3 BDG kann das Disziplinarverfahren auch ausgesetzt werden, wenn in einem anderen gesetzlich geordneten Verfahren über eine Frage zu entscheiden ist, deren Beurteilung für die Entscheidung im Disziplinarverfahren von wesentlicher Bedeutung, also vorgreiflich ist. Zu den „anderen gesetzlich geordneten Verfahren" im Sinne der Ermessensregelung in § 22 Abs. 3 BDG fallen alle Gerichtsverfahren und auch andere Verfahren, deren rechtsstaatlicher Ablauf durch formelle Rechtsnormen geregelt ist. Dies sind u. a. das verwaltungsrechtliche Vorverfahren vor Anrufung des Verwaltungsgerichts (§§ 68 bis 80 VwGO)[475] und des Sozialgerichts (§§ 77 bis 86 SGG) sowie das staatsanwaltliche und polizeiliche Ermittlungsverfahren.

Für die Praxis bedeutet dies: Solange sich das Strafverfahren noch im Stadium der polizeilichen oder staatsanwaltlichen Ermittlungen oder der gerichtlichen Voruntersuchung befindet, kann das Verfahren nach § 22 Abs. 3 BDG ausgesetzt werden, es kann aber auch fortgesetzt werden. Im Hinblick auf die in § 23 Abs. 1 und Abs. 2 BDG geregelte Bindungswirkung an tatsächliche Feststellungen aus Strafverfahren oder anderen Verfahren dürfte die Aussetzung des Verfahrens im Zweifel sinnvoller sein.[476]

Das andere gesetzlich geordnete Verfahren muss für die Entscheidung des Disziplinarverfahrens von wesentlicher Bedeutung, also vorgreiflich sein. Gerade bei (Teil-)Sachverhaltsidentität ist dies zu bejahen.

Beispiel: Der Beamte auf Abwegen:

Ein Beamter (Besoldungsgruppe A 7) ist zweimal strafrechtlich in Erscheinung getreten. Durch Urteil des Amtsgerichts wurde er wegen vorsätzlicher Körperverletzung u. a. zu einer Geldstrafe von 50 Tagessätzen verurteilt. Er soll seiner damaligen Freundin auf dem Autobahnparkplatz zweimal mit der Hand ins Gesicht geschlagen, sie aus dem Auto gestoßen und beim Zurückfahren mit der geöffneten Fahrerfahrzeugtür am Knie verletzt haben.

---

[475] *Lenders*, S. 403 ff.
[476] BayVGH, 28.04.2015 – 16a DC 14.1666; *Zängl*, Art. 24, Rn. 32.

Das sachgleiche Disziplinarverfahren wurde im Hinblick auf § 14 BDG eingestellt.

In einem weiteren Strafverfahren verurteilte das Landgericht den Beamten wegen Beihilfe zur Ausübung der verbotenen Prostitution in sechs Fällen zu einer Gesamtgeldstrafe von 30 Tagessätzen. Während der vorangegangenen staatsanwaltlichen Ermittlungen hatte der Dienstherr ein Disziplinarverfahren eingeleitet und dieses im Hinblick auf das anhängige strafrechtliche Ermittlungsverfahren gem. § 22 Abs. 3 BDG ausgesetzt. Gleichzeitig enthob der Dienstherr den Beamten im Hinblick auf seine erhebliche disziplinarische Vorbelastung vorläufig des Dienstes und ordnete einen Einbehalt von 40 Prozent der monatlichen Dienstbezüge an. Nach rechtskräftigem Abschluss des Strafverfahrens und wiederholter Ausdehnung des Disziplinarverfahrens erhob der Dienstherr Disziplinarklage. Der Beamte wurde aus dem Dienst entfernt. Die Beschwerde des Beamten wegen der Nichtzulassung der Revision wurde vom BVerwG mit Beschluss vom 11.02.2014 zurückgewiesen (Az.: 2 B 37.12).

Insbesondere hat das BVerwG festgestellt, dass die Vorgehensweise des Dienstherrn, also die Aussetzung des Verfahrens nach § 22 Abs. 3 BDG und die gleichzeitige vorläufige Dienstenthebung sowie der Einbehalt von 40 Prozent der monatlichen Dienstbezüge rechtsfehlerfrei erfolgt sei.

Keine begründeten Zweifel am Sachverhalt

Eine Aussetzung nach § 22 Abs. 1 BDG unterbleibt, wenn keine begründeten Zweifel am Sachverhalt bestehen oder wenn im Strafverfahren aus Gründen nicht verhandelt werden kann, die in der Person des Beamten liegen. Keine begründeten Sachverhaltszweifel können aufgrund eines glaubwürdigen Geständnisses bestehen. Ob ein Geständnis glaubhaft ist, muss umfassend geprüft werden. Ein bloßes inhaltsleeres Formalgeständnis reicht für die Ausräumung begründeter Zweifel nicht aus.[477]

Weiterhin muss das Disziplinarverfahren nach § 22 Abs. 1 Satz 2 Alt. 2 BDG auch in dem Fall weitergeführt werden, wenn im Strafverfahren etwa wegen lang andauernder Krankheit, die zur Verhandlungsunfähigkeit führt, nicht verhandelt werden kann. Die

---

[477] BVerwG, 01.03.2013 – 2 B 78.12.

dauerhafte Verhandlungsunfähigkeit des Beamten steht der Einleitung und Fortsetzung eines Disziplinarverfahrens nicht schon deshalb entgegen, weil das Verfahren eine Selbstgefährdung des Beamten nach sich ziehen könnte. So besteht grundsätzlich keine Mitwirkungs- bzw. Mitaufklärungspflicht seitens der Beamten.

Gegen einen dauerhaft verhandlungsunfähigen Beamten darf ein Disziplinarverfahren nicht eingeleitet werden, wenn die persönliche Mitwirkung des Beamten an der Sachverhaltsaufklärung nach den Grundsätzen der Gewährung rechtlichen Gehörs und des fairen Verfahrens unverzichtbar ist.[478]

Ein Beamter muss im Disziplinarverfahren Zugang zu allen Quellen der Sachverhaltsermittlung erhalten. Er muss insbesondere in die Lage versetzt werden, rechtzeitig zu Inhalt und Aussagekraft aller potenziell belastenden Beweismittel, Erklärungen und Indizien Stellung zu nehmen, die den Prozessstoff des Disziplinarverfahrens bilden. Dazu gehört, dass der Beamte die Glaubwürdigkeit von Belastungszeugen und die Glaubhaftigkeit ihrer Aussagen auf jede prozessual zulässige Art infrage stellen kann. Dies ist nur möglich, wenn er sich einen unmittelbaren Eindruck von den Zeugen verschaffen kann. Die Kenntnis des gesamten Belastungsmaterials ist auch Voraussetzung für die Ausübung des aus dem Gehörsgebot folgenden Rechts, eigene Beweismittel und Erklärungen zum Zweck der Entlastung in das Disziplinarverfahren einzuführen. Das Gericht muss die Äußerungen des Beamten in ihrer Gesamtheit bei der Aufklärung und Würdigung des Sachverhalts berücksichtigen.[479]

Ein dauerhaft verhandlungsunfähiger Beamter kann diese Verfahrensrechte nicht persönlich ausüben. An seine Stelle tritt im Disziplinarverfahren der zu diesem Zweck bestellte Prozesspfleger. Dessen Tätigkeit stößt jedoch an Grenzen, wenn ein angeschuldigter Pflichtverstoß aus tatsächlichen Vorgängen oder Ereignissen hergeleitet wird, zu denen sich nur der Beamte selbst aufgrund seines persönlichen Erlebens äußern kann. Dies kommt vor allem dann in Betracht, wenn der Nachweis eines bestimmten Verhaltens des Beamten durch Zeugenaussagen geführt werden soll. Kann der Beamte in einer derartigen Situation vor Gericht seine Darstellung aufgrund seiner dauerhaften Verhandlungsunfähigkeit nicht in das Verfahren einführen, wird der Disziplinarbehörde bzw. dem Gericht

---

[478] BVerwG, 31.10.2012 – 2 B 33.12.
[479] BVerwG, 15.12.2005 – 2 A 4.04.

eine abschließende Beurteilung der Glaubwürdigkeit der Belastungszeugen und der Glaubhaftigkeit ihrer Angaben oftmals nicht möglich sein. Sachverhaltsaufklärung und Beweiswürdigung bleiben dann zwangsläufig unvollständig. Die Disziplinarbehörde sowie das Gericht dürfen das Unvermögen des Beamten, die Aussagekraft belastender Angaben zum Tatgeschehen zu erschüttern, nicht mit der Begründung für unbeachtlich erklären, es bestünden keine vernünftigen Zweifel an der Richtigkeit der belastenden Aussagen. Dies stehe – so das BVerwG – einer unzulässigen vorweggenommenen Beweiswürdigung gleich, weil die Disziplinarbehörde bzw. das Gericht der Mitwirkung des Beamten von vornherein jeglichen Erkenntniswert abspreche. Die prozessrechtliche Situation stelle sich grundlegend anders dar, als wenn sich der zur Mitwirkung fähige Beamte auf sein Schweigerecht berufe. Hier sei der Beamte nicht an der persönlichen Mitwirkung gehindert, sondern verzichte aus freien Stücken auf den Gebrauch.[480]

Unverzügliche Fortsetzung des Verfahrens

Das nach § 22 Abs. 1 bzw. Abs. 3 BDG ausgesetzte Disziplinarverfahren ist unverzüglich fortzusetzen, wenn die Voraussetzungen des Absatzes 1 Satz 2 nachträglich eintreten, spätestens mit dem rechtskräftigen Abschluss des Strafverfahrens oder der anderen gesetzlich geordneten Verfahren i. S. d. Absatzes 3.

---

[480] BVerwG, 31.10.2012 – 2 B 33.12.

Die Bindung an die tatsächlichen Feststellungen in anderen Verfahren

Die Bindung an die tatsächlichen Feststellungen in anderen Verfahren

1. Bindungswirkung an tatsächliche Feststellungen aus Strafverfahren oder anderen Verfahren, § 23 Abs. 1 BDG

Die tatsächlichen Feststellungen eines rechtskräftigen Urteils im Straf- oder Bußgeldverfahren oder im verwaltungsgerichtlichen Verfahren, durch das nach § 9 BBesG bzw. nach Maßgabe des jeweiligen Landesbesoldungsgesetzes über den Verlust der Besoldung wegen schuldhaften Fernbleibens vom Dienst entschieden worden ist, sind im Disziplinarverfahren, welches denselben Sachverhalt zum Gegenstand hat, bindend, § 23 Abs. 1 BDG.[481] Im Bereich des Bundes ist die gesetzliche Bindungswirkung, die der Rechtssicherheit dient, in § 23 BDO geregelt. Sie soll verhindern, dass zu ein und demselben Geschehensablauf unterschiedliche Tatsachenfeststellungen getroffen werden.[482] Nach ständiger Rechtsprechung des BVerwG erfasst die Bindungswirkung bei rechtskräftigen Strafurteilen diejenigen Feststellungen, die zu den Tatbestandsmerkmalen der jeweiligen Strafnorm gehören, die Grundlage der Verurteilung ist.[483] Zu den getroffenen „tatsächlichen Feststellungen" gehören die äußeren Aspekte eines Tathergangs sowie die Bestandteile des inneren Tatbestands, wie etwa Vorsatz oder Fahrlässigkeit, die Zueignungsabsicht oder das Unrechtsbewusstsein.[484]

Nicht in die Bindungswirkung einbezogen sind nach der Gesetzesbegründung Strafbefehle. Den tatsächlichen Feststellungen in einem rechtskräftigen Strafbefehl kommt trotz seiner strafprozessualen Gleichstellung mit einem rechtskräftigen Urteil (§ 410 Abs. 3 StPO) keine Bindungswirkung i. S. v. § 23 Abs. 1 und § 57 Abs. 1 Satz 1 BDG zu.[485] Die Begründung hierfür liegt darin, dass die richterliche Entscheidung bei einem Strafbefehl einem besonders geregelten summarischen Verfahren zugrunde liegt. Sie ergeht ohne Hauptverhandlung und ohne gerichtliche Beweisaufnahme und bietet somit

---

[481] Vgl. Art. 25 BayDG, § 14 LDG BW, § 24 NDiszG, § 23 LDG NRW und § 23 SächsDG.
[482] BVerwG, 09.10.2014 – 2 B 60.14.
[483] Anstelle vieler: BVerwG, 01.03.2012 – 2 B 120.11.
[484] *Weiß* in: GKÖD, II, § 23 BDG Rn. 11 und 14.
[485] BVerwG, 30.06.2015 – 2 B 31.14; OVG Berlin-Brandenburg, 08.10.2014 – OVG 81 D 4.11; *Herrmann/Sandkuhl*, § 5 Rn. 402.

nicht das erforderliche Maß an Ergebnissicherheit, das Voraussetzung für eine Bindungswirkung sein kann.[486]

Soweit der Sachverhalt in einem anderen gesetzlich geordneten Verfahren i. S. d. § 23 Abs. 2 BDG aufgeklärt ist, z. B. durch ein polizeiliches oder staatsanwaltliches Ermittlungsverfahren oder ein Bußgeldverfahren, kann von Ermittlungen im Disziplinarverfahren gem. § 21 Abs. 2 Satz 2 BDG abgesehen werden. Das können auch Verfahren sein, die andere an der Begehung des Dienstvergehens beteiligte Personen betreffen. Die in einem anderen gesetzlich geordneten Verfahren gewonnenen tatsächlichen Feststellungen sind zwar nicht bindend, sie können im Disziplinarverfahren jedoch ohne nochmalige Prüfung zugrunde gelegt werden (§ 23 Abs. 2 BDG). Hiermit wird dem Anliegen, divergierende Entscheidungen von Straf- und Disziplinargerichten über dieselbe Tatsachengrundlage nach Möglichkeit zu vermeiden, Rechnung getragen.[487]

Weiterhin entfalten verwaltungsgerichtliche Entscheidungen eine Bindungswirkung, soweit hier über den Verlust der Besoldung bei schuldhaftem Fernbleiben vom Dienst entschieden worden ist. Auch durch diese Regelung sollen doppelte Ermittlungen vermieden werden. Hervorzuheben bleibt, dass die Bindungswirkungen nur von einem verwaltungsgerichtlichen Verfahren ausgehen können und nicht von einem behördlichen Verfahren. Lediglich nach § 14 Abs. 1 LDG BW entfaltet auch eine bestandskräftige behördliche Entscheidung über den Verlust der Bezüge bei schuldhaftem Fernbleiben vom Dienst eine Bindungswirkung.

Die gesetzliche Bindungswirkung führt dazu, dass die Verwaltungsgerichte nur dann berechtigt und verpflichtet sind, sich von den Tatsachenfeststellungen eines rechtskräftigen Strafurteils zu lösen und den disziplinarrechtlich bedeutsamen Sachverhalt eigenverantwortlich zu ermitteln, wenn sie ansonsten „sehenden Auges" auf der Grundlage eines unrichtigen oder aus rechtsstaatlichen Gründen unverwertbaren Sachverhalts entscheiden müssten. Dies wäre etwa der Fall, wenn die Feststellungen in einem entscheidungserheblichen Punkt unter offenkundiger Verletzung wesentlicher Verfahrensvorschriften zustande gekommen sind. Hierunter fällt auch, dass das Strafurteil auf einer Urteilsabsprache beruht, die den rechtlichen Anforderungen nicht genügt. Darüber hinaus entfällt die Bindungs-

---

[486] *Hummel/Baunack*, § 23 BDG, Rn. 2.
[487] BVerwG, 15.03.2013 – 2 B 22.12, NVwZ-RR 2013, 557 sowie 30.06.2015 – 2 B 31.14.

wirkung, wenn Beweismittel eingeführt werden, die dem Strafgericht nicht zur Verfügung standen und durch die seine Tatsachenfeststellungen zumindest auf erhebliche Zweifel stoßen.[488] Es müssen tatsächliche Umstände von den Beamten dargetan werden, aus denen sich die offenkundige Unrichtigkeit der Tatsachenfeststellungen des Strafgerichts ergeben kann. Pauschale Behauptungen oder bloßes Bestreiten genügen nicht. Wird die offenkundige Unrichtigkeit substantiiert dargelegt, so sind die Verwaltungsgerichte erst dann befugt, dem Vorbringen weiter nachzugehen und schließlich über eine Lösung nach der entsprechenden Norm zu entscheiden.[489]

Der Inhalt des formell rechtskräftigen Strafurteils und damit der Umfang der Rechtskraft ist der Entscheidung im Ganzen zu entnehmen. Maßgebend ist in erster Linie die Urteilsformel. Lässt die Urteilsformel den Inhalt der Entscheidung nicht mit Sicherheit erkennen, sind Tatbestand und Entscheidungsgründe, erforderlichenfalls auch das Parteivorbringen ergänzend heranzuziehen.[490]

> **Beispiel: Bindung besteht nur hinsichtlich der tatsächlichen Feststellungen:**
>
> Soweit ein Beamter geltend macht, dass eine strafgerichtliche Wertung unzutreffend sei, weil etwa nach der Rechtsprechung des BGH in Strafsachen erst ab 50 Euro eine strafbare Handlung anzunehmen sei, so ist darauf hinzuweisen, dass die Verwaltungsgerichte nur an die tatsächlichen Feststellungen der Strafgerichte, nicht aber an deren strafgerichtliche Wertung gebunden sind. Der Sache nach wendet sich der Beamte damit gegen die rechtliche Würdigung des Sachverhalts. Im Übrigen gibt es eine irgendwie geartete Wertgrenze nach beamtenrechtlichen Grundsätzen nicht.[491]

Die tatsächlichen Feststellungen eines rechtskräftigen Strafurteils müssen entscheidungserheblich für die Beantwortung der Frage sein, ob der objektive und subjektive Straftatbestand erfüllt ist. Dem Strafurteil kommt keine Bindungswirkung zu, wenn erhebliche Zweifel an der Richtigkeit der tatsächlichen Feststellungen des Strafgerichts bestehen.

---

[488] BVerwG, 30.06.2014 – 2 B 79.13 sowie 20.12.2013 – 2 B 44.12.
[489] BVerwG, 30.06.2014 – 2 B 79.13 sowie 11.02.2014 – 2 B 37.12.
[490] BVerwG, 30.06.2014 – 2 B 99.13.
[491] BVerwG, 20.12.2013 – 2 B 44.12.

Das BVerwG hat in folgender Fallgestaltung eine Lösung von der Bindungswirkung der tatsächlichen Feststellungen eines Strafurteils festgestellt:

BVerwG, 01.03.2003 – 2 B 78.12

Ein Beamter im Ruhestand wurde im Mai 2009 wegen sexuellen Missbrauchs von Kindern in zwei Fällen zu einer Freiheitsstrafe von elf Monaten verurteilt. Im sachgleichen Disziplinarverfahren hat das Verwaltungsgericht dem Beamten das Ruhegehalt aberkannt. Das OVG hat die Berufung zurückgewiesen. Zur Begründung hat es im Wesentlichen ausgeführt, das rechtskräftige Strafurteil binde die Gerichte im Disziplinarverfahren. Das von dem Beamten in der Hauptverhandlung abgelegte Geständnis sei kein bloßes „abnickendes" Geständnis gewesen, welches für eine Verurteilung nicht ausgereicht habe.

Mit Beschluss vom 01.03.2003 – 2 B 78.12 wurde das Berufungsurteil vom BVerwG aufgehoben und der Rechtsstreit zur anderweitigen Verhandlung und Entscheidung an das OVG zurückverwiesen.

Die Verfahrensrüge sei begründet. Das OVG sei zu Unrecht von der Bindung an die tatsächlichen Feststellungen des rechtskräftigen Strafurteils ausgegangen und habe deshalb den Sachverhalt nicht selbst aufgeklärt. Dem Strafurteil komme keine Bindungswirkung zu, weil es in einem ausschlaggebenden Punkt unter offenkundiger Verletzung wesentlicher Verfahrensvorschriften zustande gekommen sei. Das Amtsgericht habe die tatsächlichen Feststellungen seines nicht nach § 267 Abs. 4 StPO abgekürzten Urteils ausschließlich auf das inhaltsleere Formalgeständnis des Beamten in der Hauptverhandlung gestützt. Nach den Grundsätzen des BGH zur Bewertung von Geständnissen, der sich der Senat (2. Senat des BVerwG) anschließe, könne die Verurteilung des Beamten aber nicht allein auf dessen Erklärungen in der Hauptverhandlung gegründet werden. Die Bereitschaft eines angeklagten Beamten, wegen eines bestimmten Sachverhalts eine Strafe hinzunehmen, die das gerichtlich zugesagte Höchstmaß nicht überschreitet, entbindet das Strafgericht nicht von der Pflicht zur Aufklärung und Darlegung des Sachverhalts, soweit die für den Tatbestand der dem angeklagten Beamten vorgeworfenen Gesetzesverletzung erforderlich ist. Danach muss auch bei Fällen, bei denen das Gericht eine Strafobergrenze in Aussicht gestellt hat, das abgelegte Geständnis auf seine Zuverlässigkeit hin überprüft werden. Dies war nach Aktenlage in dem Strafverfahren nicht der Fall. Es lag ein inhaltsleeres Formgeständnis vor, welches ohne inhaltliche Substanz vom Verteidiger erklärt wurde. Der Beamte selbst gab nur zu Protokoll, „die Taten zuzugeben". Auf das ihm zustehende letzte Wort (§ 258 Abs. 2 StPO) habe er verzichtet.

2. Bindung der Disziplinargerichte an tatsächliche Feststellungen in Strafurteilen

Die Vorschrift des § 57 Abs. 1 BDG[492] regelt zunächst die Bindung des Gerichts im Disziplinarverfahren an den im Strafverfahren festgestellten Sachverhalt. Die Bindungswirkung bezieht sich auf die tatsächlichen Feststellungen, auf denen das strafgerichtliche Urteil beruht. Nicht bindend sind Rechtsansichten des Strafgerichts zur Einordnung des Sachverhalts und einem Straftatbestand.

Ferner enthält § 57 Abs. 1 Satz 2 BDG die Möglichkeit der Lösung von der Bindungswirkung durch **Mehrheitsbeschluss**. Dabei muss die Lösung von der grundsätzlichen Bindung die Ausnahme bleiben. Das Gericht darf nicht gezwungen sein, quasi „sehenden Auges" eine Entscheidung auf der Grundlage zweifelhafter Feststellungen zu treffen.

Eine solche Lösungsmöglichkeit sieht § 23 Abs. 1 BDG zwar für das behördliche Disziplinarverfahren nicht vor. Nach Art. 20 Abs. 3 GG ist die vollziehende Gewalt, die Verwaltung an Gesetz und Recht gebunden. Erachtet eine Behörde aus eigenen Überlegungen oder aus substantiiertem Vortrag des Beamten eine tatsächliche Feststellung aus einem Strafverfahren für höchst zweifelhaft, so muss es auch der Disziplinarbehörde möglich sein, sich von der Bindungswirkung nach dem Rechtsgedanken des § 57 Abs. 1 Satz 2 BDG zu lösen. Denn ansonsten wäre die Disziplinarbehörde gezwungen, tatsächliche Feststellungen einer Disziplinarentscheidung zugrunde zu legen, die sie für ganz offensichtlich fehlerhaft erachtet.

In § 14 Abs. 1 Satz 2 LDG BW sowie in § 24 Abs. 1 Satz 2 NDiszG hat der Gesetzgeber eine Lösungsmöglichkeit für die Disziplinarbehörde ausdrücklich vorgesehen, wenn tatsächliche Feststellungen offenkundig unrichtig sind.

Das BVerwG hat sich zur Lösung von den Feststellungen strafgerichtlicher Urteile wie folgt geäußert (24.07.2007 – 2 B 65/07):

■ Die Lösung von den Tatsachenfeststellungen des rechtskräftigen Strafurteils ist nur zulässig, wenn das Disziplinargericht ansonsten auf der Grundlage eines unrichtigen Sachverhalts entscheiden müsste.

---

[492] Vgl. Art. 55 BayDG, § 52 NDiszG, § 56 LDG NRW und § 58 SächsDG.

- Darüber hinaus kommt eine Lösung in Betracht, wenn neue Beweismittel vorgelegt werden, die dem Strafgericht nicht zur Verfügung standen und nach denen die Tatsachenfeststellungen jedenfalls auf erhebliche Zweifel stoßen.

- Eine dem Strafurteil zugrunde liegende Urteilsabsprache lässt die gesetzlich angeordnete Bindungswirkung nicht ohne Weiteres entfallen. Vielmehr setzt eine Lösung von den Tatsachenfeststellungen eines solchen Strafurteils voraus, dass die Absprache wesentlichen Anforderungen nicht genügt, die nach der Rechtsprechung des BGH für die Zulässigkeit von Urteilsabsprachen unerlässlich sind.

Ein Strafurteil, das auf einer unzulässigen Absprache beruht, gilt als unter Verletzung wesentlicher Verfahrensschritte zustande gekommen.[493]

---

[493] So auch BVerwG, 15.05.2013 – 2 B 20.12 sowie 14.01.2014 – 2 B 84.13.

Zulässigkeit von Disziplinarmaßnahmen nach Straf- oder Bußgeldverfahren

Zulässigkeit von Disziplinarmaßnahmen nach Straf- oder Bußgeldverfahren

1. Das Maßnahmeverbot

Von besonderer Bedeutung in der Praxis ist die Regelung zum beschränkten Maßnahmeverbot in § 14 BDG.[494] Die Regelung folgt nicht aus dem Grundsatz des „ne bis in idem". Das beschränkte Maßnahmeverbot findet seine verfassungsrechtliche Grundlage in Art. 103 Abs. 3 GG und der hieraus folgenden Forderung nach Verhältnismäßigkeit der Sanktionen durch die Möglichkeit der disziplinaren Berücksichtigung des gleich gearteten Strafrechtseingriffs.[495]

Wurde gegen einen Beamten im Straf- oder Bußgeldverfahren unanfechtbar eine Strafe, Geldbuße oder eine Ordnungsmaßnahme verhängt oder kann eine Tat nach § 153a Abs. 1 Satz 5 oder Abs. 2 Satz 2 der Strafprozessordnung nach der Erfüllung von Auflagen und Weisungen nicht mehr als Vergehen verfolgt werden, ist eine zusätzliche Disziplinarmaßnahme nur unter besonderen Voraussetzungen zulässig. Ein Verweis, eine Geldbuße oder eine Kürzung des Ruhegehalts darf nicht mehr ausgesprochen werden.

> **Beispiel: Die doppelte Beantragung des Kindergelds:**
>
> Ein Postbeamter beantragte am 07.07.2010 bei der Agentur für Arbeit nach der Geburt seines Sohnes Kindergeld. Die Frage, ob er oder seine Ehegattin oder eine andere Person für die eingetragenen Kinder anderweitig Kindergeld beantragt oder erhalten habe, verneinte er. Ferner gab er an, im öffentlichen Dienst beschäftigt zu sein, nämlich bei der Deutschen Post AG. Insgesamt erhielt er einen Betrag von ca. 18.500 Euro.
>
> Am 13.07.2010 stellte der Beamte bei der Deutschen Post AG einen weiteren „Antrag auf Zahlung von Kindergeld an Angehörige des öffentlichen Dienstes". Die Frage, ob er oder seine Ehegattin oder eine andere Person für die eingetragenen Kinder anderweitig Kindergeld beantragt oder erhalten habe, verneinte er wiederum. Die Deutsche Post AG zahlte an den Beamten insgesamt ebenfalls ca. 18.500 Euro.
>
> Im Rahmen einer Prüfung des Bundesrechnungshofes erfuhr die Familienkasse der Agentur für Arbeit, dass der Beamte Kindergeld

---

[494] Vgl. Art. 15 BayDG, § 34 LDG BW, § 15 NDiszG, § 14 LDG NRW und § 14 SächsDG.
[495] BVerfG, 14.03.1972 – 2 BvR 41/71.

von der Deutschen Post AG erhielt. Das daraufhin eingeleitete Strafverfahren wegen des Verdachts der Steuerhinterziehung wurde gem. § 153a Abs. 1 Nr. 2 StPO gegen Zahlung eines Betrags in Höhe von 1.800 Euro eingestellt. Der Dienstherr erhob eine Disziplinarklage mit dem Ziel der Entfernung. Das Verwaltungsgericht legte dem Beamten eine Geldbuße in Höhe von 100 Euro auf. Mit der Berufung der Deutschen Post AG befasste sich das OVG NRW in seiner Entscheidung vom 18.11.2015 – 3d A 105/12.BDG.

Dass jedem Berechtigten Kindergeld nur einmal und nicht mehrfach zusteht, ist allgemeinkundig. Der Beamte hat nicht dadurch gegen Dienstpflichten verstoßen, dass er im Antrag vom 13.07.2010 an die Deutsche Post AG wahrheitswidrig angab, nicht anderweitig Kindergeld beantragt zu haben, und der Deutschen Post AG auch nicht seinen fortlaufenden Bezug von Kindergeld durch die Familienkasse der Agentur für Arbeit anzeigte. Der Beamte hatte einen Anspruch auf Zahlung von Kindergeld und dies nur gegenüber der Deutschen Post AG, nicht jedoch gegenüber der Familienkasse der Agentur für Arbeit. Nach § 72 Abs. 2 EStG obliegt der Deutschen Post AG die Durchführung dieses Gesetzes für ihre jeweiligen Beamten und Versorgungsempfänger. Demnach wird gem. § 72 Abs. 1 Satz 1 Nr. 1 EStG das Kindergeld für Personen, die – wie der Beamte – in einem öffentlich-rechtlichen Dienstverhältnis etwa zur Deutschen Post AG stehen, durch diese festgesetzt und ausgezahlt. Insoweit beging der Beamte keine Dienstpflichtverletzung dadurch, dass er im Antrag vom 13.07.2010 an die Deutsche Post AG wahrheitswidrig angab, nicht anderweitig Kindergeld beantragt zu haben.

Allerdings hat der Beamte durch vorsätzliches Unterlassen, der Familienkasse der Agentur für Arbeit mitzuteilen, dass er Kindergeld auch bei der Deutschen Post AG beantragt hatte und von dieser bezog, und insbesondere hierdurch von der Familienkasse der Agentur für Arbeit zu Unrecht Kindergeld in Höhe von 18.500 Euro bezog, gegen seine Pflicht zu achtungs- und vertrauenswürdigem Verhalten verstoßen. Ein erheblicher Schaden für das Berufsbeamtentum ist auch bei einem erstmaligen außerdienstlichen Fehlverhalten regelmäßig schon dann anzunehmen, wenn das außerdienstliche Verhalten der mittleren Kriminalität zuzurechnen ist. Dies ist der Fall, wenn es mit Freiheitsstrafe von mindestens bis zu zwei Jahren bedroht ist und der daran gemessene Unrechtsgehalt der konkreten Tat nicht gering wiegt. Die Steuerhinterziehung ist in § 370 Abs. 1 AO mit

Freiheitsstrafe bis zu fünf Jahren bedroht. Der Unrechtsgehalt der konkreten Tat des Beamten wiegt auch hier nicht gering.

Der Verhängung der danach angemessenen Disziplinarmaßnahme der Kürzung des Ruhegehalts des Beamten steht aber § 14 Abs. 1 Nr. 1 BDG entgegen. Nach Erfüllung der Auflagen durch den Beamten darf eine Tat nach § 153a Abs. 1 Satz 5 StPO nicht mehr als Vergehen verfolgt werden, und somit kann wegen desselben Sachverhalts eine Kürzung des Ruhegehalts nicht ausgesprochen werden.

Grundgedanke der Vorschrift des § 14 BDG ist es, dass eine strafgerichtliche oder behördliche Ahndung bei nicht besonders schweren Straftaten und damit auch zumeist nur mittelschweren Dienstvergehen im Allgemeinen ausreicht, um nicht nur von künftigen Straftaten abzuhalten, sondern auch nachhaltig an die Beamtenpflichten zu erinnern. Das Opportunitätsprinzip wird in diesen Fällen deutlich beschränkt.

Erste Voraussetzung dieser – vor allem bei außerdienstlichen Straftaten – wichtigen Vorschrift ist, dass **Sachverhaltsidentität** zwischen Straftat oder Ordnungswidrigkeit und Dienstvergehen besteht.

a) Sachverhaltsidentität

Wesentliche Voraussetzung für die Annahme des beschränkten Maßnahmeverbots ist, dass Sachverhaltsidentität zwischen Straftat oder Ordnungswidrigkeit und Dienstvergehen besteht. Maßgeblich ist der identische, historische Geschehensablauf. Ein identischer Sachverhalt in diesem Sinne liegt nur vor, wenn der gesamte historische Geschehensablauf, der Gegenstand des Disziplinarverfahrens ist und sich als einheitliches Dienstvergehen darstellt, bereits in vollem Umfang durch die strafgerichtliche Entscheidung erfasst wurde, sodass hierdurch trotz § 14 Abs. 1 Nr. 2 BDG die gesonderte disziplinarrechtliche Ahndung eines strafrechtlich noch nicht bereits erfassten Sachverhalts nicht ausgeschlossen ist.[496]

b) Maßnahme mit Sanktionscharakter

Weiterhin setzt § 14 BDG voraus, dass bereits eine Maßnahme mit echtem Sanktionscharakter verhängt wurde bzw. eine Einstellung des Strafverfahrens nach § 153a StPO erfolgte. Gleiches gilt bei einer Ver-

---

[496] BVerwG, 20.02.2001 – 1 D 7/00, BVerwGE 114, 50 sowie BayVGH, 28.01.2015 – 16b DZ 12.1868.

warnung mit Strafvorbehalt (siehe § 59 Abs. 1 StGB). Die Regelung in § 14 Abs. 1 Nr. 1 BDG enthält ein absolutes Maßregelungsverbot.

c) Zusätzliches Bedürfnis nach Pflichtenmahnung

Nach § 14 Abs. 1 Nr. 2 BDG wird die Verhängung der Kürzung der Dienstbezüge davon abhängig gemacht, dass dies neben der Kriminalstrafe zusätzlich erforderlich ist, um den Beamten zur Pflichterfüllung anzuhalten (sog. relatives Maßregelungsverbot).

Es müssen konkrete Befürchtungen ersichtlich sein, dass der Beamte sich trotz der ihm wegen desselben Sachverhalts bereits auferlegten Strafe erneut einer Dienstpflichtverletzung schuldig machen werde.[497] Bei dem Tatbestandsmerkmal „Zusätzliches Erfordernis zur Pflichtenerfüllung" handelt es sich um einen unbestimmten Rechtsbegriff. Er kann daher nicht mit der Schwere der Tat oder deren Folgen begründet werden. Es kommt vielmehr auf das Persönlichkeitsbild des Beamten im Entscheidungszeitpunkt an. Liegen konkrete Anhaltspunkte vor, dass der Beamte künftig nochmals versagen könnte, wäre eine zusätzliche Disziplinarmaßnahme gerechtfertigt. Im Rahmen einer Persönlichkeitsprognose ist festzustellen, ob der Beamte nach dem bisherigen außer- und innerdienstlichen Verhalten konkreten Anlass für eine Wiederholungsgefahr bietet. Die Notwendigkeit einer zusätzlichen Ahndung kann nicht mit allgemeinen generalpräventiven Erwägungen begründet werden. Vielmehr muss die Feststellung, dass ein erneutes Versagen zu befürchten ist, aufgrund einer Beurteilung aller Umstände des Einzelfalls und der Persönlichkeit des Beamten getroffen werden. Es geht nämlich um eine „individuelle Erziehungsbedürftigkeit [...] im dienstlichen Interesse".[498] Als Wiederholungsfälle sind nicht nur die Begehung der gleichen Verfehlung (wiederholte Trunkenheit am Steuer) zu betrachten, sondern jedes Fehlverhalten, welches auf der gleichen Ebene bereits früher geahndeter Verfehlungen liegt (so das Verhältnis zwischen Trunkenheit am Steuer und unerlaubtem Entfernen vom Unfallort). Keine Voraussetzung für § 14 BDG ist, dass eine zusätzliche Disziplinarmaßnahme zur Wahrung des Ansehens des Beamtentums erforderlich ist. In den Disziplinargesetzen der Länder existiert diese Voraussetzung zum Teil noch.[499]

---

[497]   BVerwG, 23.02.2005 – 1 D 13.04.
[498]   *Weiß* in: GKÖD II M, § 14 Rn. 63; *Claussen/Benneke/Schwandt*, Rn. 451.
[499]   Z. B. Art. 15 BayDG.

d) Maßnahmeverbot nach Freispruch

Ist der Beamte im Straf- oder Bußgeldverfahren rechtskräftig freigesprochen worden, darf wegen des Sachverhalts, der Gegenstand der gerichtlichen Entscheidung gewesen ist, eine Disziplinarmaßnahme nur dann ausgesprochen werden, wenn dieser Sachverhalt ein Dienstvergehen darstellt, ohne den Tatbestand einer Straf- oder Bußgeldvorschrift zu erfüllen. Die Regelung des § 14 Abs. 2 BDG ist nach der Rechtsprechung des BVerwG einschränkend auszulegen.[500] Voraussetzung für die Sperrwirkung nach § 14 Abs. 2 BDG ist ein rechtskräftiger Freispruch. Die Sperrwirkung tritt nicht ein, wenn die Staatsanwaltschaft das Verfahren nach § 170 Abs. 2 StPO einstellt bzw. wenn das Gericht den beschuldigten Beamten nach durchgeführter Voruntersuchung außer Verfolgung setzt oder die Eröffnung des Hauptsacheverfahrens nach § 204 StPO ablehnt bzw. das Verfahren wegen Geringfügigkeit nach § 153 StPO einstellt.

Unabhängig vom rechtskräftigen Freispruch ist ein Disziplinarverfahren nur dann zulässig, wenn ein sog. disziplinarer Überhang besteht.[501] Der sog. disziplinare Überhang betrifft die Frage, ob trotz eines rechtskräftigen Freispruchs im Straf- oder Bußgeldverfahren noch eine Disziplinarmaßnahme ausgesprochen werden darf oder ob einem solchen Ausspruch die Sperrwirkung des rechtskräftigen Freispruchs entgegensteht.

Soweit die Sperrwirkung des rechtskräftigen Freispruchs im Straf- oder Bußgeldverfahren für das Disziplinarverfahren reicht, besteht für dieses ein Prozesshindernis.[502] Allerdings lassen die Disziplinargesetze den Ausspruch einer disziplinaren Maßnahme dann zu, wenn der Sachverhalt, der Gegenstand des Freispruchs gewesen ist, ein Dienstvergehen darstellt, ohne den Tatbestand einer Straf- oder Bußgeldvorschrift zu erfüllen. Erfüllt also ein bestimmtes Verhalten zwar keinen Straf- oder Ordnungswidrigkeitentatbestand, wohl aber den Tatbestand eines Dienstvergehens, liegt ein disziplinarer Überhang vor und der rechtskräftige Freispruch im Straf- oder Bußgeldverfahren entfaltet keine Sperrwirkung für das Disziplinarverfahren.[503]

In diesem Fall gelten die Regelungen der Disziplinargesetze über die Bindung an tatsächliche Feststellungen in anderen Verfahren und die

---

[500] BVerwG, 06.06.2000 – 1 D 66/98, NJW 2001, 1151; so auch OVG Lüneburg, 28.08.2012 – 19 LD 2/10.

[501] *Urban/Wittkowski*, § 14, Rn. 29; *Herrmann/Sandkuhl*, § 5 Rn. 420.

[502] BVerwG, 09.05.1990 – 1 D 54.89, BVerwGE 86, 279.

[503] BVerwG, 09.05.1990 – 1 D 54.89, BVerwGE 86, 279 sowie 16.03.2004 – 1 D 15.03.

Lösung von einer solchen Bindung (§ 57 BDG). Grundsätzlich können auch Tatsachenfeststellungen in sachgleichen freisprechenden Strafurteilen unter die Bindungswirkung nach den Disziplinargesetzen fallen, wenn und soweit diese auf einer vollständigen Prüfung der Tat- und Schuldfrage beruhen oder wenn das freisprechende Strafurteil darauf beruht, dass – etwa im Falle eines persönlichen Strafaufhebungsgrundes – Tat und Täterschaft des Beamten feststehen.[504]

e) Beachtung des relativen Maßnahmeverbots im behördlichen und gerichtlichen Verfahren

Die Regelung des § 14 BDG ist zunächst im behördlichen Disziplinarverfahren von der Disziplinarbehörde zu beachten. Liegt ein Fall des Maßnahmeverbots vor, so ist das Disziplinarverfahren nach § 32 Abs. 1 Nr. 3 BDG einzustellen. Die Einstellungsverfügung ist gem. § 32 Abs. 3 BDG zu begründen und zuzustellen.

Wurde Disziplinarklage erhoben, so können nur noch die Verwaltungsgerichte § 14 BDG anwenden.

Beispiel: Der vergessliche Beamte:

Der Leiter einer JVA leitete gegen eine Beamtin ein Disziplinarverfahren ein, weil diese zum Dienstschluss den ihr zugeordneten Anstaltsschlüssel entgegen der ihr bekannten Weisungslage versehentlich nicht abgab, sondern mit nach Hause nahm. Die Beamtin gab an, dass sie wohl aufgrund eines im Dienst erlittenen Migräneanfalls die Abgabe des Schlüssels versäumt habe. Es wurde gegen sie mit Disziplinarverfügung ein Verweis verhängt. Nach erfolglosem Widerspruchsverfahren erhob die Beamtin Klage. Nach einem entsprechenden gerichtlichen Hinweis, dass aufgrund fehlender disziplinarrechtlicher Vorbelastetheit der Beamtin eine Missbilligung ausreichen könne, hob der Leiter der JVA die Disziplinarverfügung auf. Mit einer Einstellungsverfügung stellte er das Disziplinarverfahren gem. § 32 Abs. 1 Nr. 2 BDG ein und sprach eine schriftliche Missbilligung des Verhaltens der Beamtin aus. Mit einer hiergegen gerichteten Klage erstrebt die Beamtin die Aufhebung der Einstellungsverfügung mit der Begründung, es liege lediglich eine Bagatellverfehlung vor, der es an einer hinreichenden Erheblichkeit für einen disziplinarrechtlichen Pflichtenverstoß fehle.

---

[504] BVerwG, 16.03.2004 – 1 D 15.03 und 05.05.2015 – 2 B 32.14.

Zu Unrecht hat der Leiter der JVA das Disziplinarverfahren auf der Grundlage des § 32 Abs. 1 Nr. 2 BDG eingestellt. Er hätte das Disziplinarverfahren stattdessen gem. § 32 Abs. 1 Nr. 1 BDG einstellen müssen, weil ein Dienstvergehen nicht erwiesen ist.

Nicht jeder Fehler eines Beamten im Rahmen seiner Amtsführung stellt jedoch bereits ein Dienstvergehen dar. Dies ist erst der Fall, wenn die disziplinarrechtliche Erheblichkeitsschwelle erreicht oder überschritten wurde. Diese Schwelle dürfte zwar bei einem den Kernbereich der Dienstpflicht tangierenden Fehlverhalten eher erreicht sein als bei der Verletzung von weniger bedeutsamen Nebenpflichten. Gleichwohl muss auch hier differenziert werden: Die einmalige versehentliche Mitnahme des Anstaltsschlüssels – zumal unter den von der Beamtin angegebenen Umständen (Migräneanfall) – ist auch unter Betrachtung von Sicherheitsaspekten nicht als so schwerwiegend einzuschätzen, dass bereits die disziplinarrechtliche Erheblichkeitsgrenze erreicht wäre. Anders läge der Fall möglicherweise dann, wenn die Beamtin den Schlüssel nicht sicher (in ihrer Tasche) verwahrt, sondern unterwegs verloren hätte.

Unbegründet war die Klage dagegen, soweit sie sich auch gegen die in der Verfügung enthaltene schriftliche Missbilligung richtete. Die Missbilligung stellt keine Disziplinarmaßnahme, sondern eine darunterliegende beamtenrechtliche Beanstandung des Fehlverhaltens der Beamtin dar. Hiergegen ist rechtlich nichts einzuwenden. Es lag eine Dienstpflichtverletzung (wenngleich kein Dienstvergehen) der Beamtin vor, die immerhin so gewichtig war und nur knapp unterhalb der disziplinarrechtlichen Erheblichkeitsschwelle lag, dass der Leiter der JVA eine derartige schriftliche Missbilligung aussprechen durfte.[505]

f) Ausspruch einer Missbilligung trotz Maßnahmeverbot zulässig

Wie sich aus § 6 BDG ergibt, sind missbilligende Äußerungen (Zurechtweisungen, Ermahnungen oder Rügen), die nicht ausdrücklich als Verweis bezeichnet werden, keine Disziplinarmaßnahmen. Missbilligende Äußerungen können mündlich oder schriftlich ausgesprochen werden. Eine mündlich ausgesprochene Missbilligung

---

[505] VG Berlin, 09.02.2011 – 80 K 53.10 OL.

muss in Form eines Vermerks festgehalten und auch zur Personalakte genommen werden. Die **schriftliche Missbilligung** eines bestimmten Verhaltens eines Beamten bildet eine Unterform der in § 6 Satz 2 BDG vorgesehenen missbilligenden Äußerungen. Sie findet ihre Rechtsgrundlage in der aus dem allgemeinen Beamtenrecht folgenden Geschäftsleitungs-, Weisungs- und Aufsichtsbefugnis des Dienstherrn, die ihn im Rahmen der Dienstaufsicht berechtigt, auf eine reibungslose und rechtsfehlerfreie Erledigung der Dienstgeschäfte hinzuwirken und bei Bedarf kritisch einzuschreiten.[506] Die Missbilligung ist als gemilderter Tadel eines der Ordnung zuwiderlaufenden Verhaltens zu verstehen, das spezialpräventiven Zwecken dient. Es handelt sich um ein außerdisziplinarrechtliches pädagogisches Mittel, das Dienstvorgesetzte besitzen, um auf ein dienstlich zu beanstandendes Verhalten angemessen reagieren zu können.[507]

Zu unterscheiden ist dabei zwischen der sog. qualifizierten Missbilligung, mit der dem Beamten – außerhalb eines Disziplinarverfahrens – ein Dienstvergehen zur Last gelegt wird und der sog. einfachen Missbilligung, mit der objektiv pflichtwidriges Verhalten gerügt wird, ohne dass auch ein Schuldvorwurf gegenüber dem Beamten erhoben und ihm damit die Verwirklichung eines Dienstvergehens vorgeworfen wird.[508]

Wird die – schuldhafte – Begehung eines Dienstvergehens gerügt, so liegt darin die schärfste Form der missbilligenden Äußerung, die zugleich die Tatbestandsvoraussetzungen eines Verwaltungsakts i. S. d. § 35 Satz 1 VwVfG erfüllt.[509]

Das Maßnahmeverbot nach § 14 Abs. 1 BDG schiebt somit einen Riegel vor disziplinarische Maßnahmen wie den Verweis, die Geldbuße oder die Kürzung des Ruhegehalts. Diese Disziplinarmaßnahmen dürfen gegen einen Beamten nicht ausgesprochen werden, wenn im Straf- oder Bußgeldverfahren unanfechtbar eine Strafe, Geldbuße oder Ordnungsmaßnahme verhängt worden ist oder eine Tat nach § 153 Abs. 1 Satz 5 StPO nach Erfüllung von Auflagen und Weisungen nicht mehr als Vergehen verfolgt werden darf.

Ein Riegel vorgeschoben wird grundsätzlich der mittelschweren Disziplinarmaßnahme der Kürzung der Dienstbezüge. Die Kürzung der

---

[506] OVG Bautzen, 18.02.2014 – 2 A 448/12, Rn. 26.
[507] OVG Bautzen, 18.02.2014 – 2 A 448/12.
[508] OVG Magdeburg, 17.05.2016 – 1 L 176/15.
[509] OVG Lüneburg, 22.01.2013 – 5 LB 227/11.

Dienstbezüge kann nach § 14 Abs. 1 Nr. 2 BDG nur ausgesprochen werden, wenn dies zusätzlich erforderlich ist, um den Beamten zur Pflichterfüllung anzuhalten. Es muss eine **konkrete Wiederholungsgefahr** in Bezug auf den betroffenen Beamten bestehen. Die Regelung hat rein spezialpräventiven Charakter, generalpräventive Überlegungen scheiden aus. Es müssen konkrete Anhaltspunkte dafür bestehen, dass der Beamte sich trotz der wegen des Sachverhalts bereits auferlegten Kriminalstrafe erneut eines Dienstvergehens schuldig machen wird.[510] Auf eine Wiederholungsgefahr lassen einschlägige Vortaten (Rückfall) schließen.

Nicht einschlägige Vortaten lassen nicht ohne Weiteres den Schluss auf eine Wiederholung in der Art des zur Entscheidung stehenden Dienstvergehens zu. Wenn sich jedoch aus den nicht einschlägigen Vortaten Hinweise für eine besonders legere Einstellung des Beamten zur Einhaltung von Regelungen ergeben, so wäre die Heranziehung zulässig.[511]

Die Höchstmaßnahmen (Zurückstufung, Entfernung aus dem Dienst, Aberkennung des Ruhegehalts) sind trotz des Maßnahmeverbots stets zulässig. Ihnen liegt ein schwerwiegendes Dienstvergehen zugrunde. Bei schwerwiegenden Dienstvergehen gebührt dem Beamten nicht der Schutz des § 14 Abs. 1 BDG. Eine Zurückstufung kann erfolgen, wenn der Beamte durch ein mittelschweres bis schweres Dienstvergehen das Vertrauen des Dienstherrn oder der Allgemeinheit in die pflichtgemäße Amtsführung nachhaltig erschüttert hat. Das Berufsbeamtentum kann nur gewahrt werden, wenn eine entsprechend schwere Disziplinarmaßnahme trotz des Maßnahmeverbots ausgesprochen werden kann. Erst recht gilt dies bei einem schweren Dienstvergehen, durch das der Beamte das Vertrauen des Dienstherrn oder der Allgemeinheit endgültig verloren hat. In diesem Fall erfolgt die Entfernung aus dem Beamtenverhältnis bzw. die Aberkennung des Ruhegehalts.

2. Folgen des Maßnahmeverbots

Ist zu erwarten, dass nach den §§ 14 und 15 BDG (Disziplinarmaßnahmeverbot wegen Zeitablaufs) eine Disziplinarmaßnahme nicht in Betracht kommt, wird ein Disziplinarverfahren **nicht** eingeleitet. Die Gründe sind dabei aktenkundig zu machen und dem Beamten

---

[510] BVerwG, 23.02.2005 – 1 D 13.04.
[511] BVerwG, 23.02.2005 – 1 D 13.04, NVwZ-RR 2006, 53.

bekanntzugeben, § 17 Abs. 2 BDG. Ein solches **Maßnahmeverbot** muss in diesen Fällen von Beginn an ohne jeden Zweifel bestehen. Sind Zweifel jedoch vorhanden, so muss ein Disziplinarverfahren eingeleitet werden.

Wurde das Disziplinarverfahren eingeleitet und bestätigt sich später das Vorliegen eines Maßnahmeverbots, so ist das Disziplinarverfahren nach § 32 Abs. 1 Nr. 3 BDG einzustellen.

§ 32 BDG, entsprechende Bestimmungen in den Landesdisziplinargesetzen:

§§ 36, 37 LDG BW, Art. 33, 34 BayDG, § 32 DiszG B, § 33 BrLDG, § 32 BremDG, § 32 HmbDG, § 36 HDG, § 32 NDiszG, § 33 LDG NRW, § 34 LDG M-V, § 38 LDG RP, § 32 SDG, § 32 SächsDG, § 32 DG LSA, § 32 DG SH, § 38 ThürDG.

3. Zulässigkeit der missbilligenden Äußerung trotz Maßnahmeverbot

Da es sich bei den missbilligenden Äußerungen um rein beamtenrechtliche Maßnahmen handelt, sind diese von dem Maßnahmeverbot des § 14 Abs. 1 BDG nicht erfasst. Wird das Disziplinarverfahren bei Vorliegen eines Maßnahmeverbots nach § 32 Abs. 1 Nr. 3 BDG eingestellt, so kann gleichzeitig eine mündliche oder schriftliche Missbilligung ausgesprochen werden.

Hinweis:

Für mündliche oder schriftliche missbilligende Äußerungen gilt nicht das Verwertungsverbot bzw. die Vorschrift zur Entfernung aus der Personalakte nach § 16 BDG. Auf die Entfernung und Vernichtung von Disziplinarvorgängen, die zu einer missbilligenden Äußerung geführt haben, finden § 112 Abs. 1 Satz 1 Nr. 2, Satz 2, 3 des Bundesbeamtengesetzes bzw. die vergleichbaren Landesbeamtengesetze Anwendung. Dies hat zur Folge, dass sie auf Antrag der betroffenen Beamten nach zwei Jahren zu entfernen und zu vernichten sind.

Demgegenüber ist das Verwertungsverbot sowie die Pflicht zur Entfernung von Disziplinarmaßnahmen aus der Personalakte nach § 16 BDG von Amts wegen zu beachten.

4. Disziplinarmaßnahmeverbot wegen Zeitablaufs

Die Vorschrift des § 15 BDG[512] sieht nach der Schwere der angemessenen Disziplinarmaßnahme gestaffelte Fristen vor, nach deren Ablauf ein „Maßnahmeverbot" eintritt. Mit dem Begriff „Maßnahmeverbot" ist verbunden, dass es sich um ein materiell-rechtliches Verbot handelt und somit um kein Verfolgungsverbot im Sinne eines Prozesshindernisses.

Der Fristbeginn für alle Fristen nach § 15 Abs. 1 bis Abs. 3 BDG ist wegen des Grundsatzes der Einheit des Dienstvergehens der Tag, an dem die letzte Einzelhandlung begangen wurde. Dies gilt nur dann nicht, wenn diese Verfehlung mit den übrigen in keinem inneren oder äußeren Zusammenhang steht. Hingegen kommt es auf den Zeitpunkt des Eintritts des Erfolgs einer Handlung nicht an.

Eine **Unterbrechung** der Fristen erfolgt gem. § 15 Abs. 4 BDG bei

- Einleitung des Disziplinarverfahrens (§ 17 BDG),
- der Ausdehnung des Disziplinarverfahrens (§ 19 Abs. 1 BDG),
- Erlass der Disziplinarverfügung und
- der Anordnung oder Ausdehnung von Ermittlungen gegen Beamte auf Probe und Beamte auf Widerruf nach § 34 Abs. 3 Satz 2 und § 37 Abs. 1 i. V. m. § 34 Abs. 3 Satz 2 BBG.

In den Ländern ist – mit Ausnahme des Landes Baden-Württemberg – in der Vorschrift zum Disziplinarmaßnahmeverbot wegen Zeitablaufs noch als die Unterbrechung der Fristen auslösenden Ereignis die Disziplinarklage sowie die Nachtragsdisziplinarklage aufgeführt.

Weiterhin ist die Regelung zur Hemmung der Frist nach § 15 Abs. 5 BDG zu beachten. Die Fristen nach § 15 Abs. 1 bis 3 BDG werden **gehemmt** für die Dauer

- des Widerspruchsverfahrens (§ 41 BDG i. V. m. § 68 ff. VwGO),
- des gerichtlichen Disziplinarverfahrens (§ 45 ff. BDG),
- einer Aussetzung des Disziplinarverfahrens nach § 22 BDG oder
- der Mitwirkung des Personalrats.

---

[512] Vgl. Art. 16 BayDG, § 35 LDG BW, § 16 NDiszG, § 15 LDG NRW und § 15 SächsDG.

Beispiel: Unerlaubte doppelte Beantragung von Kindergeld:

In der Zeit vom 01.03.2000 bis Ende 2008 erhielt das verbeamtete Ehepaar eines Postnachfolgeunternehmens einen doppelten Kindergeldbezug, den es gegenüber ihrem Dienstherrn sowie gegenüber der Bundesagentur für Arbeit beantragt hatte. Der Dienstherr hat erst im März 2012 ein Disziplinarverfahren gegen die beiden Beamten eingeleitet. Da allerdings die Bundesagentur für Arbeit ein Strafverfahren eingeleitet hatte, war die Frist des § 15 Abs. 2 gem. § 15 Abs. 5 BDG für die Dauer des Strafverfahrens gehemmt. Die Strafverfahren waren Ende 2011 jeweils nach § 153a StPO nach Zahlung einer Geldauflage endgültig eingestellt worden. Insoweit trat kein Zeitablauf ein.

Ist bereits vor der Anordnung von disziplinaren Vorermittlungen ersichtlich, dass zwar ein Dienstvergehen vorliegt, jedoch ein Zeitablauf festzustellen ist, so wäre die Durchführung von Vorermittlungen unzulässig. Wurde hingegen bereits ein Disziplinarverfahren eingeleitet, so ist wegen des Zeitablaufs dieses nach § 32 Abs. 1 Nr. 3 BDG einzustellen. Nach § 32 Abs. 3 BDG ist die Einstellungsverfügung zu begründen und zuzustellen. Die Regelung des § 15 BDG ist auch in den gerichtlichen Verfahren zu berücksichtigen.

Beispiel für ein Maßnahmeverbot wegen Zeitablaufs:

Der Beamte Marco ist bei dem Dienstherrn seit 1991 tätig. Er ist Beamter des gehobenen Dienstes. Dort ist er für die Verwaltung des Fuhrparks sowie für die Organisation von Umzügen von Konzerneinheiten für den Bereich Nordrhein-Westfalen und Hessen tätig. Zur Förderung der Zusammenarbeit der Umzugsteams organisierte er sog. Teambuildingmaßnahmen. Finanziert wurden diese von ihm sowie von den weiteren Beschäftigten. Für die Fahrten wurden jedoch ohne ausdrückliche Genehmigung Dienst-Kfz genutzt und darüber hinaus wurden auch die Tankkarten des Dienstherrn genutzt. Insgesamt fanden vier Teambuildingreisen nach Österreich bzw. in die Niederlande statt. Darüber hinaus kann nachgewiesen werden, dass Marco ein Dienst-Kfz zuzüglich der Tankkarte für eine Privatreise in die Toskana mit seiner Familie benutzt hat. Aufgrund der Schwere des Dienstvergehens kommt grundsätzlich eine Zurückstufung in Betracht. Die Marco vorgeworfenen Handlungen ereigneten sich in der Zeit von 2006 bis 2008. Die Behörde erhob im Januar 2009 Strafanzeige gegen Marco. Das staatsanwaltliche Ermittlungsverfahren wurde noch im März 2009 von der Staatsanwaltschaft gem. § 153a Abs. 1 StPO gegen Erfüllung einer Geldauflage (1.800 Euro) eingestellt. Im Jahr 2015 war Marco grundsätzlich aufgrund seiner hervorragenden dienstlichen Beurteilung für eine Beförderung vorgesehen. Aufgrund des gegen ihn anhängigen Disziplinarverfahrens wurde er jedoch nicht befördert. Marco erkundigte sich daraufhin nach dem Stand des Disziplinarverfahrens. Tatsächlich war dieses bis Mai 2015 nicht betrieben worden. Am 03.05.2016 erhielt Marco die Mitteilung, es sei beabsichtigt, gegen ihn Disziplinarklage zu erheben. Nachdem er die Mitwirkung des für ihn zuständigen Betriebsrats beantragt hatte, wurde im April 2017 Disziplinarklage erhoben.

Das Verwaltungsgericht stellte das Fehlen einer Einleitungsverfügung fest. Tatsächlich wurde weder vor noch nach dem staatsanwaltlichen Ermittlungsverfahren eine Einleitungsverfügung erstellt. Insoweit greift das Disziplinarmaßnahmeverbot wegen Zeitablaufs nach § 15 Abs. 3 BDG. Die Frist nach Absatz 3 begann mit der Beendigung des als Dienstvergehen feststehenden Verhaltens. Das letzte Fehlverhalten endete mit der Urlaubsrückkehr von Marco am 25.08.2008.

Die Frist des Maßnahmeverbots endet grundsätzlich nach ununterbrochenem Zeitablauf der im Gesetz jeweils angegebenen Jahre an dem der Vollendung der Tat vorausgehenden Kalendertag.

Der Fristenlauf wurde durch die Einleitung des staatsanwaltlichen Ermittlungsverfahrens gem. § 15 Abs. 5 BDG gehemmt. „Strafverfahren" i. S. d. Absatzes 5 sind alle von Staatsanwaltschaft und Strafgericht betriebenen Strafverfolgungsverfahren und somit sowohl das Privatklageverfahren (§ 374 ff. StPO) als auch Steuerstrafverfahren. Die Hemmung beginnt mit der Einleitung des Strafverfahrens. Die Rechtsprechung des BVerwG geht davon aus, dass das Strafverfahren eingeleitet ist, sobald außer dem Finanzamt die Polizei, die Staatsanwaltschaft oder ihre Hilfsbeamten oder der Strafrichter eine erkennbar auf Strafverfolgung abzielende Maßnahme treffen.[513] Die Hemmung endet nach der bestands- oder rechtskräftigen Beendigung des

---

[513] BVerwG, 02.05.1968 – I DB 3.68, BVerwGE 33, 147.

Strafverfahrens durch Urteil, Strafbefehl, Bußgeldbescheid oder gerichtlichen und staatsanwaltlichen Einstellungsbeschluss. Gleiches gilt für die vorläufige Einstellung nach § 154 Abs. 2 StPO bis zur Wiederaufnahme.

Unabhängig von der Frage, ob trotz Nichteinleitung des Disziplinarverfahrens eine Frist gehemmt werden konnte, war aufgrund der erst im Jahr 2016 erstmalig erfolgten disziplinarischen Ermittlungen der siebenjährige Zeitablauf festzustellen. Die Frist nach § 15 Abs. 3 BDG begann am 25.08.2008. Disziplinare Ermittlungen wurden nachweislich erstmalig am 03.05.2016 durchgeführt. Auch wenn das staatsanwaltliche Ermittlungsverfahren vom Zeitpunkt der Einreichung der Strafanzeige bei der Polizei bis zur endgültigen Einstellung drei Monate betrug, war der siebenjährige Zeitablauf vorliegend festzustellen. Die Disziplinarklage wurde daher zu Recht abgewiesen.

Die Verfahrensbeteiligten im behördlichen Disziplinarverfahren

Die Verfahrensbeteiligten im behördlichen Disziplinarverfahren

1. Der Ermittlungsführer

Für die Sachaufklärung sind nach § 21 Abs. 1 Satz 1 BDG „die belastenden, die entlastenden und die Umstände zu ermitteln, die für die Bemessung einer Disziplinarmaßnahme bedeutsam sind". Der Dienstvorgesetzte muss die Sachaufklärung also nicht selbst vornehmen, sondern kann sie delegieren. Der im Einzelfall bestimmte Ermittlungsführer bleibt ein nachgeordneter und weisungsgebundener Erfüllungsgehilfe des Dienstvorgesetzten.[514] Das BDG enthält keine Vorschrift zur näheren Definierung oder Beauftragung eines Ermittlungsführers.

Die Ermittlungen im behördlichen Disziplinarverfahren werden regelmäßig durch einen vom Dienstvorgesetzten beauftragten Ermittlungsführer durchgeführt. Dienstvorgesetzte ermitteln in der Regel nicht selbst.

Mit der Funktion als „Ermittlungsführer" dürfen sowohl Beamte als auch Tarifbeschäftigte beauftragt werden. Dabei bleibt der Dienstvorgesetzte Herr des Verfahrens. Es können bei besonders umfangreichen Verfahren auch mehrere Personen mit den Ermittlungen beauftragt werden (BT-Drucks. 14/4699, S. 41, zu § 21 BDG).

Es dürfen indes nur solche Personen als Ermittlungsführer beauftragt werden, die entsprechende Fachkenntnisse besitzen und die letztendlich auch die Gewähr dafür bieten, dass sie die Ermittlungen sorgfältig und objektiv durchführen. Dabei ist ihnen von den Vorgesetzten auch stets der Hinweis zu geben, dass sie nicht einseitig zulasten oder zugunsten des betroffenen Beamten ermitteln dürfen. Es muss der Hinweis erfolgen, dass sie alle be- und entlastenden Umstände zu ermitteln haben. Ergänzend zu den Bestimmungen des BDG sind die Regelungen des Verwaltungsverfahrensgesetzes (und der Verwaltungsgerichtsordnung)[515] entsprechend anzuwenden. Ausschließungsgründe bei der Bestellung als Ermittlungsführer ergeben sich aus § 20 VwVfG. So kann als Ermittlungsführer u. a. nicht bestellt werden, wer Angehöriger eines Beteiligten (hier des beschuldigten Beamten) ist. Zu berücksichtigen ist aber auch die Regelung in § 21 Abs. 1 VwGO (Besorgnis der Befangenheit). Die

---

[514] *Battis/Kersten*, ZBR 2001, S. 309.
[515] *Lenders*, Beamtengesetze, S. 403 ff.

Besorgnis der Befangenheit besteht etwa dann, wenn sich im Zuge eines Ermittlungsverfahrens auf einmal die Situation ergibt, dass der Ermittlungsführer Konkurrent des betroffenen Beamten aus Anlass eines Stellenausschreibungsverfahrens ist. In Fällen einer Interessenkollision haben die Ermittlungsführer im Rahmen ihrer Beratungs- und Unterstützungspflicht den Dienstvorgesetzten hierüber zu unterrichten (Emotionen gehören nicht in das Disziplinarverfahren). So kann eine vorläufige Dienstenthebung nach § 38 Abs. 1 BDG nur mit oder nach der Einleitung des Disziplinarverfahrens erfolgen und nicht (unkontrolliert) vorher. Auch sind einseitige Ermittlungen, die in der Regel auf einem hohen Verfolgungseifer beruhen, dringend zu vermeiden.

Als Ermittlungsführer können auch Bedienstete anderer Dienststellen bestellt werden. Rechtsanwälte können nicht als Ermittlungsführer bestellt werden. Zum einen hat nach § 17 Abs. 1 BDG der Dienstvorgesetzte die Dienstpflicht, ein Disziplinarverfahren einzuleiten. Die Pflicht zur Durchführung von Ermittlungen bezieht sich auch auf den Dienstvorgesetzten. Dies ergibt sich auch aus § 21 Abs. 1 Satz 2 BDG, wonach der höhere Dienstvorgesetzte und die oberste Dienstbehörde die Ermittlungen an sich ziehen können.

Es ist allerdings zulässig, ein Anwaltsbüro mit der Durchführung der Befragungen der beschuldigten Beamten sowie der Zeugen zu beauftragen. Hier ist seitens der Dienstvorgesetzten darauf zu achten, dass durch die Beauftragung einer Anwaltskanzlei keine Zeitversäumnisse aufkommen. Oftmals ist aber gerade die Vermeidung einer solchen Zeitversäumnis der Grund, weshalb Anwaltsbüros mit der Durchführung der Zeugenvernehmungen etc. beauftragt werden.

Aufgabe des Ermittlungsführers ist es, zur Sachverhaltsaufklärung sowohl die entlastenden als auch die belastenden und die für die Bemessung einer Disziplinarmaßnahme bedeutsamen Umstände zu ermitteln (§ 21 Abs. 1 Satz 2 BDG).[516] Voraussetzung für die „Rechtmäßigkeit" der behördlichen Ermittlungen ist, dass diese in voller Objektivität geführt werden.

2. Die beschuldigten Beamten

§ 20 Abs. 1 bis Abs. 3, § 24 Abs. 3, Abs. 4 sowie § 30 BDG regeln die Rechtsstellung des Beamten im Ermittlungsverfahren. Nach § 20 Abs. 1 BDG ist der Beamte über die Einleitung des Disziplinarverfahrens

---

[516] Vgl. Art. 23 Abs. 1 BayDG, § 12 LDG BW, § 22 NDiszG, § 21 Abs. 1 LDG NRW und § 21 Abs. 1 SächsDG.

unverzüglich zu unterrichten. Gleichzeitig ist ihm zu eröffnen, welches Dienstvergehen ihm zur Last gelegt wird (§ 20 Abs. 1 Satz 2 BDG). Im Übrigen bestehen seitens der Dienstvorgesetzten bzw. der Ermittlungsführer dringend zu beachtende Belehrungspflichten:

- So der Hinweis, dass es freisteht, sich jederzeit einer oder eines Bevollmächtigten oder Beistands zu bedienen (§ 20 Abs. 1 Satz 3 BDG) und

- die Belehrung nach § 20 Abs. 2 BDG zu den Fristen für die schriftliche oder mündliche Äußerung.

Zur dienstrechtlichen Wahrheitspflicht des beschuldigten Beamten siehe Kapitel XXI.

Eine Aussage, die bei unrichtiger oder unterlassener Belehrung zustande gekommen ist, ist später nicht verwertbar, so ausdrücklich § 20 Abs. 3 BDG.[517]

Gem. § 3 BDG i. V. m. § 29 VwVfG steht dem Beamten ein Akteneinsichtsrecht zu. Nach § 29 Abs. 1 VwVfG hat die Behörde den Beteiligten (hier dem Beamten bzw. seinem Bevollmächtigten oder Beistand) Einsicht in die das Verfahren betreffenden Akten (hier Disziplinarakte) zu gestatten, soweit deren Kenntnis zur Geltendmachung oder Verteidigung ihrer rechtlichen Interessen erforderlich ist. Nach § 29 Abs. 3 VwVfG erfolgt die Akteneinsicht bei der Behörde, die die Akten führt. § 29 Abs. 3 Satz 2 VwVfG lässt es jedoch auch zu, dass die Einsicht bei einer anderen Behörde erfolgt. So kann eine Akteneinsichtnahme bei einem Amtsgericht erfolgen. Dabei ist das Amtsgericht auszuwählen, welches sich am Wohnort des beschuldigten Beamten bzw. des Bevollmächtigten (oder Beistands) befindet. Gegenüber Rechtsanwälten ist es aber auch zulässig, die Akten in die Kanzleiräume zu übersenden. Gegen Übernahme der Kopierkosten ist es aber auch möglich, dass den Beamten bzw. ihren Anwälten eine Kopie der Disziplinarakte übersandt wird.

Der Beamte ist zu allen Vernehmungen und zu vielen anderen Beweiserhebungen einzuladen, er hat dann auch Frage- und Antragsrechte. So kann der Beamte nach § 24 Abs. 3 BDG Beweisanträge stellen, über die nach pflichtgemäßem Ermessen zu entscheiden ist. Ihnen ist immer dann stattzugeben, soweit sie für die Tat- oder Schuldfrage oder für die Bemessung der Art und Höhe einer

---

[517] Vgl. Art. 22 Abs. 3 BayDG, § 11 Abs. 4 LDG BW, § 21 Abs. 3 NDiszG, § 20 Abs. 3 LDG NRW und § 20 Abs. 3 SächsDG.

Disziplinarmaßnahme von Bedeutung sein können. Es kommt dabei auf die nicht unwahrscheinliche Möglichkeit an, dass der Beweisantrag des Beamten von Bedeutung sein kann.[518]

Beweisanträge sind abzulehnen, bei denen etwa die Beweisbedürftigkeit fehlt, die im Hinblick auf zu beweisende Tatsachen bedeutungslos sind bzw. die ausschließlich mit Verschleppungsabsicht geltend gemacht wurden. Beweisanträgen ist indes stattzugeben, auch wenn die unter Beweis gestellten Tatsachenbehauptungen „nur" nach dem Rechtsstandpunkt des Beamten bzw. seines Bevollmächtigten erheblich sind.

Soweit ein Beweisantrag abgelehnt wurde, steht dem Beamten nach dem BDG kein ausdrückliches Rechtsmittel zu. Gleichwohl ist dem Ermittlungsführer bzw. dem Dienstvorgesetzten sehr zu empfehlen, auch in diesem Fall eine schriftliche Begründung für die Ablehnung weiterer Ermittlungen zu formulieren. Die Erforderlichkeit der Begründung ergibt sich bereits aus der prozessualen Fürsorge. Sie erleichtert überdies die Nachvollziehbarkeit der Entscheidung in einem etwaigen Überprüfungsverfahren. So kann sich der beschuldigte Beamte auch wegen der Ablehnung seines Beweisantrags an den Dienstvorgesetzten oder an die Aufsichtsbehörde wenden. Die Begründung der Ablehnung ist auch im Hinblick auf eine eventuelle gerichtliche Überprüfung (siehe u. a. § 54 LDG NRW, Art. 53 BayDG, § 56 SächsDG) sinnvoll.

Weiterhin ist dem Beamten Gelegenheit zu geben, an der Vernehmung von Zeugen und Sachverständigen sowie an der Einnahme des Augenscheins teilzunehmen und hierbei sachdienliche Fragen zu stellen (§ 24 Abs. 4 BDG).

Er kann nur dann von der Teilnahme ausgeschlossen werden, soweit dies aus wichtigen Gründen, insbesondere mit Rücksicht auf den Zweck der Ermittlungen oder zum Schutz der Rechte Dritter, erforderlich ist.

Eine Beeinträchtigung des Untersuchungszwecks wird in der Regel zu bejahen sein, wenn bei einer Zeugenvernehmung befürchtet werden muss, dass der Zeuge, etwa wenn ein Vorgesetzter angeschuldigt ist, in seiner Anwesenheit nicht unbefangen und damit womöglich auch nicht wahrheitsgemäß aussagen werde.

---

[518] So auch *Hummel/Baunack*, BDG § 24, Rn. 11.

Beispiel: Die verängstigten Studierenden:

Gegen einen verbeamteten Professor wird seitens der Hochschule ein Disziplinarverfahren eingeleitet. Ihm wird vorgeworfen, er lasse Vorlesungen und die Kontrolle sowie Bewertung von Masterarbeiten durch seine Mitarbeiter eigenverantwortlich durchführen. Es sollen drei Studierende als Zeugen vernommen werden, die an seinem Institut tätig sind. Diese wendeten sich schriftlich an die Ermittlungsführerin und teilten dieser mit, der beschuldigte Beamte bedränge sie, nicht zur Sache auszusagen. Zugleich äußerten sie die Befürchtung, dass der Beamte aufgrund seines dominanten Auftretens sie auch während ihrer Zeugenvernehmung unterbrechen und beeinflussen wolle. In diesem Fall entschied die Ermittlungsführerin – nach Rücksprache mit dem Dienstvorgesetzten – zu Recht, dass der beschuldigte Beamte von der Vernehmung auszuschließen sei. Es wurde indes zu Recht gestattet, dass der ihn vertretende Rechtsanwalt an der Beweisaufnahme teilnimmt.

Art. 103 Abs. 1 GG verankert den Anspruch auf Gewährung rechtlichen Gehörs. Von der rechtlichen Möglichkeit des Ausschlusses eines Beamten an der Zeugenvernehmung ist restriktiv Gebrauch zu machen. Zu berücksichtigen ist des Weiteren, dass der Bevollmächtigte nicht ausgeschlossen werden kann. Der Ausschluss eines Rechtsanwalts würde den Anspruch auf rechtliches Gehör erheblich verletzen. Bei der Vernehmung im behördlichen Verfahren sind die Rechte eines Beamten auf Beweisteilhabe verletzt, wenn weder der Beamte selbst noch sein Bevollmächtigter anwesend gewesen sind.

Beispiel:

Ein beschuldigter Beamter wurde vom Ermittlungsführer zu einer Zeugenvernehmung geladen. Dabei wurden weder die Zeugen mit Namen noch das Beweisthema angegeben.

Das BVerwG entschied wie folgt:

„Der Beamte macht zu Recht geltend, der Ermittlungsführer hätte in den Ladungen zu den Zeugenvernehmungen den Namen der Zeugen und die Beweisthemen angeben müssen.

Gem. § 24 Abs. 4 Satz 1 BDG ist dem Beamten Gelegenheit zu geben, an der Vernehmung von Zeugen und Sachverständigen sowie an der Einnahme des Augenscheins teilzunehmen und hierbei sachdienstliche Fragen zu stellen (Recht auf Beweisteilhabe). Der Beamte kann das ihm ausdrücklich eingeräumte Fragerecht aber nur dann sachdienlich wahrnehmen, wenn er sich auf die Vernehmung vorbereiten kann. Dies setzt voraus, dass er rechtzeitig erfährt, worum es in der Beweisaufnahme voraussichtlich geht. Hierzu müssen ihm rechtzeitig vor einer Zeugenvernehmung die Namen der Zeugen und die Beweisthemen genannt werden. Dies fordert auch der Anspruch des Beamten auf ein faires Disziplinarverfahren.

Der Ermittlungsführer hat den Verstoß gegen das Recht auf Beweisteilnahme jedoch im behördlichen Disziplinarverfahren geheilt. Denn er hat dem Beamten nachträglich durch Schreiben vom … angeboten, ihm die Vernehmungsniederschriften zu übersenden. Dadurch erhielt der Beamte die Gelegenheit, Stellung zu nehmen und ergänzende Beweisanträge zu stellen. Der Ermittlungsführer hätte womöglich Zeugen erneut vernehmen müssen. Der Beamte hat diese Möglichkeit jedoch nicht wahrgenommen."[519]

Das Gebot der Gehörswahrung vermittelt dem Beamten ein Recht auf Beweisteilhabe, insbesondere das Recht auf Zugang zu den Quellen der Sachverhaltsermittlung. Das gilt im behördlichen Disziplinarverfahren gem. § 24 Abs. 4 BDG nicht nur bei der Vernehmung von Zeugen und Sachverständigen. Für die gem. § 24 Abs. 1 Satz 2 Nr. 2 BDG zulässige Einholung schriftlicher Äußerungen muss Entsprechendes gelten. Die Entscheidung des verfahrensleitenden Dienstvorgesetzten bzw. des in seinem Auftrag tätigen Ermittlungsführers, eine schriftliche Äußerung einzuholen anstatt eine Vernehmung durchzuführen, kann nicht zu einer Beeinträchtigung des Rechts auf Beihilfe führen. Die sich daraus ergebende Pflicht, dem Beamten die schriftlichen Äußerungen vollständig zugänglich zu machen, ist auch Ausdruck des aus Art. 2 Abs. 1 i. V. m. Art. 20 Abs. 3 GG folgenden Anspruchs des Beamten auf ein faires Disziplinarverfahren.[520]

[519] BVerwG, 17.11.2008 – 2 B 73.08.
[520] BVerfG, 08.12.2004 – 2 BvR 52/02, NJW 2005, 1344.

3. Der Bevollmächtigte bzw. Beistand

Nach § 20 Abs. 1 Satz 3 BDG steht es dem betroffenen Beamten frei, sich jederzeit eines Bevollmächtigten oder Beistands zu bedienen. Anders als zur zeitlichen Geltung der Bundesdisziplinarordnung gelten für den Bevollmächtigten und seine Rechte und Pflichten nicht die Regelungen der Strafprozessordnung. Vielmehr ergeben sich die Rechte und Pflichten über § 3 BDG nach der Verwaltungsgerichtsordnung (§ 67 VwGO) sowie aus dem Verwaltungsverfahrensgesetz (§ 14 VwVfG). Ein Bevollmächtigter hat gem. § 14 Abs. 1 VwVfG eine Vollmacht in Schriftform vorzulegen. Ist er für das Disziplinarverfahren durch Vorlage einer schriftlichen Vollmacht ordnungsgemäß bestellt, so sind Zustellungen an ihn zu richten. Dies ergibt sich aus § 7 Abs. 1 Satz 2 Verwaltungszustellungsgesetz (VwZG).[521]

Die wesentliche Aufgabe des Bevollmächtigten besteht zunächst in der Beratung und in der Fertigung von Schriftsätzen. Denn eine schriftliche Äußerung des Beamten kann auch durch Bevollmächtigte erfolgen.

Bevollmächtigte können Rechtsanwälte, Personalräte oder Betriebsräte (etwa bei den primären Postnachfolgeunternehmen Deutsche Telekom AG sowie Deutsche Post AG sowie bei dem sekundären Postnachfolgeunternehmen Deutsche Bank AG) sowie Angestellte der Gewerkschaften u. a. sein.

Sofern Bevollmächtigte eine Frist im Disziplinarverfahren versäumen, so wird das Verschulden den Beamten zugerechnet. Diese können indes von sich aus eine Wiedereinsetzung in den vorigen Stand in einem solchen Fall nicht beantragen. Ein solcher Antrag ist von den Bevollmächtigten zu formulieren, da sie die für die Fristversäumnis zu entschuldigenden Gründe darzulegen haben.

Beistände i. S. v. § 14 Abs. 4 VwVfG werden nur zur Unterstützung des Beteiligten herangezogen, eine Vertretungsbefugnis ist damit nicht verbunden. Der Beistand kann nicht anstelle, sondern nur zusammen mit dem Beamten handeln. Der Beistand kann daher allein keine Anträge in der Sache oder zum Verfahren stellen, ebenso nicht einen Vergleich abschließen.

Wenn der Beistand im Rahmen einer Anhörung oder Verhandlung vorträgt, so gilt nach § 14 Abs. 4 Satz 2 VwVfG das vom Beistand

---

[521] Vgl. Art. 8 Abs. 1 Satz 2 VwZvG, § 7 Abs. 1 Satz 2 LVwZG, § 1 NVwZG i. V. m. § 7 Abs. 1 Satz 2 VwZG, § 7 Abs. 1 Satz 2 LZG NRW, § 8 Abs. 1 Satz 2 SächsVwZG.

Gesagte, auch wenn es dem Vortrag des Beamten widerspricht, falls der nicht unverzüglich sein Veto einlegt. Im Übrigen gelten hinsichtlich der persönlichen Voraussetzungen der Beistände dieselben Regelungen wie für Bevollmächtigte.

Bevollmächtigte und Beistände haben das Recht zur Teilnahme an mündlichen Anhörungen sowie an allen anderen Beweiserhebungen. Sie können von der Vernehmung von Zeugen oder Sachverständigen nicht ausgeschlossen werden.

4. Der Personalrat/Betriebsrat

Bund

Nach § 84 Abs. 1 Nr. 4, Abs. 2 Satz 1 und Satz 2 BPersVG wirkt der Personalrat bei Erlass einer Disziplinarverfügung gegen Beamte, mit der eine Zurückstufung oder Entfernung aus dem Beamtenverhältnis ausgesprochen wird, mit, wenn die Beteiligung von den Beschäftigten beantragt wurde. Die betroffenen Beschäftigten sind über ihr Recht, die Mitwirkung des Personalrats zu beantragen, rechtzeitig zu informieren. Dies erfolgt in der Regel im Zusammenhang mit der Mitteilung über die beabsichtigte Maßnahme.

Im Zuge seiner Mitwirkung ist der Personalrat hinsichtlich seiner Einwirkungen beschränkt. Nach § 84 Abs. 2 Satz 3 BPersVG kann der Personalrat bei der Mitwirkung vor Erlass einer Disziplinarverfügung gegen einen Beamten, mit der eine Zurückstufung oder Entfernung aus dem Beamtenverhältnis ausgesprochen wird, seine Einwendungen ausschließlich auf die in § 78 Abs. 5 Nr. 1 und 2 BPersVG bezeichneten Gründe stützen. Der Personalrat kann somit nur einwenden, dass der Erlass einer Disziplinarverfügung, mit der eine Zurückstufung oder Entfernung aus dem Beamtenverhältnis ausgesprochen werden soll, gegen ein Gesetz, eine Verordnung, eine gerichtliche Entscheidung oder eine Verwaltungsanordnung verstößt oder die durch Tatsachen begründete Besorgnis einer ungerechtfertigten Benachteiligung besteht. Als Gesetzesverstoß kann dabei u. a. auch eine Verletzung von Vorschriften des BDG oder des BPersVG oder des AGG in Betracht kommen. Hinsichtlich der konkret vorzutragenden Besorgnis einer Benachteiligung könnte der Personalrat vortragen, dass in bestimmten zu benennenden gleich gelagerten Fällen von der Verhängung einer Disziplinarmaßnahme bzw. Disziplinarklage abgesehen und lediglich eine Disziplinarverfügung erlassen wurde.

Die Mitwirkung des Personalrats bei oder vor Erlass einer Disziplinarverfügung, mit der eine Zurückstufung oder eine Entfernung aus dem Beamtenverhältnis ausgesprochen werden soll, bezieht sich nur auf die disziplinarbehördliche Abschlussentscheidung, ob eine solche Disziplinarverfügung erlassen werden soll, nicht auf die konkret ausgesprochene Disziplinarmaßnahme.[522]

Der Personalrat ist nach den Vorgaben des § 66 Abs. 1 BPersVG rechtzeitig und umfassend zu unterrichten. Dazu sind ihm die für die Entscheidung über den Erlass einer Disziplinarverfügung, mit der eine Zurückstufung oder Entfernung aus dem Beamtenverhältnis ausgesprochen werden soll, zugrunde liegenden und bedeutsamen Unterlagen vorzulegen. Dazu gehören die Ermittlungsakten sowie beigezogene Strafakten. Für die Einsichtnahme in Personalakten ist § 66 Abs. 2 Satz 1 BPersVG zu beachten. Personalakten dürfen nur mit Zustimmung der Beschäftigten und nur von den von ihnen bestimmten Mitgliedern der Personalvertretung eingesehen werden.

Im Bereich der Postnachfolgeunternehmen sind immer noch ca. 50.000 Beamte tätig. Für die dort gewählten Betriebsräte gilt das Postpersonalrechtsgesetz (PostPersRG). Nach § 29 Abs. 5 PostPersRG wirkt der Betriebsrat in den in § 84 Abs. 1 Nr. 4 bis 6 BPersVG genannten Personalangelegenheiten der Beamten mit. Auf dieses Mitwirkungsrecht finden § 84 Abs. 2 sowie die §§ 81 und 83 BPersVG entsprechende Anwendung.

Das Recht auf rechtzeitige und umfassende Information leitet der Betriebsrat auch im Rahmen dieser Mitwirkung her aus § 80 Abs. 2 BetrVG.[523]

Wenn die Einwendungen des Betriebsrats ganz oder zum Teil abgelehnt werden, so kann der Betriebsrat gem. § 29 Abs. 6 PostPersRG binnen drei Tagen nach Zugang dieser Mitteilung des Arbeitgebers dem in § 1 Abs. 7 PostPersRG genannten Vorstandsmitglied (Personalvorstand) einen Antrag auf Letztentscheidung vorlegen. Der Personalvorstand entscheidet erst nach vorheriger Erörterung endgültig. Solange der Personalvorstand über einen solchen Antrag auf Letztentscheidung noch nicht entschieden hat, ist das Verfahren nach Maßgabe des § 29 Abs. 7 PostPersRG ausgesetzt.

---

[522] BVerwG, 20.10.2005 – 2 C 12.04, PersV 06, 262; *Altvater/Baden/Baunack*, § 84 Rn. 45.
[523] *Lenders/Weber*, § 29 Rn. 26 bis 34.

Nach § 82 Abs. 1 BPersVG kann der Personalrat einer nachgeordneten Dienststelle die Angelegenheit binnen drei Arbeitstagen nach Zugang der Mitteilung auf dem Dienstweg der übergeordneten Dienststellen, bei denen Stufenvertretungen bestehen, mit dem Antrag auf Entscheidung schriftlich oder elektronisch vorlegen. In diesen Fällen ist die beabsichtigte Maßnahme bis zur Entscheidung der angerufenen Dienststelle gem. § 82 Abs. 2 BPersVG auszusetzen.

Die Mitwirkung des Personalrats (bzw. Betriebsrat etwa bei Postnachfolgeunternehmen) vor Erlass einer Disziplinarverfügung, mit der eine Zurückstufung oder Entfernung aus dem Beamtenverhältnis ausgesprochen werden soll, bezieht sich nur auf die grundlegende Entscheidung des Erlasses einer Disziplinarverfügung mit den beiden schwersten Disziplinarmaßnahmen. Dabei können Betriebs- und Personalräte gem. § 84 Abs. 2 Satz 3 BPersVG (für Betriebsräte Post, Postbank, Telekom § 29 Abs. 5 Satz 2 PostPersRG) Einwendungen auf die in § 78 Abs. 5 Nr. 1 und 2 BPersVG bezeichneten Gründe stützen.[524] Die personalvertretungsrechtliche Mitwirkung vor Erlass einer Disziplinarverfügung, mit der eine Zurückstufung oder Entfernung aus dem **Beamtenverhältnis** ausgesprochen werden soll, gem. § 84 Abs. 1 Nr. 4, Abs. 2 BPersVG knüpft schon vom Wortlaut her an die „Abschlussentscheidung zum Erlass einer solchen Disziplinarverfügung" an. Vor Änderung des BDG wurde der Personalrat bereits ausschließlich zur Abschlussentscheidung des Dienstherrn zur Erhebung der Disziplinarklage beteiligt. Diese Beteiligung bezog sich nicht auf den im Fall der Klageerhebung vorgesehenen Klageantrag. Mit dem Entschluss des Dienstherrn zum Erlass einer Disziplinarverfügung, mit der eine Zurückstufung oder Entfernung aus dem Beamtenverhältnis ausgesprochen werden soll, entsteht der Mitwirkungstatbestand des § 84 Abs. 1 Nr. 4 BPersVG, der sich – nach Erfüllung der personalvertretungsrechtlichen Hinweispflicht gem. § 84 Abs. 2 Satz 2 Halbs. 2 BPersVG – aber erst auf Antrag des Beamten aktualisiert.

Bayern

Nach Art. 76 Abs. 1 Nr. 3 BayPVG wirkt der Personalrat mit bei dem Erlass von Disziplinarverfügungen und bei Erhebung der Disziplinarklage gegen einen Beamten, wenn dem Disziplinarverfahren eine auf den gleichen Tatbestand gestützte Disziplinarverfügung nicht vorausgegangen ist. Dabei ist der Personalrat nur dann zu beteiligen, wenn

---

[524] BVerwG, 20.10.2005 – 2 C 12.04.

der Beamte dies beantragt hat. Gem. Art. 76 Abs. 1 Satz 4 BayPVG kann der Beschäftigte die Beteiligung desjenigen Personalrats beantragen, der an der Dienststelle, der der betroffene Beschäftigte angehört, gebildet ist. Der Personalrat kann wiederum im Rahmen seiner Mitwirkung nur Einwendungen erheben, die sich an den Versagungsgründen aus Art. 75 Abs. 2 Nrn. 1 und 2 BayPVG orientieren.

Baden-Württemberg
Auch nach dem LPVG Baden-Württemberg besteht ein Mitwirkungsrecht nach Maßgabe des § 81 Abs. 2 Nr. 1 LPVG BW auf Antrag der Beschäftigten bei Erlass von Disziplinarverfügungen oder schriftlichen Missbilligungen gegen Beamte. Soweit der Personalrat an den Entscheidungen mitwirkt, ist ihm die beabsichtigte Maßnahme rechtzeitig bekanntzugeben und auf Verlangen mit ihm zu erörtern, § 80 LPVG BW.

Berlin
Gem. § 90 Nr. 8 PersVG Berlin hat der Personalrat ein Mitwirkungsrecht bei Disziplinarverfügungen und der Erhebung der Disziplinarklage gegen Beamte.

Brandenburg
Nach § 68 Abs. 1 Nr. 7 PersVG Brandenburg besteht ein Mitwirkungsrecht bei der Entscheidung in einem Disziplinarverfahren über die Kürzung der Dienstbezüge oder über die Erhebung der Disziplinarklage gegen Beamte.

Bremen
Nach § 54 Abs. 2 PersVG Bremen ist dem Personalrat Kenntnis davon zu geben, wenn gegen einen Beamten Beschuldigungen erhoben werden, die zu disziplinarrechtlichen Ermittlungen führen. Vor jeder weiteren Maßnahme im Disziplinarverfahren hat der Personalrat Stellung zu nehmen.

Hamburg
Nach § 87 Abs. 1 Nr. 22 HmbPersVG besteht ein eingeschränktes Mitbestimmungsrecht bei Erlass einer Disziplinarverfügung oder dem Ausspruch einer schriftlichen Missbilligung.

Hessen
Das HPVG kennt keine entsprechende Regelung.

Mecklenburg-Vorpommern
Nach § 68 Abs. 2 Nr. 5 PersVG M-V besteht ein Mitwirkungsrecht bei dem Erlass einer Disziplinarverfügung, mit der eine Kürzung der Dienstbezüge, eine Kürzung des Ruhegehalts oder eine

Zurückstufung ausgesprochen werden soll, sowie bei Erhebung der Disziplinarklage.

Niedersachsen
Mit der Novellierung des NPersVG in der Fassung vom 09.02.2016[525] wurde die Mitbestimmung gem. § 66 Abs. 4 Nr. 1 NPersVG gestrichen.

Nordrhein-Westfalen
Nach § 73 Nr. 6 LPVG NRW wirkt der Personalrat bei der Erhebung der Disziplinarklage gegen einen Beamten mit, wenn er die Beteiligung des Personalrats beantragt hat. Dabei ist der Beamte sowohl auf das Antragsrecht wie auch von der Maßnahme rechtzeitig vorher in Kenntnis zu setzen.

Rheinland-Pfalz
Gem. § 79 Abs. 2 Nr. 13 LPersVG RP hat der Personalrat ein Mitbestimmungsrecht bei der vorläufigen Dienstenthebung, bei der Einbehaltung von Dienstbezügen sowie bei der Erhebung der Disziplinarklage, sofern der Beamte die Mitbestimmung beantragt.

Saarland
Das SPersVG kennt keine entsprechende Regelung.

Sachsen
Nach § 80 Abs. 1 Nr. 12 SächsPersVG besteht ein eingeschränktes Mitbestimmungsrecht des Personalrats bei der vorläufigen Dienstenthebung, der Einbehaltung von Besoldung sowie der Erhebung der Disziplinarklage. Dabei wird der Personalrat nur auf Antrag der Beschäftigten beteiligt.

Sachsen-Anhalt
Das PersVG LSA kennt keine entsprechende Regelung.

Schleswig-Holstein
In Schleswig-Holstein hat der Personalrat bei der Erhebung der Disziplinarklage aufgrund seiner Allzuständigkeit mitzubestimmen. Dabei ist die Mitbestimmung von der vorher einzuholenden Zustimmung der Betroffenen abhängig (§ 51 Abs. 5 MBG SH).

Thüringen
Gem. § 75 Abs. 2 Nr. 9 ThürPersVG besteht ein eingeschränktes Mitbestimmungsrecht der Personalvertretung bei der Erhebung der Disziplinarklage gegen Beamte.

---

[525] Nds.GVBl. Nr. 1/2016, S. 3.

5. Beteiligung der Gleichstellungsbeauftragten

Die Gleichstellungsbeauftragte hat gem. § 25 Abs. 1 BGleiG die Aufgabe, den Vollzug dieses Gesetzes sowie des Allgemeinen Gleichbehandlungsgesetzes im Hinblick auf den Schutz der Beschäftigten vor Benachteiligung wegen ihres Geschlechts, insbesondere bei Benachteiligungen von Frauen, zu fördern und zu überwachen.

§ 25 Abs. 2 BGleiG

Zu den Aufgaben der Gleichstellungsbeauftragten zählen insbesondere:

[...]

2. bei allen personellen, organisatorischen und sozialen Maßnahmen der Dienststelle mitzuwirken, die die Gleichstellung von Frauen und Männern, die Beseitigung von Unterrepräsentanzen, die Vereinbarkeit von Familie, Pflege und Berufstätigkeit sowie den Schutz vor sexueller Belästigung am Arbeitsplatz betreffen.

[...]

Nach der zu § 19 BGleiG ergangenen Rspr. des BVerwG setzt die Mitwirkung der Gleichstellungsbeauftragten bei der Erhebung der Disziplinarklage (bzw. nach § 33 Abs. 1 BDG „Erlass einer Disziplinarverfügung") voraus, dass die gegen den Beamten erhobenen Vorwürfe einen Bezug zu ihren gesetzlichen Aufgaben aufweisen. Dies ist auch der Fall, wenn Anhaltspunkte dafür bestehen, dass bei Aufklärung und Ahndung von Dienstpflichtverletzungen die Ermittlungsmethoden oder die Sanktionen je nach Geschlecht oder nach anderen individuellen Verhältnissen differieren, die den Aufgabenbereich der Gleichstellungsbeauftragten berühren, wie z. B. Familienstand oder Unterhaltspflichten.[526] Überträgt man diese Rechtsprechung etwa auf § 17 des Landesgleichstellungsgesetzes (LDG NRW), vom 09.11.1999 (GV.NRW 1999, 590), wonach die Gleichstellungsbeauftragte bei allen Maßnahmen mitwirkt, die Auswirkungen auf die Gleichstellung von Frau und Mann haben oder haben können, dann ist festzustellen, dass es der Mitwirkung der Gleichstellungsbeauftragten dann nicht bedarf, wenn es um außerdienstliche Pflichtverletzungen geht.

BVerwG 08.06.2017 – 2 B 5.17

Ein Beteiligungsrecht der Gleichstellungsbeauftragten besteht nicht bei Disziplinarverfahren, die wegen außerdienstlicher Handlungen eingeleitet werden. Für Gesetze, in denen die Beteiligung der Gleichstellungsbeauftragten

---

[526] BVerwG, 28.02.2013 – 2 C 62.11, Buchholz 235.1 § 13 BDG Nr. 19 Rn. 20.

nicht ausdrücklich vorgesehen ist, hat das Bundesverwaltungsgericht in der vorgenannten Entscheidung entschieden, dass die Gleichstellungsbeauftragte am Disziplinarverfahren zu beteiligen ist, wenn die in Rede stehende Pflichtverletzung den Aufgabenbereich der Beauftragten berührt. Es muss also ein Bezug zur Umsetzung des jeweiligen Gleichstellungsgesetzes bestehen. Dies ist laut BVerwG bei einem „geschlechtsneutralen" innerdienstlichen Fehlverhalten nicht der Fall. In dem konkreten Fall ging es um § 20 Abs. 1 Satz 2 ChancenG BW.[527] Eine andere Rechtsansicht hatte zuvor der VGH Hessen vertreten, dass die Gleichstellungsbeauftragte mangels entsprechender gesetzlicher Regelungen im Hessischen Landesrecht weder bei der Erhebung der Disziplinarklage noch bei der Einleitung des dieser vorausgehenden Disziplinarverfahrens zu beteiligen sei. Die in § 16 Abs. 1 HGlG genannten Maßnahmen seien zwar nicht abschließend aufgezählt, „aber doch so differenziert, dass es nahegelegen hätte, auch das Disziplinarrecht anzuführen, wenn es sich dabei nach dem Willen des Gesetzgebers um einen Aufgabenbereich der Frauenbeauftragten hätte handeln sollen".[528]

Überträgt man diese Rechtsprechung auf die Landesgleichstellungsgesetze (etwa § 17 LGG NRW), bedarf es der Mitwirkung der Gleichstellungsbeauftragten, wenn das im Hinblick auf die dienstlichen oder außerdienstlichen Pflichtverletzungen eines Beamten eingeleitete Disziplinarverfahren den Aufgabenbereich der Gleichstellungsbeauftragten tangiert haben könnte. Ein Bezug zu den gesetzlichen Aufgaben liegt auch vor, wenn Anhaltspunkte dafür bestehen, dass bei der Aufklärung und Ahndung von Dienstpflichtverletzungen die Ermittlungsmethoden oder die Sanktionen je nach Geschlecht oder nach anderen individuellen Verhältnissen differieren, den Aufgabenbereich der Gleichstellungsbeauftragten berühren, wie z. B. Familienstand oder Unterhaltspflichten. Bezogen auf den Vorwurf eines außerdienstlichen Diebstahls und exhibitionistischer Handlungen eines Lehrers hat dies das BVerwG zu Recht verneint.[529] In dem Verfahren ging es konkret um § 20 Abs. 1 Satz 2 LGG des Saarlandes. Die Vorschrift bestimmt, dass die Gleichstellungsbeauftragte in Fällen sexueller Belästigung sowohl am behördlichen Disziplinarverfahren als auch am gesamten Verfahren zu beteiligen ist. Die Gleichstellungsbeauftragte hatte im behördlichen Disziplinarverfahren indes ihre Aussage gegenüber der Dienststellenleitung verweigert und sich u. a. auf ihre Verschwiegenheitspflicht berufen. Das OVG Saarlouis hatte die einschlägigen Vorschriften des Saarländischen Disziplinargesetzes (SDG) und der Strafprozessordnung herangezogen und der

---

[527] BVerwG, 20.06.2017 – 2 B 84/16.
[528] HessVGH, 28.09.2015 – 28 A 809/14.D.
[529] BVerwG, 08.06.2017 – BVerwG 2 B 5.17.

Gleichstellungsbeauftragten ein entsprechendes Auskunftsverweigerungsrecht im Disziplinarverfahren bei Gefahr der Selbstbezichtigung zugesprochen.[530]

6. Beteiligung der Vertrauensperson der schwerbehinderten Menschen sowie der Gleichgestellten nach § 178 Abs. 2 Satz 1 SGB IX

Nach § 178 Abs. 2 Satz 1 SGB IX hat der Arbeitgeber/Dienstherr die Schwerbehindertenvertretung in allen Angelegenheiten, die einen einzelnen Menschen oder die schwerbehinderten Menschen als Gruppe betreffen, unverzüglich und umfassend zu unterrichten und vor einer Entscheidung anzuhören. Die Durchführung oder Vollziehung einer ohne Beteiligung der Schwerbehindertenvertretung getroffenen Entscheidung ist auszusetzen, die Beteiligung ist innerhalb von sieben Tagen nachzuholen. Erst danach kann endgültig entschieden werden.

Die Einleitung des Disziplinarverfahrens ist genauso eine Angelegenheit i. S. d. § 178 Abs. 2 Satz 1 SGB IX wie u. a. der Erlass einer Disziplinarverfügung, die vorläufige Dienstenthebung bzw. Ermessensentscheidung über den Einbehalt von Dienstbezügen und die Höhe des Einbehaltungssatzes und zwangsläufig[531] auch die Entscheidung über die Erhebung der Disziplinarklage.

Ist der Beamte schwerbehindert, so hat der Dienstvorgesetzte die Schwerbehindertenvertretung unverzüglich und umfassend über die Einleitung zu unterrichten. Die Schwerbehindertenvertretung ist auf Wunsch des Beamten vor Erlass einer Disziplinarverfügung oder Disziplinarklage etc. anzuhören, die getroffene Entscheidung ist der Schwerbehindertenvertretung unverzüglich mitzuteilen.

Beispiel: Fehlende/fehlerhafte Anhörung ist grundsätzlich heilbar:

Dem Beamten wird im ordnungsgemäß eingeleiteten Disziplinarverfahren uneidliche Falschaussage und falsche Verdächtigung vorgeworfen. Der Dienstherr teilt dem Beamten mit Verfügung vom 13.09.2013 mit, es sei beabsichtigt, ihn vorläufig

---

[530]   OVG Saarlouis, 20.11.2017 – 2 B 782/17.
[531]   OVG Bautzen, 12.08.2014 – D 6 B 78/14.

des Dienstes zu entheben und Teile seiner Dienstbezüge einzubehalten. Am 12.12.2013 wurde dazu der Entwurf gefertigt. Dieser trägt zuletzt das Datum des 19.12.2013 und wurde handschriftlich auf den 09.01.2014 abgeändert. Zeitgleich wurde der Entwurf an die Vertrauensperson der schwerbehinderten Menschen übergeben. Am 10.01.2014 wurde die Verfügung über die vorläufige Dienstenthebung, die vom 18.12.2013 datiert, an den Bevollmächtigten des Beamten zugestellt. Am 10.01.2014 erhielt die Schwerbehindertenvertretung das Anhörungsschreiben.

Das Verwaltungsgericht geht zutreffend davon aus, dass § 178 Abs. 2 Satz 1 Halbs. 1 SGB IX hier vom Antragsgegner nicht beachtet worden ist. Die vorläufige Dienstenthebung und die Einbehaltung von Dienstbezügen sind Angelegenheiten, die den betroffenen schwerbehinderten Menschen berühren. Bei den Ermessensentscheidungen über die vorläufige Dienstenthebung und die Einbehaltung der Dienstbezüge sowie die Höhe des Einbehaltungssatzes hat der Antragsgegner die konkreten Umstände des Einzelfalls zu berücksichtigen und dabei auf die persönlichen Umstände und die individuellen Bedürfnisse des Beamten, wozu auch die Schwerbehinderung gehört, Rücksicht zu nehmen (vgl. BayVGH, 15.11.2011 – 16a DA 11.1261, für die Einbehaltung von Bezügen nach bayerischem Landesdisziplinarrecht). Die Beteiligung der Schwerbehindertenvertretung hat nach § 178 Abs. 2 Satz 1 Halbs. 1 SGB IX vor der Entscheidung zu erfolgen. Die von § 178 Abs. 2 Satz 1 Halbs. 1 SGB IX geforderte Anhörung verlangt, dass der Schwerbehindertenvertretung nach Zugang der Mitteilung über die geplante Entscheidung eine angemessene Frist zur Stellungnahme verbleibt. Hier ist die Beteiligung der Schwerbehindertenvertretung nicht vor, sondern nach der Entscheidung erfolgt. Dabei kann der Senat offen lassen, wann genau die Entscheidung i. S. d. § 178 Abs. 2 Satz 1 Halbs. 1 SGB IX ergangen ist. Spätestens am 09.01.2014, als die Verfügung und das Anschreiben zur Post gegeben wurden, dürfte die Entscheidung getroffen worden sein, weil sie vom Antragsgegner nicht mehr abgeändert oder zurückgeholt werden konnte (vgl. zu Letzterem: BVerwG, 26.01.1994 – 6 C 2.92, BVerwGE 95, 64, 67). Selbst wenn man erst auf die Wirksamkeit der Entscheidung, die mit Bekanntgabe an den Prozessbevollmächtigten des Antragstellers eintrat (§ 1 Satz 1 SächsVwVfZG i. V. m. § 43 Abs. 1 Satz 1 VwVfG), abstellen würde, wäre die

Beteiligung der Schwerbehindertenvertretung nicht vor der Entscheidung erfolgt. Am 10.01.2014 erhielt der stellvertretende Schwerbehindertenvertreter das Schreiben des Präsidiums der Bereitschaftspolizei, mit dem die beabsichtigte Maßnahme mitgeteilt wurde. Am selben Tag ging die Verfügung über die vorläufige Dienstenthebung und die Einbehaltung von Dienstbezügen beim Prozessbevollmächtigten des Antragstellers ein. Eine angemessene Frist für eine Stellungnahme der Schwerbehindertenvertretung verblieb nicht. Mit der Absendung des Schreibens vom 19.12.2013 an die Dienstadresse des Schwerbehindertenvertreters erfolgte noch keine Beteiligung der Schwerbehindertenvertretung, da dieses Schreiben den Schwerbehindertenvertreter, der sich nicht im Dienst befand, nicht rechtzeitig erreicht hat.

Der Mangel der Beteiligung der Schwerbehindertenvertretung ist entgegen der Auffassung des Antragsgegners auch nicht geheilt. Zwar ist die fehlende oder fehlerhafte Anhörung der Schwerbehindertenvertretung grundsätzlich heilbar (vgl. BVerwG, 27.04.1983 – 2 WDB 2/83, BVerwGE 76, 82, 87 zu § 22 Abs. 1 Satz 1 SchwbG a. F.; BVerwG, 22.03.1989 – 1 DB 30.88, BVerwGE 86, 140, 143 zur fehlenden Beteiligung des Personalrats). Hier hat aber eine Heilung bislang nicht stattgefunden. Nach § 178 Abs. 2 Satz 2 Halbs. 2 SGB IX ist die Durchführung oder Vollziehung einer ohne Beteiligung nach Satz 1 getroffenen Entscheidung auszusetzen, die Beteiligung ist innerhalb von sieben Tagen nachzuholen; sodann ist endgültig zu entscheiden. Der Antragsgegner hat die Beteiligung der Schwerbehindertenvertretung innerhalb dieser Frist nachgeholt. Es fehlt aber an der von § 178 Abs. 2 Satz 2 Halbs. 2 SGB IX vorgesehenen endgültigen Entscheidung.

Der Dienstherr hat bislang eine erneute Entscheidung nicht getroffen.

Unterrichtung des Beamten; Wahrheitspflicht

Unterrichtung des Beamten; Wahrheitspflicht

1. Unverzügliche Unterrichtung über die Einleitung des Disziplinarverfahrens

Grundsätzlich sind die Beamten über die Einleitung eines Disziplinarverfahrens unverzüglich zu unterrichten. Die Vorschrift des § 20 Abs. 1 BDG erlaubt es jedoch, dass das Disziplinarverfahren zunächst beginnt, ohne dass der betroffene Beamte angehört wird. Hierbei handelt es sich indes um einen Ausnahmefall, der im Hinblick auf die Verfahrensrechte des Beamten äußerst eng auszulegen ist. Sobald es ohne Gefährdung des Ermittlungszwecks möglich ist, ist der Beamte unverzüglich über die Einleitung des Disziplinarverfahrens zu unterrichten.

Eine vorher erfolgte Anhörung im Verfahren auf Verlust der Dienstbezüge nach § 9 BBesG ersetzt nicht die Anhörung nach § 20 BDG.

Die Unterrichtung setzt eine ordnungsgemäße Belehrung voraus. Es empfiehlt sich, hier auf den Text des Gesetzgebers zurückzugreifen. Es sollten insbesondere keine komplizierten eigenen Formulierungen vorgenommen werden. Über jede Anhörung ist eine Niederschrift anzufertigen.

Eine Aussage, die bei unrichtiger oder unterlassener Belehrung zustande gekommen ist, ist später nicht verwertbar, so ausdrücklich § 20 Abs. 3 BDG.

2. Pflicht zur wahrheitsgemäßen Aussage

Ebenso wie ein Beschuldigter im Strafverfahren berechtigt ist, bei seiner Vernehmung zur Sache die Aussage ganz oder teilweise zu verweigern, steht es auch dem betroffenen Beamten im behördlichen Disziplinarverfahren frei, ob er sich mündlich oder schriftlich äußert oder sich nicht zur Sache einlässt. Über sein Schweigerecht ist er vorab ordnungsgemäß zu belehren (§ 20 Abs. 1 Satz 3 BDG). Besteht aber auf Seiten des Beamten als Betroffenen im Disziplinarverfahren eine Wahrheitspflicht? Die Rechtsprechung hat dies angenommen und dazu ausgeführt, dass sich die Wahrheitspflicht aus dem Wesen des Beamtenverhältnisses als gegenseitigem Dienst- und Treueverhältnis (als hergebrachten Grundsatz des Berufsbeamtentums nach Art. 33 Abs. 5 GG), der Unterstützungspflicht gegenüber dem Vorgesetzten (§ 62 Abs. 1 Satz 1 BBG, § 35 Abs. 1 Satz 1 BeamtStG) sowie der Pflicht zu achtungs- und vertrauensgerechtem Verhalten (§ 61 Abs. 1 Satz 3 BBG, § 34 Abs. 1 Satz 3 BeamtStG) ergebe. Die Wahrheitspflicht sei nicht um ihrer selbst willen begründet. Sei der Beamte zur Äußerung bereit, so habe er sich auch wahrheitsgemäß zu erklären.[532] Im Pflichtenkatalog des BBG/BeamtStG ist die Wahrheitspflicht zwar nicht ausdrücklich benannt. Es gehört jedoch zu den selbstverständlichen und leicht einsehbaren Grundpflichten eines jeden Beamten, gegenüber seinem Dienstherrn, seinem Dienstvorgesetzten – einschließlich den von ihm beauftragten Ermittlungsführern – und seinem Vorgesetzten in dienstlichen Angelegenheiten wahrheitsgemäße Angaben in Bezug auf einen Sachverhalt zu machen.[533] Die Entscheidung darüber, ob und wie sich der Beamte einlässt, obliegt allein ihm. Niemand muss gegen sich selbst aussagen. Schweigerecht und Aussagefreiheit stehen dafür ein, dass es dem Beamten freisteht, sich zur Beschuldigung zu äußern oder nicht zur Sache auszusagen.

Zu beachten ist aber, dass auch nach Einleitung eines behördlichen Disziplinarverfahrens oder bei Anhängigkeit eines gerichtlichen Disziplinarverfahrens zugunsten des betroffenen Beamten die **Unschuldsvermutung** gilt. Dieser Rechtsgrundsatz, der aus Art. 6 Abs. 2 der Konvention zum Schutze der Menschenrechte und Grundfreiheiten (EMRK) und aus dem Rechtsstaatsprinzip (Art. 20 Abs. 3 GG) abgeleitet wird, bedeutet, dass jeder Beamte bis zum verfahrensgemäßen Abschluss des gegen ihn gerichteten behördlichen Disziplinarverfahrens grundsätzlich als unschuldig anzusehen ist.[534]

Beamte unterliegen somit einer Wahrheits- und Auskunftspflicht gegenüber ihrem Dienstherrn. Die Pflichten sind konstituierend für eine funktionsfähige Verwaltung, die angewiesen ist auf einen offenen und wahrhaften dienstlichen Umgang. Eine Verletzung ist nicht nur durch aktives Tun (falsche Angaben), sondern auch durch Unterlassen (Verschweigen erheblicher Tatsachen) möglich.[535] Der Beamte verletzt seine Wahrheitspflicht, wenn er falsche Eintragungen in das Fahrtenbuch seines Dienstwagens vornimmt, um die tatsächlich

---

[532] BVerwG, 27.04.1973 – I D 15.72, ZBR 1973, 255; zum Meinungsstand: *Müller*, ZBR 2012, S. 331.

[533] BVerwG, 29.03.2012 – 2 A 11.10 sowie 30.11.2006 – 1 D 6.05; OVG Bautzen, 20.04.2011 – D 6 A 136/09; *Müller*, ZBR 2012, S. 331.

[534] BVerwG, 04.04.2001 – 1 D 19.00; *Müller*, ZBR 2012, S. 331 (336).

[535] VG Saarland, 11.01.2013 – 7 K 404/11, Rn. 35, zur Erstellung einer fehlerhaften Beurteilung als schriftlicher Lüge.

durchgeführten Fahrten zu verschleiern.[536] Ebenfalls um einen Verstoß gegen die Wahrheitspflicht handelt es sich, wenn der Beamte Arbeitszeiten über ein Zeiterfassungssystem als „Anwesenheit" verbucht, ohne seinem Dienst in dieser Zeit nachzugehen.[537]

3. Einschränkung der beamtenrechtlichen Wahrheitspflicht

Die Vorwürfe in einem Disziplinarverfahren können sich rein auf beamtenrechtliche Pflichtenverstöße beziehen oder aber einen strafrechtlichen Hintergrund haben. Oftmals geht einem (ausgesetzten) Disziplinarverfahren ein Strafverfahren bzw. staatsanwaltliches Ermittlungsverfahren voraus. Es stellt sich in diesem Zusammenhang die Frage, ob die Wahrheitspflicht uneingeschränkt gilt, selbst wenn dem Disziplinarverfahren ein Strafverfahren vorausging.

Im Strafprozess gilt die Strafprozessordnung, die die Beschuldigten nicht zwingt, gegen sich selbst auszusagen. Im strafrechtlichen Ermittlungsverfahren muss der Beschuldigte keine selbstbelastenden Angaben machen, worüber er auch zu belehren ist, § 136 Abs. 1 Satz 2 StPO. Neno tenetur se ipsum accusare – niemand muss sich durch seine Aussagen selbst belasten. Dies ist ein zentrales Prinzip eines rechtsstaatlichen Strafverfahrens und gehört somit zum Kernbestand der Beschuldigtenrechte im Strafverfahren.

Jedenfalls dann, wenn dem Disziplinarverfahren ein staatsanwaltliches Ermittlungsverfahren oder ein Strafverfahren vorausging, ist der Beamte nicht verpflichtet, im Disziplinarverfahren zur Sache eine wahrheitsgemäße Aussage zu machen.[538] Die Grenze der dienstrechtlichen Wahrheitspflicht eines Beamten im Disziplinarverfahren orientiert sich dabei an den Grenzen des zulässigen Verteidigungsverhaltens im Strafverfahren.[539]

Beispiel: Die eingeschränkte Wahrheitspflicht:

Ein Polizeibeamter wurde durch rechtskräftiges Strafurteil wegen gefährlicher Körperverletzung in einem minderschweren Fall zu einer Freiheitsstrafe von neun Monaten verurteilt, deren

---

[536] BVerwG, 09.01.1970 – I D 29.69, jurionRS 1970, 15497, Rn. 38.
[537] VG München, 30.09.2014 – M 13 DK 13.2200, Rn. 8.
[538] *Keller*, S. 148.
[539] BVerwG, 28.02.2013 – 2 C 62/11, NVwZ-RR 2013, 693.

Vollstreckung zur Bewährung ausgesetzt wurde. Nach den bindenden strafgerichtlichen Feststellungen schlugen der Beamte und ein Kollege in der Nacht vom … außerhalb des Dienstes einen Passanten zusammen, der sie nach ihren nicht zu widerlegenden Darstellungen tätlich angegriffen hatte, und traten auf ihn ein, als er bereits am Boden lag. Danach riefen sie einen Streifenwagen.

Auf die Disziplinarklage hat das Verwaltungsgericht die Dienstbezüge des Beamten gekürzt. Auf die Berufung des Beamten hat das Oberverwaltungsgericht den Beamten aus dem Beamtenverhältnis entfernt. Erschwerend – so das OVG – komme das Nachtatverhalten des Beamten hinzu. Er habe sich im Strafverfahren zu Unrecht auf eine Notwehrlage berufen und noch im Disziplinarverfahren durchgehend versucht, die Tat zu beschönigen. Er habe das von ihm begangene Unrecht bis zuletzt nicht eingesehen und keinen Willen zur Aussöhnung gezeigt. Das Bundesverwaltungsgericht hat die Entscheidungen aufgehoben (20.11.2012 – 2 B 56.12).

Die Begründung des BVerwG:

Das BVerwG hat ausgeführt, die Vorinstanz habe es versäumt, den Beamten rechtzeitig vor der Verkündung des Berufungsurteils darauf hinzuweisen, dass es die Entfernung aus dem Beamtenverhältnis ausschlaggebend auf dessen Verteidigungsverhalten im Straf- und Disziplinarverfahren stützen würde. Es habe zu Unrecht das Verteidigungsverhalten des Beamten im Strafverfahren erschwerend in die Gesamtwürdigung aller be- und entlastenden Umstände nach § 13 BBG einbezogen, ohne auf die Rechtsprechung des Bundesgerichtshofs in Strafsachen zu den Grenzen des zulässigen Verteidigungsverhaltens einzugehen. Auch habe das Berufungsgericht das Verteidigungsverhalten des Beamten im Disziplinarverfahren nicht als bewertungsneutral behandelt, sondern zum Nachteil des Beamten in die Gesamtwürdigung nach § 13 BDG einbezogen.

Im Weiteren führt das BVerwG wie folgt aus:

Macht ein Beamter im behördlichen Disziplinarverfahren von seinem Schweigerecht, auf das er nach § 20 Abs. 1 Satz 3 BDG ausdrücklich hinzuweisen ist, keinen Gebrauch, so hat er dennoch keine dienstrechtliche Pflicht, im Verfahren vollumfänglich und wahrheitsgemäß auszusagen. Eine derart weitreichende dienstrechtliche Wahrheitspflicht kann schon deshalb nicht angenommen werden, weil sie das Recht des Beamten auf angemessene Verteidigung gegen disziplinarische Vorwürfe unangemessen einschränke. Der Beamte wäre in dem gegen ihn geführten Disziplinarverfahren vor die Wahl gestellt, entweder vollumfänglich zu schweigen oder das ihm vorgeworfene Dienstvergehen zu gestehen und sämtliche, auch ihn belastende und bisher unbekannte Umstände von sich aus offenzulegen. Eine Hervorhebung von den Beamten objektiv entlastenden Umständen oder auch eine lediglich verharmlosende Darstellung des eigenen Fehlverhaltens wäre danach als eine weitere Dienstpflichtverletzung bei der Maßnahmebemessung erschwerend zu berücksichtigen.

Für den Bereich des Strafprozesses ist in der Rechtsprechung des Bundesgerichtshofs anerkannt, dass das Verteidigungsverhalten des Angeklagten bei der Strafzumessung nur dann strafschärfend berücksichtigt werden darf, wenn die Grenze angemessener Verteidigung eindeutig überschritten ist und sein Verhalten eine selbstständige Rechtsgutverletzung enthält. Diese Grenze ist nicht erreicht, wenn der Angeklagte die Tat wahrheitsgemäß leugnet, einen unzutreffenden Tathergang schildert oder die Tat und ihre Folgen beschönigt. Dem Angeklagten darf auch nicht zum Nachteil gereichen, dass er anderen die Schuld an der Tat zuschiebt und sich diese Vorwürfe als haltlos erweisen. Gleiches gilt, wenn er Belastungszeugen, insbesondere das Tatopfer, mit unzutreffenden Behauptungen angreift oder gar der Lüge bezichtigt, um ihre Glaubwürdigkeit oder die Glaubhaftigkeit der belastenden Angaben zu erschüttern. Dagegen ist eine Herabwürdigung von Zeugen, die keinen Bezug zur Tat aufweist, von dem Recht auf Verteidigung nicht mehr gedeckt.

Diese Grundsätze des Bundesgerichtshofs zur Grenze des zulässigen Verteidigungsverhaltens im Strafprozess sind auf die Bemessungsentscheidung nach § 13 BDG zu übertragen. Dies gilt unmittelbar für die Fallgestaltung, dass das zulässige Verteidigungsverhalten des Beamten im Strafverfahren diesem nachträglich im Disziplinarverfahren angelastet werden soll. Hier schließt es der Gesichtspunkt der Einheit der Rechtsprechung aus, dass es dem Beamten im Disziplinarverfahren zum Nachteil gereicht, im Strafprozess die dort zulässigen Verteidigungsmöglichkeiten genutzt zu haben.

Aber auch das Verhalten des Beamten im Disziplinarverfahren bei der Aufklärung des Dienstvergehens kann disziplinarisch nicht anders als sein Verhalten im Strafprozess gewürdigt werden. Orientiert sich die dienstrechtliche Wahrheitspflicht im Disziplinarverfahren grundsätzlich an den Grenzen des zulässigen Verteidigungsverhaltens im Strafverfahren, so ist die Grenze des dienstlich Zulässigen erst überschritten

- wenn der Beamte im Disziplinarverfahren wider besseres Wissen Dritte diffamiert oder
- sonst vorsätzlich gegen Strafbestimmungen verstößt.

Dem entspricht, dass ein Beamter erst bei Überschreitung dieser Grenzen oder bei grob schuldhaftem Aufstellen unwahrer Behauptungen dienstlich gemaßregelt oder benachteiligt werden darf, wenn er von seinem Recht Gebrauch macht, Beschwerden vorzubringen oder Rechtsschutz zu beantragen.

Der aktive Beamte ist dienstrechtlich daher befugt, sich als disziplinarisch Betroffener zur Sache wahrheitswidrig einzulassen (sog. Schutzbehauptung). Da er sich aufgrund der gegen ihn laufenden disziplinarischen Ermittlungen in einer Konfliktsituation befindet, stellt eine Schutzbehauptung als Verhaltensweise im normalen menschlichen Versagensbereich grundsätzlich keine Dienstpflichtverletzung dar. Die Befugnis zur Abgabe einer Schutzbehauptung, ohne dadurch zugleich gegen dienstliche Pflichten zu verstoßen, gilt jedoch nach der vorzitierten Rechtsprechung des BVerwG nicht unbeschränkt. Das Verhalten des betroffenen Beamten im Disziplinarverfahren stellt jedenfalls dann eine weitere Dienstpflichtverletzung dar, wenn der Beamte im Disziplinarverfahren wider besseres Wissen Dritte diffamiert oder sonst vorsätzlich gegen Strafbestimmungen verstößt.

Will das Verwaltungsgericht ein bestimmtes Verteidigungsverhalten eines Beamten als belastenden Umstand berücksichtigen, muss es den Beamten zur Gewährung rechtlichen Gehörs rechtzeitig darauf hinweisen. Das Bundesverwaltungsgericht hat im Übrigen eindeutig klargestellt, dass auch dann, wenn das Schweigerecht akzeptiert wurde, der angeschuldigte Beamte keiner uneingeschränkten dienstlichen Pflicht zur wahrheitsgemäßen Aussage unterliege. Denn andernfalls wäre der Beamte dienstrechtlich auf die Wahl beschränkt, entweder zu schweigen oder den Vorwurf einzugestehen. Um dies zu vermeiden, orientiert sich das Bundesverwaltungsgericht an der Grenze zulässigen Verteidigungsverhaltens im Strafverfahren.

Gem. § 13 Abs. 1 Satz 1 BDG ergeht die Entscheidung über eine Disziplinarmaßnahme nach pflichtgemäßem Ermessen. Die Grundsätze des Bundesgerichtshofs zur Grenze des zulässigen Verteidigungsverhaltens im Strafprozess sind auf die Bemessungsentscheidung nach § 13 Abs. 1 Satz 1 BDG zu übertragen. Dies gilt auch unmittelbar für den Fall, dass das zulässige Verteidigungsverhalten des beschuldigten Beamten im Strafverfahren diesem nachträglich im Disziplinarverfahren angelastet werden soll. Der Grundsatz der Einheit der Rechtsordnung schließt es aus, dass es dem Beamten im Disziplinarverfahren zum Nachteil gereicht, im Strafprozess die dort zulässigen Verteidigungsmöglichkeiten genutzt zu haben. Aber auch das Verhalten des Beamten im Disziplinarverfahren bei der Aufklärung des Dienstvergehens kann disziplinarisch nicht anders als sein Verhalten im Strafprozess gewürdigt werden.[540]

4. Keine falsche Belehrung!

Es wird teilweise empfohlen, die betroffenen Beamten zu Beginn der Anhörung zur Wahrheit zu ermahnen und diese darauf hinzuweisen, dass unwahre Erklärungen ein weiteres Dienstvergehen begründen können.[541] Die Belehrung eines Beamten im Disziplinarverfahren darf im Hinblick auf Aussagen zur Sache keinen Hinweis auf eine Verpflichtung zu wahrheitsgemäßen Angaben – weder in dienstlichen Angelegenheiten noch sonst – enthalten.[542] Sofern ein zur Aussage bereiter Beamter diesbezüglich falsch belehrt wird und er in der Folge eine wahrheitsgemäße Einlassung zur Sache aussagt, die ihn belastet, so gilt im Zweifel ein Verwertungsverbot dieser Aussage.

---

[540] BVerwG, 28.02.2013 – 2 C 62/11, NVwZ-RR 2013, 693, Rn. 52.
[541] *Claussen/Benneke/Schwandt*, Rn. 638
[542] *Röger*, S. 149; *Keller*, S. 153.

Nachtragsdisziplinarklage

Nachtragsdisziplinarklage

1. Gegenstand

Neue Handlungen, die nicht Gegenstand einer anhängigen Disziplinarklage sind, können nur durch Erhebung einer Nachtragsdisziplinarklage in das Disziplinarverfahren einbezogen werden (§ 53 BDG).[543] Die Nachtragsdisziplinarklage hat die rechtliche Bedeutung einer selbstständigen Disziplinarklage; sie erweitert dabei den Gegenstand des Disziplinarverfahrens um weitere neue Handlungen.

Der Gegenstand der Nachtragsdisziplinarklage kann ein nachträglich entstandener Sachverhalt, ein schon früher entstandener, aber erst nachträglich bekannt gewordener wie auch ein schon vorher bekannter, aber bewusst nicht von der Klageerhebung einbezogener Sachverhalt sein. Es können Sachverhalte, die bereits in der Disziplinarklageschrift erwähnt, aber nicht eindeutig zum Gegenstand der Disziplinarklage gemacht wurden, über die Nachtragsdisziplinarklage in das gerichtliche Verfahren eingeführt werden.

> § 53 BDG a. F., entsprechende landesdisziplinarrechtliche Vorschriften:
>
> § (-) LDG BW, Art. 51 BayDG, § 41 DiszG B, § 54 BrLDG, § 52 BremDG, § 50 HmbDG, § 58 HDG, § 49 NDiszG, § 53 LDG NRW, § 53 LDG M-V, § 62 LDG RP, § 53 SDG, § 54 SächsDG, § 50 DG LSA, § 41 DG SH, § 50 ThürDG

2. Verfahren

Hält der Dienstherr die Einbeziehung neuer Handlungen für erforderlich, so hat er dies dem Disziplinargericht unter Angabe der konkreten Anhaltspunkte mitzuteilen, die den Verdacht eines Dienstvergehens rechtfertigen. Das Gericht setzt das Disziplinarverfahren gem. § 53 Abs. 2 Satz 2 BDG vorbehaltlich des Absatzes 3 aus und bestimmt eine Frist, bis zu der die Nachtragsdisziplinarklage erhoben werden kann. Diese Frist ist verlängerbar, wobei die Fristverlängerung vor ihrem Ablauf beantragt werden muss.

Die Nachtragsdisziplinarklage kann im Berufungsverfahren nicht mehr erhoben werden (§ 65 Abs. 1 Satz 2 BDG).[544]

---

[543] Vgl. Art. 51 BayDG, § 49 NDiszG, § 53 LDG NRW und § 54 SächsDG.
[544] Vgl. Art. 63 Abs. 1 Satz 2 BayDG, § 60 Abs. 1 Satz 2 NDiszG, § 65 Abs. 1 Satz 2 LDG NRW und § 66 Abs. 1 Satz 2 SächsDG.

Mängel des behördlichen Disziplinarverfahrens oder der Disziplinarklageschrift

Mängel des behördlichen Disziplinarverfahrens oder der Disziplinarklageschrift

1. Einleitung

§ 55 BDG a. F., entsprechende landesrechtliche Vorschriften:

§ (-) LDG BW, Art. 53 BayDG, § 41 DiszG B i. V. m. § 55 BDG a. F., § 56 BrLDG, § 54 BremDG, § 52 HmbDG, § 60 HDG, § 50 NDiszG, § 54 LDG NRW, § 55 LDG M-V, § 64 LDG RP, § 55 SDG, § 56 SächsDG, § 52 DG LSA, § 41 DG SH i. V. m. § 55 BDG a. F., § 51 ThürDG

Die vorgenannten Vorschriften begründen mit Blick auf die mit dem BDG bzw. den Landesdisziplinargesetzen verfolgte Intention der Verfahrensstraffung und -beschleunigung eine klare Rügenobliegenheit des Beamten bei Verfahrensmängeln des behördlichen Disziplinarverfahrens oder der Disziplinarklageschrift mit der Rechtsfolge der Präklusion im Säumnisfall.[545]

2. Anzeige durch den Beamten

Nach Erhebung der Disziplinarklage hat der Beamte wesentliche Mängel des behördlichen Disziplinarverfahrens oder der Disziplinarklage innerhalb **zweier Monate** nach Zustellung der Klage oder der Nachtragsdisziplinarklage geltend zu machen (§ 55 Abs. 1 BDG a. F.). In den meisten Disziplinargesetzen gilt die gleiche Frist. Nach § 54 Abs. 1 LDG NRW müssen wesentliche Mängel des behördlichen Disziplinarverfahrens oder der Klageschrift innerhalb **eines Monats nach Zustellung der Klage/Nachtragsdisziplinarklage** geltend gemacht werden.

Werden wesentliche Mängel nicht innerhalb der Zweimonatsfrist (§ 54 Abs. 1 LDG NRW Einmonatsfrist) von dem Beamten geltend gemacht, kann das Gericht diese gem. § 55 Abs. 2 BDG a. F. unberücksichtigt lassen, wenn ihre Berücksichtigung nach freier Überzeugung des Gerichts die Erledigung des Disziplinarverfahrens verzögern würde und der Beamte über die Folgen der Fristversäumung ordnungsgemäß belehrt worden ist. Etwas anderes gilt dann, wenn der Beamte zwingende Gründe für die verspätete Glaubhaftmachung rechtzeitig geltend gemacht hat. Das Disziplinargericht kann daraufhin dem Dienstherrn

---

[545] *Keller*, S. 273.

zur Beseitigung eines wesentlichen Mangels eine Frist setzen. In diesem Fall setzt das Gericht das Disziplinarverfahren gem. § 55 Abs. 3 Satz 2 i. V. m. § 53 Abs. 2 Satz 3 bis 5 BDG a. F. aus. Sofern der Mangel nicht innerhalb der Frist behoben sein sollte, wird das Disziplinarverfahren gem. § 55 Abs. 3 Satz 3 BDG a. F. durch Beschluss eingestellt. Dieser Beschluss steht einem rechtskräftigen Urteil gleich (§ 55 Abs. 4 BDG a. F.).

3. Der Mangel

Der Begriff des Mangels i. S. v. § 55 Abs. 1 BDG a. F. erfasst Verletzungen von Verfahrensregeln, die im behördlichen Disziplinarverfahren von Bedeutung sind.[546] Hierunter fallen Verstöße gegen verfahrensrechtliche Vorschriften und Rechtsgrundsätze, die den äußeren Ablauf des behördlichen Disziplinarverfahrens bis zur abschließenden behördlichen Entscheidung, also bis zur Erhebung der Disziplinarklage oder bis zu dem Erlass einer Disziplinarverfügung, betreffen. Die lange Untätigkeit des Dienstherrn trotz seiner Kenntnis vom später beanstandeten Verhalten eines Beamten stellt aus Rechtsgründen keinen wesentlichen Mangel im Sinne von § 55 Abs. 1 BDG a. F. dar.

Der Begriff des Mangels des behördlichen Disziplinarverfahrens im Sinne der Regelung des § 55 Abs. 1 BDG a. F. erfasst auch die Verletzung von Verfahrensregeln außerhalb des Regelungsbereichs des Bundesdisziplinargesetzes. Allein die weite Auslegung dieses Begriffs entspricht dem gesetzlichen Kontrollauftrag des Gerichts, zum Schutz der Rechte der beklagten Beamten den gesamten behördlichen Verfahrensabschnitt vor Erhebung der Disziplinarklage, soweit nicht ohnehin gerügt, von Gerichts wegen (vgl. § 55 Abs. 3 Satz 1 BDG a. F.) auf Mängel und deren Folgen zu überprüfen. Dabei verfolgt § 55 BDG a. F. den weiteren Zweck, die notwendige gerichtliche Kontrolle mit dem Interesse an einer zügigen Verfahrensdurchführung in Einklang zu bringen (vgl. BT-Drucks. 14/4659, S. 49, zu § 55 BDG). Dass sich der Prüfungsrahmen des Gerichts nicht nur auf Verfahrensfehler aus dem Regelungsbereich der §§ 17 ff. BDG beschränkt, wird bereits an dem Umstand deutlich, dass sich wesentliche Mängel des behördlichen Disziplinarverfahrens z. B. aus der Verletzung von Vorschriften über den persönlichen und sachlichen Geltungsbereich des Gesetzes (§§ 1, 2 BDG) und der Nichtbeachtung von Maßnahmeverboten (§§ 14, 15 BDG) ergeben können. Soweit solche Mängel gem. § 32 BDG zur Einstellung des behördlichen Disziplinarverfahrens führen

---

[546] BVerwG, 18.11.2008 – 2 B 63.08.

würden, haben sie regelmäßig zugleich die Unzulässigkeit einer Disziplinarklage zur Folge. Der weiten Auslegung des Begriffs „behördliches Disziplinarverfahren" in § 55 BDG a. F. steht auch nicht die Verwendung derselben Formulierung als Vorschrift über den Regelungsbereich der §§ 17 ff. BDG entgegen. Trotz identischen Wortlauts kann einem Begriff in unterschiedlichen Regelungszusammenhängen eines Gesetzes unterschiedliche Bedeutung zukommen.

Wesentlich ist ein Mangel des behördlichen Disziplinarverfahrens dann, wenn sich nicht mit hinreichender Sicherheit ausschließen lässt, dass er sich auf das Ergebnis des Disziplinarverfahrens ausgewirkt haben kann.[547] Ein wesentlicher Mangel des behördlichen Disziplinarverfahrens, der auf Vorschriften außerhalb des BBG beruht, ist in der nicht erfolgten Beteiligung der Gleichstellungsbeauftragten, der Vertretung der schwerbehinderten Menschen sowie der Personalvertretung nach einzelnen Landespersonalvertretungsgesetzen zu sehen. Gerade auf die Beteiligung dieser Institutionen ist auf Seiten des Dienstherrn dringend zu achten. Nur beschränkt kann deren Beteiligung nachfolgend geheilt werden.

Wesentliche Mängel des behördlichen Disziplinarverfahrens können in Verstößen gegen verfahrensrechtliche Vorschriften liegen. Wesentlich sind immer Verletzungen des rechtlichen Gehörs.[548]

Bei nicht behebbaren Verfahrensmängeln ist das Verfahren nach § 32 Abs. 1 Nr. 4 BDG einzustellen bzw. die Disziplinarklage abzuweisen. Als nicht behebbar gelten Verfahrensmängel, die auf Dauer der disziplinaren Verfolgung entgegenstehen. Dies ist beim (seltenen) Verlust des Beamtenstatus genauso der Fall wie bei einer unwirksamen oder gänzlich fehlenden Einleitung des Disziplinarverfahrens.[549] Ein nicht behebbarer Verfahrensmangel ist auch in der nicht erfolgten Anhörung des Beamten sowie der unterlassenen, aber zwingend vorgeschriebenen Beteiligung Dritter zu sehen. Ein nicht behebbarer Verfahrensmangel liegt auch bei Nichtbeachtung der einschlägigen Maßnahmeverbote nach § 14 bzw. § 15 BDG vor.

Weder eine überlange Verfahrensdauer noch eine verspätete Einleitung des Disziplinarverfahrens stellen einen nicht behebbaren Verfahrensmangel dar.[550]

---

[547] BVerwG, 28.02.2013 – 2 C 62.11, NVwZ-RR 2013, 693 sowie 24.06.2010 – 2 C 15.09, BVerwGE 137, 192.
[548] *Köhler/Baunach*, § 55 BDG S. 552.
[549] OVG NRW, 29.06.2005 – 21d A 2943/03.BDG.
[550] OVG Berlin-Brandenburg, 24.09.2014 – 83 D 2.12.

Ein wesentlicher Mangel der Disziplinarklageschrift liegt vor, wenn sie von einer unzuständigen Behörde oder einem Beamten erhoben wird, der nicht befugt ist, für die zuständige Behörde tätig zu werden.[551] Ein solcher Mangel kann nur durch Einreichen einer neuen Disziplinarklageschrift geheilt werden, sofern keine schutzwürdigen Interessen des Beamten entgegenstehen. Insoweit dürfen in der neuen Klageschrift keine neuen belastenden Tatsachen und Beweismittel aufgeführt werden.[552]

Bestimmte Mängel können die Disziplinarklageschrift absolut unwirksam machen und die Klageabweisung fordern, etwa die fehlende Unterschrift sowie die Klageerhebung durch eine falsche Behörde.[553]

Auf Seiten des Dienstherrn ist darauf zu achten, dass die fehlende oder mangelhafte substantiierte Darlegung des Sachverhalts die Disziplinarklageschrift unwirksam bzw. fehlerhaft machen kann.[554] Die Entscheidungskompetenz der Disziplinargerichte ist an den Inhalt und den Umfang von Disziplinarklage oder -verfügung gebunden (§ 60 Abs. 2 BDG). So darf das Gericht nicht angeschuldigte Verfehlungen nicht zum Gegenstand seiner Entscheidung machen, auch nicht im Rahmen von Beweiserhebungen oder im Zuge einer mündlichen Verhandlung.[555] Es ist zu berücksichtigen, dass sich Inhalt und Umfang der Klage und Disziplinarverfügung nicht nur aus dem in der Klageschrift dargestellten Sachverhalt, sondern auch aus dem disziplinarrechtlichen Vorwurf eines Dienstvergehens, also der Verletzung einer konkreten beamtenrechtlichen Dienstpflicht ergibt.[556] Gelingt dem Dienstherrn der substantiierte Nachweis nicht, ist die Disziplinarklage abzuweisen (§ 60 Abs. 2 Satz 2 Nr. 2 BDG). Das Gericht darf aus dem vom Dienstherrn in der Disziplinarklageschrift dargestellten Sachverhalt keine andere als die angeschuldigte beamtenrechtliche Pflichtverletzung herleiten und zur Grundlage seiner Entscheidung machen.

Einem Beamten wird im Zuge einer Disziplinarklage die Ausübung einer ungenehmigten Nebentätigkeit über einen beträchtlich langen Zeitraum vorgeworfen. Dazu wird der schwerwiegende Vorwurf

---

[551] OVG Berlin-Brandenburg, 10.11.2011 – 80 D 6.09.
[552] BVerwG, 26.09.2014 – 2 B 14.14.
[553] BVerwG, 26.09.2014 – 2 B 14.14; OVG Berlin-Brandenburg, 10.11.2011 – 80 D 6.09.
[554] BVerwG, 25.01.2007 – 2 A 3.05 sowie 22.06.2006 – 2 C 11.05.
[555] BVerwG, 09.10.2014 – 2 B 60/14, ZBR 2015, S. 34.
[556] BVerwG, 09.10.2014 – 2 B 60/14, ZBR 2015, S. 34.

erhoben, der Beamte habe die ungenehmigte Nebentätigkeit während verschiedener Krankschreibungsphasen ausgeübt. Eine nähere Konkretisierung erfolgt in der Disziplinarklageschrift nicht.

Weiterhin wird dem Beamten im Rahmen der Disziplinarklage vorgeworfen, in einem sechsmonatigen Zeitraum an insgesamt 36 Tagen Fehlermeldungen auf seinem Gleitzeitkonto verursacht zu haben, die auf Kernzeitverletzungen durch fehlende Kommen- oder Gehen-Buchungen bzw. ein Unterschreiten der Mindestarbeitszeit zurückzuführen seien. Die Disziplinarklageschrift enthält insoweit u. a. den disziplinarrechtlichen Vorwurf des unerlaubten Fernbleibens vom Dienst sowie von Verstößen gegen die Gehorsamspflicht wegen Verstoßes gegen eine Dienstvereinbarung über die gleitende Arbeitszeit.

Hinsichtlich des Vorwurfs der Ausübung der ungenehmigten Nebentätigkeit während verschiedener Krankschreibungsphasen ist von einem wesentlichen Mangel des Verfahrens dann auszugehen, wenn sich auch aus dem Ermittlungsbericht bzw. einer Ausdehnungsverfügung keine Anhaltspunkte dafür ergeben, an welchen konkreten Krankheitstagen der Beamte der ungenehmigten Nebentätigkeit nachgegangen ist. In einem solchen Fall hat die Dienststelle mithin den Beamten nicht in die Lage versetzt, die Verteidigung darauf einzustellen und die Verfahrensrechte auszuüben. Wurde ein Vorwurf erstmalig in der Disziplinarklageschrift einem Beamten gegenüber erhoben oder formuliert, so läge ein wesentlicher Mangel des Verfahrens vor.

Grundsätzlich und in Bezug auf den weiteren Vorwurf ist wie folgt festzuhalten: Eine Verweisung auf die in der Disziplinarakte (z. B. Ermittlungsakte) enthaltenen Übersichten über ein Arbeitszeitkonto des betroffenen Beamten ist nicht zulässig. Durch eine derartige Verweisung auf die Behördenakten kann die Disziplinarklageschrift nicht mehr die ihr durch § 52 BDG a. F. zugedachte Eingrenzungs- und Informationsfunktion erfüllen. Die Klageschrift ist in einem solchen Fall nicht mehr aus sich heraus verständlich, sodass der Beamte sich nicht auf sie beschränken kann, um den genauen Gegenstand der gegen ihn erhobenen Vorwürfe und sein hiergegen mögliches Prozessverhalten bestimmen zu können.[557]

Zwar kann in einem Disziplinarverfahren, in dem einem Beamten eine Vielzahl gleichförmiger Taten zur Last gelegt wird, die durch

---

[557] VG Düsseldorf, 12.08.2024 – 38 K 5207/21.

eine gleichartige Begehungsweise gekennzeichnet wird, hinsichtlich der näheren individualisierenden tatsächlichen Umstände der Einzeltaten auf eine tabellarische Aufstellung verwiesen werden. Diese Aufstellung muss indes **Teil der Disziplinarklageschrift** sein, weil nur so der Sachverhalt, aus dem das Dienstvergehen hergeleitet wird, in dieser hinreichend bestimmt dargestellt ist.[558] Der Disziplinarklageschrift haftet insoweit ein wesentlicher Mangel an, die fehlende inhaltliche Bestimmtheit dieses disziplinarisch relevanten Sachverhalts steht einer Entscheidung in der Sache entgegen.

Gleichwohl kann eine Disziplinarkammer von einer Fristsetzung nach § 55 Abs. 3 Satz 1 BDG a. f. absehen, wenn beispielsweise die übrigen disziplinarischen Vorwürfe die Entfernung aus dem Beamtenverhältnis tragen.

4. Fristsetzung für Mängelbeseitigung

Nach § 55 Abs. 3 BDG a. F. kann das Verwaltungsgericht dem Dienstherrn eine Frist zur Beseitigung des Mangels setzen, den der Beamte rechtzeitig gerügt hat oder die das Gericht selbst als heilungsbedürftig ansieht.

Diese Frist muss jedenfalls so bemessen sein, dass dem Dienstherrn eine ausreichende bzw. angemessene Zeit zur Beseitigung der Mängel verbleibt. Werden die Mängel nicht rechtzeitig beseitigt, so hat dies zwingend die Einstellung des Verfahrens nach § 55 Abs. 3 Satz 3 BDG a. F. zur Folge. Es kann jedoch über § 55 Abs. 3 Satz 2 BDG a. F. i. V. m. § 53 Abs. 2 Satz 3 BDG eine Fristverlängerung beantragt werden. Dies muss zwingend vor Ablauf der festgesetzten Frist erfolgen.

Im Rahmen der Mängelbeseitigung ist es die Aufgabe des Dienstherrn, eine neue, mangelfreie Disziplinarklageschrift zu fertigen und diese bei dem Disziplinargericht einzureichen. Eine bloße Stellungnahme in einem Schriftsatz zu den Mängeln genügt nicht. Sofern die Mängel auf der Fehlerhaftigkeit des Disziplinarverfahrens beruhen, so sind die dort ggf. unterlassenen oder fehlerhaft vorgenommenen Handlungen nachzuholen.

---

[558] BVerwG, 17.07.2013 – 2 B 27/12.

Klageerwiderung des Beamten

Klageerwiderung des Beamten

1. Mängel des Verfahrens oder der Klageschrift

Eine vornehmliche Aufgabe besteht im Zuge der Klageerwiderung darin, Mängel des behördlichen Disziplinarverfahrens oder der Klageschrift gem. § 55 BDG a. F. innerhalb zweier Monate nach Zustellung der Disziplinarklage (oder der Nachtragsdisziplinarklage) darzulegen.

Im Weiteren ist es auch erforderlich, zu allen denkbar einschlägigen Milderungsgründen Tatsachenvortrag zu liefern. Auch ansonsten sind alle Umstände aufzuführen, die sich zugunsten des Beamten bei der Bemessung der Disziplinarmaßnahme auswirken können.

Eine häufig anzutreffende Fehlerhaftigkeit der Disziplinarklageschrift ist darin zu sehen, dass diese nicht geordnet und substanziell den konkreten Vorwurf bzw. die konkreten beamtenrechtlichen Dienstpflichtverletzungen darstellt.

Es ist im Weiteren anhand der Disziplinarklageschrift zu prüfen, ob die Angaben zur Person sowie zur beruflichen Vita richtig und vollständig sind. Der berufliche Werdegang hat sich auf den Status und die Verwendung des Beamten zu beziehen. Das Erfordernis, den beruflichen Werdegang des Beamten in sämtlichen Details in der Disziplinarklageschrift wiederzugeben, lässt sich weder dem BDG noch den Landesdisziplinargesetzen entnehmen.

Hinsichtlich des in der Disziplinarklageschrift enthaltenen „vorgeworfenen Sachverhalts" macht es auf Seiten des Beamten Sinn, den Sachverhalt aus eigener Sicht darzustellen und Beweisangebote (die Vernehmung von Zeugen sowie ggf. von Sachverständigen oder die Vorlage von Urkunden bzw. Inaugenscheinnahme) zu stellen.

2. Geständnis

Ein Geständnis hat grundsätzlich bereits vor der Beweisaufnahme und somit vor der Überführung zu erfolgen.

Sofern der Beamte zu einem Geständnis grundsätzlich bereit ist, sollte hiermit nicht zunächst „gepokert" werden. Vielmehr hat ein rechtzeitiges, freimütiges und möglichst umfassendes Geständnis einen wesentlich größeren Wert. Nicht sinnvoll ist die Verfolgung der sog. „Salamitaktik", wonach ein Sachverhalt nur dann zugestanden wird, wenn der Beamte praktisch schon überführt ist.

Vorläufige Dienstenthebung und Einbehaltung von Bezügen

Vorläufige Dienstenthebung und Einbehaltung von Bezügen

1. Vorläufige Dienstenthebung

Der Dienstherr kann unter den Voraussetzungen der §§ 38, 39 BDG eine vorläufige Suspendierung aussprechen sowie nach § 38 Abs. 2 und Abs. 3 BDG Dienstbezüge in Höhe von 50 Prozent bzw. 30 Prozent einbehalten. Die Vorschriften über die vorläufige Dienstenthebung und die Einbehaltung der Dienstbezüge gelten für die Beamten auf Probe und auf Widerruf entsprechend.

Im Vorfeld kann auch ein **Verbot der Führung der Dienstgeschäfte** (§ 66 BBG; § 39 BeamtStG) ausgesprochen werden. Hiernach kann Beamten aus zwingenden dienstlichen Gründen die Führung der Dienstgeschäfte verboten werden. Bei schweren disziplinaren Vorwürfen (wie des möglichen Verstoßes gegen Sexualstrafdelikte oder bei Korruption) liegen zwingende dienstliche Gründe vor. Sie können auch darin begründet sein, dass der betroffene Beamte die Ermittlungen erschwert.

Das Verbot der Führung der Dienstgeschäfte **erlischt**, wenn nicht bis zum Ablauf von drei Monaten gegen den Beamten ein Disziplinarverfahren oder ein sonstiges auf Rücknahme der Ernennung oder auf Beendigung des Beamtenverhältnisses gerichtetes Verfahren eingeleitet worden ist. Dies ist zu beachten.

Die vorläufige Dienstenthebung kann nur gleichzeitig mit oder nach der Einleitung eines Disziplinarverfahrens nach § 38 Abs. 1 Satz 1 BDG erfolgen.

	Vorläufige Suspendierung (Dienstenthebung)	Einbehalt von Bezügen/Ruhegehalt
Bund	§ 38 Abs. 1	§ 38 Abs. 2 und 3
Bund alt i. d. F. vom 09.07.2001/BGBl. I. S. 1510)	§ 38 Abs. 1	§ 38 Abs. 2 und 3
Baden-Württemberg	§ 22 Abs. 1	§ 22 Abs. 2 und 3
Bayern	Art. 39 Abs. 1	Art. 39 Abs. 2 und 3
Berlin	§ 38 Abs. 1	§ 38 Abs. 2 und 3
Brandenburg	§ 38 Abs. 1	§ 38 Abs. 2 und 3

	Vorläufige Suspendierung (Dienstenthebung)	Einbehalt von Bezügen/Ruhegehalt
Bremen	§ 38 Abs. 1	§ 38 Abs. 2 bis 4
Hamburg	§§ 37, 39	§§ 38, 39
Hessen	§ 43 Abs. 1	§ 43 Abs. 2 bis 4
Mecklenburg-Vorpommern	§ 40 Abs. 1 bis 2	§ 40 Abs. 3
Niedersachsen	§ 38 Abs. 1	§ 38 Abs. 2 bis 4
Nordrhein-Westfalen	§ 38 Abs. 1	§ 38 Abs. 2 bis 4
Saarland	§ 38 Abs. 1	§ 38 Abs. 2 bis 4
Sachsen	§ 38 Abs. 1	§ 38 Abs. 2 bis 4
Sachsen-Anhalt	§ 38 Abs. 1	§ 38 Abs. 2 bis 4
Schleswig-Holstein	§ 38 Abs. 1 Satz 1, Abs. 2	§ 38 Abs. 1 Satz 2-4
Thüringen	§ 42 Abs. 1 bis 4	§ 43 Abs. 1 bis 3

Die Vorschrift des § 38 Abs. 1 Satz 1 BDG gleicht der Vorschrift des § 22 Abs. 1 Satz 1 LDG BW. Nach allen übrigen Landesdisziplinargesetzen kann die für die Erhebung der Disziplinarklage zuständige Behörde einen Beamten gleichzeitig mit oder nach der Einleitung des Disziplinarverfahrens vorläufig des Dienstes unter den dort jeweils genannten Voraussetzungen entheben. Sofern im Anwendungsbereich des BDG oder der Landesdisziplinargesetze somit eine vorläufige Suspendierung vor Einleitung des Disziplinarverfahrens ausgesprochen wird, so ist diese Maßnahme rechtswidrig.

Sofern ein Beamter nach § 63 Abs. 1 BDG die Aussetzung der vorläufigen Dienstenthebung beantragt, so prüfen die Verwaltungsgerichte die formelle Rechtmäßigkeit der getroffenen Anordnungen. Die Entscheidung über die vorläufige Dienstenthebung und die Einbehaltung eines Teils der Dienstbezüge muss von der zuständigen Behörde nach Anhörung des Beamten erlassen werden. Mit Ausnahme des LDG BW ist dies in den Landesdisziplinargesetzen die für die Erhebung der Disziplinarklage zuständige Behörde.

Als eine im Wesentlichen auf Sicherung gerichtete vorübergehende Maßnahme während des laufenden Disziplinarverfahrens sind weder die vorläufige Dienstenthebung noch der Einbehalt von Bezügen von einer das behördliche Disziplinarverfahren abschließenden

– die vorläufige Maßnahme vielmehr konterkarierenden (vgl. § 39 Abs. 4 BDG) – Entscheidung abhängig, sondern können nach Einleitung des Disziplinarverfahrens grundsätzlich bei Vorliegen der Voraussetzungen jederzeit getroffen werden.

Im Anwendungsbereich des BDG ist auf vor dem 01.04.2024 eingeleitete Disziplinarverfahren weiterhin das Bundesdisziplinargesetz in der bis zum 31.03.2024 geltenden Fassung anzuwenden (§ 85 Satz 1 BDG). In seiner zum 01.04.2024 gültigen Neufassung hat § 38 BDG eine Änderung erfahren.

§ 38 BDG Zulässigkeit

(1) Die für den Erlass der Disziplinarverfügung zuständige Behörde kann einen Beamten gleichzeitig mit oder nach der Einleitung des Disziplinarverfahrens vorläufig des Dienstes entheben, wenn

1. im Disziplinarverfahren voraussichtlich die Entfernung aus dem Beamtenverhältnis oder die Aberkennung des Ruhegehalts erfolgen wird,

2. in einem wegen desselben Sachverhalts eingeleiteten Strafverfahren voraussichtlich eine Strafe verhängt wird, die den Verlust der Rechte als Beamter oder Ruhestandsbeamter zur Folge hat,

3. bei einem Beamten auf Probe oder einem Beamten auf Widerruf voraussichtlich eine Entlassung nach § 5 Absatz 3 Satz 2 dieses Gesetzes in Verbindung mit § 34 Absatz 1 Satz 1 Nummer 1 oder § 37 Absatz 1 Satz 1 des Bundesbeamtengesetzes erfolgen wird oder

4. durch sein Verbleiben im Dienst der Dienstbetrieb oder die Ermittlungen wesentlich beeinträchtigt würden und die vorläufige Dienstenthebung zu der Bedeutung der Sache und der zu erwartenden Disziplinarmaßnahme nicht außer Verhältnis steht.

Spricht die Behörde die Entfernung aus dem Beamtenverhältnis oder die Entlassung aus oder wird der Beamte in einem wegen desselben Sachverhalts eingeleiteten Strafverfahren erstinstanzlich zu einer Strafe verurteilt, die den Verlust der Rechte als Beamter zur Folge hat, so ist der Beamte vorläufig des Dienstes zu entheben, es sei denn, dass die vorläufige Dienstenthebung eine unbillige Härte für den Beamten zur Folge hätte.

[...]

§ 38 Abs. 1 Satz 1 BDG entspricht dem § 38 Abs. 1 Satz 1 BDG a. F. § 38 Abs. 1 Nr. 3 BDG entspricht weitgehend der Vorschrift des § 38 Abs. 1 Satz 1 Halbs. 2 BDG a. F. § 38 Abs. 1 Nr. 4 BDG entspricht der Regelung des § 38 Abs. 1 Satz 2 BDG a. F. Somit ist die Vorschrift in § 38 Abs. 1 Nr. 2 sowie § 38 Abs. 1 Satz 2 BDG neu.

Dogmatisch handelt es sich bei der vorläufigen Suspendierung um keine Disziplinarmaßnahme.[559]

---

[559] OVG Lüneburg, 24.03.2006 – 18 B 545/06.

Die **Suspendierung** sowie die **Einbehaltung** von Bezügen setzt die auf Tatsachen begründete Prognoseentscheidung voraus, dass im Disziplinarverfahren voraussichtlich auf Entfernung aus dem Beamtenverhältnis oder auf Aberkennung des Ruhegehalts erkannt werden wird. Nach der Rechtsprechung des BVerwG muss es aufgrund der gebotenen summarischen Prüfung des dem Beamten vorgeworfenen Sachverhalts überwiegend wahrscheinlich sein, dass gegen ihn die disziplinare Höchstmaßnahme verhängt werden wird. Aus den gesetzlichen Vorgaben des § 13 Abs. 1 Satz 2 bis 4 BDG folgt die Verpflichtung der obersten Dienstbehörde (und des Gerichts), über die erforderliche Disziplinarmaßnahme aufgrund einer auf prognostischer Gesamtwürdigung aller im Einzelfall belastenden und entlastenden Gesichtspunkte zu entscheiden. Gem. § 13 Abs. 1 Satz 2 bis 4 BDG ist die Disziplinarmaßnahme nach der Schwere des Dienstvergehens unter angemessener Berücksichtigung der Persönlichkeit des Beamten und des Umfangs der durch das Dienstvergehen herbeigeführten Vertrauensbeeinträchtigung zu bestimmen. Die Schwere des Dienstvergehens beurteilt sich zum einen nach Eigenart und Bedeutung der verletzten Dienstpflichten, Dauer und Häufigkeit der Pflichtenverstöße und den Umständen der Tatbegehung (objektive Handlungsmerkmale), zum anderen nach Form und Gewicht des Verschuldens und den Beweggründen des Beamten für sein pflichtwidriges Verhalten (subjektive Handlungsmerkmale) sowie nach den unmittelbaren Folgen für den dienstlichen Bereich und für Dritte.[560]

Die in § 38 BDG für den Dienstherrn eines Beamten zur Verfügung stehenden Anordnungen stehen grundsätzlich im pflichtgemäßen Ermessen der Disziplinarbehörde.[561] Die gerichtliche Prüfung ist deshalb gem. § 3 BDG i. V. m. § 114 Satz 1 VwGO darauf beschränkt, ob der Dienstherr die gesetzlichen Grenzen seines Ermessens überschritten oder von dem Ermessen in einer dem Zweck der Ermächtigung nicht entsprechenden Weise Gebrauch gemacht hat.

Das Merkmal „voraussichtlich" in § 38 Abs. 1 Satz 1 Nr. 1 BDG verlangt nicht, dass die Entfernung aus dem Beamtenverhältnis mit an Sicherheit grenzender Wahrscheinlichkeit ausgesprochen werden wird. Für die Entscheidung über einen Aussetzungsantrag nach § 63 BDG ist es vor allem nicht erforderlich, dass das dem Beamten vor-

---

560 BVerwG, 03.05.2007 – 2 C 9.06.
561 *Urban/Wittkowski*, BDG, § 38 Rn. 28.

geworfene Dienstvergehen zum Zeitpunkt der Anordnung der vorläufigen Dienstenthebung und der Einbehaltung von Dienstbezügen bereits in vollem Umfang nachgewiesen und aufgeklärt ist.[562] Da im Zusammenhang mit verwaltungsgerichtlichen Überprüfungen von Maßnahmen nach § 38 BDG für eingehende Beweiserhebungen kein Raum ist, beschränkt sich die Prüfung des Sachverhalts auf die Frage, ob anhand des bisherigen Ermittlungsergebnisses unter Berücksichtigung der vorhandenen Beweismittel und von Rückschlüssen, die durch die allgemeine Lebenserfahrung gerechtfertigt sind, zumindest der hinreichend begründete Verdacht eines Dienstvergehens besteht, das mit einem ausreichenden Grad von Wahrscheinlichkeit zur Entfernung des Beamten aus dem Dienst führen wird.[563]

Dies ist etwa der Fall, wenn ein Beamter etwa über einen Zeitraum von mehreren Jahren ohne Nebentätigkeitsgenehmigung einen Gewerbebetrieb (Autohandel) betreibt und hierbei durchgehend Umsätze in sechs- bis siebenstelliger Höhe erzielte. Ohne Bedeutung für das Vorliegen einer vorsätzlichen Pflichtverletzung der genannten Art ist es, dass seine (nicht genehmigte) Nebentätigkeit „weiterhin im Kollegen- und Vorgesetztenkreis" bekannt gewesen sei, da sich Kollegen mit entsprechenden Anliegen (etwa Beschaffung von Autoteilen oder Autos) an ihn gewandt hätten. Ein solcher Vortrag verfängt in rechtlicher Hinsicht schon deswegen nicht, weil die Nebentätigkeitsgenehmigung gem. § 99 Abs. 5 Satz 3 BBG der Schriftform bedarf und die Einbehaltung der Bestimmungen des Nebentätigkeitsrechts, insbesondere die Beantragung einer Nebentätigkeitsgenehmigung, grundsätzlich in der alleinigen Verantwortung des Beamten liegt (§ 40 BeamtStG).

§ 40 BeamtStG

Eine Nebentätigkeit ist grundsätzlich anzeigepflichtig. Sie ist unter Erlaubnis- oder Verbotsvorbehalt zu stellen, soweit sie geeignet ist, dienstliche Interessen zu beeinträchtigen.

Die Einführung einer bloßen Anzeigepflicht durch den Bundesgesetzgeber mit § 40 BeamtStG ist scharf zu kritisieren. Auch wenn in den entsprechenden Landesbeamtengesetzen jeweils die gleichen Versagungstatbestände bestehen, so wird den Beamten durch die bloße Anzeigepflicht nicht vorgehalten, dass diese die Beamtentätigkeit als ihren Hauptberuf anzusehen haben. Dies verlangt bereits die Pflicht zum vollen persönlichen Einsatz (§ 34 Abs. 1 Satz 1 BeamtStG).

---

[562] BVerwG, 28.11.2019 – 2 VR 3.19; *Urban/Wittkowski*, BDG, § 38 Rn. 14.
[563] OVG RP, 02.01.2024 – 11 B 11111/23.OVG.

Erschwerend könnte sich bei dem in Rede stehenden Vorwurf auswirken, dass sich die Tätigkeit des Beamten auch in seinem Gewerbebetrieb (Autohandel) offensichtlich nicht in einem formalen Verstoß gegen die nebentätigkeitsrechtliche Genehmigungspflicht erschöpft. So ist bei einem derart umfassenden Gewerbebetrieb die Auffassung nicht zu beanstanden, dass der von dem Beamten betriebene Autohandel als Zweitberuf gewertet wird. Hierfür maßgeblich sind die erzielten Umsätze des Unternehmens. Vor allem kommt es für die Einschätzung, wann sich eine Nebentätigkeit als Zweitberuf darstellt, über das Kriterium des zeitlichen Umfangs hinaus auf das Gesamtbild bzw. die Gesamtumstände des Betriebs an, namentlich auf die Art und den Charakter der Tätigkeit als gewerbsmäßige Dienst- und Arbeitsleistung.[564]

In einem solchen Fall ist voraussichtlich von einer Entfernung aus dem Dienst auszugehen.

Nach § 38 Abs. 1 Nr. 2 BDG kann gleichzeitig mit oder nach Einleitung eines Disziplinarverfahrens ein Beamter vorläufig des Dienstes enthoben werden, wenn in einem wegen desselben Sachverhalts eingeleiteten Strafverfahren voraussichtlich eine Strafe verhängt wird, die den Verlust der Rechte als Beamter oder Ruhestandsbeamter zur Folge hat. Die Vorschrift knüpft an § 41 BBG (§ 24 BeamtStG) an.

§ 41 BBG

(1) Werden Beamtinnen oder Beamte im ordentlichen Strafverfahren durch das Urteil eines deutschen Gerichts

1. wegen einer vorsätzlichen Tat zu einer Freiheitsstrafe von mindestens einem Jahr oder

2. wegen einer vorsätzlichen Tat, die nach den Vorschriften über Friedensverrat, Hochverrat, Gefährdung des demokratischen Rechtsstaates oder Landesverrat und Gefährdung der äußeren Sicherheit, Volksverhetzung oder, soweit sich die Tat auf eine Diensthandlung im Hauptamt bezieht, Bestechlichkeit strafbar ist, zu einer Freiheitsstrafe von mindestens sechs Monaten

verurteilt, endet das Beamtenverhältnis mit der Rechtskraft des Urteils. Entsprechendes gilt, wenn die Fähigkeit zur Wahrnehmung öffentlicher Ämter aberkannt wird oder wenn Beamtinnen oder Beamte aufgrund einer Entscheidung des Bundesverfassungsgerichts nach Artikel 18 des Grundgesetzes ein Grundrecht verwirkt haben.

(2) Nach Beendigung des Beamtenverhältnisses nach Absatz 1 besteht kein Anspruch auf Besoldung und Versorgung, soweit gesetzlich nichts anderes bestimmt ist. Die Amtsbezeichnung und die im Zusammenhang mit dem Amt verliehenen Titel dürfen nicht weiter geführt werden.

---

[564] OVG RP, 02.01.2024 – 11 B 11111/23.OVG; BayVGH, 05.08.2013 – 6 CE 13.1269.

§ 41 Abs. 1 Nr. 2 BBG bzw. § 24 Abs. 1 Nr. 2 BeamtStG wurde ergänzt durch die Aufführung der Volksverhetzung. Die Volksverhetzung ist in § 130 StGB geregelt.

Für den Verlust der Beamtenrechte nach § 41 BBG bzw. § 24 BeamtStG reicht es hierbei aus, dass eine Freiheitsstrafe von mindestens sechs Monaten verhängt wird. Dabei kommt es bei § 41 BBG sowie § 24 BeamtStG nicht darauf an, dass die Freiheitsstrafe auf Bewährung ausgesetzt wurde.

Eine Volksverhetzung liegt insbesondere vor, wenn der Täter gegen bestimmte Gruppierungen zu Hass- oder Gewalttaten aufruft bzw. aufhetzt oder bestimmte historische Ereignisse verleugnet oder verharmlost. Der Volksverhetzung strafbar macht sich nach § 130 Abs. 1 StGB, wer gegen Bevölkerungsgruppen oder gegen Einzelne aufgrund der Zugehörigkeit zu einer Bevölkerungsgruppe zu Hass aufstachelt oder zu Gewalt auffordert.

Strafbar macht sich auch, wer die Menschenwürde dadurch angreift, dass er Bevölkerungsgruppen oder Einzelne wegen der Zugehörigkeit zu einer bestimmten Bevölkerungsgruppe „beschimpft, böswillig verächtlich macht oder verleumdet".

Eine Bevölkerungsgruppe oder Teile einer Bevölkerungsgruppe sind solche, die durch ihre politische oder weltanschauliche Überzeugung oder durch soziale oder wirtschaftliche Verhältnisse als besondere Gruppe erkennbar sind. Beispiele sind z. B. Ausländer, Juden, Sinti und Roma, Flüchtlinge etc.

Vom Tatbestand umfasste Handlungen sind z. B. Hetzjagden, Parolen mit der Aufforderung zum Verlassen des Landes, Flugblätter, Posts und Kommentare im Internet oder in WhatsApp-Chats etc.

Eine bloße Äußerung kann den Straftatbestand der Volksverhetzung noch nicht erfüllen. Hinzukommen muss stets z. B. die Aufforderung zu Hass oder Gewalt gegen eine bestimmte Gruppe. Daher ist nicht jeder ausländerfeindliche Kommentar eine Straftat. So ist die Aufschrift auf einem Plakat „Die Überfremdung ist ein Kreuzzug gegen das eigene Volk" nicht als Volksverhetzung strafbar.

Nach § 130 Abs. 2 StGB ist unter Strafe gestellt, wenn die volksverhetzende Äußerung **verbreitet oder öffentlich zugänglich** gemacht wird. Ein Verbreiten kann z. B. durch ein Versenden via WhatsApp geschehen. Ein öffentliches Zugänglichmachen liegt bei den Teilen eines Internet-Posts oder eines YouTube-Videos vor.

In § 130 Abs. 3 und Abs. 4 StGB wird die Leugnung, Verharmlosung, Rechtfertigung oder Verherrlichung der nationalsozialistischen Herrschaft unter Strafe gestellt. Dies umfasst vor allem Fälle der Holocaustleugnung oder der sog. „Auschwitzlüge". Die Leugnung des Holocaust und der Verbrechen während der nationalsozialistischen Herrschaft ist seit 1994 mit Strafe bedroht.

§ 130 Abs. 5 StGB erfasst das Leugnen von Völkerstraftaten. Der Tatbestand wurde im Dezember 2022 neu eingeführt. Danach wird die Leugnung oder Verharmlosung von völkerrechtlichen Straftaten nach dem Völkerstrafgesetzbuch (VStGB) unter Strafe gestellt. Hierzu zählen u. a. Völkermord, Verbrechen gegen die Menschlichkeit und Kriegsverbrechen (vgl. §§ 6 ff. VStGB).

Hält sich die Wahrscheinlichkeit der Dienstentfernung mit derjenigen des Verbleibens im Dienst die Waage, ist die vorläufige Maßnahme unzulässig.[565] Soweit gegen einen Beamten der Verdacht besteht, ein Dienstvergehen begangen zu haben, welches eine strafgerichtliche Verurteilung erwarten lässt, die zu einer Beendigung des Beamtenverhältnisses kraft Gesetzes (§ 41 BBG, § 24 BeamtStG) führt, sind Maßnahmen nach § 38 BDG vorzunehmen. „Gnade vor Recht" kann hier nicht die Devise sein. Die klare Hervorhebung des Gesetzgebers ist zu begrüßen.

Während der Rechtswirksamkeit einer vorläufigen Dienstenthebung ruht die aktive Dienstleistungspflicht der Beamten. Deren Zweck besteht gerade darin, Beamten die weitere Erfüllung ihrer Dienstgeschäfte zu untersagen. Sie sind davon entbunden, sich während der vorgeschriebenen Arbeitszeit an dem vorgesehenen Ort aufzuhalten, um Dienstgeschäfte wahrzunehmen. Daher obliegt ihnen kein Dienst mehr, dem sie ungenehmigt und schuldhaft fernbleiben könnten.[566]

Nach § 38 Abs. 1 Satz 1 Nr. 4 BDG kann die oberste Dienstbehörde den Beamten außerdem vorläufig des Dienstes entheben, wenn durch sein Verbleiben im Dienst der Dienstbetrieb oder die Ermittlungen wesentlich beeinträchtigt würden und die vorläufige Dienstenthebung zu der Bedeutung der Sache und der zu erwartenden Disziplinarmaßnahme nicht außer Verhältnis steht.

---

[565] BVerwG, 18.12.1987 – 1 DB 27.87, BVerwGE 83, 376.
[566] BVerwG, 25.02.2010 – 2 B 126.09.

Kommt eine Dienstentfernung bzw. eine Aberkennung des Ruhegehalts erkennbar nicht in Betracht, so bedarf es eines besonderen Rechtfertigungsgrundes dafür, dass der Beamte suspendiert wird. Zwar ist die Suspendierung nach § 38 Abs. 1 Satz 1 Nr. 4 BDG auch dann zulässig, wenn etwa nur eine Degradierung zu erwarten ist, doch muss in diesem Fall erschwerend hinzukommen, dass durch das Verbleiben des Beamten im Dienst der Dienstbetrieb oder die Ermittlungen wesentlich beeinträchtigt würden und die vorläufige Dienstenthebung zu der Bedeutung der Sache und der zu erwartenden Disziplinarmaßnahme nicht außer Verhältnis steht. Die Verwaltungsgerichte können die Voraussetzungen nach § 38 Abs. 1 Satz 1 Nr. 4 BDG indes nur dann prüfen, wenn die oberste Dienstbehörde sich im Rahmen der Begründung der Ermessensentscheidung darauf ausdrücklich berufen hat.

Es müssen in der Ermessensentscheidung die besonderen Umstände dargelegt werden, warum durch das Verbleiben des Beamten im Dienst der Dienstbetrieb oder die Ermittlungen wesentlich beeinträchtigt werden. Eine Suspendierung kann gerechtfertigt sein, wenn die Anwesenheit des Beamten im Dienst die Ermittlungen wesentlich beeinträchtigt, was etwa bei Verdunklungsgefahr, bei der konkreten Gefahr der Beeinflussung von Zeugen in Betracht kommt. Denn dann droht die Gefahr, dass die Ermittlung der Wahrheit erschwert wird. Gerade im Über-/Unterordnungsverhältnis kann dies u. a. bedeutsam sein, wenn sich die Ermittlung also gegen Vorgesetzte richtet.

Kommt im Rahmen der Prognoseentscheidung höchstens die Verhängung eines Disziplinarmaßes in Form eines Verweises oder einer Geldbuße in Betracht, scheiden die vorläufigen Maßnahmen nach § 38 BDG von vornherein aus. Umgekehrt dürfen dann, wenn die Entfernung aus dem Beamtenverhältnis unter Berücksichtigung der nach § 13 Abs. 1 BDG vorzunehmenden Prognose überwiegend wahrscheinlich ist, an die Begründung der vorläufigen Maßnahme grundsätzlich keine übermäßigen Anforderungen gestellt werden.[567]

Spricht die Behörde die Entfernung aus dem Beamtenverhältnis oder die Entlassung aus oder wird der Beamte nach einem wegen desselben Sachverhalts eingeleiteten Strafverfahrens erstinstanzlich zu einer Strafe verurteilt, die den **Verlust der Rechte als Beamter** zur Folge hat, so ist **der Beamte vorläufig des Dienstes zu entheben**, es

---

[567] OVG Bautzen, 22.12.2008 – D 6 A 582/08.

sei denn, dass die vorläufige Dienstenthebung eine unbillige Härte für den Beamten zur Folge hätte. Diese neu eingefügte Vorschrift in § 38 Abs. 1 Satz 2 BDG führt somit eine gebundene Entscheidung ein. Es besteht somit kein pflichtgemäßes Ermessen. Derartige Fallgestaltungen ergeben sich nicht nur bei sog. Verfassungsfeinden, sondern auch bei allen übrigen schweren Dienstvergehen. Die Regelung erleichtert insbesondere den Dienstherren des Bundes eine ansonsten oft schwierige Begründung für den Ausspruch der vorläufigen Suspendierung. Es wäre sehr zu begrüßen, wenn die Landesdisziplinargesetze dem Vorbild des Bundes zumindest diesbezüglich folgen würden. Kritisch zu werten ist die Abschaffung des Rechtsinstituts der Disziplinarklage im BDG seit dem 01.04.2024. Die erhoffte Beschleunigung des Disziplinarverfahrens gerade gegenüber Beamten, die schwere Dienstvergehen begangen haben, wird hiermit kaum erreicht werden. Den Beamten verbleibt zwar im Bereich des Bundes die Tatsacheninstanz vor dem Verwaltungsgericht. Doch wenn diese nicht hinreichend entlastet werden, tritt auch hier die allgemeinübliche Verfahrensdauer bei den Verwaltungsgerichten zutage.

2. Einbehaltung von Dienstbezügen

Zusammen mit oder auch zeitlich nach der Suspendierung kann die zuständige Behörde anordnen, dass bei Beamten bis zu 50 Prozent der monatlichen Dienst- oder Anwärterbezüge und bei Ruhestandsbeamten bis zu 30 Prozent des Ruhegehalts einbehalten werden. Auch dies setzt freilich voraus, dass die Voraussetzungen des § 38 Abs. 1 BDG zu bejahen sind.

Bei Ausübung des pflichtgemäßen Ermessens hat sich diese an dem Grundsatz der amtsangemessenen Alimentation eines Beamten auszurichten. So darf die Einbehaltung wegen ihres vorläufigen Charakters nicht zu existenzgefährdenden wirtschaftlichen Beeinträchtigungen oder nicht wiedergutzumachenden Nachteilen führen.[568] Der Beamte darf durch den Einbehalt nicht sehenden Auges in eine wirtschaftliche Notsituation gebracht werden. So darf ihm auch nicht die Möglichkeit zur Tilgung von Schulden genommen werden. Erfasst werden können dabei jedoch nur solche Kreditverbindlichkeiten, die vor der Anordnung der Suspendierung bzw. der Einbehaltung der Dienstbezüge eingegangen wurden. Den Beamten trifft

---

[568] BVerwG, 21.11.2000 – 1 DB 23.00.

bei den Ermittlungen der wirtschaftlichen Verhältnisse eine **Mitwirkungspflicht** und so haben sie entsprechende finanzielle Verhältnisse, wozu eben auch Kreditverbindlichkeiten etc. zählen, nachzuweisen. Wirkt der Beamte gegenüber der Dienstbehörde nicht mit, so kann diese letztlich aus dem Rechtsgedanken des § 444 ZPO das Fazit ziehen, dass der Beamte keine zu berücksichtigenden finanziellen Belastungen hat. Dies setzt voraus, dass der Dienstbehörde solche finanziellen Belastungen nicht anderweitig bekannt geworden sind. Auf diese Mitwirkungspflicht ist der Beamte seitens der zuständigen Behörde ausdrücklich hinzuweisen. Zu empfehlen ist eine Fristsetzung zur Erfüllung der Mitwirkungspflicht.

Nach geltender Rechtslage der Landesdisziplinargesetze sowie des BDG in der Fassung bis 01.04.2024 kann die Disziplinarbehörde einen Beamten jederzeit ab Einleitung des Disziplinarverfahrens vorläufig des Dienstes entheben und bis zu 50 Prozent der monatlichen Bezüge einbehalten, wenn der Beamte voraussichtlich aus dem Beamtenverhältnis zu entfernen ist. Nach dem BDG in der Fassung ab 01.04.2024 wurde in § 38 Abs. 1 Satz 2 sowie in Abs. 2 Satz 2 und in Abs. 3 Satz 2 BDG eine gebundene Entscheidung eingefügt. Der Beamte ist daher zwingend des Dienstes zu entheben, sobald die Disziplinarbehörde gegenüber dem Beamten die Entfernung aus dem Beamtenverhältnis ausspricht. Gleiches gilt, wenn der Beamte in einem wegen desselben Sachverhalts eingeleiteten Strafverfahren erstinstanzlich zu einer Strafe verurteilt wurde, die den Verlust der Rechte als Beamter zur Folge hat.

Zugleich ist der Einbehalt von Teilen der Bezüge oder – wenn gegenüber einem Ruhestandsbeamten die Aberkennung des Ruhegehalts ausgesprochen wird – des Ruhegehalts zwingend anzuordnen.

Werden Teile der Beamtenbezüge oder des Ruhegehalts vorläufig einbehalten, verfallen diese unter den Voraussetzungen des § 40 BDG. Die Regelung gilt für Fälle, in denen der Beamte aufgrund eines Verstoßes gegen die beamtenrechtliche Verfassungstreuepflicht aus dem Dienst entfernt oder ihm gegenüber die Aberkennung des Ruhegehalts ausgesprochen wurde. Verfallen die einbehaltenen Bezüge nach § 40 Abs. 1 Nr. 1 BDG und ist die Gewährung eines **Unterhaltsbeitrags** nach § 10 Abs. 3 Satz 4 Nr. 1 oder Nr. 2 BDG ausgeschlossen, so hat der Beamte oder der Ruhestandsbeamte die seit der Zustellung der Disziplinarverfügung an ihn gezahlten Bezüge zu erstatten. Verfallen die einbehaltenen Bezüge nach Absatz 1 Nr. 2 und wurde in sämtlichen in dem Verfahren ergangenen Entscheidungen eine Strafe verhängt, die den Verlust der Rechte als Beamter oder Ruhestandsbeamter nach § 41 Abs. 1 Satz 2 Nr. 2 BDG oder nach § 59 Abs. 1 Satz 1 Nr. 1 oder Nr. 2 Buchst. b des BeamtVG zur Folge hat, so hat der Beamte oder der Ruhestandsbeamte die seit der Verkündung des erstinstanzlichen Urteils an ihn gezahlten Bezüge zu erstatten. Die Erstattungspflicht nach § 40 Abs. 2 Satz 1 oder Satz 2 BDG besteht nur, soweit die gezahlten Beträge den sich aus § 38 Abs. 2 Satz 4 BDG ergebenden Betrag übersteigen. Sie entfällt, wenn eine Unterhaltsleistung nach § 80 BDG gewährt wird. Nach § 80 Abs. 1 BDG kann im Falle der Entfernung aus dem Beamtenverhältnis oder der Aberkennung des Ruhegehalts die zuletzt zuständige oberste Dienstbehörde dem ehemaligen Beamten oder ehemaligen Ruhestandsbeamten, der gegen das Verbot der Annahme von Belohnungen oder Geschenken verstoßen hat, die Gewährung einer monatlichen Unterhaltsleistung zugesagt werden, wenn er sein Wissen über Tatsachen offenbart hat, deren Kenntnis dazu beigetragen hat, Straftaten, insbesondere nach den §§ 331 bis 335 StGB, zu verhindern oder über seinen eigenen Tatbeitrag hinaus aufzuklären. Die Unterhaltsleistung ist als Prozentsatz der Anwartschaft auf eine Altersrente, die sich aus der Nachversicherung ergibt, oder einer entsprechenden Leistung aus der berufsständischen Alterssicherung mit folgenden Maßgaben festzusetzen:

1. Die Unterhaltsleistung darf die Höhe der Rentenanwartschaft aus der Nachversicherung nicht erreichen;

2. Unterhaltsleistung und Rentenanwartschaft aus der Nachversicherung dürfen zusammen den Betrag nicht übersteigen, der sich als Ruhegehalt nach § 14 Abs. 1 des Beamtenversorgungsgesetzes ergäbe.

Der Rückerstattungsanspruch korrigiert finanzielle Fehlanreize, die dadurch entstehen können, dass die Beamten den Abschluss des Disziplinarverfahrens oder des Strafverfahrens nur deshalb hinauszögern, um die partielle Fortalimentation möglichst lange zu erhalten. Die Regelung soll somit ebenfalls der Beschleunigung des Disziplinarverfahrens dienen.

Die zuständige Behörde verletzt den Grundsatz der amtsangemessenen Alimentation und überschreitet ihr Ermessen, wenn der für den Lebensunterhalt verbleibende Betrag keinen hinreichenden Abstand zu dem Regelsatz der Sozialhilfe wahrt.[569]

---

[569] BVerwG, 22.05.2000 – 1 DB 8/00.

Gem. § 38 Abs. 5 BDG kann die zuständige Behörde die Maßnahmen nach Absatz 1 bis 3 jederzeit ganz oder teilweise aufheben.

3. Rechtsschutz

Die vorläufige Dienstenthebung oder die Einbehaltung von Bezügen sind vom Verwaltungsgericht auszusetzen, wenn ernstliche Zweifel an ihrer Rechtmäßigkeit bestehen. Ernstliche Zweifel i. S. v. § 63 Abs. 2 BDG sind gegeben, wenn im Aussetzungsverfahren bei einer summarischen Prüfung der Sach- und Rechtslage neben den für die Rechtmäßigkeit sprechenden Umständen gewichtige gegen die Rechtmäßigkeit sprechende Gründe zutage treten, die zur Unentschiedenheit oder Unsicherheit in der Beurteilung der Rechtsfragen oder Unklarheit in der Beurteilung der Tatfragen führen. Es ist nicht erforderlich, dass die für die Rechtswidrigkeit der Anordnung nach § 38 BDG sprechenden Gründe überwiegen; der Erfolg des Antrags muss nicht wahrscheinlicher sein als der Misserfolg. Es reicht aus, dass der Erfolg des Rechtsbehelfs ebenso wenig auszuschließen ist wie sein Misserfolg.[570] Wird seitens des Verwaltungsgerichts der Antrag des Beamten gem. § 63 BDG auf Aussetzung der gem. § 38 Abs. 1 und Abs. 2 BDG angeordneten vorläufigen Dienstenthebung sowie des Einbehalts von 50 v H. der monatlichen Dienstbezüge abgelehnt, so kann hiergegen gem. § 67 Abs. 3 BDG i. V. m. § 146 Abs. 4 VwGO Beschwerde erhoben werden. Die von dem Beamten gegen ein vorinstanzliches Ergebnis dargelegten Gründe, auf die sich die Prüfung der Beschwerde gem. § 67 Abs. 3 BDG i. V. m. § 146 Abs. 4 Satz 6 VwGO zu beschränken hat, müssen eine Abänderung des angefochtenen Beschlusses rechtfertigen.

Aus Sicht der von einem Disziplinarverfahren betroffenen Beamten ist zu empfehlen, gegen die vorläufige Dienstenthebung bzw. gegen den Einbehalt von Bezügen nur dann das Verfahren nach § 63 BDG auf Aussetzung der vorläufigen Maßnahmen einzuleiten, wenn wirklich ernstliche Zweifel bestehen. Denn zu berücksichtigen ist der Umstand, dass in dem Verfahren nach § 63 BDG keine Beweisaufnahme erfolgt. Es handelt sich um eine rein summarische Prüfung des Verwaltungsgerichts. Nicht zwingend, aber häufig ist mit einer Entscheidung des Verwaltungsgerichts oder des OVG/VGH

---

[570] BVerwG, 28.11.2019 – 2 VR 3.19 sowie 12.08.2021 – 2 VR 6.21; OVG Lüneburg, 13.05.2005 – 3 ZD 1/05; HessVGH, 24.03.2016 – 28 A 2764/15.D sowie OVG RP, 02.01.2024 – 11 B 11111/23.OVG.

eine Präjudizwirkung verbunden. Dies gilt auch aus Sicht der Dienststelle, wenn das Verwaltungsgericht auf den Aussetzungsantrag des Beamten hin keine ernstlichen Zweifel an der Rechtmäßigkeit der vorläufigen Dienstenthebung und des Einbehalts von Bezügen feststellt.

Gem. § 63 Abs. 1 BDG kann der Beamte die Aussetzung der vorläufigen Dienstenthebung oder der Einbehaltung von Dienst- oder Anwärterbezügen beim Verwaltungsgericht beantragen. Gleiches gilt für die Ruhestandsbeamten.

Der Antrag selbst ist an keine Frist gebunden. Er hat indes keine aufschiebende Wirkung. Es kann nur der Antrag auf Aussetzung gestellt werden. Allgemeine Klageanträge i. S. d. § 42 VwGO sind ausgeschlossen.[571]

Der Beamte muss im Rahmen des Antrags klarstellen, ob sowohl die vorläufige Dienstenthebung als auch die Bezügeeinbehaltung angezweifelt werden.

Das Verwaltungsgericht kann nur über die Aussetzung oder die Ablehnung des Antrags der angefochtenen Anordnung entscheiden, also die Anordnungen nicht selbst inhaltlich ändern. Vor der Entscheidung hat das Verwaltungsgericht der zuständigen Dienstbehörde (§ 34 Abs. 2 BDG) Gelegenheit zur Äußerung zu geben.

Gegen den Beschluss des Verwaltungsgerichts ist die Beschwerde nach § 67 BDG gegeben.

Zuständig für Anträge auf Aussetzung vorläufiger Maßnahmen ist das Gericht, bei dem das Disziplinarverfahren (bereits) anhängig ist. Ist das Verfahren bereits beim OVG (bzw. VGH) anhängig, so ist der Aussetzungsantrag dort zu stellen.

---

[571] VG Berlin, 08.07.2014 – 80 K 25.13 OL.

Verbot der Führung der Dienstgeschäfte

Verbot der Führung der Dienstgeschäfte

1. Führung der Dienstgeschäfte

Nach § 39 BeamtStG, § 66 BBG ist mit besonderer Begründung ein Verbot der Führung der Dienstgeschäfte aus zwingenden dienstlichen Gründen bis zur Dauer von drei Monaten zulässig. Die Maßnahme muss unerlässlich sein, um die sachgerechte Wahrnehmung der dienstlichen Aufgaben sicherzustellen; es müssen im Anwendungsbereich des § 60 Abs. 1 BBG mit großer Wahrscheinlichkeit schwerwiegende Beeinträchtigungen der Funktionsfähigkeit der Verwaltung, Dritter oder des Beamten selbst im Falle der Fortführung der Amtsgeschäfte drohen.[572] Aus Gründen der Fürsorgepflicht sind die Gründe „zwingend", wenn sie dem Dienstherrn nicht zumutbar sind. Für die oberste Dienstbehörde oder die von ihr bestimmte Behörde besteht hierbei ein Beurteilungsspielraum, der aber gerichtlich überprüfbar ist.[573]

Wird bei einem Dienstvergehen ein Disziplinarverfahren eingeleitet, in dem voraussichtlich auf Entfernung aus dem Dienst oder auf Aberkennung des Ruhegehalts erkannt werden wird, kann eine vorläufige Dienstenthebung nach § 38 ff. BDG die Folge sein. Die Suspendierung ist anders als das Verbot der Führung der Dienstgeschäfte nach § 66 BBG nicht zeitlich begrenzt.

Das Verbot erlischt automatisch nach drei Monaten (§ 66 Satz 2 BBG), sodass der Beamte spätestens dann die Tätigkeit in der Dienststelle wieder aufnehmen muss. Sofern zwischenzeitlich ein Disziplinarverfahren von Amts wegen eingeleitet worden ist, weil genügend tatsächliche Anhaltspunkte vorliegen, die den Verdacht eines Dienstvergehens rechtfertigen, verlängert sich die Dreimonatsfrist. Das gilt auch, wenn ein Verfahren auf Rücknahme der Ernennung (§ 14 BBG) oder Beendigung des Beamtenverhältnisses (§ 31 ff. BBG) eingeleitet worden ist.[574]

2. Rechtsstellung des Beamten

Die Rechtsstellung von Beamten bleibt während der Suspendierung nach § 66 BBG unverändert. Sie unterliegen insoweit allen Rechten und Pflichten aus dem Beamtenverhältnis und müssen sich bereithalten, jederzeit den Dienst wieder aufzunehmen. Die Suspendierung betrifft auch die Möglichkeit, eine andere Tätigkeit wahrzunehmen. Dieses ist nur im Rahmen des Nebentätigkeitsrechts möglich (§ 97 ff. BBG). Hat der Beamte eine Amtshandlung verbotswidrig vorgenommen, so ist diese trotzdem wirksam.

---

[572] OVG Lüneburg, 21.01.2009 – 5 MW 110/08.
[573] OVG Lüneburg, 21.01.2009 – 5 MW 110/08.
[574] *Lenders/Peters/Weber/Grunewald/Lösch*, § 67 BBG, Rn. 715.

Zeuge und Aussagepsychologie

Zeuge und Aussagepsychologie

1. Ziel der Zeugenvernehmung

Wahrnehmungen und Erinnerungen so gut wie möglich in der Befragungssituation rekonstruieren.

2. Vernehmungsbedingungen

Zu den Bedingungen gehört z. B. die Befassung damit,

- wo die Vernehmung stattfindet,
- ob die Aussage aufgezeichnet wird,
- wie lange die Vernehmung dauert,
- wer dabei ist und
- wer den Zeugen befragt.

3. Art der Vernehmung

Bei der Art der Vernehmung kann schon die Ladung von Bedeutung sein, wenn sie dem Zeugen Aufschluss über den Sachverhalt gibt, zu dem er befragt werden soll, z. B. wenn darin Einzelheiten über den Vorwurf genannt werden.

Dem Vernommenen wird die Vernehmungsatmosphäre in der Regel fremd sein.

Zeugen sind immer in Abwesenheit anderer Zeugen zu hören.

Ihre Erinnerung soll nicht durch die Erinnerung anderer verändert werden.

Zudem sollen sie sich nicht auf zuvor geführte Gespräche mit anderen inhaltlich festgelegt fühlen.

4. Aussageverhalten

Vernehmende lassen sich bei der Beurteilung der Aussage vielfach von ihrem Gefühl beeinflussen. Dabei spielt der Eindruck, den der Zeuge macht, eine oft entscheidende Rolle.

Oft wird die Glaubhaftigkeit allein nach dem Motto geprüft: „Macht der Zeuge ein trauriges Gesicht, wird er auch etwas Trauriges erlebt haben."

Dann geht es mehr um den Eindruck von Zeugen als um die Qualität seiner Aussage. Dies kann zu fatalen Fehleinschätzungen führen.

5. Dokumentation der Vernehmung

Die Dokumentation der Vernehmung erfolgt in aller Regel durch ermittlungsführende Beschäftigte.

Eine Videovernehmung ist höchst zweifelhaft.

Es empfiehlt sich die Tonbandaufzeichnung.

Alternativ kann die Vernehmung auch gleich im PC/Notebook geschrieben werden, sodass sie noch vor Ort vom Zeugen gelesen und genehmigt und auch unterschrieben werden kann.

Erfolgt die Vernehmung der Zeugen per Tonbandaufnahme, so ist die Tonbandaufzeichnung im Zweifel nochmals vorzuspielen. Es kann dann abgeschlossen werden mit den Worten: „Wie vorgespielt genehmigt."

„Genehmigt" hängt davon ab, ob der Zeuge nickt oder ausdrücklich zustimmt.

Protokolle nicht löschen, bevor das Disziplinarverfahren abgeschlossen ist.

6. Vernehmungsbedingungen

Im Folgenden werden Vernehmungsbedingungen nicht unter rechtlichen, sondern ausschließlich unter aussagepsychologischen Erkenntnissen und Fragestellungen erörtert.

7. Wartezeiten

Bei Gericht und auch in behördlichen Disziplinarverfahren kommt es vor, dass Zeugen lange warten müssen, bis sie ihre Aussage machen. Wartezeiten können Stress bedeuten, der sich auf die Erinnerungsfähigkeit auswirken kann. Außerdem bietet eine zu enge Taktung der Beweisaufnahme den Zeugen die Gelegenheit, sich abzustimmen.

8. Ort der Vernehmung

Der Ort der Vernehmung sollte „abhörsicher" sein. Es dürfen keine von außen oder auch von innen gut einsehbaren Räume sein.

Eine Vernehmung in einem lichtdurchfluteten Raum im Erdgeschoss in Höhe der Parkplätze widerspricht dem Grundsatz der Nichtöffentlichkeit der disziplinarbehördlichen Beweisaufnahme.

9. Dauer der Vernehmung

Bei erwachsenen Zeugen findet die Dauer der Vernehmung rechtlich dort ihre Grenze, wo es zu Beeinträchtigungen der Willensfreiheit bis zur Erschöpfung der Willenskraft kommt oder ein solcher Zustand ausgenutzt wird.

Sinnvoll ist es, dass für alle Beteiligten im Rahmen der Beweisaufnahme zumindest seitens der Behörde ein Getränk zur Verfügung gestellt wird (Wasser, Kaffee oder Tee).

10. Anwesenheit Dritter bei der Vernehmung

Die Anwesenheit eines Dritten birgt grundsätzlich die Gefahr der (non)verbalen Beeinflussung. Dritte sind beispielsweise der Zeugenbestand.

Gehemmtheit des Zeugen.

Zeuge fühlt sich gegenüber Vertrauensperson festgelegt.

Reaktion des Dritten.

Anwesenheit der Eltern.

11. Anwesenheit des Beschuldigten bei der Vernehmung des Zeugen

Der Bevollmächtigte kann nicht ausgeschlossen werden; dies gilt absolut uneingeschränkt bei Rechtsanwältinnen/Rechtsanwälten.

Bei dem Beschuldigten darf infolge seiner Anwesenheit der Untersuchungszweck nicht gefährdet sein, was der Fall ist, wenn etwa der Zeuge in Anwesenheit des Beschuldigten nicht die Wahrheit sagen wird.

12. Durchführung der Vernehmung

Schon der Text der Ladung kann für die Aussage von Bedeutung sein. Die Ladung eines Zeugen muss erkennen lassen, dass er als

Zeuge vernommen werden soll. Der Name des Beschuldigten ist anzugeben, wenn der Zweck der Untersuchung es nicht verbietet, der Gegenstand der Beschuldigung nur dann, wenn dies zur Vorbereitung der Aussage durch den Zeugen erforderlich ist. Vielfach wird auf Ladungen auch der Vorwurf benannt, z. B. so: „In dem Disziplinarverfahren gegen Herrn X wegen Arbeitszeitbetrugs werden Sie zur Vernehmung am ... als Zeuge geladen." Wurde der Zeuge bereits zuvor bei der Polizei oder StA gehört, so kann er sich bei dieser Formulierung innerlich bestätigt fühlen. Schon allein daraus, dass er nach der polizeilichen Vernehmung noch mal bei Ihnen als Zeuge vernommen wird, schließt der Zeuge vielfach auf die Wichtigkeit seiner Aussage. Laut *Arntzen* (Vernehmungspsychologie, 3. Auflage, 2008) spielt die Persönlichkeit des Vernehmenden eine wichtige Rolle bei der Vernehmung. Vornehmlich geht es um

- Vernehmungsstil
- Gehemmtheit des Vernehmenden, z. B. bei Verfahren mit großer Öffentlichkeitswirkung
- Ermüdung des Vernehmenden
- Objektivität der Vernehmung

Es kommt vor, dass der Vernehmende in der Sache schlecht vorbereitet ist, was Zeugen in der Regel bemerken, und dann die Gefahr besteht, dass relevante Fragen nicht gestellt werden, sodass dem Vernehmenden die Vernehmung insgesamt aus der Hand gleitet.

13. Spezialkenntnisse

Planung, Strukturierung und Durchführung einer Vernehmung sind eng an das Wissen um aussage- und vernehmungspsychologische Gesetzmäßigkeiten gebunden.

Bei der Vernehmung des Zeugen gilt dem Grunde nach das Gleiche wie bei der Vernehmung des Beschuldigten: Die Fragen sollte die ermittelnde Person vorher schon in das Protokoll aufnehmen.

Der Sachverhalt ist nach den einzelnen Handlungen und innerhalb der Handlungen nach den Pflichtverletzungen nach dem BBG und dem BeamtStG zu strukturieren.

14. Subjektive Einschätzung des Erkennens von Täuschungen

Untersuchungen zeigen, dass die Treffsicherheit im Erkennen von Täuschungen von den Vernehmenden selbst meist als viel besser eingeschätzt wird, als sie tatsächlich ist. Vielfach liegt sie nur im Zufallsbereich oder knapp darüber, wobei unklar ist, worauf die Vernehmenden ihre Einschätzungen stützen.

15. Aussagepsychologische Kenntnisse

Durch ihr Vernehmungs- und Protokollierungsverhalten verhindern die Vernehmenden, dass Zeugen eine qualitativ hochwertige Aussage machen. Bestes Beispiel ist, dass vielfach Zeugen aufgefordert werden, in „chronologischer Reihenfolge" zu berichten, obwohl die unstrukturierte Aussageweise (zeitlich hin- und herspringen) ein hochwertiges Glaubhaftigkeitskriterium ist.

Für einen bewusst falsch aussagenden Zeugen wäre es sehr schwierig, eine umfangreiche Aussage derart unstrukturiert vorzutragen, ohne dabei irgendwelche Widersprüche zu produzieren. Gleiches gilt für nebensächliche Einzelheiten, die für den Zeugen in der besonderen Situation von Bedeutung sind und sich in erfundenen Aussagen eher nicht finden.

16. Kommunikationsprozess zwischen Fragendem und Befragtem

Die während der disziplinarrechtlichen Vernehmung entstehende Protokollaussage repräsentiert eine „prozessuale Wahrheit", die zum einen von den Wahrnehmungs-, Erinnerungs- und Rekonstruktionsleistungen des Zeugen und zum anderen von den kommunikativen Techniken und Kompetenzen des Vernehmenden bestimmt wird. Für den Zeugen ist die Vernehmung ein seltenes Ereignis. Der Vernehmende sollte seine erste Vernehmung nicht als spannendes und aufregendes Ereignis bezeichnen oder vorleben.

Zeugen, die versuchen, die vom Vernehmenden gestellten Fragen umzuformulieren, weil sie nur so einen Sinn ergäben, sind zurückzuweisen. Die Fragen formuliert die ermittlungsführende Person!

17. Bluffen

Bestimmte Anwaltsbüros heben ihre vermeintliche Bedeutung hervor und lassen andere sich in dem Glauben verstricken, dieses Anwaltsbüro würde niemals einen Gauner oder einen pflichtuntreuen Beamten vertreten.

Meistens steckt dahinter eine zentrale Verteidigungsstrategie, die aber auch die einzige ist, weil der Anwalt dem Grunde nach weiß, was sein Klient „ausgefressen" hat.

18. Informatorisches Vorgespräch

Es macht Sinn, dass die ermittelnde Person vor der eigentlichen Protokollierung über die Bedeutung und über das Verfahren berichtet. Schon allgemein sollte auf die Notwendigkeit der Belehrung und auf die Notwendigkeit hingewiesen werden, die Wahrheit sagen zu müssen. Auf diese Weise kann man sich von dem Zeugen schon ein gewisses Bild machen. Oftmals schwindet dadurch schon ein Teil der Angespanntheit/Nervosität.

Kontrollieren Sie das eigene Verhalten!

Auch der Zeuge und der Beschuldigte beobachten das verbale und nonverbale Verhalten der ermittelnden Person. Nickt sie zustimmend zu dem, was der Zeuge ihr erzählt, runzelt sie die Stirn oder schaut sie skeptisch, erfährt der Zeuge, wie seine Aussage bei ihr „ankommt".

Fühlt er sich verstanden, wird er seine Aussage so fortsetzen, im anderen Fall womöglich inhaltlich ändern.

Es kommt auch vor, dass Vernehmende dem Zeugen schon über die bisherigen Ermittlungen berichten und diesem gegenüber kundtun, ob seine Aussagen im Widerspruch zu anderen oder in Übereinstimmung dazu stehen, sodass der Zeuge seine Aussage auch daran anpassen kann.

Viele Weichen können für die sich anschließende förmliche Vernehmung also schon in einem solchen Vorgespräch gestellt werden.

19. Belehrung zur Wahrheit, § 57 StPO

Bei der Belehrung sind aus vernehmungspsychologischer Sicht folgende Dinge zu beachten:

- genügend Zeit für die Belehrung
- Belehrung in verständlicher Sprache

- Darlegung der Notwendigkeit einer aufrichtigen Aussage und Schaden einer Falschaussage
- Wiederholung, Ergänzung und Akzentuierung der Belehrung im Laufe der Vernehmung
- Belehrung über die Erforderlichkeit der erneuten Aussage in einem gerichtlichen Disziplinarverfahren
- Vorstellung der einzelnen Verfahrensbeteiligten und ihrer Funktion im Rahmen der Vernehmung

20. Angaben zur Person

Der Zeuge ist verpflichtet, seine Personalien anzugeben. Anzugeben sind Vor- und Zuname, das Alter, das Gewerbe und der Wohnort.

21. Belehrung nach § 52 StPO

Verwandtschaftsverhältnis

22. Belehrung nach § 55 StPO

Der Zeuge kann die Antwort auf eine Frage dann verweigern, wenn er sich mit ihrer Beantwortung der Gefahr der Strafverfolgung aussetzen würde.

In der Praxis werden Zeugen aber meist falsch so belehrt, dass sie die Aussage dann verweigern können, wenn sie sich mit der Beantwortung der Frage selbst belasten müssten.

Daraus folgt, dass immer dann, wenn der Zeuge nicht antwortet, er sich belasten würde, wenn er antwortet. Man kann sich vorstellen, dass Zeugen davor in der Regel sicher Angst haben werden und dann lieber eine falsche Antwort geben.

23. Unterrichtung über den Untersuchungsgegenstand

Welche Wirkung die Mitteilung über den Vorwurf gegen den beschuldigten Beamten auf den Zeugen und dessen Aussage haben kann, hängt zunächst davon ab, welchen Inhalt die Mitteilung konkret hat, also ob ihm nur der Deliktsbereich/der konkrete Pflichtenverstoß oder auch ein konkreter Sachverhalt genannt wird.

Ungünstig ist es jedenfalls, im Vorfeld der Vernehmung dem Zeugen zu unterstellen: „Sie wissen ja, worum es heute geht."

Antwortet der Zeuge mit ja, wird meist – wie schon bei den Belehrungen nach §§ 52, 55 StPO – nicht mehr nachgefragt, was er damit konkret meint und damit nicht klargestellt, ob Vernehmender und Zeuge tatsächlich auch über dasselbe sprechen. Es ist daher grundsätzlich sinnvoll, den Verfahrensgegenstand darzustellen, wenn dies nicht sogar schon in der Ladung geschehen ist.

24. Aufzeichnungen des Zeugen als Gedächtnisstütze

Zeugen sollten danach gefragt werden, ob sie sich über das Wahrgenommene Notizen gemacht haben, wann und warum sie sich etwas notiert haben, ob jemand dabei war oder die Aufzeichnung mit jemandem zusammen gefertigt wurden. Wichtig ist auch zu wissen, ob der Zeuge diese Notizen noch einmal vor seiner Vernehmung gelesen hat.

Ist die Notiz zeitnah zu dem Ereignis gefertigt worden, war die Erinnerung noch nicht so verblasst wie vielfach dann bei der späteren Vernehmung.

Jedoch kann sich schon bei der Wahrnehmung ein Fehler eingeschlichen haben. Ist er in der Notiz enthalten, besteht die Gefahr, dass der Zeuge sich nur an die Notiz, nicht aber an das Wahrgenommene erinnert. Hat der Zeuge seine Aufzeichnungen vor seiner Aussage gelesen, ist zu klären, ob er über Erinnertes oder nur über das Gelesene in seiner Vernehmung berichtet. Das kann sich z. B. daran zeigen, dass der Zeuge über seine Notizen hinaus weitere Angaben zu dem Wahrgenommenen machen kann.

25. Vernehmung und Protokollierung

Die beste Vernehmung ist nur dann weiterführend, wenn sie auch hinreichend protokolliert wurde.

Während der Zeuge spricht, muss sich die vernehmende Person Notizen machen, die sie auch selbst lesen kann.

Der Zeuge sollte grundsätzlich zusammenhängend aussagen und nicht unterbrochen werden, auch bei Unterbrechungen sollte man warten, bis der Zeuge fortfährt. Gerät der Zeuge ins Stocken, kann man die letzte Angabe noch einmal wiederholen. Die Frage: „Fällt Ihnen noch etwas ein?" kann weitere Erinnerungen produzieren, auch wenn der Zeuge seine Schilderung beendet hatte.

26. Weitschweifiger Zeuge

Bei weitschweifigen Zeugen sollte die Vernehmung unterbrochen werden. Nur dann ist der Vernehmende in der Lage, noch ein effektives Protokoll zu erstellen.

27. Schwerfälliger Zeuge

Fällt dem Zeugen der freie Bericht schwer, kann es eine Erleichterung sein, ihm den Einstieg etwas zu erleichtern, indem man z. B. statt: „Nun erzählen Sie erst einmal im Zusammenhang, was Sie beobachtet haben!" besser fragt: „Sie kamen also dahin. Was haben Sie da gesehen?"

Zeugen lassen bei der Erstattung des Berichts vielfach Details weg, an die sie sich zwar erinnern, die sie aber für unwesentlich halten.

28. Befragung

Meist wissen Zeugen mehr über die Sache, als sie berichten. Ziel der Vernehmenden wird es sein, eine möglichst umfassende Aussage zu erhalten.

29. Keine Entschuldigung über die Frage

Die ermittlungsführende Person sollte sich nicht für die Frage entschuldigen (z. B.: „Ich muss Sie leider auch noch fragen, ..."), sondern lieber abstrakt formulieren: „Erinnern Sie sich, ob ..."

30. Energischer Ton

Ein energischer Ton ist angebracht, wenn der Zeuge uninteressiert oder unkonzentriert antwortet, er seine Aussage nicht ernst nimmt.

Eine solche Konfrontation darf aber nicht zu einer völligen Blockade führen.

31. Peinliche/vorwurfsvolle Fragen

Peinliche Fragen sollten erst am Ende der Vernehmung gestellt werden. Nach vorwurfsvollen Fragen besteht die Gefahr, dass subtile Details nicht mehr vorgebracht werden.

32. Chance zur Korrektur lassen

Entsteht der Eindruck, dass der Zeuge nicht die Wahrheit sagt, sollte man ihm die Chance zur Korrektur geben und seine möglichen Motive dafür in die Befragung mit einbeziehen.

Erst wenn er davon keinen Gebrauch macht, sollte man zur eindringlichen Befragung, ggf. auch einer neuerlichen Belehrung, einer entschiedenen Befragung und vor allem zum direkten Vorhalten von Widersprüchen, die die Falschaussage andeuten, greifen.

33. Körpersprache während der Befragung

Es hängt auch von der Befragung selbst ab, die immer auch ein Kommunikationsprozess ist, wie sich die Aussage „entwickelt".

Dazu gehört auch die Körpersprache des Vernehmenden.

Nickt die vernehmende Person immer dann, wenn der Zeuge antwortet, oder kommentiert sie Antworten des Zeugen mit „okay", „ja gut", wird der Zeuge sich in dem Inhalt seiner Aussage bestätigt fühlen und dann vielleicht – so angespornt – zu Übertreibungen neigen.

Ist der Vernehmungsbeamte skeptisch und zeigt das dem Zeugen auch, wird sich der Zeuge dann vielleicht mit seinen Beschuldigungen im Weiteren etwas zurückhalten.

34. Trichtertechnik

Inhaltlich sollte die Trichtertechnik befolgt werden, wonach zunächst offene und erst später spezielle Fragen gestellt werden.

Vorschriften

Vorschriften

Bundesdisziplinargesetz (BDG)

Vom 9. Juli 2001 (BGBl. I S. 1510, S. 3574)

Zuletzt geändert durch
Gesetz über die Lehrverpflichtung des hauptberuflichen
wissenschaftlichen Personals an Hochschulen des Bundes
und zur Änderung weiterer dienstrechtlicher Vorschriften
vom 19. Juli 2024 (BGBl. I Nr. 247)

– Auszug –

Teil 1
Allgemeine Bestimmungen

§ 1 Persönlicher Geltungsbereich

Dieses Gesetz gilt für Beamte und Ruhestandsbeamte im Sinne des Bundesbeamtengesetzes. Frühere Beamte, die Unterhaltsbeiträge nach den Bestimmungen des Beamtenversorgungsgesetzes oder entsprechender früherer Regelungen beziehen, gelten bis zum Ende dieses Bezuges als Ruhestandsbeamte, ihre Bezüge als Ruhegehalt. Frühere Beamte mit Anspruch auf Altersgeld gelten, auch soweit der Anspruch ruht, als Ruhestandsbeamte; das Altersgeld gilt als Ruhegehalt.

§ 2 Sachlicher Geltungsbereich

(1) Dieses Gesetz gilt für die

1. von Beamten während ihres Beamtenverhältnisses begangenen Dienstvergehen (§ 77 Abs. 1 des Bundesbeamtengesetzes) und

2. von Ruhestandsbeamten

   a) während ihres Beamtenverhältnisses begangenen Dienstvergehen (§ 77 Abs. 1 des Bundesbeamtengesetzes) und

   b) nach Eintritt in den Ruhestand begangenen als Dienstvergehen geltenden Handlungen (§ 77 Abs. 2 des Bundesbeamtengesetzes).

(2) Für Beamte und Ruhestandsbeamte, die früher in einem anderen Dienstverhältnis als Beamte, Richter, Berufssoldaten oder Soldaten auf Zeit gestanden haben, gilt dieses Gesetz auch wegen solcher Dienstvergehen, die sie in dem früheren Dienstverhältnis oder als Versorgungsberechtigte aus einem solchen Dienstverhältnis begangen haben; auch bei den aus einem solchen Dienstverhältnis Ausgeschiedenen und Entlassenen gelten Handlungen, die in § 77 Abs. 2 des Bundesbeamtengesetzes bezeichnet sind, als Dienstvergehen. Ein Wechsel des Dienstherrn steht der Anwendung dieses Gesetzes nicht entgegen.

(3) Für Beamte, die Wehrdienst im Rahmen einer Wehrübung, einer Übung, einer besonderen Auslandsverwendung, einer Hilfeleistung im Innern oder einer Hilfeleistung im Ausland leisten, gilt dieses Gesetz auch wegen solcher Dienstvergehen,

die während des Wehrdienstes begangen wurden, wenn das Verhalten sowohl soldatenrechtlich als auch beamtenrechtlich ein Dienstvergehen darstellt.

§ 3 Ergänzende Anwendung des Verwaltungsverfahrensgesetzes und der Verwaltungsgerichtsordnung

Zur Ergänzung dieses Gesetzes sind die Bestimmungen des Verwaltungsverfahrensgesetzes und der Verwaltungsgerichtsordnung entsprechend anzuwenden, soweit sie nicht zu den Bestimmungen dieses Gesetzes in Widerspruch stehen oder soweit nicht in diesem Gesetz etwas anderes bestimmt ist.

§ 4 Gebot der Beschleunigung

Disziplinarverfahren sind beschleunigt durchzuführen.

Teil 2
Disziplinarmaßnahmen

§ 5 Arten der Disziplinarmaßnahmen

(1) Disziplinarmaßnahmen gegen Beamte sind:

1. Verweis (§ 6)

2. Geldbuße (§ 7)

3. Kürzung der Dienstbezüge (§ 8)

4. Zurückstufung (§ 9) und

5. Entfernung aus dem Beamtenverhältnis (§ 10).

(2) Disziplinarmaßnahmen gegen Ruhestandsbeamte sind:

1. Kürzung des Ruhegehalts (§ 11) und

2. Aberkennung des Ruhegehalts (§ 12).

(3) Beamten auf Probe und Beamten auf Widerruf können nur Verweise erteilt und Geldbußen auferlegt werden. Für die Entlassung von Beamten auf Probe und Beamten auf Widerruf wegen eines Dienstvergehens gelten § 34 Abs. 1 Nr. 1 und Abs. 3 sowie § 37 des Bundesbeamtengesetzes.

§ 6 Verweis

Der Verweis ist der schriftliche Tadel eines bestimmten Verhaltens des Beamten. Missbilligende Äußerungen (Zurechtweisungen, Ermahnungen oder Rügen), die nicht ausdrücklich als Verweis bezeichnet werden, sind keine Disziplinarmaßnahmen.

§ 7 Geldbuße

Die Geldbuße kann bis zur Höhe der monatlichen Dienst- oder Anwärterbezüge des Beamten auferlegt werden. Hat der Beamte keine Dienst- oder Anwärterbezüge, darf die Geldbuße bis zu dem Betrag von 500 Euro auferlegt werden.

§ 8 Kürzung der Dienstbezüge

(1) Die Kürzung der Dienstbezüge ist die bruchteilmäßige Verminderung der monatlichen Dienstbezüge des Beamten um höchstens ein Fünftel auf längstens

drei Jahre. Sie erstreckt sich auf alle Ämter, die der Beamte bei Eintritt der Unanfechtbarkeit der Entscheidung inne hat. Hat der Beamte aus einem früheren öffentlich-rechtlichen Dienstverhältnis einen Versorgungsanspruch erworben, bleibt dieser von der Kürzung der Dienstbezüge unberührt.

(2) Die Kürzung der Dienstbezüge beginnt mit dem Kalendermonat, der auf den Eintritt der Unanfechtbarkeit der Entscheidung folgt. Tritt der Beamte vor Eintritt der Unanfechtbarkeit der Entscheidung in den Ruhestand, gilt eine entsprechende Kürzung des Ruhegehalts (§ 11) als festgesetzt. Tritt der Beamte während der Dauer der Kürzung der Dienstbezüge in den Ruhestand, wird sein Ruhegehalt entsprechend wie die Dienstbezüge für denselben Zeitraum gekürzt. Sterbegeld sowie Witwen- und Waisengeld werden nicht gekürzt.

(3) Die Kürzung der Dienstbezüge wird gehemmt, solange der Beamte ohne Dienstbezüge beurlaubt ist. Er kann jedoch für die Dauer seiner Beurlaubung den Kürzungsbetrag monatlich vorab an den Dienstherrn entrichten; die Dauer der Kürzung der Dienstbezüge nach der Beendigung der Beurlaubung verringert sich entsprechend.

(4) Solange seine Dienstbezüge gekürzt werden, darf der Beamte nicht befördert werden. Der Zeitraum kann in der Entscheidung abgekürzt werden, sofern dies im Hinblick auf die Dauer des Disziplinarverfahrens angezeigt ist.

(5) Die Rechtsfolgen der Kürzung der Dienstbezüge erstrecken sich auch auf ein neues Beamtenverhältnis. Hierbei steht bei Anwendung des Absatzes 4 die Einstellung oder Anstellung in einem höheren als dem bisherigen Amt der Beförderung gleich.

§ 9 Zurückstufung

(1) Die Zurückstufung ist die Versetzung des Beamten in ein Amt derselben Laufbahn mit geringerem Endgrundgehalt. Der Beamte verliert alle Rechte aus seinem bisherigen Amt einschließlich der damit verbundenen Dienstbezüge und der Befugnis, die bisherige Amtsbezeichnung zu führen. Soweit in der Entscheidung nichts anderes bestimmt ist, enden mit der Zurückstufung auch die Ehrenämter und die Nebentätigkeiten, die der Beamte im Zusammenhang mit dem bisherigen Amt auf Verlangen, Vorschlag oder Veranlassung seines Dienstvorgesetzten übernommen hat.

(2) Die Dienstbezüge aus dem neuen Amt werden von dem Kalendermonat an gezahlt, der dem Eintritt der Unanfechtbarkeit der Entscheidung folgt. Tritt der Beamte vor Eintritt der Unanfechtbarkeit der Entscheidung in den Ruhestand, erhält er Versorgungsbezüge nach der in der Entscheidung bestimmten Besoldungsgruppe.

(3) Der Beamte darf frühestens fünf Jahre nach Eintritt der Unanfechtbarkeit der Entscheidung befördert werden. Der Zeitraum kann in der Entscheidung verkürzt werden, sofern dies im Hinblick auf die Dauer des Disziplinarverfahrens angezeigt ist.

(4) Die Rechtsfolgen der Zurückstufung erstrecken sich auch auf ein neues Beamtenverhältnis. Hierbei steht im Hinblick auf Absatz 3 die Einstellung oder Anstellung in einem höheren Amt als dem, in welches der Beamte zurückgestuft wurde, der Beförderung gleich.

§ 10 Entfernung aus dem Beamtenverhältnis

(1) Mit der Entfernung aus dem Beamtenverhältnis endet das Dienstverhältnis. Der Beamte verliert den Anspruch auf Dienstbezüge und Versorgung sowie die Befugnis, die Amtsbezeichnung und die im Zusammenhang mit dem Amt verliehenen Titel zu führen und die Dienstkleidung zu tragen.

(2) Die Zahlung der Dienstbezüge wird mit dem Ende des Kalendermonats eingestellt, in dem die Entscheidung unanfechtbar wird. Tritt der Beamte in den Ruhestand, bevor die Entscheidung über die Entfernung aus dem Beamtenverhältnis unanfechtbar wird, gilt die Entscheidung als Aberkennung des Ruhegehalts.

(3) Der aus dem Beamtenverhältnis entfernte Beamte erhält für die Dauer von sechs Monaten einen Unterhaltsbeitrag in Höhe von 50 Prozent der Dienstbezüge, die ihm bei Eintritt der Unanfechtbarkeit der Entscheidung zustehen; eine Einbehaltung von Dienstbezügen nach § 38 Absatz 2 bleibt unberücksichtigt. Die Gewährung des Unterhaltsbeitrags kann in der Entscheidung über sechs Monate hinaus verlängert werden, soweit dies notwendig ist, um eine unbillige Härte zu vermeiden; der Beamte hat die Umstände glaubhaft zu machen. Für die Zahlung des Unterhaltsbeitrags gilt § 79. Die Gewährung des Unterhaltsbeitrags ist ausgeschlossen,

1. wenn der Beamte ihrer nicht würdig ist,
2. wenn die Entfernung aus dem Beamtenverhältnis zumindest auch auf der Verletzung der Pflicht des Beamten beruht, sich durch sein gesamtes Verhalten zu der freiheitlichen demokratischen Grundordnung zu bekennen und für deren Erhaltung einzutreten, oder
3. soweit der Beamte den erkennbaren Umständen nach nicht bedürftig ist.

(4) Die Entfernung aus dem Beamtenverhältnis und ihre Rechtsfolgen erstrecken sich auf alle Ämter, die der Beamte bei Eintritt der Unanfechtbarkeit der Entscheidung inne hat.

(5) Wird ein Beamter, der früher in einem anderen Dienstverhältnis im Bundesdienst gestanden hat, aus dem Beamtenverhältnis entfernt, verliert er auch die Ansprüche aus dem früheren Dienstverhältnis, wenn diese Disziplinarmaßnahme wegen eines Dienstvergehens ausgesprochen wird, das in dem früheren Dienstverhältnis begangen wurde.

(6) Ist ein Beamter aus dem Beamtenverhältnis entfernt worden, darf er nicht wieder zum Beamten ernannt werden; es soll auch kein anderes Beschäftigungsverhältnis begründet werden.

§ 11 Kürzung des Ruhegehalts

Die Kürzung des Ruhegehalts ist die bruchteilmäßige Verminderung des monatlichen Ruhegehalts des Ruhestandsbeamten um höchstens ein Fünftel auf längstens drei Jahre. § 8 Abs. 1 Satz 2 und 3 sowie Abs. 2 Satz 1 und 4 gilt entsprechend.

§ 12 Aberkennung des Ruhegehalts

(1) Mit der Aberkennung des Ruhegehalts verliert der Ruhestandsbeamte den Anspruch auf Versorgung einschließlich der Hinterbliebenenversorgung und die Befugnis, die Amtsbezeichnung und die Titel zu führen, die im Zusammenhang mit dem früheren Amt verliehen wurden.

(2) Nach der Aberkennung des Ruhegehalts erhält der Ruhestandsbeamte bis zur Gewährung einer Rente auf Grund einer Nachversicherung, längstens

jedoch für die Dauer von sechs Monaten, einen Unterhaltsbeitrag in Höhe von 70 Prozent des Ruhegehalts, das ihm bei Eintritt der Unanfechtbarkeit der Entscheidung zusteht; eine Kürzung des Ruhegehalts nach § 38 Abs. 3 bleibt unberücksichtigt. § 10 Abs. 3 Satz 2 bis 4 gilt entsprechend.

(3) Die Aberkennung des Ruhegehalts und ihre Rechtsfolgen erstrecken sich auf alle Ämter, die der Ruhestandsbeamte bei Eintritt in den Ruhestand inne gehabt hat.

(4) § 10 Abs. 2 Satz 1 sowie Abs. 5 und 6 gilt entsprechend.

§ 13 Bemessung der Disziplinarmaßnahme

(1) Die Disziplinarmaßnahme ist nach der Schwere des Dienstvergehens zu bemessen. Das Persönlichkeitsbild des Beamten ist angemessen zu berücksichtigen. Ferner soll berücksichtigt werden, in welchem Umfang der Beamte das Vertrauen des Dienstherrn oder der Allgemeinheit beeinträchtigt hat.

(2) Um den Beamten zur Pflichterfüllung anzuhalten, kann als Disziplinarmaßnahme ausgesprochen werden:

1. ein Verweis, wenn der Beamte durch ein leichtes Dienstvergehen das Vertrauen des Dienstherrn oder der Allgemeinheit in die pflichtgemäße Amtsführung geringfügig beeinträchtigt hat,

2. eine Geldbuße, wenn der Beamte durch ein leichtes bis mittelschweres Dienstvergehen das Vertrauen des Dienstherrn oder der Allgemeinheit in die pflichtgemäße Amtsführung nicht nur geringfügig beeinträchtigt hat,

3. eine Kürzung der Dienstbezüge, wenn der Beamte durch ein mittelschweres Dienstvergehen das Vertrauen des Dienstherrn oder der Allgemeinheit in die pflichtgemäße Amtsführung erheblich beeinträchtigt hat,

4. eine Kürzung des Ruhegehalts, wenn der Ruhestandsbeamte ein mittelschweres Dienstvergehen begangen hat, das geeignet ist, das Ansehen des öffentlichen Dienstes oder des Berufsbeamtentums erheblich zu beeinträchtigen,

5. eine Zurückstufung, wenn der Beamte durch ein mittelschweres bis schweres Dienstvergehen das Vertrauen des Dienstherrn oder der Allgemeinheit in die pflichtgemäße Amtsführung nachhaltig erschüttert hat.

Eine Kürzung des Ruhegehalts kann auch ausgesprochen werden, wenn das Dienstvergehen ganz oder teilweise vor dem Eintritt des Beamten in den Ruhestand begangen wurde. Eine Zurückstufung darf unter den Voraussetzungen des Satzes 1 Nummer 5 auch ausgesprochen werden, wenn das Verbleiben des Beamten im bisherigen Amt dem Dienstherrn oder der Allgemeinheit nicht zugemutet werden kann.

(3) Ein schweres Dienstvergehen liegt in der Regel bei einer Mitgliedschaft in einer vom Bundesverfassungsgericht für verfassungswidrig erklärten Partei oder einer unanfechtbar verbotenen Vereinigung oder einer Ersatzorganisation einer solchen Partei oder Vereinigung vor.

(4) Ein Beamter, der durch ein schweres Dienstvergehen das Vertrauen des Dienstherrn oder der Allgemeinheit endgültig verloren hat, ist aus dem Beamtenverhältnis zu entfernen. Dem Ruhestandsbeamten wird das Ruhegehalt aberkannt, wenn er als noch im Dienst befindlicher Beamter aus dem Beamtenverhältnis hätte entfernt werden müssen.

§ 14 Zulässigkeit von Disziplinarmaßnahmen nach Straf- oder Bußgeldverfahren

(1) Ist gegen einen Beamten im Straf- oder Bußgeldverfahren unanfechtbar eine Strafe, Geldbuße oder Ordnungsmaßnahme verhängt worden oder kann eine Tat nach § 153a Abs. 1 Satz 5 oder Abs. 2 Satz 2 der Strafprozessordnung nach der Erfüllung von Auflagen und Weisungen nicht mehr als Vergehen verfolgt werden, darf wegen desselben Sachverhalts

1. ein Verweis, eine Geldbuße oder eine Kürzung des Ruhegehalts nicht ausgesprochen werden,

2. eine Kürzung der Dienstbezüge nur ausgesprochen werden, wenn dies zusätzlich erforderlich ist, um den Beamten zur Pflichterfüllung anzuhalten.

(2) Ist der Beamte im Straf- oder Bußgeldverfahren rechtskräftig freigesprochen worden, darf wegen des Sachverhalts, der Gegenstand der gerichtlichen Entscheidung gewesen ist, eine Disziplinarmaßnahme nur ausgesprochen werden, wenn dieser Sachverhalt ein Dienstvergehen darstellt, ohne den Tatbestand einer Straf- oder Bußgeldvorschrift zu erfüllen.

§ 15 Disziplinarmaßnahmeverbot wegen Zeitablaufs

(1) Es darf nicht mehr ausgesprochen werden:

1. ein Verweis, wenn seit der Vollendung eines Dienstvergehens mehr als zwei Jahre vergangen sind,

2. eine Geldbuße oder eine Kürzung der Dienstbezüge oder des Ruhegehalts, wenn seit der Vollendung eines Dienstvergehens mehr als drei Jahre vergangen sind, und

3. eine Zurückstufung, wenn seit der Vollendung eines Dienstvergehens mehr als sieben Jahre vergangen sind.

(2) Bei Dienstvergehen gegen die Pflichten aus § 60 Absatz 1 Satz 3 oder Absatz 2 des Bundesbeamtengesetzes beträgt die Frist nach Absatz 1 Nummer 1 vier, nach Absatz 1 Nummer 2 sechs und nach Absatz 1 Nummer 3 acht Jahre.

(3) Die Fristen der Absätze 1 und 2 werden durch die Einleitung oder Ausdehnung des Disziplinarverfahrens, den Erlass einer Disziplinarverfügung oder die Anordnung oder Ausdehnung von Ermittlungen gegen Beamte auf Probe und Beamte auf Widerruf nach § 34 Absatz 3 Satz 2 und § 37 Absatz 1 in Verbindung mit § 34 Absatz 3 Satz 1 des Bundesbeamtengesetzes unterbrochen.

(4) Die Fristen der Absätze 1 und 2 sind für die Dauer des Widerspruchsverfahrens, des gerichtlichen Verfahrens, einer Aussetzung des Disziplinarverfahrens nach § 22 oder der Mitwirkung des Personalrats gehemmt. Ist vor Ablauf der Frist wegen desselben Sachverhalts ein Straf- oder Bußgeldverfahren eingeleitet oder eine Klage aus dem Beamtenverhältnis erhoben worden, ist die Frist für die Dauer dieses Verfahrens gehemmt.

§ 16 Verwertungsverbot, Entfernung aus der Personalakte

(1) Ein Verweis darf nach zwei Jahren, eine Geldbuße, eine Kürzung der Dienstbezüge und eine Kürzung des Ruhegehalts dürfen nach drei Jahren und eine Zurückstufung darf nach sieben Jahren bei weiteren Disziplinarmaßnahmen

und bei sonstigen Personalmaßnahmen nicht mehr berücksichtigt werden (Verwertungsverbot). Bei Dienstvergehen gegen die Pflichten aus § 60 Absatz 1 Satz 3 oder Absatz 2 des Bundesbeamtengesetzes gilt für die Fristen § 15 Absatz 2 entsprechend. Der Beamte gilt nach dem Eintritt des Verwertungsverbots als von der Disziplinarmaßnahme nicht betroffen.

(2) Die Frist für das Verwertungsverbot beginnt, sobald die Entscheidung über die Disziplinarmaßnahme unanfechtbar ist. Sie endet nicht, solange ein gegen den Beamten eingeleitetes Straf- oder Disziplinarverfahren nicht unanfechtbar abgeschlossen ist, eine andere Disziplinarmaßnahme berücksichtigt werden darf, eine Entscheidung über die Kürzung der Dienstbezüge noch nicht vollstreckt ist oder ein gerichtliches Verfahren über die Beendigung des Beamtenverhältnisses oder über die Geltendmachung von Schadenersatz gegen den Beamten anhängig ist.

(3) Eintragungen in der Personalakte über die Disziplinarmaßnahme sind nach Eintritt des Verwertungsverbots von Amts wegen zu entfernen und zu vernichten. Der Kopfteil und die Entscheidungsformel einer abschließenden Entscheidung, mit der eine Zurückstufung ausgesprochen wurde, verbleiben in der Personalakte. Dabei sind nicht erforderliche personenbezogene Daten unkenntlich zu machen. Auf Antrag des Beamten unterbleibt die Entfernung oder erfolgt eine gesonderte Aufbewahrung. Der Antrag ist innerhalb eines Monats zu stellen, nachdem dem Beamten die bevorstehende Entfernung mitgeteilt und er auf sein Antragsrecht und die Antragsfrist hingewiesen worden ist. Wird der Antrag gestellt oder verbleiben Kopfteil und Entscheidungsformel einer abschließenden Entscheidung nach Satz 2 in der Personalakte, ist das Verwertungsverbot bei den Eintragungen zu vermerken.

(4) Die Absätze 1 bis 3 gelten entsprechend für Disziplinarvorgänge, die nicht zu einer Disziplinarmaßnahme geführt haben. Die Frist für das Verwertungsverbot beträgt, wenn das Disziplinarverfahren nach § 32 Abs. 1 Nr. 1 eingestellt wird, drei Monate und im Übrigen zwei Jahre. Die Frist beginnt mit dem Eintritt der Unanfechtbarkeit der Entscheidung, die das Disziplinarverfahren abschließt, im Übrigen mit dem Tag, an dem der Dienstvorgesetzte, der für die Einleitung des Disziplinarverfahrens zuständig ist, zureichende tatsächliche Anhaltspunkte erhält, die den Verdacht eines Dienstvergehens rechtfertigen.

(5) Auf die Entfernung und Vernichtung von Disziplinarvorgängen, die zu einer missbilligenden Äußerung geführt haben, findet § 112 Abs. 1 Satz 1 Nr. 2, Satz 2 und 3 des Bundesbeamtengesetzes Anwendung.

Teil 3
Behördliches Disziplinarverfahren
Kapitel 1
Einleitung, Ausdehnung und Beschränkung
§ 17 Einleitung von Amts wegen

(1) Liegen zureichende tatsächliche Anhaltspunkte vor, die den Verdacht eines Dienstvergehens rechtfertigen, hat der Dienstvorgesetzte die Dienstpflicht, ein Disziplinarverfahren einzuleiten. Der höhere Dienstvorgesetzte und die oberste Dienstbehörde stellen im Rahmen ihrer Aufsicht die Erfüllung dieser Pflicht

sicher; sie können das Disziplinarverfahren jederzeit an sich ziehen. Die Einleitung ist aktenkundig zu machen.

(2) Ist zu erwarten, dass nach den §§ 14 und 15 eine Disziplinarmaßnahme nicht in Betracht kommt, wird ein Disziplinarverfahren nicht eingeleitet. Die Gründe sind aktenkundig zu machen und dem Beamten bekannt zu geben.

(3) Hat ein Beamter zwei oder mehrere Ämter inne, die nicht im Verhältnis von Haupt- zu Nebenamt stehen, und beabsichtigt der Dienstvorgesetzte, zu dessen Geschäftsbereich eines dieser Ämter gehört, ein Disziplinarverfahren gegen ihn einzuleiten, teilt er dies den Dienstvorgesetzten mit, die für die anderen Ämter zuständig sind. Ein weiteres Disziplinarverfahren kann gegen den Beamten wegen desselben Sachverhalts nicht eingeleitet werden. Hat ein Beamter zwei oder mehrere Ämter inne, die im Verhältnis von Haupt- zu Nebenamt stehen, kann nur der Dienstvorgesetzte ein Disziplinarverfahren gegen ihn einleiten, der für das Hauptamt zuständig ist.

(4) Die Zuständigkeiten nach den Absätzen 1 bis 3 werden durch eine Beurlaubung, eine Abordnung oder eine Zuweisung nicht berührt. Bei einer Abordnung geht die aus Absatz 1 sich ergebende Pflicht hinsichtlich der während der Abordnung begangenen Dienstvergehen auf den neuen Dienstvorgesetzten über, soweit dieser nicht ihre Ausübung den anderen Dienstvorgesetzten überlässt oder soweit nichts anderes bestimmt ist.

§ 18 Einleitung auf Antrag des Beamten

(1) Der Beamte kann bei dem Dienstvorgesetzten oder dem höheren Dienstvorgesetzten die Einleitung eines Disziplinarverfahrens gegen sich selbst beantragen, um sich von dem Verdacht eines Dienstvergehens zu entlasten.

(2) Der Antrag darf nur abgelehnt werden, wenn keine zureichenden tatsächlichen Anhaltspunkte vorliegen, die den Verdacht eines Dienstvergehens rechtfertigen. Die Entscheidung ist dem Beamten mitzuteilen.

(3) § 17 Abs. 1 Satz 2 zweiter Halbsatz und Satz 3 sowie Abs. 3 und 4 gilt entsprechend.

§ 19 Ausdehnung und Beschränkung

(1) Das Disziplinarverfahren kann bis zum Erlass einer Entscheidung nach § 32 oder § 33 auf neue Handlungen ausgedehnt werden, die den Verdacht eines Dienstvergehens rechtfertigen. Die Ausdehnung ist aktenkundig zu machen.

(2) Das Disziplinarverfahren kann bis zum Erlass einer Entscheidung nach § 32 oder § 33 oder eines Widerspruchsbescheids nach § 42 beschränkt werden, indem solche Handlungen ausgeschieden werden, die für die Art und Höhe der zu erwartenden Disziplinarmaßnahme voraussichtlich nicht ins Gewicht fallen. Die Beschränkung ist aktenkundig zu machen. Die ausgeschiedenen Handlungen können nicht wieder in das Disziplinarverfahren einbezogen werden, es sei denn, die Voraussetzungen für die Beschränkung entfallen nachträglich. Werden die ausgeschiedenen Handlungen nicht wieder einbezogen, können sie nach dem unanfechtbaren Abschluss des Disziplinarverfahrens nicht Gegenstand eines neuen Disziplinarverfahrens sein.

Kapitel 2
Durchführung

§ 20 Unterrichtung, Belehrung und Anhörung des Beamten

(1) Der Beamte ist über die Einleitung des Disziplinarverfahrens unverzüglich zu unterrichten, sobald dies ohne Gefährdung der Aufklärung des Sachverhalts möglich ist. Hierbei ist ihm zu eröffnen, welches Dienstvergehen ihm zur Last gelegt wird. Er ist gleichzeitig darauf hinzuweisen, dass es ihm freisteht, sich mündlich oder schriftlich zu äußern oder nicht zur Sache auszusagen und sich jederzeit eines Bevollmächtigten oder Beistands zu bedienen.

(2) Für die Abgabe einer schriftlichen Äußerung wird dem Beamten eine im Einzelfall angemessene Frist von höchstens einem Monat und für die Abgabe der Erklärung, sich mündlich äußern zu wollen, eine im Einzelfall angemessene Frist von höchstens zwei Wochen gesetzt. Hat der Beamte rechtzeitig erklärt, sich mündlich äußern zu wollen, ist die Anhörung innerhalb von drei Wochen nach Eingang der Erklärung durchzuführen. Ist der Beamte aus zwingenden Gründen gehindert, eine Frist nach Satz 1 einzuhalten oder einer Ladung zur mündlichen Verhandlung Folge zu leisten, und hat er dies unverzüglich mitgeteilt, ist die maßgebliche Frist zu verlängern oder er erneut zu laden. Die Fristsetzungen und Ladungen sind dem Beamten zuzustellen.

(3) Ist die nach Absatz 1 Satz 2 und 3 vorgeschriebene Belehrung unterblieben oder unrichtig erfolgt, darf die Aussage des Beamten nicht zu seinem Nachteil verwertet werden.

§ 21 Pflicht zur Durchführung von Ermittlungen, Ausnahmen

(1) Zur Aufklärung des Sachverhalts sind die erforderlichen Ermittlungen durchzuführen. Dabei sind die belastenden, die entlastenden und die Umstände zu ermitteln, die für die Bemessung einer Disziplinarmaßnahme bedeutsam sind. Der höhere Dienstvorgesetzte und die oberste Dienstbehörde können die Ermittlungen an sich ziehen.

(2) Von Ermittlungen ist abzusehen, soweit der Sachverhalt auf Grund der tatsächlichen Feststellungen eines rechtskräftigen Urteils im Straf- oder Bußgeldverfahren oder im verwaltungsgerichtlichen Verfahren, durch das nach § 9 des Bundesbesoldungsgesetzes über den Verlust der Besoldung bei schuldhaftem Fernbleiben vom Dienst entschieden worden ist, feststeht. Von Ermittlungen kann auch abgesehen werden, soweit der Sachverhalt auf sonstige Weise aufgeklärt ist, insbesondere nach der Durchführung eines anderen gesetzlich geordneten Verfahrens.

§ 22 Zusammentreffen von Disziplinarmaßnahmen mit Strafverfahren oder anderen Verfahren, Aussetzung

(1) Ist gegen den Beamten wegen des Sachverhalts, der dem Disziplinarverfahren zugrunde liegt, im Strafverfahren die öffentliche Klage erhoben worden, wird das Disziplinarverfahren ausgesetzt. Die Aussetzung unterbleibt, wenn keine begründeten Zweifel am Sachverhalt bestehen oder wenn im Strafverfahren aus Gründen nicht verhandelt werden kann, die in der Person des Beamten liegen.

(2) Das nach Absatz 1 Satz 1 ausgesetzte Disziplinarverfahren ist unverzüglich fortzusetzen, wenn die Voraussetzungen des Absatzes 1 Satz 2 nachträglich eintreten, spätestens mit dem rechtskräftigen Abschluss des Strafverfahrens.

(3) Das Disziplinarverfahren kann auch ausgesetzt werden, wenn in einem anderen gesetzlich geordneten Verfahren über eine Frage zu entscheiden ist, deren Beurteilung für die Entscheidung im Disziplinarverfahren von wesentlicher Bedeutung ist. Absatz 1 Satz 2 und Absatz 2 gelten entsprechend.

§ 23 Bindung an tatsächliche Feststellungen aus Strafverfahren oder anderen Verfahren

(1) Die tatsächlichen Feststellungen eines rechtskräftigen Urteils im Straf- oder Bußgeldverfahren oder im verwaltungsgerichtlichen Verfahren, durch das nach § 9 des Bundesbesoldungsgesetzes über den Verlust der Besoldung bei schuldhaftem Fernbleiben vom Dienst entschieden worden ist, sind im Disziplinarverfahren, das denselben Sachverhalt zum Gegenstand hat, bindend.

(2) Die in einem anderen gesetzlich geordneten Verfahren getroffenen tatsächlichen Feststellungen sind nicht bindend, können aber der Entscheidung im Disziplinarverfahren ohne nochmalige Prüfung zugrunde gelegt werden.

§ 24 Beweiserhebung

(1) Die erforderlichen Beweise sind zu erheben. Hierbei können insbesondere

1. schriftliche dienstliche Auskünfte eingeholt werden,

2. Zeugen und Sachverständige vernommen oder ihre schriftliche Äußerung eingeholt werden,

3. Urkunden und Akten beigezogen sowie

4. der Augenschein eingenommen werden.

(2) Niederschriften über Aussagen von Personen, die schon in einem anderen gesetzlich geordneten Verfahren vernommen worden sind, sowie Niederschriften über einen richterlichen Augenschein können ohne erneute Beweiserhebung verwertet werden.

(3) Über einen Beweisantrag des Beamten ist nach pflichtgemäßem Ermessen zu entscheiden. Dem Beweisantrag ist stattzugeben, soweit er für die Tat- oder Schuldfrage oder für die Bemessung der Art und Höhe einer Disziplinarmaßnahme von Bedeutung sein kann.

(4) Dem Beamten ist Gelegenheit zu geben, an der Vernehmung von Zeugen und Sachverständigen sowie an der Einnahme des Augenscheins teilzunehmen und hierbei sachdienliche Fragen zu stellen. Er kann von der Teilnahme ausgeschlossen werden, soweit dies aus wichtigen Gründen, insbesondere mit Rücksicht auf den Zweck der Ermittlungen oder zum Schutz der Rechte Dritter, erforderlich ist. Ein schriftliches Gutachten ist ihm zugänglich zu machen, soweit nicht zwingende Gründe dem entgegenstehen.

§ 25 Zeugen und Sachverständige

(1) Zeugen sind zur Aussage und Sachverständige zur Erstattung von Gutachten verpflichtet. Die Bestimmungen der Strafprozessordnung über die Pflicht, als

Zeuge auszusagen oder als Sachverständiger ein Gutachten zu erstatten, über die Ablehnung von Sachverständigen sowie über die Vernehmung von Angehörigen des öffentlichen Dienstes als Zeugen oder Sachverständige gelten entsprechend.

(2) Verweigern Zeugen oder Sachverständige ohne Vorliegen eines der in den §§ 52 bis 55 und 76 der Strafprozessordnung bezeichneten Gründe die Aussage oder die Erstattung des Gutachtens, kann das Gericht um die Vernehmung ersucht werden. In dem Ersuchen sind der Gegenstand der Vernehmung darzulegen sowie die Namen und Anschriften der Beteiligten anzugeben. Das Gericht entscheidet über die Rechtmäßigkeit der Verweigerung der Aussage oder der Erstattung des Gutachtens.

(3) Ein Ersuchen nach Absatz 2 darf nur von dem Dienstvorgesetzten, seinem allgemeinen Vertreter oder einem beauftragten Beschäftigten gestellt werden, der die Befähigung zum Richteramt hat.

§ 26 Herausgabe von Unterlagen

Der Beamte hat Schriftstücke, Zeichnungen, bildliche Darstellungen und Aufzeichnungen einschließlich technischer Aufzeichnungen, die einen dienstlichen Bezug aufweisen, auf Verlangen für das Disziplinarverfahren zur Verfügung zu stellen. Das Gericht kann die Herausgabe auf Antrag durch Beschluss anordnen und sie durch die Festsetzung von Zwangsgeld erzwingen; für den Antrag gilt § 25 Abs. 3 entsprechend. Der Beschluss ist unanfechtbar.

§ 27 Beschlagnahmen und Durchsuchungen

(1) Das Gericht kann auf Antrag durch Beschluss Beschlagnahmen und Durchsuchungen anordnen; § 25 Abs. 3 gilt entsprechend. Die Anordnung darf nur getroffen werden, wenn der Beamte des ihm zur Last gelegten Dienstvergehens dringend verdächtig ist und die Maßnahme zu der Bedeutung der Sache und der zu erwartenden Disziplinarmaßnahme nicht außer Verhältnis steht. Die Bestimmungen der Strafprozessordnung über Beschlagnahmen und Durchsuchungen gelten entsprechend, soweit nicht in diesem Gesetz etwas anderes bestimmt ist.

(2) Die Maßnahmen nach Absatz 1 dürfen nur durch die nach der Strafprozessordnung dazu berufenen Behörden durchgeführt werden.

(3) Durch Absatz 1 werden das Grundrecht der Unverletzlichkeit der Wohnung (Artikel 13 Absatz 1 des Grundgesetzes) und das Fernmeldegeheimnis (Artikel 10 Absatz 1 des Grundgesetzes) eingeschränkt.

§ 28 Protokoll

Über Anhörungen des Beamten und Beweiserhebungen sind Protokolle aufzunehmen; § 168a der Strafprozessordnung gilt entsprechend. Bei der Einholung von schriftlichen dienstlichen Auskünften sowie der Beiziehung von Urkunden und Akten genügt die Aufnahme eines Aktenvermerks.

§ 29 Innerdienstliche Informationen

(1) Die Vorlage von Personalakten und anderen Behördenunterlagen mit personenbezogenen Daten sowie die Erteilung von Auskünften aus diesen Akten und Unterlagen an die mit Disziplinarvorgängen befassten Stellen und die Ver-

arbeitung oder Nutzung der so erhobenen personenbezogenen Daten im Disziplinarverfahren sind, soweit nicht andere Rechtsvorschriften dem entgegenstehen, auch gegen den Willen des Beamten oder anderer Betroffener zulässig, wenn und soweit die Durchführung des Disziplinarverfahrens dies erfordert und überwiegende Belange des Beamten, anderer Betroffener oder der ersuchten Stellen nicht entgegenstehen.

(2) Zwischen den Dienststellen eines oder verschiedener Dienstherrn sowie zwischen den Teilen einer Dienststelle sind Mitteilungen über Disziplinarverfahren, über Tatsachen aus Disziplinarverfahren und über Entscheidungen der Disziplinarorgane sowie die Vorlage hierüber geführter Akten zulässig, wenn und soweit dies zur Durchführung des Disziplinarverfahrens, im Hinblick auf die künftige Übertragung von Aufgaben oder Ämtern an den Beamten oder im Einzelfall aus besonderen dienstlichen Gründen unter Berücksichtigung der Belange des Beamten oder anderer Betroffener erforderlich ist.

§ 29a Informationen nach Maßgabe des Artikels 56a der Richtlinie 2005/36/EG

Nach Maßgabe des Artikels 56a der Richtlinie 2005/36/EG des Europäischen Parlaments und des Rates vom 7. September 2005 über die Anerkennung von Berufsqualifikationen (ABl. L 255 vom 30. 9. 2005, S. 22, L 271 vom 16. 10. 2007, S. 18, L 93 vom 4. 4. 2008, S. 28, L 33 vom 3. 2. 2009, S. 49), die zuletzt durch die Richtlinie 2013/55/EU (ABl. L 354 vom 28. 12. 2013, S. 132) geändert worden ist, unterrichten die Dienststellen die zuständigen Behörden der Mitgliedstaaten der Europäischen Union über Entscheidungen der Disziplinarorgane über die

1. Entfernung aus dem Beamtenverhältnis nach § 5 Absatz 1 Nummer 5 in Verbindung mit § 10 Absatz 1,

2. Einstellung eines Disziplinarverfahrens, wenn das Disziplinarverfahren wegen Beendigung des Beamtenverhältnisses nach § 41 Absatz 1 des Bundesbeamtengesetzes nicht zu Ende geführt wird, und

3. Einstellung eines Disziplinarverfahrens, wenn die Beamtin oder der Beamte auf Verlangen nach § 33 des Bundesbeamtengesetzes aus dem Beamtenverhältnis entlassen wird und das Disziplinarverfahren voraussichtlich zur Entfernung aus dem Beamtenverhältnis geführt hätte.

Der Zeitraum nach Artikel 56a Absatz 2 Satz 2 Buchstabe e der Richtlinie 2005/36/EG nach Satz 1 ist der Zeitraum bis zum Erreichen der für die jeweilige Laufbahn maßgeblichen gesetzlichen Altersgrenze für den Eintritt in den Ruhestand, längstens jedoch 15 Jahre.

§ 30 Abschließende Anhörung

Nach der Beendigung der Ermittlungen ist dem Beamten Gelegenheit zu geben, sich abschließend zu äußern; § 20 Abs. 2 gilt entsprechend. Die Anhörung kann unterbleiben, wenn das Disziplinarverfahren nach § 32 Abs. 2 Nr. 2 oder 3 eingestellt werden soll.

§ 31 Abgabe des Disziplinarverfahrens

Hält der Dienstvorgesetzte nach dem Ergebnis der Anhörungen und Ermittlungen seine Befugnisse nach den §§ 32 bis 34 nicht für ausreichend, so führt er die

Entscheidung des höheren Dienstvorgesetzten oder der obersten Dienstbehörde herbei. Der höhere Dienstvorgesetzte oder die oberste Dienstbehörde können das Disziplinarverfahren an den Dienstvorgesetzten zurückgeben, wenn sie weitere Ermittlungen für geboten oder dessen Befugnisse für ausreichend halten.

Kapitel 3
Abschlussentscheidung

§ 32 Einstellungsverfügung

(1) Das Disziplinarverfahren wird eingestellt, wenn

1. ein Dienstvergehen nicht erwiesen ist,

2. ein Dienstvergehen zwar erwiesen ist, eine Disziplinarmaßnahme jedoch nicht angezeigt erscheint,

3. nach § 14 oder § 15 eine Disziplinarmaßnahme nicht ausgesprochen werden darf oder

4. das Disziplinarverfahren oder eine Disziplinarmaßnahme aus sonstigen Gründen unzulässig ist.

(2) Das Disziplinarverfahren wird ferner eingestellt, wenn

1. der Beamte stirbt,

2. das Beamtenverhältnis durch Entlassung, Verlust der Beamtenrechte oder Entfernung endet oder

3. bei einem Ruhestandsbeamten die Folgen einer gerichtlichen Entscheidung nach § 59 Abs. 1 des Beamtenversorgungsgesetzes eintreten.

(3) Die Einstellungsverfügung ist zu begründen und zuzustellen.

§ 33 Disziplinarverfügung

(1) Disziplinarmaßnahmen werden durch Disziplinarverfügung ausgesprochen.

(2) Die Disziplinarverfügung ist zu begründen und zuzustellen. Die Begründung muss mindestens enthalten:

1. die Tatsachen, die ein Dienstvergehen begründen,

2. die anderen Tatsachen, die für die Entscheidung bedeutsam sind, und

3. die Beweismittel, die für die Entscheidung bedeutsam sind.

(3) Bei den Disziplinarmaßnahmen der Zurückstufung, der Entfernung aus dem Beamtenverhältnis oder der Aberkennung des Ruhegehalts muss in der Begründung zusätzlich dargestellt werden:

1. der persönliche und berufliche Werdegang des Beamten und

2. der Gang des Disziplinarverfahrens.

(4) Im Fall des § 23 Absatz 1 kann wegen der Tatsachen, in denen ein Dienstvergehen gesehen wird, auf die bindenden Feststellungen der ihnen zugrunde liegenden Urteile verwiesen werden.

§ 34 Disziplinarbefugnisse

(1) Jeder Dienstvorgesetzte ist zur Verhängung von Verweisen und Geldbußen gegen die ihm unterstellten Beamten befugt.

(2) Kürzungen der Dienstbezüge können festsetzen:

1. die oberste Dienstbehörde bis zum Höchstmaß und

2. die der obersten Dienstbehörde unmittelbar nachgeordneten Dienstvorgesetzten bis zu einer Kürzung um 20 Prozent auf zwei Jahre.

(3) Kürzungen des Ruhegehalts bis zum Höchstmaß können die nach § 84 zur Ausübung der Disziplinarbefugnisse zuständigen Dienstvorgesetzten festsetzen.

(4) Die Zurückstufung oder die Entfernung aus dem Beamtenverhältnis wird durch die oberste Dienstbehörde, die Aberkennung des Ruhegehalts durch die nach § 84 zur Ausübung der Disziplinarbefugnisse zuständigen Dienstvorgesetzten ausgesprochen.

(5) Die oberste Dienstbehörde kann durch allgemeine Anordnung ihre Befugnisse nach Absatz 2 Nummer 1 ganz oder teilweise auf nachgeordnete Dienstvorgesetzte und ihre Befugnisse nach Absatz 4 auf unmittelbar nachgeordnete Dienstvorgesetzte übertragen. Die Anordnung ist im Bundesgesetzblatt zu veröffentlichen. § 17 Absatz 1 Satz 2 zweiter Teilsatz sowie Absatz 3 und 4 gilt entsprechend.

§ 35 Grenzen der erneuten Ausübung der Disziplinarbefugnisse

(1) Die Einstellungsverfügung und die Disziplinarverfügung sind dem höheren Dienstvorgesetzten unverzüglich zuzuleiten. Hält dieser seine Befugnisse nach den Absätzen 2 und 3 nicht für ausreichend, hat er die Einstellungsverfügung oder die Disziplinarverfügung unverzüglich der obersten Dienstbehörde zuzuleiten. Die oberste Dienstbehörde kann das Disziplinarverfahren an den höheren Dienstvorgesetzten zurückgeben, wenn sie weitere Ermittlungen für geboten oder seine Befugnisse für ausreichend hält.

(2) Der höhere Dienstvorgesetzte oder die oberste Dienstbehörde kann ungeachtet einer Einstellung des Disziplinarverfahrens nach § 32 Abs. 1 im Rahmen ihrer Zuständigkeiten wegen desselben Sachverhalts eine Disziplinarverfügung erlassen. Eine Entscheidung nach Satz 1 ist nur innerhalb von drei Monaten nach der Zustellung der Einstellungsverfügung zulässig, es sei denn, es ergeht wegen desselben Sachverhalts ein rechtskräftiges Urteil auf Grund von tatsächlichen Feststellungen, die von denjenigen tatsächlichen Feststellungen, auf denen die Entscheidung beruht, abweichen.

(3) Der höhere Dienstvorgesetzte oder die oberste Dienstbehörde kann eine Disziplinarverfügung eines nachgeordneten Dienstvorgesetzten, die oberste Dienstbehörde auch eine von ihr selbst erlassene Disziplinarverfügung jederzeit aufheben. Sie können im Rahmen ihrer Zuständigkeiten in der Sache neu entscheiden. Eine Verschärfung der Disziplinarmaßnahme nach Art oder Höhe ist nur innerhalb von drei Monaten nach der Zustellung der Disziplinarverfügung zulässig, es sei denn, es ergeht wegen desselben Sachverhalts ein rechtskräftiges Urteil auf Grund von tatsächlichen Feststellungen, die von denjenigen tatsächlichen Feststellungen, auf denen die Entscheidung beruht, abweichen.

§ 36 Wiederaufgreifen des Verfahrens

(1) Ergeht nach dem Eintritt der Unanfechtbarkeit der Disziplinarverfügung in einem Straf- oder Bußgeldverfahren, das wegen desselben Sachverhalts eingeleitet worden ist, unanfechtbar eine Entscheidung, nach der gemäß § 14 die Disziplinarmaßnahme nicht zulässig wäre, ist die Disziplinarverfügung auf Antrag des Beamten von dem Dienstvorgesetzten, der sie erlassen hat, aufzuheben und das Disziplinarverfahren einzustellen. Im Übrigen ist § 51 Absatz 1 und 2 des Verwaltungsverfahrensgesetzes mit der Maßgabe anzuwenden, dass der Dienstvorgesetzte, der die Disziplinarverfügung erlassen hat, über die Aufhebung oder Änderung einer unanfechtbaren Disziplinarverfügung zu entscheiden hat.

(2) Die Antragsfrist beträgt drei Monate. Sie beginnt mit dem Tag, an dem der Beamte von der in Absatz 1 bezeichneten Entscheidung Kenntnis erhalten hat.

(3) Wird eine unanfechtbare Disziplinarverfügung auf Antrag aufgehoben und das Disziplinarverfahren eingestellt, ist § 76 entsprechend anzuwenden.

§ 37 Kostentragungspflicht

(1) Dem Beamten, gegen den eine Disziplinarmaßnahme verhängt wird, können die entstandenen Auslagen auferlegt werden. Bildet das Dienstvergehen, das dem Beamten zur Last gelegt wird, nur zum Teil die Grundlage für die Disziplinarverfügung oder sind durch Ermittlungen, deren Ergebnis zugunsten des Beamten ausgefallen ist, besondere Kosten entstanden, können ihm die Auslagen nur in verhältnismäßigem Umfang auferlegt werden.

(2) Wird das Disziplinarverfahren eingestellt, trägt der Dienstherr die entstandenen Auslagen. Erfolgt die Einstellung trotz Vorliegens eines Dienstvergehens, können die Auslagen dem Beamten auferlegt oder im Verhältnis geteilt werden.

(3) Bei einem Antrag nach § 36 gilt im Falle der Ablehnung des Antrags Absatz 1 und im Falle seiner Stattgabe Absatz 2 entsprechend.

(4) Soweit der Dienstherr die entstandenen Auslagen trägt, hat er dem Beamten auch die Aufwendungen zu erstatten, die zur zweckentsprechenden Rechtsverfolgung notwendig waren. Hat sich der Beamte eines Bevollmächtigten oder Beistands bedient, sind auch dessen Gebühren und Auslagen erstattungsfähig. Aufwendungen, die durch das Verschulden des Beamten entstanden sind, hat dieser selbst zu tragen; das Verschulden eines Vertreters ist ihm zuzurechnen.

Kapitel 4
Vorläufige Dienstenthebung und Einbehaltung von Bezügen

§ 38 Zulässigkeit

(1) Die für den Erlass der Disziplinarverfügung zuständige Behörde kann einen Beamten gleichzeitig mit oder nach der Einleitung des Disziplinarverfahrens vorläufig des Dienstes entheben, wenn

1. im Disziplinarverfahren voraussichtlich die Entfernung aus dem Beamtenverhältnis oder die Aberkennung des Ruhegehalts erfolgen wird,

2. in einem wegen desselben Sachverhalts eingeleiteten Strafverfahren voraussichtlich eine Strafe verhängt wird, die den Verlust der Rechte als Beamter oder Ruhestandsbeamter zur Folge hat,

3. bei einem Beamten auf Probe oder einem Beamten auf Widerruf voraussichtlich eine Entlassung nach § 5 Absatz 3 Satz 2 dieses Gesetzes in Verbindung mit § 34 Absatz 1 Satz 1 Nummer 1 oder § 37 Absatz 1 Satz 1 des Bundesbeamtengesetzes erfolgen wird oder

4. durch sein Verbleiben im Dienst der Dienstbetrieb oder die Ermittlungen wesentlich beeinträchtigt würden und die vorläufige Dienstenthebung zu der Bedeutung der Sache und der zu erwartenden Disziplinarmaßnahme nicht außer Verhältnis steht.

Spricht die Behörde die Entfernung aus dem Beamtenverhältnis oder die Entlassung aus oder wird der Beamte in einem wegen desselben Sachverhalts eingeleiteten Strafverfahren erstinstanzlich zu einer Strafe verurteilt, die den Verlust der Rechte als Beamter zur Folge hat, so ist der Beamte vorläufig des Dienstes zu entheben, es sei denn, dass die vorläufige Dienstenthebung eine unbillige Härte für den Beamten zur Folge hätte.

(2) Gleichzeitig mit oder nach einer vorläufigen Dienstenthebung nach Absatz 1 Satz 1 Nummer 1 bis 3 kann die zuständige Behörde anordnen, dass bis zu 50 Prozent der monatlichen Dienst- oder Anwärterbezüge des Beamten einbehalten werden. Die Einbehaltung ist anzuordnen, wenn die vorläufige Dienstenthebung nach Absatz 1 Satz 2 erfolgt. Die Einbehaltung nach Satz 2 soll in den ersten sechs Monaten mindestens 30, danach 50 Prozent der monatlichen Bezüge betragen und einen zuvor nach Satz 1 festgelegten Einbehalt nicht unterschreiten. Der sich aus der Pfändungsfreigrenzenbekanntmachung nach § 850c Absatz 4 Satz 1 der Zivilprozessordnung ergebende unpfändbare Teil der monatlichen Bezüge ist jeweils zu belassen.

(3) Bei einem Ruhestandsbeamten können gleichzeitig mit oder nach Einleitung eines Disziplinarverfahrens bis zu 30 Prozent seines Ruhegehalts einbehalten werden, wenn

1. im Disziplinarverfahren voraussichtlich die Aberkennung des Ruhegehalts erfolgen wird oder

2. in einem wegen desselben Sachverhalts eingeleiteten Strafverfahren voraussichtlich eine Strafe verhängt wird, die den Verlust der Rechte als Ruhestandsbeamter zur Folge hat.

Die Einbehaltung ist anzuordnen, wenn die Behörde die Aberkennung des Ruhegehalts ausspricht oder der Ruhestandsbeamte in einem wegen desselben Sachverhalts eingeleiteten Strafverfahren erstinstanzlich zu einer Strafe verurteilt wird, die den Verlust der Rechte als Ruhestandsbeamter zur Folge hat. Die Einbehaltung nach Satz 2 soll in den ersten sechs Monaten mindestens 20, danach 30 Prozent des monatlichen Ruhegehalts betragen und einen zuvor nach Satz 1 festgelegten Einbehalt nicht unterschreiten. Absatz 2 Satz 4 gilt entsprechend.

(4) Bei der Aufnahme oder der Erweiterung einer Nebentätigkeit aus Anlass der vorläufigen Einbehaltung von Bezügen ist § 99 Absatz 2 Satz 2 Nummer 1, Satz 3 und Absatz 3 des Bundesbeamtengesetzes nicht anzuwenden. Einkünfte aus Nebentätigkeit, die zusammen mit den einbehaltenen Bezügen die zuletzt erhaltenen vollen Dienstbezüge übersteigen, sind auf die weiter gewährten

Bezüge anzurechnen. Der Beamte ist zur Auskunft über die Einnahmen aus seiner Nebentätigkeit verpflichtet.

(5) Die für den Erlass der Disziplinarverfügung zuständige Behörde kann die vorläufige Dienstenthebung, die Einbehaltung von Dienst- oder Anwärterbezügen sowie die Einbehaltung von Ruhegehalt jederzeit ganz oder teilweise aufheben.

§ 39 Rechtswirkungen

(1) Die vorläufige Dienstenthebung wird mit der Zustellung, die Einbehaltung von Bezügen mit dem auf die Zustellung folgenden Fälligkeitstag wirksam und vollziehbar. Sie erstrecken sich auf alle Ämter, die der Beamte inne hat.

(2) Für die Dauer der vorläufigen Dienstenthebung ruhen die im Zusammenhang mit dem Amt entstandenen Ansprüche auf Aufwandsentschädigung.

(3) Wird der Beamte vorläufig des Dienstes enthoben, während er schuldhaft dem Dienst fernbleibt, dauert der nach § 9 des Bundesbesoldungsgesetzes begründete Verlust der Bezüge fort. Er endet mit dem Zeitpunkt, zu dem der Beamte seinen Dienst aufgenommen hätte, wenn er hieran nicht durch die vorläufige Dienstenthebung gehindert worden wäre. Der Zeitpunkt ist von der für den Erlass der Disziplinarverfügung zuständigen Behörde festzustellen und dem Beamten mitzuteilen.

(4) Die vorläufige Dienstenthebung und die Einbehaltung von Bezügen endet mit dem unanfechtbaren Abschluss des Disziplinarverfahrens.

§ 40 Verfall, Erstattung und Nachzahlung

(1) Die nach § 38 Absatz 2 und 3 einbehaltenen Bezüge verfallen, wenn

1. im Disziplinarverfahren unanfechtbar die Entfernung aus dem Beamtenverhältnis, die Aberkennung des Ruhegehalts oder eine Entlassung nach § 5 Absatz 3 Satz 2 dieses Gesetzes in Verbindung mit § 34 Absatz 1 Satz 1 Nummer 1 oder § 37 Absatz 1 Satz 1 des Bundesbeamtengesetzes erfolgt ist,

2. in einem wegen desselben Sachverhalts eingeleiteten Strafverfahren rechtskräftig eine Strafe verhängt worden ist, die den Verlust der Rechte als Beamter oder Ruhestandsbeamter zur Folge hat,

3. das Disziplinarverfahren auf Grund des § 32 Absatz 1 Nummer 3 eingestellt worden ist und ein neues Disziplinarverfahren, das innerhalb von drei Monaten nach der Einstellung wegen desselben Sachverhalts eingeleitet worden ist, zur Entfernung aus dem Beamtenverhältnis oder zur Aberkennung des Ruhegehalts geführt hat oder

4. das Disziplinarverfahren aus den Gründen des § 32 Absatz 2 eingestellt worden ist und die für den Erlass der Disziplinarverfügung zuständige Behörde festgestellt hat, dass die Entfernung aus dem Beamtenverhältnis oder die Aberkennung des Ruhegehalts gerechtfertigt gewesen wäre.

(2) Verfallen die einbehaltenen Bezüge nach Absatz 1 Nummer 1 und ist die Gewährung eines Unterhaltsbeitrags nach § 10 Absatz 3 Satz 4 Nummer 1 oder Nummer 2 ausgeschlossen, so hat der Beamte oder der Ruhestandsbeamte die seit der Zustellung der Disziplinarverfügung an ihn gezahlten Bezüge zu erstatten. Verfallen die einbehaltenen Bezüge nach Absatz 1 Nummer 2 und wurde

in sämtlichen in dem Verfahren ergangenen Entscheidungen eine Strafe verhängt, die den Verlust der Rechte als Beamter oder Ruhestandsbeamter nach § 41 Absatz 1 Satz 1 Nummer 2 des Bundesbeamtengesetzes oder nach § 59 Absatz 1 Satz 1 Nummer 1 oder Nummer 2 Buchstabe b des Beamtenversorgungsgesetzes zur Folge hat, so hat der Beamte oder der Ruhestandsbeamte die seit der Verkündung des erstinstanzlichen Urteils an ihn gezahlten Bezüge zu erstatten. Die Erstattungspflicht nach Satz 1 oder Satz 2 besteht nur, soweit die gezahlten Beträge den sich aus § 38 Absatz 2 Satz 4 ergebenden Betrag übersteigen. Sie entfällt, wenn eine Unterhaltsleistung nach § 80 gewährt wird.

(3) Wird das Disziplinarverfahren auf andere Weise als in den Fällen des Absatzes 1 unanfechtbar abgeschlossen, sind die nach § 38 Absatz 2 und 3 einbehaltenen Bezüge nachzuzahlen. Auf die nachzuzahlenden Dienstbezüge können Einkünfte aus genehmigungspflichtigen Nebentätigkeiten (§ 99 des Bundesbeamtengesetzes) angerechnet werden, die der Beamte aus Anlass der vorläufigen Dienstenthebung ausgeübt hat, wenn eine Disziplinarmaßnahme verhängt worden ist oder die für den Erlass der Disziplinarverfügung zuständige Behörde feststellt, dass ein Dienstvergehen erwiesen ist. Der Beamte ist verpflichtet, über die Höhe solcher Einkünfte Auskunft zu geben.

Kapitel 5
Widerspruchsverfahren

§ 41 Erforderlichkeit, Form und Frist des Widerspruchs

(1) Vor der Erhebung der Klage des Beamten ist ein Widerspruchsverfahren durchzuführen. Ein Widerspruchsverfahren findet nicht statt, wenn die angefochtene Entscheidung durch die oberste Dienstbehörde erlassen worden ist.

(2) Für die Form und die Frist des Widerspruchs gilt § 70 der Verwaltungsgerichtsordnung.

§ 42 Widerspruchsbescheid

(1) Der Widerspruchsbescheid wird durch die oberste Dienstbehörde, bei Ruhestandsbeamten durch den nach § 84 zuständigen Dienstvorgesetzten erlassen. Die oberste Dienstbehörde kann ihre Zuständigkeit nach Satz 1 durch allgemeine Anordnung ganz oder teilweise auf nachgeordnete Behörden übertragen; die Anordnung ist im Bundesgesetzblatt zu veröffentlichen.

(2) In dem Widerspruchsbescheid darf die angefochtene Entscheidung nicht zum Nachteil des Beamten abgeändert werden. Die Befugnis, eine abweichende Entscheidung nach § 35 Abs. 3 zu treffen, bleibt unberührt.

§ 43 Grenzen der erneuten Ausübung der Disziplinarbefugnisse

Der Widerspruchsbescheid ist der obersten Dienstbehörde unverzüglich zuzuleiten. Diese kann den Widerspruchsbescheid, durch den über eine Disziplinarverfügung entschieden worden ist, jederzeit aufheben. Sie kann in der Sache neu entscheiden. Eine Verschärfung der Disziplinarmaßnahme nach Art oder Höhe ist nur innerhalb von drei Monaten nach der Zustellung des Widerspruchsbescheids zulässig, es sei denn, es ergeht wegen desselben Sachverhalts ein rechtskräftiges

Urteil auf Grund von tatsächlichen Feststellungen, die von denjenigen tatsächlichen Feststellungen, auf denen die Entscheidung beruht, abweichen.

§ 44 Kostentragungspflicht

(1) Im Widerspruchsverfahren trägt der unterliegende Teil die entstandenen Auslagen. Hat der Widerspruch teilweise Erfolg, sind die Auslagen im Verhältnis zu teilen. Wird eine Disziplinarverfügung trotz des Vorliegens eines Dienstvergehens aufgehoben, können die Auslagen ganz oder teilweise dem Beamten auferlegt werden.

(2) Nimmt der Beamte den Widerspruch zurück, trägt er die entstandenen Auslagen.

(3) Erledigt sich das Widerspruchsverfahren in der Hauptsache auf andere Weise, ist über die entstandenen Auslagen nach billigem Ermessen zu entscheiden.

(4) § 37 Abs. 4 gilt entsprechend.

Teil 4
Gerichtliches Verfahren

Kapitel 1
Disziplinargerichtsbarkeit

§ 45 Zuständigkeit der Verwaltungsgerichtsbarkeit

Die Aufgaben der Disziplinargerichtsbarkeit nach diesem Gesetz nehmen die Gerichte der Verwaltungsgerichtsbarkeit wahr. Hierzu werden bei den Verwaltungsgerichten Kammern und bei den Oberverwaltungsgerichten Senate für Disziplinarsachen gebildet. Die Landesgesetzgebung kann die Zuweisung der in Satz 1 genannten Aufgaben an ein Gericht für die Bezirke mehrerer Gerichte anordnen. Soweit nach Landesrecht für Verfahren nach dem Landesdisziplinargesetz ein Gericht für die Bezirke mehrerer Gerichte zuständig ist, ist dieses Gericht, wenn nichts anderes bestimmt wird, auch für die in Satz 1 genannten Aufgaben zuständig. § 50 Abs. 1 Nr. 4 der Verwaltungsgerichtsordnung bleibt unberührt.

§ 46 Kammer für Disziplinarsachen

(1) Die Kammer für Disziplinarsachen entscheidet in der Besetzung von drei Richtern und zwei Beamtenbeisitzern als ehrenamtlichen Richtern, wenn nicht ein Einzelrichter entscheidet. An Beschlüssen außerhalb der mündlichen Verhandlung und an Gerichtsbescheiden wirken die Beamtenbeisitzer nicht mit. Einer der Beamtenbeisitzer soll dem Verwaltungszweig und der Laufbahngruppe des Beamten angehören, gegen den sich das Disziplinarverfahren richtet.

(2) Für die Übertragung des Rechtsstreits auf den Einzelrichter gilt § 6 der Verwaltungsgerichtsordnung. In dem Verfahren der Klage gegen eine Disziplinarverfügung, durch die eine Zurückstufung, eine Entfernung aus dem Beamtenverhältnis oder eine Aberkennung des Ruhegehalts ausgesprochen wurde, ist eine Übertragung auf den Einzelrichter ausgeschlossen.

(3) Der Vorsitzende der Kammer für Disziplinarsachen entscheidet, wenn die Entscheidung im vorbereitenden Verfahren ergeht,

1. bei Zurücknahme der Klage, des Antrags oder eines Rechtsmittels,

2. bei Erledigung des gerichtlichen Disziplinarverfahrens in der Hauptsache und

3. über die Kosten.

Ist ein Berichterstatter bestellt, entscheidet er anstelle des Vorsitzenden.

(4) Die Landesgesetzgebung kann die Besetzung der Kammer für Disziplinarsachen abweichend von den Absätzen 1 bis 3 regeln. Soweit nach Landesrecht für die Verfahren nach dem Landesdisziplinargesetz eine andere Besetzung der Kammer für Disziplinarsachen vorgesehen ist, gilt diese Besetzung, wenn nichts anderes bestimmt wird, auch für die gerichtlichen Verfahren nach diesem Gesetz. Soweit nach Landesrecht Regelungen zur Besetzung der Kammer für Disziplinarsachen im Verfahren der Disziplinarklage getroffen werden, gelten diese Regelungen auch für die in Absatz 2 Satz 2 genannten Verfahren.

§ 47 Beamtenbeisitzer

(1) Die Beamtenbeisitzer müssen auf Lebenszeit ernannte Beamte im Bundesdienst sein und bei ihrer Auswahl oder Bestellung ihren dienstlichen Wohnsitz (§ 15 des Bundesbesoldungsgesetzes) im Bezirk des zuständigen Verwaltungsgerichts haben. Ist einem Verwaltungsgericht die Zuständigkeit für die Bezirke mehrerer Verwaltungsgerichte übertragen, müssen die Beamtenbeisitzer ihren dienstlichen Wohnsitz in einem dieser Bezirke haben.

(2) Die §§ 20 bis 29 und 34 der Verwaltungsgerichtsordnung sind vorbehaltlich des § 50 Abs. 3 auf die Beamtenbeisitzer nicht anzuwenden.

(3) Das Verfahren zur Auswahl oder Bestellung der Beamtenbeisitzer bestimmt sich nach Landesrecht.

§ 48 Ausschluss von der Ausübung des Richteramts

(1) Ein Richter oder Beamtenbeisitzer ist von der Ausübung des Richteramts kraft Gesetzes ausgeschlossen, wenn er

1. durch das Dienstvergehen verletzt ist,

2. Ehegatte, Lebenspartner oder gesetzlicher Vertreter des Beamten oder des Verletzten ist oder war,

3. mit dem Beamten oder dem Verletzten in gerader Linie verwandt oder verschwägert oder in der Seitenlinie bis zum dritten Grad verwandt oder bis zum zweiten Grad verschwägert ist oder war,

4. in dem Disziplinarverfahren gegen den Beamten tätig war oder als Zeuge gehört wurde oder als Sachverständiger ein Gutachten erstattet hat,

5. in einem wegen desselben Sachverhalts eingeleiteten Straf- oder Bußgeldverfahren gegen den Beamten beteiligt war,

6. Dienstvorgesetzter des Beamten ist oder war oder bei einem Dienstvorgesetzten des Beamten mit der Bearbeitung von Personalangelegenheiten des Beamten befasst ist oder

7. als Mitglied einer Personalvertretung in dem Disziplinarverfahren gegen den Beamten mitgewirkt hat.

(2) Ein Beamtenbeisitzer ist auch ausgeschlossen, wenn er der Dienststelle des Beamten angehört.

§ 49 Nichtheranziehung eines Beamtenbeisitzers

Ein Beamtenbeisitzer, gegen den eine Disziplinarmaßnahme nach § 9 oder § 10 ausgesprochen oder gegen den wegen einer vorsätzlich begangenen Straftat die öffentliche Klage erhoben oder der Erlass eines Strafbefehls beantragt oder dem die Führung seiner Dienstgeschäfte verboten worden ist, darf während dieser Verfahren oder für die Dauer des Verbots zur Ausübung seines Amts nicht herangezogen werden.

§ 50 Entbindung vom Amt des Beamtenbeisitzers

(1) Der Beamtenbeisitzer ist von seinem Amt zu entbinden, wenn

1. er im Strafverfahren rechtskräftig zu einer Freiheitsstrafe verurteilt worden ist,

2. im Disziplinarverfahren gegen ihn unanfechtbar eine Disziplinarmaßnahme mit Ausnahme eines Verweises ausgesprochen worden ist,

3. er in ein Amt außerhalb der Bezirke, für die das Gericht zuständig ist, versetzt wird,

4. das Beamtenverhältnis endet oder

5. die Voraussetzungen für das Amt des Beamtenbeisitzers nach § 47 Abs. 1 bei ihrer Auswahl oder Bestellung nicht vorlagen.

(2) In besonderen Härtefällen kann der Beamtenbeisitzer auch auf Antrag von der weiteren Ausübung des Amts entbunden werden.

(3) Für die Entscheidung gilt § 24 Abs. 3 der Verwaltungsgerichtsordnung entsprechend.

§ 51 Senate für Disziplinarsachen

(1) Für den Senat für Disziplinarsachen des Oberverwaltungsgerichts gelten § 46 Abs. 1 und 3 sowie die §§ 47 bis 50 entsprechend.

(2) Für das Bundesverwaltungsgericht gilt § 48 Abs. 1 entsprechend.

Kapitel 2
Verfahren vor dem Verwaltungsgericht

Abschnitt 1
Klageverfahren

§ 52 Klageerhebung, Form und Frist der Klage

Für die Form und Frist der Klagen gelten die §§ 74, 75 und 81 der Verwaltungsgerichtsordnung. Abweichend von § 75 Satz 2 der Verwaltungsgerichtsordnung kann die Klage nach Ablauf von sechs Wochen seit der Einlegung des Widerspruchs erhoben werden. Der Lauf der Frist des § 75 Satz 2 der Verwaltungsgerichtsordnung ist gehemmt, solange das Disziplinarverfahren nach § 22 ausgesetzt ist.

§§ 53 bis 55
(weggefallen)

§ 56 Beschränkung des Disziplinarverfahrens

Das Gericht kann das Disziplinarverfahren beschränken, indem es solche Handlungen ausscheidet, die für die Art und Höhe der zu erwartenden Disziplinarmaßnahme nicht oder voraussichtlich nicht ins Gewicht fallen. Die ausgeschiedenen Handlungen können nicht wieder in das Disziplinarverfahren einbezogen werden, es sei denn, die Voraussetzungen für die Beschränkung entfallen nachträglich. Werden die ausgeschiedenen Handlungen nicht wieder einbezogen, können sie nach dem unanfechtbaren Abschluss des Disziplinarverfahrens nicht Gegenstand eines neuen Disziplinarverfahrens sein.

§ 57 Bindung an tatsächliche Feststellungen aus anderen Verfahren

(1) Die tatsächlichen Feststellungen eines rechtskräftigen Urteils im Straf- oder Bußgeldverfahren oder im verwaltungsgerichtlichen Verfahren, durch das nach § 9 des Bundesbesoldungsgesetzes über den Verlust der Besoldung bei schuldhaftem Fernbleiben vom Dienst entschieden worden ist, sind im Disziplinarverfahren, das denselben Sachverhalt zum Gegenstand hat, für das Gericht bindend. Es hat jedoch die erneute Prüfung solcher Feststellungen zu beschließen, die offenkundig unrichtig sind.

(2) Die in einem anderen gesetzlich geordneten Verfahren getroffenen tatsächlichen Feststellungen sind nicht bindend, können aber der Entscheidung ohne erneute Prüfung zugrunde gelegt werden.

§ 58 Beweisaufnahme

(1) Das Gericht erhebt die erforderlichen Beweise.

(2) Die Bestimmungen der Strafprozessordnung über die Pflicht, als Zeuge auszusagen oder als Sachverständiger ein Gutachten zu erstatten, über die Ablehnung von Sachverständigen sowie über die Vernehmung von Angehörigen des öffentlichen Dienstes als Zeugen und Sachverständige gelten entsprechend.

§ 59
(weggefallen)

§ 60 Mündliche Verhandlung, Entscheidung durch Urteil

(1) Das Gericht entscheidet über die Klage, wenn das Verfahren nicht auf andere Weise abgeschlossen wird, auf Grund mündlicher Verhandlung durch Urteil. § 106 der Verwaltungsgerichtsordnung wird nicht angewandt.

(2) Soweit die Disziplinarverfügung rechtswidrig und der Kläger dadurch in seinen Rechten verletzt ist, hebt das Gericht die Disziplinarverfügung und den etwaigen Widerspruchsbescheid auf. Ist ein Dienstvergehen erwiesen, kann das Gericht die Disziplinarverfügung unter Anwendung der Vorschriften über die Bemessung der Disziplinarmaßnahmen auch aufrechterhalten oder zu Gunsten des Klägers ändern, wenn mit der gerichtlichen Entscheidung die Rechtsverletzung beseitigt wird. Im Übrigen bleibt § 113 der Verwaltungsgerichtsordnung unberührt.

§ 61 Grenzen der erneuten Ausübung der Disziplinarbefugnisse

Hat das Gericht unanfechtbar über die Klage gegen eine Disziplinarverfügung entschieden, ist hinsichtlich der dieser Entscheidung zugrunde liegenden Handlungen eine erneute Ausübung der Disziplinarbefugnisse nur wegen solcher erheblicher Tatsachen und Beweismittel zulässig, die keinen Eingang in das gerichtliche Verfahren gefunden haben. Eine Verschärfung der Disziplinarmaßnahme nach Art oder Höhe ist nur innerhalb von drei Monaten nach der Zustellung des Urteils zulässig, es sei denn, es ergeht wegen desselben Sachverhalts ein rechtskräftiges Urteil auf Grund von tatsächlichen Feststellungen, die von denjenigen tatsächlichen Feststellungen, auf denen die Entscheidung beruht, abweichen.

Abschnitt 2
Besondere Verfahren

§ 62 Antrag auf gerichtliche Fristsetzung

(1) Ist ein behördliches Disziplinarverfahren nicht innerhalb von sechs Monaten seit der Einleitung durch Einstellung oder durch Erlass einer Disziplinarverfügung abgeschlossen worden, kann der Beamte bei dem Gericht die gerichtliche Bestimmung einer Frist zum Abschluss des Disziplinarverfahrens beantragen. Die Frist des Satzes 1 ist gehemmt, solange das Disziplinarverfahren nach § 22 ausgesetzt ist.

(2) Liegt ein zureichender Grund für den fehlenden Abschluss des behördlichen Disziplinarverfahrens innerhalb von sechs Monaten nicht vor, bestimmt das Gericht eine Frist, in der es abzuschließen ist. Anderenfalls lehnt es den Antrag ab. Die Frist kann auf Antrag des Dienstherrn verlängert werden, wenn dieser die Frist aus Gründen, die er nicht zu vertreten hat, voraussichtlich nicht einhalten kann. Der Antrag ist vor Ablauf der Frist zu stellen. Die Fristsetzung und ihre Verlängerung erfolgen durch Beschluss. Der Beschluss ist unanfechtbar.

(3) Wird das behördliche Disziplinarverfahren innerhalb der nach Absatz 2 bestimmten Frist nicht abgeschlossen, ist es durch Beschluss des Gerichts einzustellen.

(4) Der rechtskräftige Beschluss nach Absatz 3 steht einem rechtskräftigen Urteil gleich.

§ 63 Antrag auf Aussetzung der vorläufigen Dienstenthebung und der Einbehaltung von Bezügen

(1) Der Beamte kann die Aussetzung der vorläufigen Dienstenthebung und der Einbehaltung von Dienst- oder Anwärterbezügen beim Gericht beantragen; Gleiches gilt für den Ruhestandsbeamten bezüglich der Einbehaltung von Ruhegehalt. Der Antrag ist bei dem Oberverwaltungsgericht zu stellen, wenn bei ihm in derselben Sache ein Disziplinarverfahren anhängig ist.

(2) Die vorläufige Dienstenthebung und die Einbehaltung von Bezügen sind auszusetzen, wenn ernstliche Zweifel an ihrer Rechtmäßigkeit bestehen.

(3) Für die Änderung oder Aufhebung von Beschlüssen über Anträge nach Absatz 1 gilt § 80 Abs. 7 der Verwaltungsgerichtsordnung entsprechend.

Bundesbeamtengesetz (BBG)

Vom 5. Februar 2009 (BGBl. I S. 160)

– Auszug –

Zuletzt geändert durch
Gesetz über die Lehrverpflichtung des hauptberuflichen
wissenschaftlichen Personals an Hochschulen des Bundes
und zur Änderung weiterer dienstrechtlicher Vorschriften
vom 19. Juli 2024 (BGBl. I Nr. 247)

Abschnitt 6
Rechtliche Stellung im Beamtenverhältnis

Unterabschnitt 1
Allgemeine Pflichten und Rechte

§ 62 Folgepflicht

(1) Beamtinnen und Beamte haben ihre Vorgesetzten zu beraten und zu unterstützen. Sie sind verpflichtet, deren dienstliche Anordnungen auszuführen und deren allgemeine Richtlinien zu befolgen. Dies gilt nicht, soweit die Beamtinnen und Beamten nach besonderen gesetzlichen Vorschriften an Weisungen nicht gebunden und nur dem Gesetz unterworfen sind.

(2) Beamtinnen und Beamte haben bei organisatorischen Veränderungen dem Dienstherrn Folge zu leisten.

§ 66 Verbot der Führung der Dienstgeschäfte

Die oberste Dienstbehörde oder die von ihr bestimmte Behörde kann einer Beamtin oder einem Beamten aus zwingenden dienstlichen Gründen die Führung der Dienstgeschäfte verbieten. Das Verbot erlischt, wenn nicht bis zum Ablauf von drei Monaten gegen die Beamtin oder den Beamten ein Disziplinarverfahren oder ein sonstiges auf Rücknahme der Ernennung oder auf Beendigung des Beamtenverhältnisses gerichtetes Verfahren eingeleitet worden ist.

§ 71 Verbot der Annahme von Belohnungen, Geschenken und sonstigen Vorteilen

(1) Beamtinnen und Beamte dürfen, auch nach Beendigung des Beamtenverhältnisses, keine Belohnungen, Geschenke oder sonstigen Vorteile für sich oder einen Dritten in Bezug auf ihr Amt fordern, sich versprechen lassen oder annehmen. Ausnahmen bedürfen der Zustimmung der obersten oder der letzten obersten Dienstbehörde. Die Befugnis zur Zustimmung kann auf andere Behörden übertragen werden.

(2) Wer gegen das in Absatz 1 genannte Verbot verstößt, hat auf Verlangen das aufgrund des pflichtwidrigen Verhaltens Erlangte dem Dienstherrn herauszugeben, soweit nicht im Strafverfahren die Einziehung von Taterträgen angeordnet worden oder es auf andere Weise auf den Staat übergegangen ist. Für den

Umfang des Herausgabeanspruchs gelten die Vorschriften des Bürgerlichen Gesetzbuches über die Herausgabe einer ungerechtfertigten Bereicherung entsprechend. Die Herausgabepflicht nach Satz 1 umfasst auch die Pflicht, dem Dienstherrn Auskunft über Art, Umfang und Verbleib des Erlangten zu geben.

§ 77 Nichterfüllung von Pflichten

(1) Beamtinnen und Beamte begehen ein Dienstvergehen, wenn sie schuldhaft die ihnen obliegenden Pflichten verletzen. Außerhalb des Dienstes ist dieses nur dann ein Dienstvergehen, wenn die Pflichtverletzung nach den Umständen des Einzelfalls in besonderem Maße geeignet ist, das Vertrauen in einer für ihr Amt oder das Ansehen des Beamtentums bedeutsamen Weise zu beeinträchtigen.

(2) Bei Ruhestandsbeamtinnen und Ruhestandsbeamten sowie früheren Beamtinnen mit Versorgungsbezügen und früheren Beamten mit Versorgungsbezügen gilt es als Dienstvergehen, wenn sie

1. sich gegen die freiheitliche demokratische Grundordnung im Sinne des Grundgesetzes betätigen,

2. an Bestrebungen teilnehmen, die darauf abzielen, den Bestand oder die Sicherheit der Bundesrepublik Deutschland zu beeinträchtigen,

3. gegen die Verschwiegenheitspflicht, gegen die Anzeigepflicht oder das Verbot einer Tätigkeit nach Beendigung des Beamtenverhältnisses oder gegen das Verbot der Annahme von Belohnungen, Geschenken und sonstigen Vorteilen verstoßen oder

4. einer Verpflichtung nach § 46 Absatz 1, 2, 4 oder 7 oder § 57 schuldhaft nicht nachkommen.

Satz 1 Nummer 1 bis 3 gilt auch für frühere Beamtinnen mit Anspruch auf Altersgeld und frühere Beamte mit Anspruch auf Altersgeld. Für politische Beamtinnen und politische Beamte gilt ein Verstoß gegen § 56 Satz 3 als Dienstvergehen.

(3) Die Verfolgung von Dienstvergehen richtet sich nach dem Bundesdisziplinargesetz.

Gesetz zur Regelung des Statusrechts der Beamtinnen und Beamten in den Ländern (Beamtenstatusgesetz – BeamtStG)

Vom 17. Juni 2008 (BGBl. I S. 1010)

Zuletzt geändert durch
Gesetz zur Beschleunigung von Disziplinarverfahren in der Bundesverwaltung
und zur Änderung weiterer dienstrechtlicher Vorschriften
vom 20. Dezember 2023 (BGBl. I Nr. 389)

– Auszug –

Abschnitt 6
Rechtliche Stellung im Beamtenverhältnis

§ 35 Folgepflicht

(1) Beamtinnen und Beamte haben ihre Vorgesetzten zu beraten und zu unterstützen. Sie sind verpflichtet, deren dienstliche Anordnungen auszuführen und deren allgemeine Richtlinien zu befolgen. Dies gilt nicht, soweit die Beamtinnen und Beamten nach besonderen gesetzlichen Vorschriften an Weisungen nicht gebunden und nur dem Gesetz unterworfen sind.

(2) Beamtinnen und Beamte haben bei organisatorischen Veränderungen dem Dienstherrn Folge zu leisten.

§ 39 Verbot der Führung der Dienstgeschäfte

Beamtinnen und Beamten kann aus zwingenden dienstlichen Gründen die Führung der Dienstgeschäfte verboten werden. Das Verbot erlischt, wenn nicht bis zum Ablauf von drei Monaten gegen die Beamtin oder den Beamten ein Disziplinarverfahren oder ein sonstiges auf Rücknahme der Ernennung oder auf Beendigung des Beamtenverhältnisses gerichtetes Verfahren eingeleitet worden ist.

§ 41 Tätigkeit nach Beendigung des Beamtenverhältnisses

(1) Ruhestandsbeamtinnen und Ruhestandsbeamte sowie frühere Beamtinnen mit Versorgungsbezügen und frühere Beamte mit Versorgungsbezügen haben die Ausübung einer Erwerbstätigkeit oder sonstigen Beschäftigung außerhalb des öffentlichen Dienstes, die mit der dienstlichen Tätigkeit innerhalb eines Zeitraums, dessen Bestimmung dem Landesrecht vorbehalten bleibt, im Zusammenhang steht und durch die dienstliche Interessen beeinträchtigt werden können, anzuzeigen. Die Erwerbstätigkeit oder sonstige Beschäftigung ist zu untersagen, wenn zu besorgen ist, dass durch sie dienstliche Interessen beeinträchtigt werden. Das Verbot endet spätestens mit Ablauf von sieben Jahren nach Beendigung des Beamtenverhältnisses.

(2) Durch Landesrecht können für bestimmte Gruppen der in Absatz 1 Satz 1 genannten Beamtinnen und Beamten abweichende Voraussetzungen für eine Anzeige oder Regelungen für eine Genehmigung von Tätigkeiten nach Beendigung des Beamtenverhältnisses bestimmt werden.

Strafprozeßordnung (StPO)

**in der Fassung der Bekanntmachung
vom 7. April 1987 (BGBl. I S. 1074, S. 1319)**

Zuletzt geändert durch
Zweites Gesetz zur Änderung des Schwangerschaftskonfliktgesetzes

vom 7. November 2024 (BGBl. I Nr. 351)

– Auszug –

Erstes Buch
Allgemeine Vorschriften

Sechster Abschnitt
Zeugen

§ 55 Auskunftsverweigerungsrecht

(1) Jeder Zeuge kann die Auskunft auf solche Fragen verweigern, deren Beantwortung ihm selbst oder einem der in § 52 Abs. 1 bezeichneten Angehörigen die Gefahr zuziehen würde, wegen einer Straftat oder einer Ordnungswidrigkeit verfolgt zu werden.

(2) Der Zeuge ist über sein Recht zur Verweigerung der Auskunft zu belehren.

Zweites Buch
Verfahren im ersten Rechtszug

Zweiter Abschnitt
Vorbereitung der öffentlichen Klage

§ 168a Art der Protokollierung; Aufzeichnungen

(1) Das Protokoll muß Ort und Tag der Verhandlung sowie die Namen der mitwirkenden und beteiligten Personen angeben und ersehen lassen, ob die wesentlichen Förmlichkeiten des Verfahrens beachtet sind. § 68 Abs. 2, 3 bleibt unberührt.

(2) Das Protokoll kann in Form einer wörtlichen Wiedergabe der Verhandlung (Wortprotokoll) oder in Form einer Zusammenfassung ihres Inhalts (Inhaltsprotokoll) sowohl während der Verhandlung als auch nach ihrer Beendigung erstellt werden. Die Verhandlung kann wörtlich oder in Form einer Zusammenfassung ihres Inhalts (zusammenfassende Aufzeichnung) aufgezeichnet werden. Der Nachweis der Unrichtigkeit des Protokolls anhand der Aufzeichnung ist zulässig.

(3) Wird das Protokoll während der Verhandlung erstellt oder wird die Verhandlung in Form einer Zusammenfassung ihres Inhalts aufgezeichnet, so ist das Protokoll oder die zusammenfassende Aufzeichnung den an der Verhandlung beteiligten Personen, soweit es sie betrifft, zur Genehmigung auf einem Bildschirm anzuzeigen, vorzulesen, abzuspielen oder zur Durchsicht vorzulegen, es sei denn, sie verzichten darauf.

(4) Wird das Protokoll nach Beendigung der Verhandlung als Inhaltsprotokoll erstellt, so ist es den an der Verhandlung beteiligten Personen, soweit es sie betrifft, zur Genehmigung zu übermitteln, es sei denn, sie verzichten darauf.

(5) Wird das Protokoll nach Beendigung der Verhandlung durch die wörtliche Übertragung einer Aufzeichnung erstellt, so versieht die Person, welche die Übertragung hergestellt oder eine maschinelle Übertragung überprüft hat, diese mit ihrem Namen und dem Zusatz, dass die Richtigkeit der Übertragung bestätigt wird.

(6) Die Art der Protokollierung und der Aufzeichnung, die Genehmigung des Protokolls oder einer zusammenfassenden Aufzeichnung, Einwendungen dagegen sowie ein Verzicht auf die Vorlage zur Genehmigung sind im Protokoll zu vermerken oder sonst aktenkundig zu machen. Aufzeichnungen sind zu den Akten zu nehmen, bei der Geschäftsstelle mit den Akten aufzubewahren oder in anderer Weise zu speichern. Sie können gelöscht werden, wenn das Verfahren rechtskräftig abgeschlossen oder sonst beendet ist; § 58a Absatz 2 Satz 2 und § 136 Absatz 4 Satz 3 bleiben unberührt. Die Art der Aufbewahrung oder Speicherung und die Löschung sind aktenkundig zu machen.

Strafgesetzbuch
(StGB)

**in der Fassung der Bekanntmachung
vom 13. November 1998 (BGBl. I S. 3322)**

Zuletzt geändert durch
Zweites Gesetz zur Änderung des Schwangerschaftskonfliktgesetzes

vom 7. November 2024 (BGBl. I Nr. 351)

– Auszug –

Besonderer Teil

Siebenter Abschnitt

Straftaten gegen die öffentliche Ordnung

§ 130 Volksverhetzung

(1) Wer in einer Weise, die geeignet ist, den öffentlichen Frieden zu stören,

1. gegen eine nationale, rassische, religiöse oder durch ihre ethnische Herkunft bestimmte Gruppe, gegen Teile der Bevölkerung oder gegen einen Einzelnen wegen dessen Zugehörigkeit zu einer vorbezeichneten Gruppe oder zu einem Teil der Bevölkerung zum Hass aufstachelt, zu Gewalt- oder Willkürmaßnahmen auffordert oder

2. die Menschenwürde anderer dadurch angreift, dass er eine vorbezeichnete Gruppe, Teile der Bevölkerung oder einen Einzelnen wegen dessen Zugehörigkeit zu einer vorbezeichneten Gruppe oder zu einem Teil der Bevölkerung beschimpft, böswillig verächtlich macht oder verleumdet,

wird mit Freiheitsstrafe von drei Monaten bis zu fünf Jahren bestraft.

(2) Mit Freiheitsstrafe bis zu drei Jahren oder mit Geldstrafe wird bestraft, wer

1. einen Inhalt (§ 11 Absatz 3) verbreitet oder der Öffentlichkeit zugänglich macht oder einer Person unter achtzehn Jahren einen Inhalt (§ 11 Absatz 3) anbietet, überlässt oder zugänglich macht, der

   a) zum Hass gegen eine in Absatz 1 Nummer 1 bezeichnete Gruppe, gegen Teile der Bevölkerung oder gegen einen Einzelnen wegen dessen Zugehörigkeit zu einer in Absatz 1 Nummer 1 bezeichneten Gruppe oder zu einem Teil der Bevölkerung aufstachelt,

   b) zu Gewalt- oder Willkürmaßnahmen gegen in Buchstabe a genannte Personen oder Personenmehrheiten auffordert oder

   c) die Menschenwürde von in Buchstabe a genannten Personen oder Personenmehrheiten dadurch angreift, dass diese beschimpft, böswillig verächtlich gemacht oder verleumdet werden oder

2. einen in Nummer 1 Buchstabe a bis c bezeichneten Inhalt (§ 11 Absatz 3) herstellt, bezieht, liefert, vorrätig hält, anbietet, bewirbt oder es unternimmt, diesen ein- oder auszuführen, um ihn im Sinne der Nummer 1 zu verwenden oder einer anderen Person eine solche Verwendung zu ermöglichen.

(3) Mit Freiheitsstrafe bis zu fünf Jahren oder mit Geldstrafe wird bestraft, wer eine unter der Herrschaft des Nationalsozialismus begangene Handlung der in § 6 Abs. 1 des Völkerstrafgesetzbuches bezeichneten Art in einer Weise, die geeignet ist, den öffentlichen Frieden zu stören, öffentlich oder in einer Versammlung billigt, leugnet oder verharmlost.

(4) Mit Freiheitsstrafe bis zu drei Jahren oder mit Geldstrafe wird bestraft, wer öffentlich oder in einer Versammlung den öffentlichen Frieden in einer die Würde der Opfer verletzenden Weise dadurch stört, dass er die nationalsozialistische Gewalt- und Willkürherrschaft billigt, verherrlicht oder rechtfertigt.

(5) Mit Freiheitsstrafe bis zu drei Jahren oder mit Geldstrafe wird bestraft, wer eine Handlung der in den §§ 6 bis 12 des Völkerstrafgesetzbuches bezeichneten Art gegen eine der in Absatz 1 Nummer 1 bezeichneten Personenmehrheiten oder gegen einen Einzelnen wegen dessen Zugehörigkeit zu einer dieser Personenmehrheiten öffentlich oder in einer Versammlung in einer Weise billigt, leugnet oder gröblich verharmlost, die geeignet ist, zu Hass oder Gewalt gegen eine solche Person oder Personenmehrheit aufzustacheln und den öffentlichen Frieden zu stören.

(6) Absatz 2 gilt auch für einen in den Absätzen 3 bis 5 bezeichneten Inhalt (§ 11 Absatz 3).

(7) In den Fällen des Absatzes 2 Nummer 1, auch in Verbindung mit Absatz 6, ist der Versuch strafbar.

(8) In den Fällen des Absatzes 2, auch in Verbindung mit den Absätzen 6 und 7, sowie in den Fällen der Absätze 3 bis 5 gilt § 86 Absatz 4 entsprechend.

Literaturverzeichnis

Altvater, L./Baden, E./Berg, P.: Bundespersonalvertretungsgesetz, 9. Auflage, Frankfurt am Main 2016

Claussen, H./Benneke, F./Schwandt, E-A.: Das Disziplinarverfahren, 6. Auflage, Köln 2010

Claussen, H./Janzen, W.: Handkommentar zur BDO, 8. Auflage, Köln 1996

Battis, U./Kersten, J.: Rechtliche Grenzen der Bestellung eines privaten „Sonderermittlers" im Disziplinarverfahren, ZBR 2001, S. 309–318

Gansen, F. W.: Disziplinarrecht in Bund und Ländern, Loseblattwerk, Heidelberg 66. Aktualisierung

Hauck, K./Noftz, W.: SGB IX, Berlin Stand April 2018

Herrmann, K./Sandkuhl, H.: Beamtendisziplinarrecht – Bundesstrafrecht, 2. Auflage, München 2019

Hummel, D./Köhler, D./Mayer, D./Baunack, S.: BDG Bundesdisziplinargesetz und Materielles Disziplinarrecht, 6. Auflage, Frankfurt am Main 2016

Keller, C.: Disziplinarrecht – Für die polizeiliche Praxis, 5. Auflage, Hilden 2023

Lenders, D.: Beamtengesetze, 4. Auflage, Siegburg 2016

Lenders, D./Baumanns, T.: Beamtenstatusgesetz, 2. Auflage, 2022

Lenders, D./Peters, C./Weber, K./Grunewald, B./Lösch, B.: Das Dienstrecht des Bundes, 2. Auflage, Köln 2013

Lenders, D./Weber, K.: Postpersonalrechtsgesetz mit PostLV und WahlO Post und Bundesanstalt-Post-Gesetz, Kommentar, 3. Auflage, Köln 2016

Maunz, T./ Dürig, G.: Grundgesetz, München Stand September 2017

Müller, H.: Unterliegt der Beamte als Betroffener im Disziplinarverfahren der Wahrheitspflicht?, ZBR 2012, S. 331–342

Plog, E./Wiedow, A.: Bundesbeamtengesetz, Band I BBG 2009/BeamtStG, Köln Stand September 2017

Röger, R.: Das behördliche Disziplinarverfahren nach dem Bundesdisziplinargesetz, 2. Auflage, Wiesbaden 2020

Schönke, A./Schröder, H.: Strafgesetzbuch, 30. Auflage, München 2019

Schütz, E./Maiwald, J.: Beamtenrecht des Bundes und der Länder, Heidelberg, 218. Aktualisierung

Schütz, E./Schmiemann, K.: Disziplinarrecht, 4. Auflage, Bielefeld Stand April 2009

Urban, R./Wittkowski, B.: Bundesdisziplinargesetz, 2. Auflage, München 2017

von Münch, I./Kunig, P.: Grundgesetz Kommentar, 6. Auflage, München 2012

Weiß, H.-D.: Disziplinarrecht des Bundes und der Länder, Loseblattwerk, München Stand Mai 2018

Weiß, H-D.: Gesamtkommentar öffentliches Dienstrecht (GKÖD), Band II, Loseblattwerk, Berlin Stand 2017

Wichmann, M./Langer K.-U.: Öffentliches Dienstrecht, 8. Auflage, Stuttgart 2017

Wilhelm, A.: Das Mitverschulden von Vorgesetzten im Disziplinarrecht, ZBR 2009, S. 158–160

Zängl, S.: Bayerisches Disziplinarrecht, Loseblattwerk, Heidelberg Stand November 2017

Stichwortverzeichnis

Stichwortverzeichnis